EDAF

MADRID - MÉXICO - BUENOS AIRES - SAN JUAN

ELISABETH LAMBERT ORTIZ

Cocina
latinoamericana

BOLSILLO ✦ EDAF

Título del original:
THE BOOK OF LATIN AMERICAN COOKING.

© De la traducción: ANDRÉS LINARES
© 1998. By Elisabeth Lambert Ortiz
© 1998. De esta edición, Editorial EDAF, S.A.

Editorial EDAF, S.A.
Jorge Juan, 30. 28001 Madrid
http://www.edaf.net
edaf@edaf.net

Edaf y Morales, S. A.
Oriente, 180, n.º 279. Colonia Moctezuma, 2da. Sec.
C. P. 15530. México, D. F.
http://www.edaf-y-morales.com.mx
edaf@edaf-y-morales.com.mx

Edaf del Plata S. A.
Lavalle, 1646, 7.º oficina 21
1048 - Buenos Aires, Argentina.
edaf1@speedy.com.ar

Edaf Antillas, Inc.
Av. J.T. Piñero, 1594 - Caparra Terrace (00921-1413)
San Juan, Puerto Rico
forza@coqui.net

4.ª edición, diciembre 2002

Depósito legal: M-50.585-2002
ISBN: 84-414-0421-6

PRINTED IN SPAIN   IMPRESO EN ESPAÑA

Gráficas COFAS, S.A. Pol. Ind. Prado de Regordoño - Móstoles (Madrid)

Índice

*Dedicado a mi marido, César Ortiz-Tinoco,
cuyo conocimiento y entusiasmo me sirvieron
de inapreciable ayuda para escribir este libro,
y a Judith Jones, la más comprensiva
de las directoras de edición.*

Reconocimientos

RESULTA difícil saber por dónde empezar a dar las gracias. Seguramente nadie ha contado con amigos más generosos con su tiempo, sus conocimientos y sus cocinas que yo. Me gustaría expresar mi agradecimiento al señor José Fernández de Córdoba y señora, al señor Belisario Fernández de Córdoba y señora, al señor Arturo Montesinos, al señor Galo Plaza y señora, al señor Edmundo García Vivanco y señora, al señor Vicente Umaña Méndez y señora, a Margarita Pacini, Cecilia Blanco de Mendoza, al señor Guillermo Power y señora, a Jorge Manchego, al señor Genaro Carnero Checa y señora, a Noreen Maxwell, al señor Alberto Gormaz y señora, a Alejandro Flores Zorrilla, al señor Salvador Ferret y señora, al doctor Raúl Nass, al señor Carlos Augusto León y señora, a Simón Reyes Marcano, Raymond Joseph Fowkes, Lolita de Lleras Codazzi, Phyllis Bird, Emma Vásquez, Mirtha Stengel, al señor Gilberto Rizzo y señora, al señor Raúl Trejos y señora, a María J. Troconis, Jeanne Lesem, José Wilson, Copeland Marks, Lua de Burt, Josefina Velilla de Aquino, María Teresa Casanueva, al señor Abel Quesada y señora, al señor Humberto Ortiz Reyes y señora, a Humberto Ortiz Azoños, al señor Héctor Fernández y señora, al señor Efraín Huerta y señora, al señor Antonio Delgado y señora, a Raquel Braune, Víctor Simón Bovier, Alwyne Wheeler, James A. Beard, al señor Victorino A. Althaparro y señora, al doctor Raúl Noriega, al señor Andrés Iduarte y señora, a Elizabeth Borton de Treviño, al señor Julio César Anzueto y señora, a Lucy de Arenales, al señor Jason

Vourvoulias y señora, al señor Mario Montero y señora, a
Ruth Kariv, al señor Antonio Carbajal y señora, al señor
Eugenio Soler Alonso y señora, al embajador Mario Álvarez y
señora, a Alan Eaton Davidson.

También le estoy profundamente agradecida al doctor Da-
vid R. Harris, de la Universidad de Londres, y al doctor Wolfgang
Haberland, de Munich, por sus descubrimientos científicos
acerca del origen de la agricultura en América Latina, así como
por sus consejos y muestras de apoyo, y a Walter Sullivan,
quien me dio a conocer sus trabajos. Gracias a mi amigo y
colega, el desaparecido doctor Alex D. Hawkes, por ayudarme
a resolver problemas botánicos relacionados con las plantas y
hierbas tropicales. Le estoy enormemente agradecida a Alan
Davidson, esa gran autoridad sobre pescados y mariscos, y
autor de varios libros de cocina sobre los mismos, y a Alwynne
Wheeler, del Museo Británico de Historia Natural, quienes me
ayudaron a identificar el pescado chileno llamado congrio.

También debo confesar que me hubiese perdido sin la
ayuda del doctor Jorge Hardoy, de Argentina, y del doctor Leo-
poldo Castedo, de Brasil, quienes me explicaron claramente la
naturaleza urbana de las grandes civilizaciones precolombinas
de América Latina. Me siento en deuda con ellos.

Gracias, finalmente, a Sally Berkeley, de la Editorial Knopf,
por el maravilloso trabajo que hizo ayudándome a encontrar
materiales ilustrativos para esta obra, y a Karolina Harris, la
diseñadora, por su imaginativa selección y colocación de las
ilustraciones.

Elisabeth LAMBERT ORTIZ,
Nueva York

Introducción

MI interés por la cocina latinoamericana nació mientras cursaba estudios durante algún tiempo en Jamaica. Lo que me hechizó fue el sabor de las guindillas, especialmente de una que los jamaicanos denominan «gorro escocés», pequeña, en forma de farolillo, sumamente picante y llena de sabor. También tenía amigos cubanos y brasileños que me ofrecieron una deslumbrante visión de esta rica cocina que se extiende desde Río Grande hasta el Antártico. Poco después de casada, hace unos veinte años, mi marido fue trasladado desde la sede de Nueva York a una misión de las Naciones Unidas en México, por lo que pude proseguir mi investigación acerca de sabores que no he podido olvidar jamás. Fue, por tanto, una casualidad que empezase con la cocina mexicana, probablemente la más compleja y única de toda la región; incluso ahora, que conozco todos los continentes del mundo, me sigue pareciendo la más exótica de todas.

La cocina mexicana se apoya firmemente en sus orígenes aztecas, y en menor medida mayas, entremezclados con la cocina española. Pero la propia España estuvo durante casi ochocientos siglos dominada por los árabes, por lo que su cocina posee una fuerte influencia de Oriente Medio. A todo lo largo de mi investigación sobre la cocina mexicana me fui tropezando con Oriente Medio. Posteriormente viajé a dicha región, a España y Portugal para estudiar esas influencias. El complicado tapiz de la cocina mexicana está formado por tantos hilos entretejidos que aún me resulta difícil desenredarlos por completo.

Pero sean cuales sean las fuentes, no cabe la menor duda de que se trata de una cocina gratificante. Desde el primer momento me sentí encantada por los platos a base de harina de maíz, uno de los ingredientes más puramente mexicanos de todos. Mi paladar se sintió hechizado a causa de bocaditos como las quesadillas de flor de calabaza, que consisten en una tortilla cruda rellena con una sabrosa mezcla de carne hervida de calabaza, y luego dobladas y fritas o, menos frecuentemente, hechas al horno. También tomé deliciosos pimientos rellenos de fríjoles en puré, recubiertos de grasa y fritos; o un plato aún más exótico: pimientos rellenos de carne y recubiertos de queso fresco y una salsa de nueces, adornado todo ello con granos de granada. Probé el huachinango a la veracruzana, un sabroso pescado llamado pargo colorado con pimientos jalapeños, en una suave salsa de tomate ligeramente perfumada con clavo y canela. Y el Mole poblano de guajalote, esa extraordinaria mezcla de distintos tipos de pimientos secos, frutos secos, hierbas, especias y un poquito de chocolate amargo, con todo lo cual se hace una salsa para acompañar al pavo y que, al parecer, fue uno de los platos favoritos en la corte de Moctezuma. Se trataba de un plato exótico y verdaderamente delicioso.

Descubrí maravillosas descripciones de los mercados del México de la preconquista en la monumental obra de un sacerdote español, Fray Bernardino de Sahagún, que estuvo allí antes de que la Conquista se consolidase. Fray Bernardino de Sahagún era un escritor vivaz y delicioso, y logró transmitirnos vivos esos mercados, describiendo incluso la presencia en ellos de las prostitutas locales que se dedicaban a mascar chicle. No me había dado cuenta de que el chicle, una sustancia procedente del árbol llamado zapote, era también una de las aportaciones de México al mundo, y de que ese mismo árbol produce el delicioso fruto denominado chico zapote. El padre Sahagún caracterizó e identificó las diversas modalidades de tortillas a la venta, y evidentemente se dedicó a probar algunos de los alimentos descritos, ya que habla de un guiso a base de gambas y de otros platos con tanto placer, que leyéndolo casi puede uno saborearlos. No necesité que me instaran más y me dirigí a los mercados, comprendiendo que eran los mejores lugares para aprender.

Debido a que, junto al maíz y los fríjoles, los pimientos desempeñan un papel vital en la cocina mexicana, y a que mi paladar estaba todavía hechizado por el sabor de las guindillas jamaicanas de mis tiempos de estudiante, empecé a investigar este fascinante alimento. En botánica se denomina *Capsicum annuum* o *Capsicum frutescens,* de la familia de las solanáceas, a la que también pertenecen las patatas, los tomates y las berenjenas. No se ha realizado aún un cálculo exacto del número de modalidades de pimientos existentes, aunque se sabe que la planta se cultivaba ya 7000 años antes de Cristo. La razón es que se trata de un vegetal cuyas semillas se propagan a través del viento y que se fertiliza fácilmente, y dado que lo vienen haciendo desde hace miles de años, existen en la actualidad numerosas modalidades diferentes. Algunos botánicos calculan el número en sólo sesenta, mientras que otros pueden nombrar más de cien. Mucho antes de la llegada de Colón, el pimiento se había extendido por todo el Caribe, además de por América Central y del Sur. Y a partir del descubrimiento de América los pimientos se diseminaron por todo el mundo, naturalizándose en cada país, de manera que se ha olvidado su origen nacional. Los pimientos pueden ser dulces, picantes o muy picantes. Al principio son de color verde y luego van cambiando al amarillo o rojo según maduran, y algunos de ellos pasan por los tres colores en su ciclo vital. Su longitud oscila entre los 6 milímetros y los 18 centímetros. Se utilizan frescos o secos. Algunos tienen la piel arrugada y otros lisa; y aparte de las características de no ser picantes, picar algo o picar mucho, poseen un gran sabor.

Mi primera visita fue al gran mercado de San Juan en México. Me encontré con un verdadero estallido de color. Había enormes pilas de tomates maduros de color rojo intenso, montones de calabazas amarillas, pimientos y guindillas de color rojo intenso, verde claro y verde oscuro o poblanos; puestos en los que se vendían las guindillas pequeñas y arrugadas, de los tipos ancho, mulato, pasilla, chipotle (de color ladrillo) y morita, guajillos (de color rojo suave) y las pequeñas guindillas llamadas cascabel y pequin. Había más modalidades de pimientos de los que yo podía abarcar en una sola visita.

Las vendedoras eran en su mayoría mujeres con el pelo peinado en trenzas, con faldas de algodón y blancas blusas, recubiertas por el tradicional rebozo alrededor de los hombros. Algunas, sentadas en el suelo, sólo tenían delante de ellas pequeñas pilas de hierbas o especias, o una pirámide de aguacates de piel color púrpura. Otras, acompañadas con frecuencia por sus maridos e hijos, contaban con puestos mejor instalados, llenos de naranjas, pomelos, las palas de cactos llamado nopal, nopalitos, o su fruto, tuna, pequeños globos de color verde o rojo púrpura. Según pasaba me gritaban: «¿Qué va a llevar, marchanta?», y cuando les explicaba que lo que quería era aprender sobre la cocina mexicana, me ofrecían generosamente su ayuda. Encontré la guindilla que recordaba desde mis tiempos de estudiante: procedía de Yucatán y, paradójicamente, se llamaba habanera. Posteriormente la encontré por todo el Caribe, también en la ciudad de Bahía, en Brasil, y en Guatemala, donde se la denomina caballero. Se trata de un tipo de pimiento con el que hay que contar. Compré toda clase de pimientos, los llevé a casa, los fotografié, me aprendí sus nombres y los cociné. Los he detallado en la sección de ingredientes, aunque por supuesto no todos, sino sólo los útiles para el tipo de cocina occidental.

El primer día le pregunté a una de las vendedoras cómo preparar quesadillas de flor de calabaza, y se sintió muy complacida. Le gritó a una vendedora de tortillas que se acercara, y luego fue reuniendo todos los ingredientes necesarios, enseñándome cómo combinarlos y cómo rellenar la tortilla con ellos y luego freírla. Se molestó en explicarme que, para mayor sencillez, estaba utilizando una tortilla ya hecha. Entonces me mandó a otro puesto a comprar un trozo de masa para tortillas recién hechas, que se compone de un maíz especial preparado y molido y que se vende seco en forma de harina para masa. Fue una mañana deliciosa, y desde entonces empecé a visitar con regularidad mercados tales como el de La Merced, el de San Juan o el de Medellín, en Ciudad de México; los de

Guadalajara, Querétaro, Mérida, Yucatán o Cuernavaca. A cualquiera que fuese, encontré en él profesoras llenas de experiencias, buenas amigas que me introdujeron con enorme generosidad y entusiasmo a platos y recetas para mí desconocidos.

Las tortillas constituyen un acompañamiento esencial de la comida mexicana. Aprendí cómo hacerlas a partir de harina para masa, utilizando una prensa para tortillas, que es un invento colonial verdaderamente espléndido. Las cocineras mexicanas pueden formar una tortilla con las manos y luego depositarla en una especie de sartén llamada comal para se haga. Pero yo descubrí que con las manos sólo lograba hacer unas tortillas demasiado gruesas y mal acabadas, por lo que probé a utilizar una prensa para tortillas de hierro (las prensas originales estaban hechas de madera). Funciona bastante bien y, al igual que la harina para masa, puede adquirirse en cualquier tienda o almacén mexicano.

Los fríjoles constituyen también un ingrediente esencial de la cocina mexicana, bien servidos en cuencos aparte, como un plato propio, no secos, sino más bien caldosos, bien en puré y fritos en grasa de cerdo, fríjoles refritos, una pasta de fríjoles de agradable sabor y que se utiliza de mil maneras deliciosas.

Otro ingrediente clave es el tomate, y no me puedo imaginar la comida mexicana sin él, pudiendo tratarse del conocido tomate amarillo o rojo de uso diario, o del pequeño tomate mexicano verde *(Physalis ixocarpa),* un tomate de pequeño tamaño y color verde pálido o amarillento, cubierto por una gruesa piel, y cuyo sabor sólo surge plenamente cuando se guisa. Salvo en partes del suroeste del país, normalmente sólo se puede adquirir enlatado. Ambos tipos de tomate se utilizan en salsas, así como en el guacamole, la salsa para ensaladas a base de aguacates, que constituye otro de los ingredientes esenciales de la cocina mexicana.

México, y de hecho toda América Latina, adoptó el arroz con entusiasmo, y acompaña excelentemente a los típicos guisos mexicanos, llamados *mollis,* y a otros muchos platos. Los cocineros y cocineras de todo el continente se enorgullecen de sus arroces. Cualquiera que sea el método empleado para guisarlo, los granos están siempre sueltos y tiernos.

Durante mi estancia en México recorrí todo el país, desde los ranchos de cría de ganado del norte, región de la que procede la familia de mi marido, hasta el Yucatán maya; desde el Caribe hasta el Pacífico, pidiendo con entusiasmo recetas a familiares, amigos, extraños, buscándolas en mercados y restaurantes, sintiéndome cada vez más cautivada por la exuberancia de esa cocina tan maravillosamente variada. Me encerré largas horas en mi cocina para intentar reproducir fielmente los platos que tanto me habían gustado; y ya de vuelta en Nueva York, reflejé todos mis descubrimientos en un libro de cocina. Luego la casualidad, o más bien la buena suerte, me llevaron de nuevo a América Central, comenzando por Guatemala, en otros tiempos corazón del imperio Maya, y comprendí que acababa de descubrir un nuevo continente de platos interesantes y llenos de sabor, fuertemente ligados a la cocina mexicana.

Mi interés se vio estimulado por recientes descubrimientos acerca de los orígenes de los alimentos que demuestran que la agricultura apareció simultáneamente en Oriente Medio y en el Valle de México hacia el año 7000 antes de Cristo. En Oriente Medio se logró domesticar animales tales como ovejas, cabras, cerdos y vacas, y se comenzó a cultivar la cebada, el trigo, los guisantes y las lentejas. Poco a poco, todos estos productos se fueron extendiendo por Europa y Asia. El arroz, procedente de Asia, se introdujo hacia el año 3500 antes de Cristo. Los cacahuetes, las batatas y el mijo, procedentes de África, llegaron algunos siglos después. Aproximadamente al mismo tiempo, en México, la otra cuna de la agricultura, empezaron a cultivarse por primera vez pimientos, calabazas y aguacates. Un par de siglos después hizo su aparición el maíz y el fríjol, y algo después, hacia el año 700 después de Cristo, el tomate. Estos alimentos se extendieron gradualmente por América del Norte y del Sur. Las patatas y los boniatos, cultivados en las tierras altas de los Andes por los predecesores de los incas ya en el año 2500 antes de Cristo, se extendieron por todo el continente, y lo mismo ocurrió con la tapioca y con los cacahuetes del Brasil. De hecho, los cacahuetes tuvieron un doble origen, ya que fueron cultivados independientemente en Brasil y en África occidental hacia el año 1500 antes de Cristo. Todo este proceso fue lógicamente avanzando y complicándose, dando cada vez lugar a más frutos, verduras y cultivos, por lo que, cuando llegó Colón a América, descubrió no sólo un nuevo mundo, sino también toda una serie de alimentos distintos. Estos hallazgos me permitieron comprender mejor la naturaleza de la cocina, pues poco después de la Conquista se produjo una mezcla de tendencias culinarias que evolucionó hasta convertirse en la rica y variada cocina de la América Latina de hoy en día.

Sabía que me llevaría largo tiempo recorrer el inmenso continente sudamericano para visitar sus mercados, hablar con sus cocineras, recoger recetas, aprender acerca de sus platos y poder guisarlos en mi propia cocina. Pero también sabía que me lo pasaría magníficamente haciéndolo, por lo que me lancé a la tarea con entusiasmo, y este libro comenzó a tomar forma en mi mente.

Visitando las ruinas arqueológicas del antiguo imperio maya descubrí una buena forma de averiguar los límites de la cocina precolombina. El imperio maya nació en Guatemala, se extendió hasta la cercana Honduras y hasta los estados de Yucatán, Chiapas y Campeche, en México. En toda esta área la cocina es maya y no azteca. Dado que la civilización maya se encontraba ya en decadencia en el momento de la Conquista, apenas han sobrevivido restos de dicha cocina. Desearía que no hubiese ocurrido así, pues se trata de una cocina sutil y delicada, salvo en lo que se refiere a su feroz salsa de guindillas, realmente picante. Me gusta guisar con semillas molidas de achicote, que poseen una olorosa fragancia cuando se utilizan enteras, completamente distintas del sabor del aceite o grasa coloreada extraída de la pulpa de color rojizo anaranjado que rodea a dichas semillas. La cocina del resto de América Central: Belize, El Salvador, Nicaragua, Costa Rica y Panamá, que junto con Guatemala y Honduras constituyen el largo puente de unión entre la América del Norte y la del Sur, es una mezcla de las cocinas maya, azteca y española, con influencias cosmopolitas en tiempos recientes. Existe también una cierta influencia caribeña, fundamentalmente de los isleños que fueron a trabajar en las plantaciones de banana.

El Caribe parecía ser el próximo paso lógico, y fui saltando de isla en isla y encontrando nuevamente cocineras generosas y de buen corazón que me dejaron entrar en sus cocinas con mi cuaderno de notas y compartieron sus secretos de cocina conmigo. De ese gran arco de islas que se extiende desde Florida, en el norte, hasta la costa de Venezuela, en el sur, y que Colón descubrió en 1492, sólo Cuba, la República Dominicana y Puerto Rico forman parte de América Latina. Cuando Colón llegó primero a La Española (actualmente la República Dominicana y Haití), las islas estaban habitadas por los belicosos indios caribes y por los pacíficos arawaks, ambos procedentes de América del Sur. Los arawaks eran buenos agricultores y pronto cultivaron maíz y pimientos procedentes de México, así como boniatos, batatas y tapioca que debieron llevar consigo. Su influencia en la cocina de las islas persiste en el extendido uso de los tubérculos, las guindillas, la pimienta de Jamaica y el maíz. Los colonos africanos aportaron la okra y sus propios tipos de batata; pero, en lo esencial, la cocina de las islas de habla hispana es la española, utilizando una mezcla de productos indígenas e introducidos de otros países. Se trata de una cocina sorprendentemente rica y variada, sobre todo en la República Dominicana, país en el que el plato nacional es una especie de cocido madrileño, con pollo, carne de vaca, jamón y chorizo y diversos tipos de verduras y legumbres.

Descubrí entonces las pautas por las que la herencia común de España y Portugal y una agricultura precoz y variada se entretejieron para componer el tapiz que convierte a la cocina latinoamericana actual en una unidad ricamente diversa. Emprendí entonces una serie de viajes por toda América del Sur, siendo lo suficientemente afortunada para encontrar amigos y amigas en todo el continente que me ayudaron. Empecé con los países andinos: Venezuela, Colombia, Ecuador, Perú, Bolivia y Chile, visitándolos uno a uno.

La cadena montañosa de los Andes, de unos 7.500 kilómetros de longitud, que recorre la costa del Pacífico de América del Sur desde Venezuela hasta la punta de Chile, domina todo el continente. Las montañas nacen muy cerca de la costa, que es exuberante y subtropical en el norte y desértica desde Perú hacia el sur. Entre las distintas cadenas montañosas se encuentran elevadas mesetas, recorridas en muchos casos por turbulentos ríos que van a parar al valle del Amazonas. Se trata de una región de espléndidos paisajes, y recorriéndola se siente uno como en medio de un mar de montañas. Antes de que el avión se convirtiera en un medio de transporte habitual, los viajes resultaban difíciles, por lo que las distintas cocinas andinas se desarrollaron con independencia unas de otras. A la gente y a los alimentos les resultaba difícil pasar de la costa a las tierras altas como de un país a otro, por lo que existe en todos ellos una cocina tropical y otra templada. Sin embargo, las carreteras y los medios de transporte modernos han cambiado esta situación, borrando las diferencias.

La cocina de Venezuela no es demasiado importante, ya que se trata de un país que careció de una civilización india indígena. Fue descubierto en 1498 por Colón cuando llegó a las bocas del Orinoco. La colonización española comenzó en 1520. La base de su cocina es, por tanto, colonial, con préstamos y adaptaciones de otros países latinoamericanos. Los fríjoles negros son uno de los alimentos favoritos de los venezolanos, que denominan a su puré «caviar criollo», descripción culinaria verdaderamente halagadora. El plato nacional es tan ecléctico como toda su cocina. Se basa en una receta española del siglo XVI llamada «ropa vieja», a base de carne magra con tomate (un plato delicioso a pesar de su nombre), y se sirve con huevos fritos, fríjoles negros, arroz y plátano frito. Venezuela cuenta también con una excelente salsa de aguacate, la Guasacaca, derivada del Guacamole mexicano, y de un magnífico plato de pescado, Corbullón mantuano, que recuerda al famoso pescado a la Veracruzana de México. El pan local de maíz se llama arepa, y está hecho de manera similar a las tortillas mexicanas, pero con un tipo de maíz distinto. Las arepas son mucho más gruesas que las tortillas y su sabor a maíz menos pronunciado. Los inmigrantes alemanes del siglo XIX son responsables de los excelentes quesos de Venezuela y de su magnífica cerveza.

Este país cuenta con excelentes quesos frescos que convierten a las arepas en una verdadera delicia cuando se sirven calientes y recubiertas de esta clase de queso.

Colombia posee una vasta geografía y dos costas, una al Pacífico y la otra al Caribe, lo que dota a este país de una enorme variedad de pescados y mariscos. Tres grandes cadenas montañosas van subiendo desde la costa como los peldaños de una gigantesca escalera, formando una serie de mesetas de diferentes alturas, por lo que el país cuenta con toda clase de climas y produce todo tipo de alimentos. Recorriendo los mercados de la capital, Bogotá, encontré montones de cocos, bananas, plátanos, piñas, chirimoyas, papayas, caña de azúcar, aguacates, guavas, así como tubérculos tropicales tales como la papaya, los taros, los boniatos, la mandioca, y la arracacha, mezclado todo ello con melocotones, peras, albaricoques, manzanas, uvas y ciruelas.

Los conquistadores españoles se mezclaron con los indios nativos, los chibchas, grandes orfebres del oro que poseían una avanzada civilización. La moderna cocina colombiana es sumamente variada, sofisticada y original. La cocina de la costa utiliza imaginativamente la leche de coco con arroz, pescado, carnes y aves. A mí personalmente me gusta de manera especial el arroz con coco y pasas, así como otro plato parecido, el arroz con coco frito y pasas; el arroz está siempre seco y entero, bien graneado, lo que equivale a *al dente* en las pastas. También me gusta el suave sabor del sábalo guisado con coco, fácil de preparar en casa en primavera, cuando es más abundante. Las mesetas producen maravillosos guisos, de los cuales quizá el más famoso es el Ajiaco de pollo bogotano. Existe también el llamado Sancocho especial, formado por una gran variedad de carnes y verduras, algunas de ellas procedentes de los trópicos. Se trata de un espléndido plato para una comida familiar o una fiesta. Como ocurre en toda América Latina, el cilantro o coriandro fresco se utiliza abundantemente, y en la mesa hay siempre una salsa a base de guindilla para que cada uno se la sirva a su gusto.

Mi siguiente viaje fue al Ecuador. La región alta o montañosa de dicho país formó parte del imperio inca, mientras que las tierras bajas de la costa o tropicales no fueron conquistadas hasta la llegada de los españoles. Quito, la capital, a 2.860 metros de altitud, se encuentra en las proximidades de un volcán apagado, el Pichincha, que alcanza los 4.572 metros de altitud. Ocho volcanes, entre ellos el Chimborazo, de 6.096 metros de altitud, y el Cotopaxi, de más de 5.700 metros de altitud, pueden verse desde Quito los días claros. El Ecuador se encuentra sólo a 24 kilómetros de distancia, lo que hace que esas elevadas tierras gocen de un clima suave y templado. En Ecuador existe un marcado contraste entre la cocina de la costa o tropical y la cocina de las tierras altas, sobre todo porque la segunda es de origen inca, mientras que la primera no.

En uno de los muros de la catedral de la Plaza Mayor de Quito se encuentra una placa que afirma que la gloria de Ecuador consistió en descubrir el río Amazonas por el cual navegó Francisco de Orellana en una balsa hecha por él mismo, llegando hasta sus fuentes en 1541. Yo personalmente opino que se puede afirmar que la gloria de la cocina ecuatoriana consiste en sus seviches (pescados hervidos en zumo de limón o lima). Se diferencian mucho de los seviches de otros países, debido sobre todo al empleo de zumo de naranjas amargas o de Sevilla en una salsa a base de cebolla, ajo y aceite. Probé seviches hechos con lubina, gambas, langosta y una interesante variedad de concha de color negro. La mejor bebida para acompañar este plato es la cerveza bien fría. En América Latina no es nunca un problema encontrar cerveza de magnífica calidad y agradable sabor, algo fuerte pero siempre refrescante.

Las patatas desempeñan un importante papel en la cocina ecuatoriana de las tierras altas. Uno de los platos favoritos es el llamado Locro, una espesa sopa a base de patata y queso, que a veces se sirve con rebanadas de aguacate. Creo que este plato compone un excelente almuerzo o cena ligeros, siempre que se complemente con algún postre o fruta. Con unos amigos ecuatorianos y en la comida de mediodía, todavía la comida fuerte en la mayor parte de América Latina, lo tomé en un menú a continuación de un suflé de maíz y precediendo a la carne. Estaba preparado con un poco de pimentón dulce, pero la versión de la costa utiliza achicote, que posee un sabor más pronunciado. Otro plato favorito a base de patata y queso, que se sirve con diversos acompañamientos, bien como primer plato, bien como segundo, dependiendo del resto del menú. Estas pastitas forman una exquisita guarnición para la carne, el pescado o las aves asados o al grill. En la costa se suelen freír en grasa de achicote o aceite. El arroz de la costa se guisa por lo general con achicote, lo que le da su característico color amarillento.

Las verduras son muy apreciadas en el Ecuador, y debido a lo suave de su clima se sirven a la temperatura ambiente, normalmente varias a la vez. Dado que a 3.000 metros de altitud el agua hierve a una temperatura muy inferior que al nivel del mar, las verduras están siempre tiernas y crujientes sin necesidad de que el cocinero o cocinera realice un gran esfuerzo. Considero a la ecuatoriana como una cocina que tiende un puente entre lo exótico y lo conocido, utilizando la mostaza de maneras imaginativas y complementando siempre las texturas con los sabores. En cierta ocasión tomé cerdo asado, cortado en cubitos y dispuesto en círculo en una fuente, cuyo centro estaba relleno de tomates maduros, cortados en trocitos y levemente fríos. Estaba delicioso. Como en otros países, se suele servir una salsa picante, Salsa de ají, que se toma al gusto de cada uno. Está hecha a base de guindillas verdes o rojas simplemente molidas con sal y mezcladas con un poquito de cebolla picada.

De todos los países andinos, la cocina de Perú es la más excitante, aunque para crearla los inteligentes agricultores de la región tuvieron que enfrentarse a unos formidables obstáculos geográficos. La estrecha llanura costera del Perú es desértica, salvo allí donde los ríos dan lugar a pequeños oasis. Las montañas se elevan abruptamente, completamente desnudas, pero entre ellas se encuentran fértiles valles con caudalosos ríos que los atraviesan, y elevadas mesetas con buenas tierras agrícolas y de pastos, aunque ya a altitudes de hasta 3.300 metros. A altitudes todavía mayores, de 4.300 metros, se encuentran altiplanicies desoladas y barridas por los vientos.

Fue en las tierras altas y templadas, en las terrazas construidas sobre las faldas de las montañas para aprovechar al máximo el suelo cultivable, donde los antiguos habitantes de la región desarrollaron el boniato y más de cien variedades de la patata, aproximadamente hacia el año 2500 antes de Cristo.

Aún hoy en día secan las patatas por un procedimiento original, utilizando el frío de las tierras altas de los Andes para congelarías por la noche, descongelándolas por la mañana al sol y extrayendo todo el agua. A las patatas secas resultantes, duras como piedras, se las llamaba chuño, y se las podía conservar indefinidamente. Los únicos animales domésticos de cierto tamaño eran la llama y la alpaca, utilizados por los incas por su lana, como animales de carga y por su carne, aparte de elaborar un queso fresco a partir de su leche.

El imperio inca contaba con una amplia red de carreteras sólo comparable a la del imperio romano, y que enlazaba entre sí a sus más de treinta ciudades grandes y pequeñas. Los agricultores de esta sociedad urbana y altamente organizada enviaban sus productos al mercado de la ciudad o población más próxima. Se desarrolló una sofisticada cocina con un uso característico de las guindillas o ají. A los peruanos les gusta la comida muy picante y utilizan abundantemente la guindilla, de la que poseen una considerable variedad, aunque todos los tipos son casi igual de picantes. Son maravillosas de ver, en los mercados, enormes pilas de rocotos y mirasoles, grandes montones de guindillas de diversos tamaños y de color amarillo intenso, naranja, rojo, así como verde, aunque las amarillas son las que más llaman la atención. Me gusta pensar sobre este empleo del amarillo en la cocina de países que adoraban al sol antes de que la Conquista les llevase el cristianismo. No creo que sea casualidad que en Perú se utilice tanto la hierba denominada *palillo*, que se muele hasta obtener de ella un polvo de color amarillo intenso, y que se emplea para dar color y sabor a las comidas. Y están también las patatas amarillas, auténticas patatas, no boniatos o papayas, que tienen la carne de color amarillo, así como las batatas amarillas, y los plátanos, también de color amarillo cuando están maduros. Los amarillos continúan en la familia de las calabazas, desde el amarillo pálido de la gigantesca zapallo hasta el amarillo oscuro de otros tipos, así como en el maíz fresco. Existen platos a base de patata que son una verdadera sinfonía de amarillos y blancos, honrando quizá así al dios Sol y a la diosa Luna. En cualquier caso, se trata de exquisitos platos en una cocina repleta de ellos.

Apenas se conoce la cocina del altiplano boliviano, aunque dicha región fue en otros tiempos la sede de grandes civilizaciones. La impresión dominante de Bolivia es la de altura, pues el país es alto, muy alto, el más alto de todos. El lago Titicaca, que Bolivia comparte con Perú, se encuentra a 3.850 metros de altitud. Según una leyenda, en el centro de dicho lago hay una isla que fue el legendario hogar de los incas. Cerca se encuentran las ruinas de Tiahuanaco, una ciudad preinca. Tras la Conquista, Bolivia se convirtió en parte del Virreinato de Perú y se conoció como el Alto Perú. Con la independencia, el nombre se cambió por el de Bolivia en honor del libertador, Simón Bolívar. Al igual que a los peruanos, a los bolivianos les gusta la comida muy picante y utilizan generosamente la guindilla. Sus platos más populares son los guisos y las sopas espesas. Sin embargo, el que yo prefiero es el llamado Pastel de Choclo con relleno de pollo, que recomiendo con entusiasmo.

La geografía de Chile plantea problemas muy distintos. El tercio norte de este país, alargado y estrecho, de más de 4.000 kilómetros de longitud y literalmente emparedado entre el océano Pacífico y los Andes, es un reseco desierto, el desierto más desértico de la tierra. Cuando se sobrevuela, las sombras son tan intensamente oscuras que parecen manchas de agua, un verdadero espejismo. Se trata de un paisaje extraña y conmovedoramente hermoso. El tercio sur es montañoso y lluvioso, mientras que el tercio del centro goza de un clima templado y agradable, y de un suelo fértil, con verdes valles llenos de viñas que producen excelentes vinos, maravillosas verduras, hortalizas y frutas, entre las que destacan las fresas. La parte más meridional de este afortunado tercio central está cubierta de bosques y lagos, ofreciendo al viajero paisajes de inusitada belleza. Y, por supuesto, los nevados Andes constituyen siempre un espectacular telón de fondo.

La fría corriente de Humboldt hace que Chile cuente con los mariscos más imprevisibles del mundo. Pienso, por ejemplo, en sus gigantescos erizos; en los *locos*, u orejas marinas, tan tiernas como el pollo cuando se guisan como es debido; en los *picoroccos*, extraños mariscos que saben a cangrejo; en sus cangrejos gigantes, mejillones, almejas, gambas, langostinos, ostras, y en el congrio, un espléndido pescado que yo no conocía. Sólo en Chile se puede disfrutar de estos manjares, producto de sus frías corrientes. Pero, aparte de ellos, descubrí numerosos platos de interés que no dependen de unos ingredientes especiales, platos tales como el Congrio en fuente de barro, el Pollo escabechado y los Porotos granados.

En lo que es actualmente Argentina y Uruguay no hubo una civilización india importante. Aunque en la actualidad son dos países distintos, antes de obtener la independencia de España pertenecían ambos al Virreinato del Río de la Plata. Los métodos de cocina españoles empleando ingredientes tanto indígenas como introducidos dieron lugar a la cocina local, que se ha visto posteriormente modificada por nuevas influencias, entre las que predomina la italiana. Al igual que Chile, Argentina produce buenos vinos, mientras que su carne de vacuno puede considerarse como de las mejores del mundo. El Matambre, carne de falda rellena, constituye un ejemplo de lo que los argentinos son capaces de hacer con un trozo relativamente modesto de vacuno. Y sus empanadas, rellenas con diversos productos, son las mejores que he probado en mi vida. Argentina ofrece también algunos exóticos guisos de carne con fruta, tales como la Carbonada criolla con melocotones y la Carbonada en zapallo, que incluye peras y melocotones y que termina de hacerse en una gran calabaza vaciada por dentro. Se trata de una deliciosa combinación.

Paraguay es un pequeño país sin salidas al mar en el que el guaraní, el idioma de los indios de la región, goza de una consideración igual a la del español como idioma oficial. La cocina es española y guaraní, con algunos platos internacionales, sobre todo franceses e italianos. Mi plato paraguayo favorito es el adecuadamente llamado So'O-Yosopy (pronunciada la última sílaba de manera explosiva), que se puede traducir al español por sopa de carne. No conozco ningún plato más reconfortante cuando está uno cansado. Casi me gusta lo mismo la Sopa paraguaya, que no es una sopa en absoluto, sino un rico tipo de pan a base de queso y harina de maíz, que se sirve tradicionalmente con la carne; en lo que a mí se refiere, me parece igualmente bueno sin nada. Paraguay es también el país del mate, una antigua bebida india agradablemente estimulante, ya que cuenta con una buena dosis de cafeína.

En toda América Latina se encuentran ejemplos de la forma más antigua de cocinar: el horno neolítico de tierra o barro, actualmente sustituido por hornos de otros tipos, que van desde el de carbón a los eléctricos o de gas. No obstante, esa modalidad ha persistido en la cocina de los fines de semana o al aire libre. Los campesinos de México guisan un cordero entero en un horno de tierra a modo de barbacoa, y los habitantes de las ciudades celebran barbacoas los domingos y las fiestas en restaurantes especiales consagrados a esta forma de cocinar. En la península de Yucatán, al horno de tierra se le denomina *pib;* en los Andes se le llama *pachamanca,* palabra procedente del quechua, y que significa tierra y vasija. En el sur de Chile se prepara el llamado *curanto.* Se trata de un plato rico y suculento, que incluye lechón, así como los magníficos mariscos chilenos.

Argentina y Uruguay cuentan con barbacoas como las populares en otros países. En Argentina existen espléndidos restaurantes en los que las carnes se guisan en parrillas del tamaño de una pared, en las que se sirve toda clase de asados y carnes a la parrilla. Creo que la mejor prueba que conozco de la popularidad de esta modalidad de cocina la descubrí en una de las calles principales de Montevideo (Uruguay), donde contemplé algunos obreros que estaban reparando el asfalto prepararse el almuerzo. Encendieron un fuego, colocaron sobre él un trozo de tela de alambre, asaron filetes, descorcharon una botella de vino tinto y, con la adición de buenas barras de pan, disfrutaron de una excelente comida.

Cuando me acuerdo de la época en que decidí recoger toda una serie de recetas latinoamericanas, verdaderas joyas de la cocina, e integrarlas en un libro, siento aún un gran placer. He hecho lo que siempre deseaba. He dedicado mucho tiempo a mi labor de investigación; he realizado interesantes viajes y degustado una enorme variedad de excelentes alimentos. Ha merecido la pena. He investigado los cómos y los porqués históricos de esta exótica cocina y he encontrado respuestas que he ido anotando en toda una serie de cuadernos de notas en un lenguaje taquigráfico especial. En conjunto, he realizado un fascinante análisis de poblaciones y ciudades antiguas, del nacimiento de la agricultura, de la integración a través de la cocina de culturas muy diferentes. Pero eso era sólo una parte de lo que yo buscaba. El resto lo descubrí compartiendo las comidas con toda una serie de amigos y conocidos.

Pero la mejor parte de mi tarea ha sido cuando me he podido encerrar en mi propia cocina y me he dedicado a traducir a hechos aquellas notas apresuradas, logrando platos con el sabor auténtico de la cocina latinoamericana.

No se trata de una cocina que resulte difícil o llena de complicadas técnicas. En su mayor parte es bastante sencilla y directa, aunque puede haber algunos métodos que parezcan extraños al principio, como freír una pasta a base de pimientos y otros ingredientes en grasa o aceite antes de preparar el mole mexicano. También tuve que aprender sobre frutas y verduras desconocidas y buscarlas en mis propios mercados de regreso a Estados Unidos, donde las encontré sin demasiado problema. Recordaba los sabores, y fui alterando las recetas hasta encontrar el adecuado; y, además, conté con amigos y familiares dispuestos a compartir conmigo espléndidas comidas. Se trató de una experiencia gozosa y nunca me he sentido más feliz que cuando he recibido el cumplido con que se felicita a las cocineras latinoamericanas: «Tiene buena mano.» Confío en que los lectores desearán compartir mi experiencia, y cocinarán, disfrutarán y adoptarán estas recetas entre sus favoritas.

Variantes léxicas para denominar los distintos productos agroalimentarios

AVES

Pato
Pavo
Pichones
Pollo

CARNES

Callos/Panza/Mondongo/
    Guatitas
Cocina (carnes secadas al aire)
Conejo
Cordero
Chorizo
Hígado
Jamón
Manitas (generalmente de cerdo)/
    Patitas de chancho
Paletilla
Pechuga
Solomillo/Lomito/Filete
Ternera

ESPECIAS Y PLANTAS

Azafrán
Canela
Cilantro
Clavo
Comino
Cúrcuma
Guindilla/Ají picante
Hierbabuena
Laurel
Orégano
Perejil
Pimentón
Pimienta

FRUTAS

Aceitunas
Aguacate/Palta
Albaricoque/Damasco
Alcaparras
Almendra
Avellana
Cacahuete/Maní
Champiñón
Chirimoya
Ciruela
Coco
Fresa/Frutilla
Fresquilla/Purazno prisco

Higo
Lima
Limón
Mango
Melocotón/Durazno
Membrillo
Naranja
Níspero
Nuez
Pera
Piña/Ananá
Piñón
Pistacho
Plátano/Banana/Cambur

LEGUMBRES Y CEREALES

Alubias/Poroto
Arroz
Centeno
Garbanzo
Guisante/Arveja
Habas
Judías blancas/Porotos blancos/
    Blanquillo/Carotas blancas
Judías negras/Porotos negros/
    Carotas negras
Judías pintas/Porotos pintos/
    Fríjoles/Carotas pintas
Judías verdes/Porotos verdes/
    Chauchas/Vainitas
Lentejas
Maíz
Salvados (cáscaras de cereales)

MARISCOS

Almejas
Calamares
Camarones
Gambas
Langostinos
Ostras

PESCADOS

Bacalao
Congrio
Corvina
Fletán
Lubina
Mero
Pez sierra
Pez teja
Róbalo
Rodaballo
Sábalo

TUBÉRCULOS

Batata/Camote
Boniato/Camote
Nabo
Ñame
Patata/Papa
Remolacha/Beterraga
Yuca
Zanahoria

VERDURAS

Achicoria
Ajo
Alcachofa
Apio
Arracachia
Berenjena
Berros

Brécol

Calabaza (y variedades)/Calaba-
   cín/Zapallo

Cebolla

Cebolleta/Cebolla de verdeo

Cebollino/Cebollín

Coliflor

Chiles (y variedades)/Ají dulce/
   Ají picante

Espárrago

Guindilla (todo tipo)/Ají picante

Hinojo

Lechuga

Pepino

Pimiento rojo/Pimiento morrón/
   Pimentón rojo

Pimiento verde/Pimentón verde

Puerros/Ajos porros

Repollo

Tomate

COCINA
LATINOAMERICANA

Ingredientes

Aceite o manteca de achiote. Se prepara sumergiendo brevemente semillas de achiote en aceite o grasa caliente, y colando luego y dejando enfriar la grasa, a la que las semillas dan un intenso color dorado anaranjado (véase pág. 394). Se utiliza para dar color y sabor en los países latinoamericanos, así como en algunas partes no hispanohablantes del Caribe.

Aceite de palma. Originario de África y muy utilizado en la cocina brasileña de Bahía, tiene un bello color amarillo anaranjado y un agradable sabor. Se puede comprar en establecimientos especializados y en todas las tiendas de América Latina. Aporta color y algo de sabor a los platos preparados con él, pero se puede prescindir del mismo.

Achiote. Es el nombre que se da a las semillas de un pequeño árbol florido de la América tropical. La palabra procede del término azteca *achiotl*, y sus semillas se denominan algunas veces bija o bijol en las islas de habla hispana del Caribe. Los indios caribes y arawaks denominaron a estas semillas *roucou*, nombre por el que aún se las conoce en determinadas partes de dicha región. La pulpa dura y de color rojo anaranjado que rodea a las semillas se utiliza para preparar aceite o manteca de achiote, y sirve para colorear y dar sabor a los platos de carne, aves y pescado del Caribe, Colombia, Ecuador y Venezuela. En la península del Yucatán la semilla entera se muele junto con diversas especias (tales como el comino y el orégano) hasta formar una pasta, lo que le da un sabor todavía más pronunciado. Resulta difícil definir su sabor, que es fragante, ligero y florido. Se puede adquirir en establecimientos especializados en alimentos de América Latina o India.

Aguacate *(Persea americana)*. Perteneciente a la familia de las lauráceas, se cultivaba en México ya en el año 7000 antes de Cristo, y se denominaba *ahuacatl* en nahuatl, el idioma de los antiguos mexicanos. Hoy en día se llama aguacate. Estaba muy extendido por América del Sur antes de la llegada de Colón, y se cultivó en el imperio inca, denominándosele *palta*. Aún hoy en día se le sigue conociendo por ese nombre quechua, aunque en numerosas partes de América del Sur conserva su nombre mexicano. El fruto puede tener la piel lisa o rugosa, verde o de color negro. Antes de madurar resulta algo duro, pero madura en unos pocos días si se le deposita en una bolsa de papel marrón y se le deja a la temperatura ambiente. Un aguacate está maduro cuando cede a una leve presión sobre el extremo del tallo. Cuando se corta se decolora rápidamente. Se puede evitar este fenómeno echando sobre él algo de zumo de lima o limón; y si desea conservar parte de un aguacate ya abierto, déjele la piel y el hueso en su cavidad, fróstele los bordes cortados con zumo de limón o lima, envuélvalo bien en plástico y métalo en el frigorífico.

Una sencilla forma de hacer puré de aguacate consiste en cortarlos dentro de su piel con un tenedor, manteniendo la cáscara en la palma de la mano izquierda. Extraiga la carne con una cuchara y machaque los pequeños trozos que puedan haber escapado a la acción del tenedor. Este método resulta mucho más fácil que machacarlos en un cuenco y aporta al puré una textura especial. Las hojas de aguacate se utilizan algunas veces en la cocina mexicana exactamente igual que las hojas de laurel, y los huesos o semillas de aguacate pueden utilizarse para cultivarlos y obtener hermosas plantas de interior. Para tostar las hojas de aguacate, colóquelas sobre un comal sin engrasar o sobre una rejilla de hierro grueso y déjelas a fuego moderado aproximadamente un minuto por ambos lados.

Ajo. El ajo peruano, de piel color púrpura, y el ajo mexicano, algunas veces de piel color púrpura y otras blanca, se encuentran sin dificultad en todos los supermercados y establecimientos especializados. Los dientes de estos ajos son de gran tamaño, lo que resulta bastante cómodo cuando hay que pelar un número elevado de ellos. El tamaño de los dientes de ajo varía tanto como los gustos con respecto al ajo, por lo que yo he adoptado en muchos casos el sistema de incluir en mis recetas dientes de ajo de distintos tamaños, de manera que las personas especialmente aficionadas a él puedan buscar los más grandes sin escrúpulos de conciencia.

Alcachofas de Jerusalén. Son, a pesar de su nombre, los tubérculos de una planta originaria de Canadá y el norte de los Estados Unidos. Su nombre botánico es *Helianthus tuberosus,* y son una especie de girasol perteneciente a la familia de las margaritas. En este caso la palabra Jerusalén es al parecer una corrupción de girasole, la palabra italiana. En América del Sur se denomina *topinambur,* mientras que en los mercados de Estados Unidos se las conoce a veces como *sunchokes.* Poseen una agradable textura y son muy crujientes. Con ellas se prepara una deliciosa sopa, una excelente ensalada, y representan un agradable cambio o novedad en la dieta, en la que pueden reemplazar a las patatas como tubérculo base. Resultan algo difíciles de pelar, ya que son de pequeño tamaño y forma nudosa. Yo siempre elijo las más grandes y las menos nudosas que encuentro, pero he descubierto recientemente que las nuevas variedades son más fáciles de pelar. Cuando lo hago, no me preocupo demasiado si queda algo de piel, ya que su sabor no es del todo desagradable.

Es importante no hervirlas demasiado, ya que en ese caso perderían su calidad de crujientes y pueden volverse excesivamente pastosas.

Aliño criollo. Se trata de una receta venezolana a base de hierbas y especias, utilizada fundamentalmente con los platos de carne y aves, guisos, etc. Se puede adquirir envasado en la sección de especias de los supermercados, o también prepararse fácilmente en casa (véase receta pág. 394).

Antojitos es el nombre dado por los españoles a los alimentos a base de tortillas que descubrieron en el México de los aztecas. Estos alimentos encajan perfectamente en la cocina de hoy en día como aperitivos o primeros platos. La versión de mayores dimensiones, los llamados antojos, es ideal para almuerzos o cenas ligeros.

Apio. Véase **Arracacha.**

Arepas, el pan de maíz de Venezuela, hecho de una harina especial de maíz venezolano precocinado, se puede adquirir ya envasada en casi todas las tiendas de productos alimenticios de América Latina. Para información adicional, véase **Tortillas.**

Arracacha *(Arracacia xanthorrhiza).* Es un tubérculo que se encuentra en los mercados de Colombia. Forma parte de la familia de los apios indígenas de la parte septentrional de América del Sur, y fue uno de los productos favoritos en tiempos precolombinos. En Venezuela se encuentra un tubérculo de forma cilíndrica denominado apio, también perteneciente a la familia de las *Arracacia xanthorrhiza.* Su sabor es muy parecido y recuerda levemente al del apio, aunque algo más dulce, con una textura parecida a la de la patata y una carne de color amarillo pálido. La única diferencia que yo he encontrado es que el apio resulta más fácil de pelar. Dado que el apio se encuentra con frecuencia en los mercados tropicales, mientras que la arracacha sólo se puede comprar de cuando en cuando, pueden utilizarse indistintamente. Conviene no olvidar que surgen confusiones debido a que apio es una palabra española que corresponde a otro producto. Los venezolanos resuelven el problema denominándolo apio de España o apio de Castilla. El apio venezolano puede ser un delicioso sustituto de las patatas, y cuando se cocina con piña compone un exquisito postre.

Arrowroot. Es un polvo o almidón comestible elaborado a base de los rizomas de la planta *Maranta arundinacea;* sirve para espesar las sopas, los guisos y las salsas. Se encuentra en todas partes.

Bacalao. Llamado *bacalhau* en Brasil, es un alimento extremadamente popular en toda América Latina. Se puede adquirir en todos los mercados latinoamericanos y en numerosos supermercados y pescaderías, especialmente en el nordeste.

Batata *(Ipomoea batatas)*. Es un tubérculo comestible originario de la América tropical, aunque no se conoce con exactitud el lugar donde apareció. Sólo levemente dulce, no tiene nada que ver con la familia de las patatas. La variedad más popular cultivada en Estados Unidos es el llamado yame de Louisiana, de carne jugosa y color anaranjado, con piel marrón. Pero su nombre se presta a confusión, ya que en realidad no tiene nada que ver con los yames, que pertenecen a un grupo botánico completamente diferente, el de las dioscóreas. La batata blanca, de carne menos jugosa y color blanco y piel rosácea o blanca, se conoce también con el nombre de boniato, y es la variedad más popular en toda América Latina. Se encuentra con facilidad en los mercados tropicales y cada vez más en las fruterías normales y corrientes. Es un excelente sustituto de la patata.

Las batatas son miembros de un gran grupo de tubérculos comestibles de la familia de las dioscoráceas, que contiene aproximadamente 250 especies distintas, la mayoría de ellas originarias de las regiones tropicales del mundo. Pueden ser tan pequeñas como las patatas nuevas o pesar hasta 45 kg., aunque la mayoría de ellas pesan aproximadamente 1/2 kg. y tienen el tamaño de una patata grande. La piel es por lo general marrón y puede ser rugosa, lisa o belluda, mientras que la forma es casi siempre cilíndrica. La carne es de color blanco o amarillento, la textura carnosa, y el sabor agradable. Se encuentran en los mercados tropicales y cada vez más frecuentemente en las fruterías y supermercados. En algunos lugares se conoce a las batatas con el nombre de ñame, o yampi, cushcush, mapuey, u otra serie de nombres. Cuando se vea algún tubérculo desacostumbrado en el mercado, lo más razonable es preguntar si se trata de algún tipo de batata, recordando siempre que las batatas no deben confundirse nunca con el boniato, que es un tubérculo distinto. Pueden prepararse exactamente igual que las patatas.

Las variedades de menor tamaño son por lo general las mejores por su textura y sabor, aunque merece la pena conocer todos los tipos de batata.

Bananas y hojas de banana. En la cocina latinoamericana se utilizan tanto las bananas verdes como las maduras, las primeras a modo de verdura u hortaliza. Cuando uno de los ingredientes de una receta sean plátanos (pág. 57) pueden sustituirse perfectamente por bananas. Las hojas de banana, que algunas veces se pueden comprar en establecimientos especializados, se utilizan como envoltorios dentro de los cuales se cocinan determinados alimentos. El papel de aluminio es un sustituto adecuado.

Caballa. Es un pescado bastante grande que puede alcanzar entre 5 y 7 kg. de peso. Su aspecto es bastante atractivo, siendo el amarillo el color predominante de sus escamas, en lugar del azul acerado, propio de la caballa del Atlántico. Se pesca cerca de las costas de Florida y del Golfo de México, y es un pescado muy popular en toda América del Sur, utilizándose en la sopa de almejas de Colombia. En caso de no poder conseguir caballa, es mejor utilizar pergo colorado u otro pescado similar en lugar de la caballa del Atlántico, de sabor excesivamente intenso.

Calabaza. También llamada ahuyama, zapallo, abóbora. Se encuentra sin dificultades en todos los mercados latinoamericanos y caribeños. No debe confundirse, sin embargo, con la calabaza norteamericana, ya que, aunque se encuentra en toda una serie de formas y tamaños, normalmente es mayor: bien ovalada, bien redonda.

Carne seca. Es carne salada y secada al sol. Se encuentra en la mayoría de los mercados latinoamericanos y también en algunas tiendas especializadas. De no encontrarla, puede uti-lizarse la carne salada empleada en el *Sancocho especial de Colombia,* ya que la técnica empleada para su conservación es similar.

Cilantro *(Coriandrum sativum)*. De la familia de las zanahorias, indígena del Mediterráneo y del Cáucaso, es una hierba conocida ya desde la antigüedad más remota y mencionada en los escritos sánscritos y del antiguo Egipto. Su antigüedad queda demostrada por el hecho de que los romanos la introdujeron en Gran Bretaña antes de que terminase el siglo I de nuestra era. Se ha extendido por todo el mundo y es muy importante en las cocinas India y Thai, y de hecho en la mayor parte de Asia, incluida China. Con frecuencia se denomina perejil chino; y aunque las hojas son de un color verde más claro, se parece de hecho al perejil normal y corriente, también perteneciente a la misma familia y pariente próximo del cilantro.

Muchos mexicanos consideran el cilantro como una planta indígena. Evidentemente, resulta difícil imaginarse los deliciosos platos mexicanos a base de tomates verdes o el guacamole (salsa de aguacate) sin cilantro. Si pudiese decirse que hay una hierba favorita de la cocina mexicana, sería el cilantro; aunque el orégano, el comino y, en menor medida, la hierba indígena llamada epazote, son todas muy populares. He sido incapaz de descubrir cuándo llegó el cilantro a México, pero creo que fue introducido poco después de la Conquista y adoptado con entusiasmo. Indudablemente se trata de una hierba muy popular en toda América Latina. No obstante, existe una situación paradójica en relación con el cilantro. Esta hierba no se utiliza en la cocina española actual, a pesar de ser una de las favoritas de Oriente Medio y de que España permaneciese durante casi ocho siglos en poder de los árabes. De hecho, Colón descubrió América antes de que España hubiese terminado la Reconquista, por lo que los españoles de aquellos tiempos, que aún consumían comidas típicamente árabes, pudieron llevar el cilantro consigo al nuevo mundo. También es posible que llegase a través de las Filipinas, donde es muy popular; en aquellos tiempos existían fuertes relaciones entre México y las Filipinas, por entonces todavía una colonia española. Algunos de los problemas de la cocina pueden no resolverse nunca, aunque resulta divertido intentarlo.

El cilantro fresco es cada vez más fácil de encontrar. Se vende en los mercados latinoamericanos, chinos y coreanos, así como en establecimientos especializados. En los mercados de América Latina se le llama cilantro, y algunas veces también culantro o culantrillo. En los mercados chinos y coreanos se le denomina perejil chino, o en chino *yuen-sai*. Se vende junto con sus raíces y no se conserva demasiado bien. Para guardarlo se le deberían cortar las raíces, y no lavar el cilantro, sino limitarse a envolverlo en toallas de papel, con raíces y todo, y depositarlo dentro del frigorífico en una bolsa de plástico. Éste es el método más sencillo y el que yo personalmente utilizo. Algunos recomiendan lavarlo junto con sus raíces, dejarlo secar bien y meterlo en el frigorífico dentro de un jarro con agua suficiente como para cubrir las raíces; otros se limitan a meterlo con raíces y todo en una jarra de vidrio cerrada herméticamente.

Para contar en todo momento con cilantro para dar sabor a las sopas y guisos, yo le quito las raíces, lo lavo bien y hago puré con él, incluyendo los tallos, sin añadir nada de agua. Luego congelo el puré en cubitos de hielo; una vez congelados, los meto en una bolsa de plástico. Un cubito equivale a aproximadamente una cucharada de hojas recién cortadas. Este método funciona bien cuando lo que importa es el sabor y no el aspecto. Algunas veces las raíces del cilantro son de tamaño bastante grande. En Tailandia, el país en el que me convertí en una aficionada al cilantro, se pelan y utilizan en platos de curry, a los que aportan un intenso sabor. Siempre que puedo, conservo las raíces más gruesas para dicho fin.

Los diminutos frutos marrones del cilantro, parecidos a semillas, se utilizan también en la cocina, especialmente en los platos de curry y para dar sabor a la ginebra. Se venden ya envasados en las secciones de especias de los supermercados, y a partir de ellos he logrado cultivar cilantro.

Cocos y leche de coco. Elija cocos que estén llenos de líquido. Sacúdalos para comprobarlo. Los cocos con poco líquido no están en buen estado. Evite los que tengan manchas. Utilizando un gancho para hielo, un destornillador o un instrumento afilado parecido, agujeree dos de los tres ojos del coco empleando un martillo en caso necesario. Extraiga y reserve el líquido. Cuélelo antes de utilizarlo, ya que puede contener trocitos de fibra de coco. Un ejemplar de tamaño mediano produce aproximadamente media taza de líquido. Deje el coco en un horno precalentado (a 200º C) durante 15 minutos. Deposítelo luego sobre una superficie dura y golpéelo por todas partes con un martillo. Antes o después, su dura cáscara o corteza cederá. Extraiga la carne o pulpa de cualquier trocito que quede con un cuchillo o destornillador. Para hacer leche de coco no hace falta quitar la piel interior de color marrón; pero si uno de los ingredientes de la receta es el coco rallado, quite dicha piel con un cuchillo pequeño y afilado. Corte el coco en trozos grandes, y vaya echándolos en una batidora, rallándolos lo más posible. El coco rallado estará ya listo para su uso. Si no necesita el agua de coco para la receta, añádala a la batidora junto con los trozos de coco, ya que eso contribuye a su rallado. Saldrán aproximadamente cuatro tazas.

Para obtener una leche de coco especialmente espesa, deposite el coco rallado en un paño húmedo, apretándolo y retorciéndolo para extraer de él la mayor cantidad de liquido posible. Luego resérvelo. Para obtener leche de coco normal y corriente, deposite el coco rallado en un cuenco y vierta sobre él una taza de agua hirviendo. Déjelo reposar una media hora. Cuele el líquido a través de un paño húmedo, añada el agua de coco y resérvelo. Repita el procedimiento entero. Tire luego el coco.

A menos que en una receta se exija la utilización por separado de leche de coco espesa, mezcle la leche espesa y la normal y corriente y utilícelas juntas. Cuando se deja reposar la leche de coco espesa, se recubre de una capa de nata. Esta nata o crema está deliciosa en los postres. Si el agua de coco extraída del fruto al principio no se necesita para fines culinarios, puede combinarse en cócteles con ginebra o vodka.

Si no puede conseguir frutos frescos, utilice el zumo de coco enlatado como sustituto del rallado. La crema de coco, que se puede comprar en mercados tropicales y establecimientos especializados, es un buen sucedáneo de la leche de coco. Limítese a mezclarla con agua templada o leche hasta obtener la consistencia deseada. El coco fresco rallado se conserva perfectamente en el frigorífico bien congelado.

Crème fraîche. Venezuela cuenta con un adorable tipo de queso fresco que sabe maravillosamente con las arepas (pan de maíz). Se parece mucho a lo que en Francia se denomina *crème fraîche*. Se puede lograr una buena imitación de la crème fraîche mezclando una cucharada de suero de leche con otra crema espesa y calentando la mezcla en un pequeño cazo hasta que esté tibia. Viértala luego en un jarro y déjela reposar hasta que se haya espesado, aproximadamente ocho horas, en una habitación templada. En el frigorífico se conservará bien durante varios días.

Chayote *(Sechium edule)*. De la familia de las calabazas, es también conocido por los nombres de christophene, cho-cho y chu-chu. Este producto es originario de México, y su nombre procede del azteca *chayotl*. Actualmente se cultiva ampliamente en regiones semitropicales de todo el mundo. De aproximadamente 15 a 20 cm. de longitud y con una forma parecida a la de la pera, el chayote tiene por lo general un color verde claro (aunque existen también variedades blancas), una piel levemente espinosa y una única semilla comestible. Su textura es crujiente y su sabor delicado, parecido al de los *zucchini*, pero más sutil. Los chayotes saben mejor cuando son nuevos y firmes. Evite los que estén arrugados o reblandecidos.

Chicha. Es una bebida parecida a la cerveza elaborada a partir del maíz. Generalmente no contiene demasiado alcohol. Es muy popular en toda América Latina.

Chicharrones. Son trozos de piel de cerdo frita que se pueden comprar ya envasados en los mercados y supermercados.

Embutidos. No hay problema para encontrar los embutidos adecuados para la cocina latinoamericana. Los chorizos, procedentes de España, se encuentran fácilmente. Aunque no ocurre lo mismo con las morcillas, la *kielbasa* polaca, que se vende en los supermercados de toda América, sustituye con facilidad a la longaniza española y a la *linguiça* brasileña.

Epazote o **Pazote** *(Chenopodium ambrosioides)*. De la familia de las anserinas, y cuyo nombre procede del término nahuatl *epazotl*, crece silvestre prácticamente en casi toda América y también en numerosos lugares de Europa. Se seca con facilidad, y en dicho estado se puede encontrar en prácticamente todos los mercados latinoamericanos. Para secarlo uno mismo, debe recogerse una mañana seca (si es posible muy temprano, ya que el sol hace que se volatilicen sus esencias o aceites) y extenderlo sobre servilletas de papel en un armario oscuro y templado hasta que esté bien seco, dándole ocasionalmente la vuelta. El proceso puede tardar una semana. También puede depositarlo en una bandeja dentro del horno con la luz piloto encendida y darle la vuelta de cuando en cuando. Así se logrará secar en sólo cuestión de horas. Una vez seco, separe las hojas de los tallos, viértalas en un jarro de vidrio herméticamente cerrado y almacenado en algún lugar oscuro. El epazote se utiliza mucho en la cocina mexicana, especialmente en el centro y sur del país, en platos a base de fríjoles y tortillas. No se puede sustituir con nada. Afortunadamente, esta hierba no es vital para el éxito de las recetas.

Flores de la calabaza. Son las pequeñas floraciones de color amarillo dorado de cualquiera de las variantes de la familia de las cucurbitáceas. No se trata de las floraciones femeninas, que se convertirían en pequeñas calabazas, sino de las floraciones masculinas, que, en caso de no recogerse y utilizarse, morirían én la misma planta. Detrás de las floraciones femeninas se encuentran unos bultos perfectamente reconocibles, mientras que detrás de las masculinas no. Con estas últimas se puede preparar, entre otras muchas cosas, una maravillosa sopa.

Guascas o **huascas** *(Galinsoga parviflora Linneo)*. Es una hierba colombiana que crece en la región de los Andes. En los establecimientos colombianos se vende en jarros de cristal, seca y en polvo. Aunque no tiene la menor relación con las llamadas alcachofas de Jerusalén, su olor recuerda al de dicha verdura. Aporta un delicioso sabor a las sopas y guisos, especialmente a los preparados con pollo. Aunque no se encuentra fácil-

mente fuera de Colombia, cabe incluirlo aquí en caso de que
alguien pueda obtenerla, pero no es esencial para el éxito de
ninguna de las recetas de este libro.

Huacatay. Hierba de la familia de las margaritas, se utiliza
en Perú para las salsas y para platos tales como el *Picante de
Yuca*. No se suele encontrar fuera de América Latina y no hay
sustituto para ella. Su sabor es bastante inusual, y debe acos-
tumbrarse uno a él poco a poco, pues al principio resulta demasiado intenso. Yo personalmente me paso perfectamente sin él.

Jamón curado. Cuando en las recetas latinoamericanas se
especifique jamón curado, el más corrientemente utilizado es el
jamón serrano español. No obstante, el *prosciutto* italiano, el
jamón alemán de Westfalia, el francés de las Ardenas o de
Bayona son perfectos sustitutos.

Jícama *(Exogonium bracteatum).* De la familia de los don-
diegos, es un tubérculo de forma parecida a la del rábano, con
una piel color marrón claro, originaria de México, donde normalmente se come cruda, cortada en rodajas, con un poquito
de sal y espolvoreada con guindilla en polvo, o también en
ensaladas. Tiene una carne de color blanco, crujiente y jugosa.
Se encuentra en los mercados del suroeste y en los especializados en frutas y verduras tropicales.

Judías. Pueden ser pintas o blancas, y pertenecen todas a
una gran familia de legumbres, la *Phaseolus vulgaris,* originaria
de México, y cuya antigüedad se remonta al año 5000 a. de C.
Constituyen un ingrediente esencial de la cocina latinoamericana y aparecen en numerosas recetas. Yo personalmente sigo
la regla mexicana para guisarlas; esto es, que no se deben dejar
en remojo, sino ponerlas a hervir en agua fría con sus condimentos o especias, añadiendo agua caliente siempre que sea
necesario durante el tiempo de cocción. No se debe añadir la
sal hasta que las judías estén tiernas. Es imposible fijar un tiempo exacto para su cocción, ya que puede variar entre una hora
y media y dos horas y media, según sean nuevas o viejas.

Resulta recomendable comprarlas en establecimientos que vendan muchas, ya que las judías pasadas pueden necesitar mucho tiempo para su cocción, e incluso ofrecer una textura reseca una vez cocidas. Si existen razones para sospechar que están pasadas, cabe recurrir a un remedio desesperado. Déjelas toda la noche en remojo en agua fría y un poco de bicarbonato sódico, un cuarto de cucharadita por cada dos tazas de judías, y enjuáguelas luego concienzudamente antes de ponerlas a hervir en agua limpia. Con este método se consiguen verdaderas maravillas.

Los españoles y los portugueses llevaron a América Latina otra legumbre, los garbanzos *(Cicer arietinum)*. Esta legumbre de pequeño tamaño, redonda, de color amarillo y bastante dura, originaria de Oriente Medio, necesita permanecer en remojo toda la noche antes de hervirla. Otra popular legumbre procedente de Oriente Medio son las habas *(Vida faba)*. Entre otros productos leguminosos también consumidos habitualmente cabe destacar las judías del Perú, los arándanos, y un tipo de judía procedente de África. Siempre que necesiten permanecer en remojo antes de hervirlas, se indicaría de manera expresa en las distintas recetas individuales.

Malanga. Véase **Taro.**

Mate. Es una especie de té hecho con las hojas secas de una planta perenne de América Latina, *Ilex paraguayensis*. Es especialmente popular en Paraguay, Uruguay, Argentina y Brasil. Se puede adquirir en establecimientos especializados. Prepárese según las instrucciones del envase o según las dadas en la pág. 407.

Mandioca *(Manihot utilissima)*. También llamada manioc, aipím o yucca, es una bella planta tropical cuyos tubérculos, de al menos 5 cm. de diámetro y entre 20 y 25 de longitud, son conocidos sobre todo como la fuente de la cual se extrae la tapioca. La mandioca apareció hacia el año 1500 a. de C. en Brasil, y se utiliza ampliamente en todas las cocinas latinoamericanas. Las raíces están cubiertas con una piel de color marrón, bastante peluda y casi con el grosor de un corteza. La mandioca debe pelarse bajo agua corriente y sumergirse rápidamente en agua, ya que su blanca carne tiende a descolorarse al contacto con el aire. Puede hervirse y utilizarse como sustituto de las patatas en los guisos o estofados, para acompañar a platos de carne y aves. También puede freírse y servirse como patatas fritas.

La mandioca se emplea también para preparar con ella pan o pasteles, que se venden en los comercios y mercados de toda América del Sur. Para hacerlos se necesita una harina de mandioca tan fina como el almidón, y que no se encuentra fácilmente en otros países. En cualquier caso, los resultados no son especialmente atractivos.

Mole. Palabra procedente del término nahuatl *molli*, es una salsa elaborada a base de cualquiera de los distintos tipos de pimientos, picantes o no picantes, normalmente combinados unos con otros y mezclados con otros ingredientes. El más famoso de los distintos tipos de moles es el *Mole poblano de Guajalote*, un plato a base de pavo de Puebla en el que se utiliza chocolate amargo; pero existen también otras muchas variantes.

Nopal. Es un tipo de cactos. Se encuentra enlatado en establecimientos especializados en alimentos mexicanos y fresco en algunos mercados del suroeste de Estados Unidos. Se utiliza fundamentalmente para ensaladas, y tiene un atractivo fruto, la tuna, que puede ser de color verde o rosa rojizo.

Naranjas amargas. No suelen comercializarse, pero en algunos países se las encuentra a veces en establecimientos o mercados especializados. Esta fruta, de gran tamaño, piel rugosa y color naranja rojizo, posee un sabor delicado y peculiar, pero su pulpa resulta demasiado amarga para poder tomarse cruda. El zumo, que se utiliza mucho en la cocina latinoamericana, se puede conservar congelado, y no hace falta tirar la piel, ya que se aprovecha para hacer con ella mermelada. Como sustituto puede emplearse una mezcla de un tercio de zumo de lima o limón con dos tercios de zumo de naranja normal.

Palillo. Es una hierba peruana que se utiliza seca y molida para dar color amarillo a los alimentos. Dado que buena parte de las comidas peruanas son de color amarillo o blanco, estoy segura de que esto es un reflejo de la adoración al Sol y a la Luna de los incas antes de la Conquista. El palillo no se encuentra en otros países, pero he descubierto que, si se utiliza la mitad de cúrcuma, los resultados son muy parecidos.

Pepitas o semillas de calabaza. Son típicas de México. Se pueden comprar ya envasadas en supermercados y establecimientos especializados.

Palmito. Son los brotes frescos de cualquiera de las diversas especies de palmas. Su delicado sabor resulta exquisito en sopas y ensaladas. Aunque el palmito se consume fresco en los países de origen, también se enlata para su exportación, y se puede encontrar en los supermercados.

Patatas. Los que ahora llamamos incas, aunque probablemente se trató de una civilización muy anterior, actualmente perdida en el tiempo, fueron los primeros que cultivaron las patatas en las elevadas planicies de los Andes. Desarrollaron una asombrosa variedad, algunas de cuyas modalidades todavía subsisten hoy. Entre las supervivientes se encuentran las patatas de gran tamaño y carne amarilla, que ofrecen un aspecto tan bello cuando se utilizan en los platos peruanos a base de patata. No obstante, se trata más de una cuestión de estética que de sabor, ya que puede sustituirse por cualquier patata de buena calidad susceptible de ser hervida. Colombia cuenta con una versión de menor tamaño de la patata peruana; su carne tiene también un color amarillo, y se denominan papas criollas. Dado que no se deshacen al hervir, los colombianos las mezclan en sus guisos con otras patatas más blandas, que se desintegran y espesan la salsa, dejando las papas criollas intactas. Cualquier patata nueva y de pequeño tamaño puede servir como sustituto.

Piloncillo. Es un azúcar moreno mexicano empaquetado en trocitos con forma de pirámide. Al azúcar moreno moldeado de forma similar se le conoce por una amplia variedad de nombres. Si no encuentra piloncillo, utilice azúcar moreno normal y corriente.

Pimienta de Jamaica. La pimienta de Jamaica o pimienta gorda de los países de habla hispana es la baya pequeña y de color marrón oscuro de un arbusto perenne de la familia de las mirtáceas, que los españoles descubrieron en estado silvestre en la isla de Jamaica. La mayoría de las exportaciones siguen procediendo de dicha isla. Las bayas secas, que se parecen mucho a granos de pimiento, combinan el sabor de la canela, la nuez moscada y el clavo. La pimienta de Jamaica se puede adquirir entera o molida allí donde se venden especias.

■ PIMIENTOS

Los pimientos, picantes, no picantes y muy picantes, pertenecen todos a la variedad *Capsicum annuum* o *Capsicum frutescens,* de la familia de las solanáceas, a la cual pertenecen también las patatas, los tomates y las berenjenas. Se cultivaron por primera vez en el Valle de México, hace aproximadamente 9.000 años, y su nombre original en nahuatl era *chilli*. Sus variedades son muy numerosas y aún no se han clasificado todas. Los pimientos se han extendido por todo el mundo, naturalizándose rápidamente en los distintos países que los adoptaron, de manera que su origen nacional se ha olvidado. Se utilizan ampliamente en la cocina latinoamericana, sobre todo en la mexicana y peruana. Se encuentran fácilmente en mercados especializados en alimentos latinoamericanos y tropicales y, con frecuencia, también en los supermercados y otras tiendas. Se dividen en dos categorías principales: pimientos secos y pimientos frescos.

Los pimientos secos

Ancho. Éste es el tipo de pimiento más frecuentemente utilizado en la cocina mexicana. Suele ser de gran tamaño, con la piel arrugada, de unos 10 cm. de largo por unos 7,5 de ancho. Su color es verde intenso y su sabor suave y muy agradable. Constituye la base de numerosas salsas.

Chipotle y morita. Se trata de dos tipos de pimientos arrugados y secos, ambos de color rojo ladrillo. Los dos son menores que los pimientos anchos, siendo el pimiento morita menor que el chipotle. Aunque algunas veces se encuentran secos e incluso molidos, normalmente se suelen adquirir enlatados. Su sabor es el más peculiar y característico de todos los pimientos mexicanos, y son muy picantes. No obstante, si se utilizan con cuidado, se obtiene el beneficio de su sabor sin que el picor resulte excesivo.

Guajillo. Se trata de un pimiento de bastante longitud (10 cm.), delgado, de piel lisa y color rojo intenso, que, al igual que su equivalente fresco, el chile largo de color verde pálido, se utiliza fundamentalmente para dar sabor a los guisos.

Mulato. Aproximadamente de la misma forma y tamaño que el pimiento ancho, pero de color más oscuro, más próximo al marrón que al rojo, y más largo y delgado. Su sabor es más picante que el del pimiento ancho. Su piel es arrugada.

Pasilla. Se trata de un pimiento largo y estrecho, de unos 18-20 cm. de largo y aproximadamente 2,5 de ancho, y de un color mucho más oscuro que el pimiento ancho. Al igual que los pimientos ancho y mulato, su piel es arrugada, y algunas variedades son tan oscuras que se las denomina chile negro. Es muy picante, pero al mismo tiempo de intenso sabor. En México, estos tres tipos de pimientos se utilizan muchas veces combinados.

GUINDILLAS SECAS

Existen numerosos tipos de guindillas secas con diversos nombres, cascabel, pequín, tepín, etc., que pueden utilizarse indistintamente siempre que uno de los ingredientes de la receta sea la guindilla. Una variante, procedente del Japón, llamada *hotaka*, debe tratarse con sumo cuidado, ya que es extremadamente picante. También puede utilizarse pimentón picante como sustituto: 1/8 de cucharadita equivale a un pequín entero.

Mirasol. Se trata de una guindilla de tamaño mediano, piel arrugada y forma alargada, procedente del Perú, y cuyo color puede ser rojo o amarillo. No se encuentra en otros países, pero las guindillas rojas secas son un sustituto perfecto. Las más adecuadas son las de mayor tamaño, como la japonesa hontaka.

Cómo utilizar las guindillas secas

El método utilizado en la cocina mexicana es el mismo para los pimientos de las modalidades ancho, pasilla, mulato, chipotle y monta. Enjuáguelos en agua fría, arranque el tallo y extraiga las semillas. Corte los pimientos en trozos grandes y déjelos en remojo en agua templada, aproximadamente seis por cada taza, durante media hora. Si están muy secos, déjelos en remojo algún tiempo más. Hágalos puré con el agua en la que hayan estado en remojo o páselos por la batidora. El denso puré resultante estará entonces listo para cocinarlo con grasa o aceite caliente mezclándolo previamente con los restantes ingredientes especificados en la receta para preparar la salsa.

Los pimientos enlatados de las modalidades chipotle y monta están ya en forma de puré, y pueden utilizarse directamente de la lata. Las pequeñas guindillas rojas se suelen aplastar simplemente con los dedos.

Lávese siempre las manos con agua templada y jabonosa después de manejar los pimientos o guindillas. Si se frota los ojos con los dedos huntados de guindilla puede resultar extremadamente doloroso.

La mejor forma de conservar los pimientos o guindillas secos consiste en depositarlos en el frigorífico o en algún sitio frío en bolsas de plástico. Si se dejan al aire se secarán demasiado.

Los pimientos frescos

GUINDILLAS FRESCAS

Un buen número de guindillas verdes de tamaño pequeño o mediano se venden frescas en los supermercados y establecimientos especializados todo el año. Normalmente se las denomina genéricamente guindillas. En México, las más frecuentemente utilizadas son las variedades llamadas serrano, de aproximadamente 4 cm. de largo, forma alargada, piel lisa y color verde claro, y la jalapeño, cuyo color es levemente más oscuro y su tamaño algo mayor, de aproximadamente 6 cm. de largo. Ambos tipos de guindilla son sumamente picantes. El jalapeño se confunde muchas veces con otro tipo de pimiento llamado cuaresmeño, tan parecido a él que algunos botánicos los clasifican bajo el mismo epígrafe. Su forma es levemente distinta, pero yo creo que el cuaresmeño pica todavía más. Dado que la mayor parte del picor de estas guindillas procede de las semillas y de las venas, elimínelas, a menos que desee un picor muy intenso. Estos dos tipos de guindillas se venden también enlatados en los establecimientos mexicanos, y resultan sumamente útiles cuando no se pueden conseguir guindillas frescas.

En Brasil existe una guindilla de tamaño diminuto denominada malagueta. Es extremadamente picante. Otra, de mayor tamaño, y llamada algunas veces pimiento de cayena, se puede encontrar todo el año en fruterías y en mercados especializados en productos chinos y japoneses. Estos dos tipos de guindillas se suelen vender maduros, cuando se han vuelto de color rojo. Entonces pican algo menos y su sabor es más intenso.

En las Antillas se encuentra un pimiento o guindilla en forma de farolillo, que los jamaicanos denominan gorro escocés, normalmente de pequeño tamaño, de unos 4 cm. de largo, y con un sabor exquisito. En la península de Yucatán se le conoce por el nombre de habanero, y es también muy popular en el Brasil tropical. Esta guindilla se vende verde, amarilla y roja; es decir, en sus tres fases o etapas de maduración. Es muy picante, pero posee un sabor que merece la pena conocer. Yo la he encontrado fresca en los mercados del Caribe y también embotellada, normalmente importada desde Trinidad. La variante embotellada se conserva indefinidamente en el frigorífico.

Siempre que uno de los ingredientes de la receta sean guindillas rojas o verdes, puede utilizarse cualquiera de estos tipos de guindillas.

El picor de las guindillas varía mucho y la única forma de averiguarlo consiste en probarlas. Pase la lengua por un pequeño trocito de guindilla y, si le parece excesivamente picante, utilícela con cuidado. Pero los gustos varían tanto como los distintos tipos de pimientos o guindillas, por lo que la única guía válida es su propio paladar. Al igual que en el caso de los pimientos secos, después de manejar guindillas deberá lavarse siempre las manos con agua templada y jabonosa.

En mis visitas a los mercados peruanos me encontré con grandes pilas de pimientos amarillos, ají amarillo, una verdadera sorpresa para la vista. Seguramente la única materia de color amarillo más intenso que estos pimientos es el oro. Desgraciadamente, no se pueden conseguir fuera del Perú. Sin embargo, los pimientos frescos de color verde o rojo son igualmente válidos desde el punto de vista del sabor.

PIMIENTOS FRESCOS NO PICANTES

Quizá el más utilizado de todos los tipos de pimiento es el pimiento verde normal, que se puede comprar todo el año. Existe un espléndido pimiento mexicano, el poblano, de color verde oscuro y forma alargada, que no se encuentra fácilmente en otros países. Se emplea sobre todo para pimientos rellenos. Existe otro tipo de pimiento fresco no picante, de color verde claro y forma alargada, denominado pimiento de California o italiano. Es muy parecido al chile güero mexicano y puede utilizarse siempre que se necesite esta clase de pimientos. No obs-

tante, los excesivamente alargados no son adecuados para relle-
narlos.

El pimiento verde normal, no picante, se vuelve de color rojo
cuando madura. Existe, sin embargo, una variedad similar, aunque diferente, de forma más alargada. Se vende siempre enlatado o envasado, frecuentemente con la etiqueta de pimientos
morrones. Se trata de un pimiento de color rojo, mientras que
el verde muy maduro se vuelve de color casi violeta. Cuando no
pueda obtener pimientos de color rojo, recurra a los enlatados.
Ya pelados y preparados, pueden utilizarse directamente de la
lata y mejoran mucho la presentación de los platos.

Cómo pelar los pimientos rojos o verdes

Pínchelos con un tenedor y colóquelos sobre la llama del gas
o sobre un hornillo eléctrico, dándoles frecuentemente la vuelta, hasta que la piel se oscurezca y forme ampollas. Envuélvalos
en un paño previamente sumergido en agua caliente y déjelos
durante 30 minutos. La parte quemada de su delgada piel se
desprenderá fácilmente bajo agua corriente, mientras que el
resto se pelará sin demasiada dificultad. No importa demasiado
que queden algunos trocitos de piel. El asar los pimientos de
esta manera contribuye, asimismo, a reforzar su sabor.

Plátanos. Pertenecen a la misma familia de las bananas *(Stre-
litzia)*, pero son de tamaño mucho mayor y no comestibles, a
menos que estén bien maduros y su piel de color marrón oscuro.
Se fríen o hierven verdes, a medio madurar y maduros, y normalmente se sirven como un acompañamiento para la carne, las
aves o el pescado. También resultan un agradable aperitivo cortados en rodajas cuando están verdes, y bien fritos.

Cómo pelar un plátano o una banana verde

Ni los plátanos, salvo los muy maduros, ni las bananas verdes se pelan fácilmente a mano. El método más sencillo consis-

te en hacer cortes longitudinales por los bordes naturales del fruto e ir tirando de la piel.

Taro y Malanga. Son plantas tropicales con tubérculos comestibles y pertenecen a la gran familia de las *Arum*. Existen numerosos tipos de estas dos plantas, que llevan cultivándose desde hace más de 2.000 años. Creo que, aparte de las patatas, son de todos los tubérculos los de sabor más sutil y delicioso. El tipo de taro comúnmente cultivado en Estados Unidos es el llamado *dasheen,* y puede encontrarse en los mercados tropicales, aunque en algunos especializados en alimentos caribeños se le denomina coco o eddo. También se encuentra en los mercados especializados en alimentos japoneses con el nombre de sato-imo, o patatas japonesas. Un grupo estrechamente relacionado con éste es el de las malangas, que pertenecen a la familia de las *Xanthosoma,* y se conocen con una amplia variedad de nombres, tales como malanga, tannia y yautía. Sus pieles suelen ser de color marrón, y la carne blanca o amarillenta, y pueden prepararse como las patatas. Cuando comencé a buscar estas plantas en los mercados, escribí todos los nombres con los que se las conoce y los fui enumerando en una especie de letanía. Encontré a la gente sumamente comprensiva y dispuesta a ayudarme, explicándome todas las cosas de manera divertida y encantadora.

Tomates verdes *(Physalis ixocarpa).* Estos tomates poseen un recubrimiento externo de color marrón y fácil de desprender; no hay que confundirlos con los tomates normales verdes (no maduros). Aunque pertenecientes a la misma familia, son especies diferentes. Los aztecas denominaban a este fruto miltomatl, pero en el México de hoy en día se le suele conocer con el nombre de tomatillo, ya que nunca alcanza grandes dimensiones y por lo general tiene sólo 2,5 cm. de ancho. También se le conoce con otros nombres, tales como tomate verde, tomatito y fresadilla. Cuando se venden enlatados y con la etiqueta de «tomates pelados», significa que se les ha quitado ese recubrimiento externo de color marrón. El tomate verde es muy importante en la cocina mexicana y, en menor medida, en la guatemalteca,

aportando un sabor característico a los platos y salsas «verdes».
Su sabor es delicado y levemente ácido, y para extraer de él todo
su sabor, este fruto debe hervirse durante 2 ó 3 minutos. Se
encuentra fresco en los mercados del suroeste y enlatado en establecimientos especializados en alimentos mexicanos. La versión
enlatada no necesita ser hervida y está lista para su uso. La carne
es bastante delicada y la lata puede estar llena de pulpa o trozos
del fruto roto. Cuando ocurra así, utilice el líquido de la lata para
salsas, reduciendo la cantidad de caldos u otros líquidos, y reserve los frutos enteros para aquellas salsas en las que no se necesite líquidos. Este tipo de tomate se puede cultivar fácilmente a
partir de sus semillas.

Tortillas y arepas. La tortilla de México, y la arepa de Venezuela, y en menor medida de Colombia, constituyen un alimento único en el mundo, ya que están hechas con harina cocida.
Se hierven granos de maíz secos con lima (para que se suelte la
piel), luego se escurren y muelen, y si no se van a utilizar inmediatamente, se secan y envasan como harina. Aunque el método para preparar el maíz es el mismo tanto en el caso de las tortillas como en el de las arepas, el resultado final es muy distinto, debido al diferente tipo de maíz utilizado. El grano de maíz
para las arepas es de gran tamaño, lo que les proporciona un
cierto sabor a almidón. Las harinas empaquetas se identifican
fácilmente, ya que llevan la etiqueta de masa harina para tortillas, o harina para arepas. Es imposible confundirlas. Se encuentran en todos los establecimientos especializados en alimentos
latinoamericanos.

Entremeses

LOS entremeses, en el sentido moderno de la palabra, no desempeñaron nunca un importante papel en la cocina tradicional de América Latina. Pero existen innumerables alimentos ligeros utilizados en otros tiempos para acompañar a los platos fuertes, o que se servían en los bares a modo de tapas, y que se han adaptado a los estilos relativamente nuevos de cocina: alimentos para tomar con las bebidas, o primeros platos ligeros para almuerzos o cenas que sustituyen con frecuencia a las sopas.

De un país a otro reciben nombres muy distintos, tan diferentes y variados como los propios entremeses. Se les conoce como botanas, bocaditos, antojitos, boquillas, fritangas, tapados, picadas, entremeses, entradas.

Éstos son los entremeses que yo personalmente encuentro interesantes, y no los canapés modernos, ya casi universales, y que en la mayoría de los casos se han tomado prestados o se han adaptado de nuestros propios canapés, popularizándose mucho en toda América Latina según la industrialización ha ido modificando las pautas sociales de feudales a modernas. Aparte de los entremeses brevemente enumerados, se encuentran también los canapés de caviar, jamón, gambas, anchoas, etcétera. Son frecuentes también los sorbitos de sopa de almejas o cebolla, el queso cortado en cubitos y alternando con pequeños trocitos de piña, diminutas salchichas, el salmón y el caviar con nata líquida, las ciruelas envueltas en beicon y al grill... En los libros de cocina aparecen bajo el epígrafe de *Cocina inter-*

nacional, y en América Latina gozan de cierto prestigio debido precisamente a que son exóticos y poco familiares, lo que resulta perfectamente comprensible.

Pero, afortunadamente, no han desplazado a los entremeses tradicionales con excitantes sabores, nuevos y exóticos para nosotros. Estos alimentos tradicionales oscilan desde los más simples y elementales, maíz tostado, garbanzos fritos, patatitas fritas, rodajas de plátano fritas, yuca y banana frita, y los entremeses más suculentos y voluminosos, como las empanadas, los seviches (pescado hervido en zumo de lima o de limón), que constituyen espléndidos primeros platos para una cena veraniega. Tenemos también los antojitos, los tacos, las chalupas, los sopes y las quesadillas, todos ellos entremeses a base de tortillas imaginativamente rellenas y condimentadas, con las que se puede componer todo un *buffet* para cóctel o toda una cena informal.

Todos estos entremeses son fáciles de preparar y la mayoría de ellos se sirven a la temperatura ambiente. Pueden prepararse por adelantado, y algunos, como las empanadas, mucho tiempo antes y guardarse congelados. Forman unos *hors d'oeuvres* ideales para un cóctel. Yo los he degustado en bares, restaurantes y en hogares de amigos de toda América Latina. Encajan a la perfección en la forma de vida actual, en la que las comidas tienden a componerse de menos platos y a ser menos elaboradas que en el pasado, y en la que cada vez se acepta más la costumbre de tomar bebidas antes del almuerzo o la cena.

Resulta sorprendente que los entremeses de América Latina tengan tan poco que ver con su herencia española. Aunque cabría esperar que las tapas de España apareciesen en las mesas del Nuevo Mundo algo cambiadas, pero todavía reconocibles, no ha ocurrido así. En el mundo de la cocina siempre me sorprende lo que algunos países toman prestado de otros y lo que no toman prestado, lo que resulta especialmente aplicable a los entremeses. Al cabo de casi ocho siglos de dominación árabe, España obtuvo su independencia y reunió sus distintas regiones y nacionalidades en una sola nación, dándole al mismo tiempo la espalda a los *mezze,* los entremeses típicos de Oriente Próximo, y que constituyen uno de los rasgos más atractivos de la

cocina de dicha región. Salvo algunas excepciones, tales como
las empanadas, América Latina se ha comportado de modo
parecido, de manera que los platos que se han adaptado como
entremeses de hoy en día son las antiguas recetas de las distintas cocinas precolombinas y los platos de la cocina criolla.

La antigua tradición de tomar algo en el mercado ha sobrevivido en América Latina de manera encantadora. Pastelitos,
tapas y bebidas de todo tipo se sirven en las *sandwicherías* de
Uruguay y en las *whiskerías* de Argentina; mientras que en todas
las estaciones del metro de Buenos Aires existen puestos dedicados a servir café, así como una amplia variedad de bebidas y
alimentos. En Chile, las empanadas, los pasteles y las tapas de
todo tipo se venden en las llamadas sales de onces. Este nombre se deriva de la costumbre inglesa de tomar té o café con
galletas a las once de la mañana, convirtiéndose por una extraordinaria transmutación en el té de la tarde, por lo que una sala
de onces es en realidad un salón de té. Ecuador cuenta con
numerosos restaurantes dedicados a servir sus famosos seviches,
mientras que México cuenta con taquerías, en todas las cuales
se ofrece una asombrosa variedad de rellenos para la sencilla
tortilla.

ANTICUCHOS PERÚ

Se trata sin duda alguna de las más famosas entradas o entremeses peruanos, platos servidos tradicionalmente antes, y algunas veces después de la sopa, pero en cualquier caso precediendo al plato fuerte, en unos tiempos en los que la gente comía
mucho más que ahora. Muchas de estas entradas sirven como
excelentes almuerzos o cenas; algunas, como los trozos aliñados
de corazón de vaca en pinchitos, pueden tomarse como primer
plato, pero resultan también excelentes como aperitivo o acompañamiento para las bebidas. Cuando se sirven como almuerzo
o cena, pueden ir acompañados de mazorcas de maíz, boniatos
hervidos o yuca hervida, todos ellos alimentos suaves que complementan a la perfección el sabor mucho más fuerte y picante
de los trozos de corazón de vaca. A los peruanos les gustan las

comidas picantes, y los anticuchos no son una excepción. El picante utilizado en este caso es el mirasol, imposible de conseguir fuera del propio Perú. Yo he descubierto que la guindilla llamada *hontaka,* y que se vende empaquetada en establecimientos especializados en alimentos japoneses, constituye un sustituto perfecto.

La cantidad de guindillas especificada en la receta, una taza, dará lugar a una salsa muy picante, como les gusta a los peruanos, pero excesivamente picantes para otros paladares. Una buena idea es la de empezar con 1/8 de taza de guindillas. Si la salsa le resulta demasiado floja, añada más. El picante de las propias guindillas varía mucho de unas a otras, por lo que personalmente considero que merece la pena hacer pruebas o experimentos previos con ellas.

Los anticuchos son un plato muy antiguo, que se remonta a los tiempos precolombinos; creo que lo preparaban con corazones de llama, ya que hasta la llegada de los conquistadores no hubo en América Latina ganado vacuno.

Mi lugar favorito para adquirir anticuchos son los puestos instalados en los alrededores de la Plaza de Toros de Lima, construida en 1768 y de la que se dice es la segunda más antigua de todo el mundo. Tomados en alguno de estos puestos, acompañados con cerveza y complementados con un postre de picarones, trocitos de calabaza y boniato bien frito, los anticuchos constituyen una maravillosa comida improvisada.

Para 8 ó 10 raciones como entremeses, ó 6 como plato fuerte

1 corazón de vaca, de unos 2 kg. de peso

1 cabeza de ajo (alrededor de 16 dientes), pelados y machacados

1 cucharada de guindillas rojas o verdes frescas, sin semillas, cortadas en trozos grandes y pasadas por el pasapuré o la batidora

1 cucharada de comino molido

Sal, pimienta recién molida

1 taza de vinagre de vino tinto

PARA LA SALSA

1 taza de guindillas rojas y secas

1 cucharada de semillas de achicote, molidas

1 cucharada de aceite vegetal

Sal

Quite los nervios y la grasa del corazón, y córtelo en cubitos de unos 2,5 cm. de lado. Colóquelos en un cuenco grande. Mezcle el ajo, las guindillas frescas, el comino, la sal, la pimienta y el vinagre y viértalo todo sobre los trocitos de corazón hasta cubrirlos, añadiendo más vinagre en caso necesario. Déjelos en el frigorífico tapados durante 24 horas. Saque los trocitos de corazón de esta especie de escabeche y resérvelos.

Extraiga las semillas de las guindillas secas y déjelas en remojo en agua caliente durante unos 30 minutos. Escúrralas y échelas en una batidora junto con el achicote, el aceite y unos 3/4 de taza de la salsa de escabeche. Sazónelo a su gusto, añadiéndole algo más de sal en caso necesario, y páselo todo por la batidora hasta obtener una pasta suave. Esta salsa debe ser bastante espesa. Coloque los trocitos de corazón en pinchitos. Frótelos con la salsa y déjelos al fuego procurando que se hagan por todas partes, utilizando para ello, bien un asador eléctrico o de gas, bien uno de carbón. Los trocitos de corazón deberán estar a unos 8 cm. del fuego y dejarlos unos 4 minutos. Sírvalos con el resto dela salsa al lado y acompañados de maíz, boniato y yuca hervidos.

Garbanzos compuestos   MÉXICO

Los garbanzos fueron llevados al Nuevo Mundo por los españoles, y aunque otras variedades de legumbres (judía pinta, etc.) se cultivaron en el Valle de México ya en el año 5000 a. de C., habiéndose extendido a otras regiones del continente en el momento de la Conquista, los garbanzos fueron muy bien recibidos y han sido ampliamente utilizados en la cocina latinoamericana desde entonces. Creo, sin embargo, que el empleo de garbanzos tostados como entremeses es una idea culinaria procedente de América del Sur, en donde los incas obtuvieron una especie de maíz blanco de grano grande, posiblemente poco después de que les llegase el maíz desde su país originario, México. Llamado cancha en Perú, este maíz se deja en remojo, se fríe en grasa, se sala y se sirve sólo o con seviche, anticuchos y otros platos. En Ecuador este mismo plato se denomina *Maíz tostado* y se sirve siempre con los seviches

Para unas 4 tazas

2 latas de 1/2 kg. de garbanzos, o 1/2 kg. de garbanzos secos, que hayan permanecido en remojo toda la noche

1 cucharadita de sal
1/2 taza de aceite de oliva
1 diente de ajo
Guindilla roja molida

Escurra los garbanzos, cúbralos con agua limpia y déjelos hervir durante una 1/2 hora. Añada la sal y continúe hirviéndolos hasta que estén tiernos. Caliente el aceite de oliva en una sartén y saltee en ella los garbanzos con el ajo hasta que estén bien dorados. Escúrralos en servilletas de papel y espolvoree sobre ellos la guindilla roja.

Si utiliza garbanzos de lata, lávelos bien, escúrralos y proceda a freírlos.

Patacones

COLOMBIA

Las rodajas de plátanos fritas son muy populares en numerosas partes de América Latina, y se conocen con nombres muy distintos, preparándose de acuerdo con métodos ligeramente diferentes. Levemente espolvoreadas con sal, se sirven con las bebidas, o para acompañar los platos de carne, pescado o ave. Mi receta favorita es ésta, procedente de la costa septentrional de Colombia.

Aceite vegetal para freír
1 plátano verde de gran tamaño, pelado y cortado en rodajas de aprox. 4 cm. de ancho
Sal

Vierta suficiente cantidad de aceite en una sartén honda o cazo hasta una altura de 5 a 8 cm. Caliente hasta aproximadamente 160° C. Vaya echando las rodajas de plátano y friéndolas hasta que estén tiernas, aproximadamente 5 minutos. Sáquelas y escúrralas en servilletas de papel. Cúbralas con papel encerado y apriételas hasta que cada una de ellas tenga aproximadamente 18 milímetros de grosor. Yo personalmente empleo para ello el puño cerrado. De hecho, en Costa Rica, donde se suelen llamar tostones, también se les conoce a veces con el nombre de plátanos a puñetazos.

Eleve la temperatura del aceite hasta 190º C, y fría las rodajas hasta que estén doradas y crujientes por fuera y tiernas por dentro, durante un minuto o dos. Las cocineras tradicionales suelen sumergir las rodajas en agua fría y salada antes de esta segunda operación, con el fin de hacerlas más crujientes. Personalmente encuentro que esta medida extra no mejora apreciablemente la receta. Una vez fritas, espolvoree ligeramente con sal las rodajas antes de servirlas.

Variación.—En Venezuela este plato se denomina tostones de plátano, y la fruta se corta en rodajas de 2,5 cm. Algunas cocineras las colocan de dos en dos después de la primera fritura antes de aplastarlas; esto hace que tengan un centro sumamente suave y espeso, mientras que las caras externas están fritas y crujientes. En la costa de Venezuela he comprobado que algunas cocineras utilizan en lugar del puño, la mano o un rodillo de madera, o piedras grandes de la playa para aplastar las rodajas.

Variación.—Los tostones de Puerto Rico, plátano cortado diagonalmente en rodajas de 12 mm. de grosor, se dejan 1/2 hora en remojo en agua fría y salada antes de saltearías o freírlas bien en aceite o grasa. Se sumerjen nuevamente en agua salada antes de freírlas por segunda vez.

Variación.—También en Puerto Rico los plátanos verdes se cortan en rodajas finas, que se dejan en remojo durante 1/2 hora en agua salada, se escurren y secan y se fríen bien hasta que estén crujientes en aceite o grasa caliente, y se espolvorean con sal antes de servirlas. Este plato se llama platanutri en Puerto Rico, tostoncitos en la República Dominicana y chicharritas de plátano verde en Costa Rica. Las bananas verdes se utilizan con frecuencia de idéntica manera. Constituyen una agradable variación con respecto a las patatas fritas.

Yuca frita   COLOMBIA

En Colombia los entremeses se denominan picadas, y cualquier picada frita se denomina fritanga. La yuca frita, deliciosamente ligera y crujiente y muy fácil de preparar, figura entre mis fritangas favoritas. La yuca es un tubérculo verdaderamente asombroso. Cultivada por primera vez en la región septentrional del Brasil hacia el año 1500 a. de C., se ha extendido ya por todo el mundo. En cierta ocasión, vi una planta de yuca en el exterior de un *pub* de campo en Wiltshire (Inglaterra), en donde su alto tallo lleno de flores blancas destacaba por encima de las rosas y otras flores típicamente inglesas. En algunos países se conoce con el nombre de tapioca; pero en América Latina se suele llamar yuca, y utilizarse en guisos, hervida y en puré. Su zumo constituye la base del *cassareep,* utilizado en los platos nacionales de Guayana a base de carne y aves. Y, por supuesto, en las mesas de los restaurantes y hogares brasileños hay siempre un cuenco lleno de farofa (harina de yuca). Me gusta este alimento en todas sus formas, llámese yuca, mandioca, tapioca, aipim, o por su nombre botánico, *Manihot utilissima.*

1/2 kg. de raíz de yuca, aprox.
Sal
Aceite o grasa vegetal

Pele la yuca bajo el agua del grifo, ya que se decolora rápidamente. Córtela en rodajas de unos 2,5 cm. y proceda a hervirlas en agua salada hasta que estén tiernas, aproximadamente 1/2 hora. Las rodajas se rompen muchas veces durante la cocción, pero no importa demasiado. Escúrralas y séquelas con servilletas de papel. Caliente en una sartén algo de aceite o grasa y vaya friendo las rodajas o trozos hasta que estén doradas y crujientes por todas partes. Sírvalas a la temperatura ambiente y con las bebidas. La yuca frita constituye también un acompañamiento agradable para los platos a base de carne o aves.

Para obtener rodajas más crujientes, deje la yuca hervida en el congelador durante cerca de una hora antes de freírla y fríala congelada. Si lo prefiere, puede freírla a fuego muy alto.

Variación.—En las altiplanicies colombinas, las papas criollas fritas constituyen un popular entremés. Se trata de pequeñas patatas de la zona de carne amarillenta; las de menor tamaño son las que se eligen para freírlas bien, con piel y todo, espolvorearlas con sal y comerlas mientras están aún calientes como acompañamiento para las bebidas. Algunas veces se encuentran en los mercados tropicales; de no ser así, utilice patatas nuevas muy pequeñas.

Variación.—Los puertorriqueños utilizan el fruto del árbol del pan para preparar *Hojuelas de Panapén*. Pele y extraiga el hueso de un fruto del árbol del pan y córtelo en cuatro trozos. Córtelos en rodajas transversales y sumérjalas en agua salada hirviendo. Déjelas hervir de 2 a 3 minutos, escúrralas y séquelas bien. Fríalas en aceite o grasa a fuego fuerte hasta que estén doradas y crujientes. Espolvoréelas con sal y sírvalas a la temperatura ambiente. También se puede utilizar el fruto del árbol del pan enlatado, en cuyo caso se limitará a secarlo bien, cortarlo en rodajas y freírlo.

SEVICHE

El seviche o ceviche, pues varía la forma de escribir este nombre, consiste en pescado crudo curado con zumo de lima o limón. El pescado pierde su aspecto translúcido por la influencia del zumo y no necesita ninguna elaboración culinaria más. No sabe para nada a crudo. Parece claro que la idea de este plato nació en Polinesia y que, al igual que todas las recetas de cocina migratorias, ha evolucionado en sus lugares de adopción; yo he encontrado versiones del mismo en toda América Latina. Los mejores seviches de México son los del estado de Guerrero, sobre todo los de Acapulco, en la costa del Pacífico. Los pescados fundamentalmente utilizados son el pez sierra, la caballa, el pompano y el pargo. Siempre me sorprende hasta qué punto sabe bien el seviche de caballa, en el que el pescado conserva toda su textura y sabor conservado por el zumo de lima o limón. El seviche de Perú, que se sirve con boniatos, lechuga, hojas de maíz y maíz tostado (cancha), es casi una comida por sí mismo. En dicho país el pescado más popular es la lubina, de la que se obtiene un seviche sumamente delicado; aunque también se utilizan el pulpo, los mariscos y las conchas. Yo he degustado el seviche en restaurantes sobre la bahía de Acapulco, con su indestructible encanto, y en un club de playa en los extrañamente bellos y desérticos paisajes de la costa del Perú, pero creo que los mejores seviches que he tomado han sido los de Ecuador. Difieren bastante de la variedad mexicana, aunque no tanto de la del Perú, ya que en ambos países se utilizan naranjas amargas o de Sevilla. Hechos a partir de gambas, langosta, lubina y una interesante variedad local de concha negra, poseen una gran reputación como reconstituyente, y se anima uno a tomarlos a mediodía con un vaso de cerveza fría. Los pescados o mariscos preparados de esta manera deben consumirse 5 ó 6 horas después de dejarlos en escabeche.

Aguacate relleno con seviche de camarones   MÉXICO

Esta insólita variación del seviche normal y corriente procede de Acapulco, y con ella se obtiene un excelente y suculento primer plato para un almuerzo o cena. También servirá como almuerzo ligero, servido con sopa como primer plato y con un postre para terminar.

Para 2 raciones

1/4 kg. de gambas pequeñas, peladas

1/2 taza o más de zumo fresco de lima o limón

1 tomate mediano, pelado y troceado

1 pimiento jalapeño de lata, escurrido, sin semillas y cortado en tiras

1 pimiento troceado

1 cucharada de cilantro fresco o, en su defecto, perejil

1/2 cebolla pequeña, finamente picada

6 aceitunas verdes deshuesadas, partidas por la mitad

4 cucharadas de aceite vegetal

Sal, pimienta recién molida

Un aguacate grande, cortado por la mitad y deshuesado

Hojas de lechuga

Si no puede conseguir gambas pequeñas, corte otras grandes en trozos de 12 mm. Póngalas en un cuenco con zumo de lima o limón hasta cubrirlas, aproximadamente 1/2 taza. Déjelas en el frigorífico unas 3 horas, o hasta que la carne de la gamba esté opaca.

Añádale el tomate, la guindilla, el pimiento, el cilantro, la cebolla, las aceitunas, el aceite y la sal y la pimienta a su gusto. Agítelo todo ligeramente para que se mezcle bien.

Vierta la mezcla en las mitades del aguacate y sírvalas en platos adornados con hojas de lechuga.

Serviche de Sierra   MÉXICO

Para 6 raciones

1/2 kg. de filetes limpios de caballa, o también de pargo o pompano, cortado en cuadraditos de 2,5 cm.

1 1/2 tazas de zumo de lima o limón

2 tomates medianos, pelados y troceados

4 pimientos serranos de lata, escurridos y troceados.

1/4 taza de aceite vegetal

1 cucharadita de orégano

Sal, pimienta recién molida

1 cebolla mediana, cortada en finas rodajas

1 aguacate grande pelado, deshuesado y cortado en rodajas

Póngase el pescado en un cuenco de vidrio o porcelana y vierta sobre él el zumo de lima o limón. Debe haber lo suficiente como para cubrir todo el pescado. En caso necesario, añada un poco más. Deje el pescado en el frigorífico durante 3 horas, dándole la vuelta de cuando en cuando. Añada los tomates, los pimientos, el aceite, el orégano, y la sal y la pimienta a su gusto. Agítelo suavemente para que se mezcle todo bien y divídalo en 6 cuencos. Adórnelo con las rodajas de cebolla y aguacate.

Seviche de Corvina

Para 8 raciones

3/4 de kilo de filetes de lubina, corvina u otro pescado parecido, sin espinas y cortados en trozos de 2,5 cm. de grosor.

Sal, pimienta recién molida

2 guindillas rojas frescas, sin semillas y cortadas en finas rodajas

1 cucharadita de pimentón

1 cebolla grande, cortada en finas rodajas

1 taza de zumo de naranja amarga o de Sevilla

1 taza de zumo de limón o lima

1/2 kg. de boniatos, preferentemente blancos

2 cenancles, cortados cada uno en 4 rodajas.

Hojas de lechuga.

Coloque el pescado en un cuenco grande de vidrio o porcelana y sazónelo a su gusto con sal y pimienta. Añada una de las guindillas, el pimentón y la cebolla, dejando parte de ella para la guarnición. Añada el zumo de limón o lima y el de naranja amarga, mézclelos bien, viértalo sobre el pescado y déjelo todo en el frigorífico unas 3 horas, o hasta que el pescado este opaco, «hecho» por el zumo.

Pele los boniatos, córtelos en ocho rodajas, échelos en agua salada, póngalos a hervir y déjelos hasta que estén tiernos, aproximadamente 20 minutos. Eche los cenancles en el agua salada hirviendo y hiérvalos durante 5 minutos. Escurra y reserve las verduras.

Adorne una fuente con hojas de lechuga. Disponga sobre ella el pescado, adornado con la cebolla sobrante y las rodajas de guindilla. Coloque las rodajas de cenancles y boniatos sobre el borde de la fuente. Se sirve con cancha (maíz tostado).

Seviche de Corvina   ECUADOR

Para 6-8 raciones

3/4 de kilo de filetes de corvina, lubina u otro pescado parecido, cortado en trozos de 12 mm.
1 taza de zumo de lima o limón
1 taza de zumo de naranja amarga (Sevilla)
1 guindilla roja o verde, fresca, sin semillas y finamente picada

1 cebolla mediana, cortada en finas rodajas
1 diente de ajo bien picado
Sal, pimienta recién molida
1 taza de aceite vegetal

Coloque el pescado en un cuenco grande de vidrio o porcelana y eche el zumo de lima o limón, hasta cubrirlo, añadiendo un poco más en caso necesario. Déjelo en el frigorífico durante unas 3 horas, hasta que el pescado esté opaco, «hecho» por el zumo de lima o limón. Escúrralo. Colóquelo en una fuente de servir y mézclelo con el zumo de naranja amarga, la pimienta, la cebolla, el ajo, la sal y la pimienta a su gusto, y el aceite. Sírvalo con maíz tostado al lado.

Seviche de camarones   ECUADOR

Para 6 raciones

1 kg. de camarones pelados
Sal
2 tazas de zumo de naranja amarga (de Sevilla)
1 cebolla mediana, finamente picada

1 guindilla verde o roja, fresca, sin semillas y finamente picadas
1 tomate pelado, sin semillas, y finamente picado

Eche los camarones en un cazo grande con agua salada hirviendo y déjelos durante 2 ó 3 minutos, o hasta que estén hechos. Escúrralos y mézclelos con el zumo de naranja, la cebolla, la guindilla, el tomate, y la sal y la pimienta a su gusto. Déjelos reposar una hora antes de servirlos. Se sirven con maíz tostado al lado.

Seviche de ostras

GUATEMALA

Descubrí este desacostumbrado seviche en Guatemala, país en el que aún quedan ecos de la cocina maya, que debió ser muy interesante.

Para 8 raciones

4 docenas de ostras, sin concha
1 taza de zumo de lima o limón
3 tomates grandes, pelados y troceados
1 cebolla grande, bien picada
1 guindilla roja fresca, sin semillas y picada

2 cucharadas de hojas de menta, bien picadas
Sal, pimienta recién molida
Hojas de lechuga

Coloque las ostras en un cuenco grande de vidrio o porcelana cubiertas por el zumo de lima o limón y déjelas en el frigorífico toda la noche. Escurra las ostras, reservando el zumo. En el cuenco, combine las ostras con los tomates, la cebolla, la guindilla, las hojas de menta y 1/4 taza del zumo previamente reservado. Sazónelo todo con sal y pimienta. Sírvalas en una fuente adornada con hojas de lechuga y acompañadas por el resto de la salsa de ostras.

EMPANADAS

Se podría escribir un pequeño libro de cocina sobre las empanadas, empanaditas, pasteles, pastelitos, etc., todas esas deliciosas variantes de la empanada, rellenas de carne, aves, pescado, mariscos y otros productos, bien al horno, bien fritas, tan populares en América Latina. Cada país cuenta con sus empa-

nadas y rellenos favoritos, y las empanadas de Argentina y Chile
son tan diferentes unas de otras como pueda uno imaginar. Se
preparan pequeñas para cócteles, y grandes para primeros platos, comidas ligeras o meriendas campestres. Son sumamente
versátiles, y yo personalmente utilizo muchas veces la pasta de
un país y el relleno de otro, según mi fantasía. No intento ofrecer una selección representativa de este delicioso plato, sino
únicamente hablar de aquellas empanadas que he disfrutado
haciendo y comiendo.

Recuerdo cierta ocasión en Viña del Mar, población veraniega situada en la costa chilena, sentada en la terraza de la casa de
un amigo desde la que se veía el mar, al frío son invernal y
tomando empanadas de locos, adquiridas en una pequeña tienda de la cercana población de Quintero, regadas por un cham-
paña local, bastante aceptable. Locos es el nombre que se da en
Chile a las enormes orejas marinas de la costa, en la que la fría
corriente de Humboldt ofrece una enorme variedad y cantidad
tanto de pescados como de mariscos. También probé empanadas hechas con otros rellenos, pero la que mejor recuerdo es
precisamente ésta a base de locos y cebolla, y de la que he inten-
tado ofrecer una receta aproximativa. Para la masa, utilice la
receta para las empanadas argentinas de 15 cm. (véase pág. 76),
con 2 cucharadas de relleno. Mezcle cantidades aproximadamente iguales de locos enlatados, cortados en trocitos, y de
cebolla finamente picada. Saltee la cebolla en *Color chilena*
(aceite con pimentón), véase pág. 393. Añada los locos, la sal,
la pimienta y un poco de perejil picado. Coloque el relleno en
el centro de la masa, corónelo con 2 pequeñas aceitunas negras
deshuesadas y una rebanada de huevo duro.

En cuanto a las empanadas de Argentina, algunas de las cuales he degustado en las *whiskerías* de Buenos Aires, su corteza
era tan ligera y suave que en algunos casos tuve la sensación de
que podía salir volando del plato. El relleno combinaba la carne
de vacuno con las peras y los melocotones, lo que resulta verdaderamente delicioso. Recuerdo haberme llevado algunas de
estas empanadas para un almuerzo al aire libre a las orillas del
Río de la Plata, que se parece a un gigantesco mar plateado, y
no a un río en absoluto. Posteriormente, a la otra orilla del río,

en Montevideo (Uruguay), volví a probar estas empanadas en una *sandwichería,* que, una vez más, no respondía a su nombre, pues vendía toda clase de comidas deliciosas, aparte de bebidas.

Por supuesto, las empanadas recuerdan mucho a España, Portugal y Oriente Medio. Probablemente son originarias de esa última región, lo que parece lógico, sobre todo si se tiene en cuenta que en la misma el trigo se cultivaba ya en el año 7000 a. de C. Pero poseen numerosos y variados antecedentes. Por ejemplo, se cree que los pasteles de Oriente Medio fueron llevados a Turquía desde España o Portugal por los sefarditas hace mucho tiempo. Se parecen bastante a las *empadhinas* de Brasil, primas hermanas de las empanadas. No obstante, muchas de las empanadas de América Latina incorporan ingredientes del Nuevo Mundo: patatas, tomates, pimientos, utilizando incluso el maíz para la masa, lo que las liga con las cocinas indias aborígenes.

Empanadas   ARGENTINA

Con esta receta se obtienen 16 empanadas para un primer plato o almuerzo.

PARA LA MASA

4 tazas de harina	1 1/2 tazas de manteca o cerdo, o
2 cucharaditas de levadura	3/4 de taza de manteca de cerdo y
1 cucharadita de sal	3/4 de taza de mantequilla

Mezcle la harina, la levadura y la sal en un cuenco grande. Divida la grasa en pequeños trocitos y mézclelos con la mantequilla, con la yema de los dedos, hasta obtener una pasta espesa. Mezcle esta pasta dura con agua fría, déle forma de pelota, o mézclelo todo en una batidora, dejándolo luego en el frigorífico cubierto con papel encerado durante una hora. Amase esta pasta sobre una superficie previamente enharinada hasta dejarla con un espesor de 3 mm. Utilizando un plato o cuenco pequeño como guía, córtela en círculos de 15 cm.

PARA EL RELLENO

2 cebollas medianas, bien picadas
2 tazas de patatas crudas, cortadas en cuadraditos
1/2 kg. de carne magra, finamente picada

Sal, pimienta negra recién molida
3 cucharadas de caldo concentrado
1 huevo batido con 1/2 cucharadita de agua

Mezcle todos los ingredientes, salvo el huevo. Coloque 2 cucharadas de la mezcla en el centro de cada círculo de masa, dejando 6 mm. en los bordes. Humedezca los bordes de la masa con el huevo y envuélvala hasta formar con ella una empanadilla, presionando bien los bordes. Curve ligeramente la empanada hasta darle forma de luna creciente. Doble aproximadamente 6 mm. de la masa sobre sí misma, apretándola entre el pulgar y el índice hasta formar una especie de bucle en todo el borde. Pinche la parte superior de las empanadas 2 ó 3 veces con un tenedor y frótela con la mezcla de huevo. Las empanadas están ya listas para meterlas al horno o para congelarlas y utilizarlas posteriormente. En este segundo caso, deberá dejarlas descongelar durante 3 horas a la temperatura ambiente antes de cocinarlas.

Para la cocción.—Deje las empanadas sobre una bandeja de asar sin engrasar durante 10 minutos en un horno caliente (200° C). Reduzca la temperatura a 175° C y deje las empanadas 1/2 hora más, o hasta que estén bien doradas.

OTRO RELLENO

2 cucharadas de mantequilla
1 cebolla mediana, bien picada
1 pimiento verde, sin semillas y picado
1/2 kg. de carne magra picada
1 tomate grande, pelado y troceado

1 pera grande, pelada, sin corazón y troceada
2 melocotones grandes, pelados, deshuesados y troceados
Sal, pimienta recién molida
1/4 taza de vino blanco seco

Caliente la mantequilla en una sartén y saltee la cebolla y el pimiento a fuego lento hasta que se ablanden. Añada la carne, desmenuzándola con ayuda de un tenedor, y saltéelo todo unos minutos más. Añada los restantes ingredientes y déjelo todo 5 minutos a fuego lento. Déjelo enfriar y rellene las empanadas con la mezcla tal como hizo en los casos anteriores. Si utiliza ambos rellenos, doble la cantidad de masa.

Variación.—En Cuba se enriquece una pasta parecida añadiéndole 1/2 taza de jerez seco, 2 huevos, 2 yemas de huevo y 1 cucharada de azúcar. La manteca de cerdo y la mantequilla se reducen a 2 cucharadas de cada. Se trata de una receta muy antigua, que se remonta a tiempos coloniales, y sumamente atractiva. Los rellenos utilizados consisten en cualquier clase de carne o ave hervida, troceada y mezclada con cebolla picada, salteado todo en mantequilla, así como con tomates pelados y troceados, pasas, aceitunas, alcaparras y huevos duros en rodajas, todo ello combinado y sazonado con sal y pimienta. Se trata de una receta muy apropiada para aprovechar las sobras.

Empanaditas

VENEZUELA

Se obtienen 75 empanaditas para cóctel

PARA LA MASA

3 tazas de harina
1/2 cucharadita de sal
175 g. (3/4 taza) de mantequilla

1 huevo y 1 yema, levemente batidos

Mezcle la harina con la sal en un cuenco grande. Corte la mantequilla en trocitos pequeños e incorpórela a la harina con las yemas de los dedos hasta obtener una especie de pasta. También puede utilizar una batidora. Haga un hoyo en el centro de la masa y añada el huevo y la yema, mézclelo todo bien, y eche agua (aprox. 1/3 de taza), cucharada a cucharada, mezclándolo todo con un tenedor hasta obtener una masa suave pero no pegajosa. Déle forma de bola y métala en el frigorífico, tapada, durante una hora. Extienda la masa sobre una superficie previamente enharinada hasta dejarla de un milímetro y medio de grosor, y córtela luego en cuadrados de 6 cm. Coloque una cucharadita de relleno en el centro de cada cuadradito, pliéguelo y selle los bordes. Las empanaditas pueden congelarse ya hasta el momento de utilizarlas. Antes de hacerlo, deberá dejarlas descongelar durante 3 horas a la temperatura ambiente. Si lo prefiere, puede hacerlas y limitarse a recalentarías en el horno justo antes de servirlas.

Para freír.—Fría estas empanaditas como los pastelitos rellenos de cerdo de Colombia (véase pág. 81).

PARA EL RELLENO

1/2 kg. de carne de cerdo magra sin hueso y cortada en trocitos
2 cucharadas de aceite vegetal
1 cebolla mediana, bien picada
1 pimiento verde, sin semillas y en trocitos
2 tomates medianos, pelados y troceados
1 cucharada de aceitunas verdes rellenas de pimiento, cortadas en trocitos

1 cucharada de alcaparras picadas
1 cucharada de pasas sin semilla
Sal, pimienta recién molida
Aliños criollos en polvo, al gusto de cada uno
1/2 taza de jerez seco
1 huevo duro en trocitos

Ponga la carne de cerdo en un cazo con agua suficiente para cubrirla y déjala hervir tapada hasta que esté blanda, aproximadamente 1/2 hora. Escúrrala, reservando el caldo. En una sartén, caliente el aceite y saltee la cebolla y el pimiento hasta que estén blandos. Añada la carne de cerdo y saltéelo todo un minuto o dos más. Añada los tomates, las aceitunas, las alcaparras, las pasas, la sal, la pimienta, el aliño criollo a su gusto y el jerez. Si la mezcla le queda demasiado seca, añádale un poco del caldo de carne previamente reservado. Hiérvalo todo sin tapar hasta que el líquido se haya casi evaporado. Déjelo enfriar. Añada el huevo mezclándolo todo bien.

Variación.—En Chile existe una receta para las empanaditas muy parecida a esta venezolana. Pueden hacerse fritas o al horno. La masa se prepara de la misma forma, pero utilizando solomillo de vaca en lugar de cerdo, suprimiendo el pimiento, las alcaparras y el aliño criollo, y añadiendo 1 cucharada de pimentón dulce, 1/2 cucharada de pimentón picante y 1/2 cucharadita de comino molido (o al gusto de cada uno). Corte la masa en redondeles de 13 cm. utilizando como guía un cuenco o plato pequeño; rellene cada círculo con cucharada y media de la mezcla, frote sobre los bordes un poco de huevo mezclado con 1/2 cucharadita de agua, pliéguelos y séllelos firmemente, apretándolos con un tenedor. Haga 2 ó 3 rayas en la parte superior y frótela con el huevo batido mezclado con agua. Para hacerlas al horno, coloque las empanadas sobre una bandeja de asar sin engrasar en un horno a 200º C y déjelas unos 10 minutos, reduzca luego la temperatura a 175º C y déjelas aproximadamente 20 minutos más, o hasta que estén doradas. Las empanaditas pueden freírse exactamente igual que las venezolanas o colombianas.

En Chile se utilizan numerosos rellenos distintos para las empanadas: un trozo de queso tipo Münster o Monterreyjack, una besamel bien espesa con especias y mezclada con queso Parmesano rallado, o también con verduras hervidas tales como guisantes o espinacas, pudiendo también prepararse con gambas, pescado o cualquiera de los maravillosos mariscos de que disfruta la costa chilena. Muchas veces los mariscos se mezclan con una besamel espesa sazonada con tomate.

Algunas empanadas son aún más sencillas. Consiste en un poquito de cebolla picada, sal y pimienta, el marisco y su jugo, todo ello envuelto en masa. Cuando se trata de preparar empanadas, la imaginación y capacidad de invención de los cocineros chilenos es inagotable.

Pastelitos rellenos de cerdo

COLOMBIA

Para unos 100 pastelitos

PARA LA MASA

2 tazas de harina	1/2 cucharadita de zumo de limón
1/2 cucharadita de sal	1/2 taza de agua tibia
1/4 kg. (1/2 taza) de mantequilla	Aceite vegetal para freír

Mezcle la harina y la sal en un cuenco grande. Corte la mantequilla en trocitos pequeños y amásela con la harina con las yemas de los dedos hasta formar una especie de pasta. Mezcle el zumo de limón con el agua. Utilizando un tenedor, añada la pasta al agua rápidamente hasta obtener una masa suave. Déle forma de bola y déjela en el frigorífico, cubierta con papel parafinado, durante una 1/2 hora. Extienda la masa sobre una superficie previamente enharinada hasta que quede a un milímetro y medio de grosor y córtela en círculos de 6 cm. con la ayuda de un cortador para galletas o vaso de cristal. Coloque 1/2 cucharada de relleno en el centro de cada círculo, dóblelo por la mitad para hacer una empanadilla y selle los bordes apretándolos con un tenedor. Los pastelitos así preparados pueden congelarse hasta el momento de utilizarlos. Antes de hacerlo deberá dejarlos descongelar durante 3 horas a la temperatura ambiente.

Para freír.—Eche suficiente cantidad de aceite vegetal en una sartén o cazo hasta que alcance una profundidad de 5 a 8 cm. Caliente a fuego lento hasta alcanzar los 175º C. Una sencilla manera de comprobar la temperatura consiste en remover el aceite con palitos de madera y esperar a ver si se forman sobre éstos pequeñas burbujas. Si ocurre así, la temperatura es la correcta. Fría los pastelitos unos cuantos cada vez, hasta que estén bien dorados, dándoles una vez la vuelta y dejándolos unos 5 minutos en la sartén. Escúrralos sobre servilletas de papel y manténgalos calientes. Si se prefiere, se pueden hacer estos pastelitos al horno. Frótelos con una yema de huevo batida con un poquito de agua y déjelos 5 minutos en un horno a

200° C. Reduzca a 175° C y déjelos 15 minutos más, o hasta que estén bien dorados. Se sirven como acompañamiento para bebidas.

También pueden hacerse de una vez y recalentarse posteriormente en el horno antes de servirlos.

PARA EL RELLENO

1/4 kg. de carne de cerdo picada
1 cebolla grande, rallada
4 cucharadas de alcaparras
1 huevo duro, cortado en trocitos

1/2 taza de jamón ó 125 g. de jamón hervido, cortado en trocitos
Sal, pimienta recién molida al gusto de cada uno

Mezcle bien todos los ingredientes. En lugar de carne de cerdo se puede utilizar carne de vaca picada, pechuga de pollo o atún de lata previamente escurrido. En este último caso, suprima el jamón y utilice 2 huevos duros en lugar de uno.

SOBRE LAS TORTILLAS

Si desease uno recopilar todas las recetas existentes para la preparación de entremeses a base de tortilla, terminaría con una enciclopedia que abrumaría y marearía al lector. Me limitaré a enumerar aquí mis favoritas, aunque confieso que la elección no ha sido fácil.

Los españoles las llamaban antojitos, y en mi opinión son quizá el aspecto más excitante de la cocina mexicana precolombina. Contamos con algunas excelentes descripciones de los mercados de la vieja Tenochtitlán, actualmente la moderna ciudad de México, antes de que se completase la Conquista, cuando la urbe estaba todavía prácticamente sin tocar por los conquistadores. En su *Historia General de las Cosas de Nueva Es-*

paña, fray Bernardino de Sahagún, un sacerdote español, cuenta, entre otras cosas, los tipos de tortillas que se vendían en el mercado; sus descripciones bastan para llenarle a uno de envidia. Ese maravilloso corresponsal de guerra primitivo, Bernal Díez del Castillo, un capitán que estuvo con Cortés tanto antes como durante su campaña de conquista, nos ofrece en sus memorias, *Historia de la Conquista de Nueva España,* un maravilloso retrato de cómo se comía en México, por lo que actualmente sabemos que en su cocina había muchas cosas que desgraciadamente se han perdido. Sin embargo, la pérdida se vio pronto contrarrestada, ya que los mexicanos de después de la Conquista supieron utilizar a la perfección los alimentos que los españoles llevaron desde Europa y Asia, y sus antojitos se vieron mejorados por la carne de cerdo, de vaca, de pollo, así como las aceitunas, las almendras, las pasas, etcétera.

Con la única excepción de las arepas, las tortillas típicas de Venezuela, las tortillas son un plato único, por estar hechas con harina hervida y no cruda. El maíz seco se hierve con zumo de lima hasta que la piel se afloja, y luego los granos hervidos y pelados se secan y se muelen para hacer con ellos la masa de harina; es decir, la masa utilizada para las tortillas. La harina se mezcla con agua hasta obtener una masa blanda, se aprieta con una prensa especial o se le da forma con la mano, y se hace en un comal, o sartén sin grasa, durante un minuto o más. No se puede hablar de tortilla cruda, sino sólo de tortilla sin freír. Para aquellos que prefieren no tener que prepararlas, se venden también tortillas congeladas.

Las arepas se preparan también con harina previamente cocida, y dado que el maíz se cultivó por primera vez en el Valle de México hacia el año 5000 a. de C., no llegando a América del Sur hasta aproximadamente el año 1500 a. de C., parece bastante razonable suponer que la forma de preparar las tortillas nació en México mucho antes de que Venezuela inventase sus arepas. En cualquier caso, se trata de recetas bastante distintas.

Las tortillas para antojitos se hacen de formas y tamaños muy diferentes y con una amplia variedad de rellenos. Las cocineras tradicionales suelen dividir los rellenos entre las distintas formas con bastante rigidez. No obstante, en otros países la gente prefiere dejarse guiar por su propio capricho y fantasía.

Acompañada de un buen postre, una selección de antojitos es suficiente para un excelente almuerzo o *bufet*.

Tortillas MÉXICO

Las cocineras mexicanas preparan las tortillas a mano. Cogen una pequeña bola de masa para tortillas y con rápidos y diestros movimientos de la mano se la van pasando de una mano a otra, transformándola en prácticamente nada de tiempo en una fina tortilla que se hace luego al fuego. Yo he conseguido preparar tortillas bastante aceptables por este método, aunque por lo general me salen demasiado gruesas. Estoy segura de que, de haberme pasado 2 ó 3 años en México, habría llegado a dominar el arte de preparar tortillas a mano. Sin embargo, dado que la España colonizadora se había enfrentado al mismo problema y había encontrado la solución en forma de una prensa para tortillas, renuncié a hacerlo y compré una de dichas prensas. Las coloniales y antiguas estaban hechas de madera; la mía es de hierro fundido. Funciona extremadamente bien y muchas cocineras mexicanas que saben preparar las tortillas a mano la usan para mayor comodidad. Yo la recubro con una capa de plástico; una bolsa de plástico cortada por la mitad es ideal. Sin embargo, algunas personas prefieren utilizar papel parafinado.

Para aproximadamente 18 tortillas de 10 cm.

2 tazas de masa harina
1 1/3 tazas de agua tibia

Deposite la masa de harina en un cuenco, vierta una taza de agua y mézclelo todo hasta obtener una masa blanda. Añada el resto del agua en caso necesario, como probablemente ocurrirá. Resulta imposible de precisar de manera exacta la cantidad de agua necesaria. Si la masa harina está fresca necesitará menos agua, y yo he descubierto que un día extremadamente húmedo también tiene influencia. La harina de maíz recoge la humedad del aire. La masa debería ser flexible y no separarse fácilmente. Si está demasiado húmeda, se pegará a la prensa para tortillas, en cuyo caso se limitará a arrancarla de la cubierta de plástico o el papel parafinado, volver a integrarla en la masa y añadir más harina. No perjudica a la masa el hecho de manipularla una y otra vez. Si la masa está demasiado seca, sobre la tortilla hecha aparecen manchas harinosas. En ese caso se limitará a echar sobre la masa un poco más de agua tibia. Tradicionalmente no se añade sal a las tortillas. No obstante, en caso de que se encuentren insípidas, se puede añadir una cucharadita de sal a la harina.

Divida la masa en bolas del tamaño de huevos pequeños y aplástelas en la prensa para tortillas entre dos láminas de plástico o papel parafinado, hasta que queden de un grosor de unos 10 cm. Quite la capa superior de plástico o papel. Con el lado del papel hacia arriba, coloque la tortilla en la palma de la mano izquierda, arranque la otra hoja de papel, y deposite entonces la tortilla en un comal sin grasa y moderadamente caliente. Se trata de una habilidad que se aprende bastante fácilmente. Deje la tortilla en el comal hasta que sus bordes empiecen a curvarse —es decir, aproximadamente un minuto—, y luego, utilizando una espátula o los dedos, déle la vuelta a la tortilla y déjela al fuego un minuto o más. Debería quedar bien hecha y con manchas doradas. El lado que se ha hecho primero es el superior. Presionando este lado con una espátula mientras el otro se está haciendo aún logrará lo que se llama un inflado, es decir, una tortilla algo hinchada por el aire; esa hinchazón disminuye cuando se saca del comal, de lo que se dice trae buena suerte. En cualquier caso, facilita la labor de rellenar los panuchos.

Una vez hechas, vaya colocando las tortillas en una servilleta de tela. Cuando tenga una docena, envuélvalas con servilleta y todo y métalas en un horno a sólo 65° C, donde permanecerán calientes durante horas y horas. En caso de que haga falta recalentar las tortillas frías, humedézcase las manos y golpéelas con ellas. Coloque las tortillas sobre el fuego directo, bastante bajo, dándoles constantemente la vuelta y dejándolas aproximadamente 1/2 minuto. Para entremeses y aperitivos, utilice un trozo de masa de aproximadamente el tamaño de una nuez y aplástelo hasta que quede de un grosor de aproximadamente 5 cm. Si se desea, se pueden preparar tortillas más pequeñas utilizando un trozo de masa del tamaño de una uva grande.

Variaciones

Tacos.—Prepare tortillas de 10 cm., rellénelas con cualquier relleno, déles forma cilíndrica y cómalas a mano, o pínchelas con un palillo y fríalas en aceite o manteca de cerdo hasta que estén crujientes. Normalmente se llaman tacos blandos y tacos fritos.

Sopes.—Coja un trozo de masa para tortillas de aproximadamente el tamaño de una nuez —es decir, unas 2 cucharaditas—, y apriételo entre las manos o con un rodillo hasta que quede de 5 cm. de diámetro. Hágalo en una sartén de hierro o comal hasta que su superficie muestre manchas doradas por ambos lados; es decir, aproximadamente un minuto por cada lado. Trace un borde de 6 milímetros alrededor de todo el sope, y fríalo luego en aceite vegetal o grasa por el lado plano. Se puede utilizar cualquier tipo de relleno, pero el más habitual es el de fríjoles refritos (véase pág. 308), con un poco de queso rallado por encima, un poquito de cebolla y algo de salsa de guindilla con una rebanada de rábanos como guarnición. La masa básica de tortilla para los sopes se mezcla muchas veces con otro ingrediente. Se puede añadir a la masa 1/2 taza de queso fresco, o 2 ó 3 pimientos anchos, previamente remojados y molidos, así como 2 ó 3 pimientos serranos, sin semillas y molidos en una batidora o pasapuré.

Chalupas.—Se trata de tortillas de forma oval con una especie de reborde. Coja un trocito de masa para tortillas equivalente a unas 2 cucharadas, y déle forma de cilindro de aproximadamente 10 cm. de longitud. Con una prensa para tortillas o a mano, aplástelo y déle forma oval. Hágalo en un comal de la manera acostumbrada, y luego haga un reborde de 6 milímetros todo alrededor. Fría la chalupa en aceite o grasa vegetal por el lado plano. Algunas cocineras añaden un poquito de grasa caliente a la chalupa en el momento de freírla. Utilice cualquier relleno, aunque los más acostumbrados son los de carne de cerdo o pollo en pedazos, los de queso en migas y rallado, y los de salsa de guindilla verde o roja.

Totopos.—Se trata de tortillas normales y corrientes cortadas en 4 ó 6 trozos, y fritas en manteca o aceite vegetal, y que
se toman con los fríjoles refritos, llamándoseles normalmente
tostaditas. Sin embargo, en el Distrito Federal de México se las
conoce con el nombre de totopos. Esto lleva a cierta confusión,
ya que existe un antojito totalmente distinto llamado totopo.
Para preparar totopos deberá quitarles las semillas a 3 pimientos
anchos o pasillas, dejarlos en remojo con agua caliente y pasar-
los por un pasapuré o batidora. Mezcle los pimientos con la
masa harina y con 1/2 taza de judías pintas hervidas y en puré.
Sazónelo todo con sal y prepare unas tortillas algo más gruesas
de lo habitual, utilizando 2 cucharaditas de masa para cada totopo. Fría los totopos en manteca o aceite vegetal caliente por
ambos lados. Escúrralos sobre servilletas de papel y extienda
sobre ellos guacamole con queso Parmesano rallado por encima, o utilice cualquier otro ingrediente de su gusto.

Tostadas.—Se trata de tortillas de 15 ó 10 cm., que se fríen
hasta que estén crujientes en manteca o aceite vegetal caliente y
sobre las que se colocan diversas combinaciones de carne, aves,
pescado o mariscos y guarniciones variadas de lechuga, de salsa
de guindilla, etc. Utilice para aperitivos y entremeses tortillas de
5 cm.

RELLENOS

Los rellenos más populares son los de carne de pollo en trocitos, los de carne de cerdo en trocitos, o picadillo, combinados
con diversas salsas, tales como la salsa cruda, la salsa de tomate
verde y la salsa de jitomate; también se utilizan rellenos a base

de pimientos serranos o jalapeños, que se pueden comprar enlatados, de lechuga en trocitos, de quesos rallados como el Parmesano o el Münster, y de fríjoles refritos. El sabor de cualquier tipo de antojito se puede mejorar añadiéndole guacamole. Los rábanos, cortados en rodajas o en formas caprichosas, así como las aceitunas, son algunos de los adornos favoritos.

Chorizo.—Pele los chorizos y córtelos en trozos grandes. Saltéelos en aceite vegetal con un poquito de cebolla picada y, si lo desea, tomate. Escurra cualquier grasa que sobre. Mézclelo con un poco de queso Parmesano o Romano rallado (en México se utilizará queso de Chihuahua o queso añejo). Si no utiliza tomate, añada un poco de salsa de tomate. Adórnelo todo con hojas de lechuga.

Sardinas.—Saltee una cebolla mediana troceada en una cucharada de aceite vegetal y añada dos tomates medianos pelados, sin semillas y cortados en trocitos, así como pimientos serranos o jalapeños troceados a su gusto. Déjelo todo al fuego hasta que quede espeso y bien mezclado. Añada una taza de fríjoles refritos (véase pág. 307), mezclándolo todo bien, y finalmente una lata de sardinas en aceite, escurridas, sin espina y cortadas en trocitos. Espolvoree queso Parmesano por encima.

Queso fresco.—Haga puré mezclando 75 g. de queso fresco con tres cucharadas de nata líquida y combínelo con una taza de trocitos de carne de cerdo o pollo. Eche por encima salsa de tomate o alguna salsa picante embotellada y adórnelo con hojas de lechuga.

Panuchos MÉXICO

Los panuchos constituyen uno de los entremeses o aperitivos más populares de la cocina maya propia de la península del Yucatán. La guarnición puede variar levemente, pero en todos los casos se utilizan fríjoles negros. Los panuchos constituyen un magnífico entremés o plato ligero, y yo he descubierto que si preparo mis tortillas un poco más gruesas de lo habitual resultan más fáciles de rellenar. Si mientras se está haciendo se presiona levemente la tortilla con una cuchara de madera o una espátula, se hincha ligeramente, y esta capa hinchada resulta fácil de levantar para meter dentro de ella el relleno.

Para 4 ó 6 raciones

1 taza de fríjoles negros
1 cucharadita de epazote (véase pág. 47), si se puede conseguir
Sal
1 cebolla mediana, cortada en finas rodajas
1/2 taza de vinagre suave de vino blanco

12 tortillas de 10 cm.
1/2 taza de manteca o aceite vegetal
Hojas de lechuga
1 pechuga de pollo entera, hervida, deshuesada y cortada en trocitos
12 rodajas de tomate

Lave los fríjoles y quite los que estén malos. Viértalos en un cazo con agua fría hasta cubrirlos, eche el epazote y déjelo hervir todo hasta que esté blanco, añadiendo un poquito de agua caliente de cuando en cuando en caso necesario. Añada sal cuando los fríjoles estén tiernos y continúe hirviéndolos sin tapar, hasta que se haya evaporado casi todo el líquido. Haga con ellos un espeso puré. Manténgalo caliente. Corte la cebolla y déjela en remojo en agua salada durante 5 minutos. Escúrrala. Échela a un pequeño cazo, añada el vinagre y déjelo todo al fuego hasta que hierva, momento en que lo apartará y lo dejará enfriar. Cuélelo, tire el vinagre y reserve la cebolla.

Valiéndose de la punta de un cuchillo afilado, levante la piel superior de la tortilla, dejándola todavía pegada a ésta por uno de los lados. Extienda cuidadosamente una capa de puré de fríjoles dentro de cada oquedad. Vuelva a colocar la capa superior de la tortilla en su sitio. Caliente la manteca o el aceite en una sartén y fría las tortillas boca abajo, hasta que estén ligeramente doradas. Escúrralas sobre servilletas de papel. Coloque sobre cada tortilla una capa de hojas de lechuga, trocitos de pollo y cebolla, rematándolo todo con una rodaja de tomate.

Variación.—Si lo prefiere, puede colocar una rodaja de huevo duro encima del puré de fríjoles. Utilice 2 huevos por cada 12 tortillas. En lugar de pechuga de pollo se puede utilizar carne de cerdo hervida y cortada en trocitos

Sambutes   MÉXICO

Los sambutes, llamados a veces salbutos, son otra especialidad del Yucatán, saben igual de buenos se escriba como se escriba su nombre.

Para unas 18 raciones

PARA EL RELLENO

2 cucharadas de aceite vegetal	2 tomates medianos, pelados y
1/4 kg. de carne de cerdo magra,	troceados
picada	Sal, pimienta recién molida
1 cebolla mediana, troceada	

Caliente el aceite en una sartén y saltee la carne de cerdo hasta que este levemente dorada. Pase la cebolla y los tomates por una batidora o un pas apure y añada la carne de cerdo. Sazónelo a su gusto con sal y pimienta y déjelo hervir sin tapar hasta que la mezcla esté espesa y bastante seca. Resérvela.

PARA LAS TORTILLAS

2 tazas de masa harina	4 cucharadas de harina
1 cucharadita de sal	Aceite vegetal para freír

Mezcle la masa harina, la sal y la harina juntos. Añada suficiente agua (aproximadamente 1 cucharadita) hasta obtener una masa relativamente dura. Divida la masa en trocitos de más o menos el tamaño de una nuez y haga con ellos pequeñas bolas. Aplástelas en la prensa para tortillas hasta obtener tortillas en miniatura de no más de 5 cm. de diámetro. No las meta al horno. Sosteniendo cada tortilla en la palma de la mano, coloque sobre ella una cucharada del relleno. Tápela con otra tortilla y una los bordes. Continúe hasta haber acabado con todas las tortillas y todo el relleno.

En una freidora o cazo, vierta suficiente aceite como para que alcance una altura de entre 5 y 8 cm. Caliéntelo hasta unos 190º C. Vaya friendo las tortillas rellenas unas cuantas a la vez, dándoles la vuelta, hasta que estén bien doradas; es decir, aproximadamente 3 minutos. Escúrralas sobre servilletas de papel y cómalas mientras estén aún calientes.

Si lo prefiere, puede preparar estas tortillas todavía más pequeñas, de 2,5 cm. de diámetro, dividiendo la masa en trocitos de tamaño no superior al de una uva grande. Rellénelas con 1 cucharadita del relleno.

Los sambutes se sirven con frecuencia como aperitivo, acompañados por la misma cebolla en vinagre que los panuchos (véase pág. 88) y con una salsa de tomate que se prepara pelando y troceando 1/4 kg. de tomates y pasándolos por el pasapuré o la batidora junto con una guindilla fresca sin semillas, o un pimiento serrano de lata Esta salsa no se hierve y se extiende por encima de la tortilla previamente rellenada, rematándolo luego todo con un poquito de cebolla. Los sambutes constituyen un maravilloso acompañamiento para las bebidas.

Sopas

LAS sopas son muy populares en América Latina, y la mayoría de sus habitantes considerarían muy pobre una comida fuerte sin un plato de sopa. Las sopas no formaban de hecho parte de la cocina indígena, pero fueron introducidas durante el período colonial, y oscilan entre el sencillo consomé de pollo, muy apreciado como primer plato de las comidas del domingo o de los días de fiesta de México, y los nutritivos guisos y sopas, en los que destaca sobre todo Colombia, y que constituyen una comida entera por sí mismos.

De la amplia variedad de sopas latinoamericanas he hecho una pequeña selección de aquellas que me resultan especialmente agradables. Este variado repertorio de sopas tiene como base distintos ingredientes locales —chayote, zucchini, calabazas, pimientos rojos, maíz, coco, calabaza de invierno, batatas, yucca, palmito—, así como los maravillosos pescados y mariscos de las costas de la región. No se trata de sopas normales y corrientes, que también se encuentran en abundancia en América Latina, las sopas que uno llamaría universales: de verdura, de cebolla, de apio, de tomate, de berros, de guisantes, etc. Por buenas que puedan ser, sus equivalentes latinoamericanas no han variado lo suficiente de las versiones con las que estamos todos familiarizados como para que merezca la pena incluirlas en este libro. Mi elección se ha limitado, por tanto, a las sopas que introducen nuevas combinaciones de sabores y que agradecerán los paladares aficionados a los cambios.

Hoy en día, cuando se puede comprar caldo de carne de vaca o de pollo enlatado de buena calidad, no hace falta tomarse la molestia de preparar uno su propio caldo. Pero los métodos de cocina latinoamericanos poseen un agradable aspecto adicional. La mayoría de los platos se guisan directamente sobre el fuego, ya que en el pasado se cocinaba sobre todo con carbón, y los hornos no se utilizaban demasiado. En consecuencia, cuando se hierve un trozo de carne para el pabellón caraqueño venezolano, o un pollo para el mole mexicano, se obtiene caldo extra. Rara vez lo congelo, y me limito a guardarlo en el frigorífico; aunque, si no se ha utilizado en 2 ó 3 días, lo que no ocurre con frecuencia, pues se necesita siempre algo de caldo en la cocina, me tomo la molestia de dejarlo hervir a fuego lento durante 3 ó 4 minutos. Un aspecto agradable de los caldos es que acogen bastante bien a los restos o sobras. Cuando hiervo el caldo que conservo en el frigorífico, aprovecho la oportunidad para añadir cualquier sobra que pueda haberme quedado. Los ricos y espesos caldos de carne sirven en todo momento para preparar apetitosas sopas.

Sopa de aguacate   MÉXICO

La sopa de aguacate es muy popular en toda América Latina, desde México hasta Chile; creo que no he tomado nunca una que no me haya gustado. El bello color verde pálido y su rico sabor mantecoso resultan sumamente atractivos; aunque una de mis sopas de aguacate favoritas es también una de las más sencillas. Procede de México y está muy buena caliente y maravillosa helada. Cuando se prepara esta sopa, es de la mayor importancia no permitir que el aguacate hierva, ya que estos frutos hervidos suelen saber amargos. Me gusta adornar esta sopa con trocitos de hojas de cilantro fresco, ya que eso mejora su sabor.

Para 6 raciones

2 aguacates grandes y maduros
4 tazas de caldo de pollo
1 taza de nata líquida
Sal, pimienta blanca recién molida

1 cucharada de cilantro verde fresco, cortado en pequeños trocitos (optativo)
6 tortillas, cortadas en 4 trozos y bien fritas en manteca o aceite

Pele y machaque los aguacates y páselos por un colador. Colóquelos en una sopera previamente calentada. Caliente el caldo de pollo junto con la nata. Vierta el caldo sobre los aguacates, mezclándolo todo bien o batiéndolo a mano. Sazónelo a su gusto con sal y pimienta. Si lo desea, espolvoree el cilantro por encima. Se sirve inmediatamente junto con las tortillas bien crujientes.

En verano, esta misma sopa se sirve helada. En ese caso, no se calentará la sopera, y se asegurará de haber quitado toda la grasa del caldo de pollo. Mezcle los aguacates, el caldo, la nata, la sal y la pimienta en una batidora y combínelo todo junto hasta obtener una pasta suave. Enfríela rápidamente y sírvala lo antes posible, ya que, si se deja demasiado tiempo, esta sopa tiende a oscurecerse por arriba. Si se oscurece, limítese a agitarla antes de servirla. El sabor no resulta afectado, y las pequeñas manchas oscuras no serán apreciables. Manteniendo la sopa alejada del contacto con el aire se reducirá el riesgo de oscurecimiento, por lo que resulta útil taparla con una cubierta de plástico mientras se está enfriando.

Variación.—La sopa de paltas de Chile constituye un interesante ejemplo de combinación culinaria entre puntos opuestos de la tierra. Los aguacates y la besamel se combinan muy bien, dando lugar a una sopa de suave y sutil sabor. En un cazo bastante grande, caliente 4 cucharadas de mantequilla y saltee una cebolla mediana, finamente troceada, hasta que esté blanda. Añada 4 cucharadas de harina y déjelo todo a fuego lento durante unos 2 minutos, sin permitir que la harina cambie de color. Añada gradualmente 2 tazas de leche, moviéndolo todo constantemente hasta obtener una pasta suave y espesa. Añada 2 tazas de caldo de pollo y continúe hirviendo todo a fuego lento sin dejar de mover, durante aproximadamente 5 minutos. Corte 2 aguacates grandes y maduros por la mitad y saque los huesos. Macháquelos dentro de su piel, viértalos en una sopera previamente calentada, sazónelos con un poquito de zumo de limón y continúe machacándolos hasta obtener una pasta suave. Vierta la besamel caliente sobre los aguacates, mezclándolo todo o batiéndolo a mano. Sazónelo a su gusto con sal y pimienta. Obtendrá de 4 a 6 raciones.

Variación.—Para la sopa de aguacate y papas de Colombia, pele y corte en cuadraditos 1/2 kg. de patatas y viértalos en un cazo grande con la parte blanca de 2 puerros, previamente lavada y cortada en trocitos, y una cebolla mediana, cortada en rodajas. Añada 4 tazas de caldo de pollo, tápelo y déjelo hervir todo a fuego lento hasta que esté bien tierno. Pase las verduras y el caldo por un colador, vuelva a echar la mezcla en el cazo, añada una taza de nata líquida y caliéntelo todo hasta que esté a punto de hervir. Pele y machaque 2 aguacates grandes y colóquelos en una sopera previamente calentada. Añada la sopa caliente y mézclelo todo bien. Sazónelo a su gusto con sal y pimienta. Esta sopa está también muy rica cuando se sirve helada. Obtendrá 6 raciones.

Variación.—Para la sopa de aguacate de Venezuela, extraiga la carne de 2 aguacates grandes y agrégela en la batidora junto con 1 1/2 tazas de caldo de pollo, 1 de nata líquida, y sal y pimienta blanca a su gusto. Bátalo todo junto hasta obtener una crema suave, enfríela y sírvala adornada con un poquito de perejil picado y algo de pimentón dulce. Si lo prefiere, suprima la nata y utilice 2 tazas de caldo de pollo y otras 2 de jugo de almejas en lugar de 1 1/2. Obtendrá 6 raciones.

Sopa de chayote de Antonia   MÉXICO

Esta sopa, originaria de Cuernavaca, en el estado mexicano de Morelos, posee una agradable textura ligera y un delicado sabor. Su principal ingrediente, el chayote, esa exótica verdura en forma de pera y de color verde pálido, puede encontrarse en los mercados especializados en productos tropicales.

Para 6 raciones

2 chayotes grandes, pelados y cortados en rodajas
Sal
1 cebolla mediana, bien picada
1 diente de ajo, picado

2 cucharadas de mantequilla
1 cucharada de harina
4 tazas de caldo de pollo
Pimienta blanca

Eche los chayotes en un cazo con agua salada hasta cubrirlos y déjelos hervir a fuego lento, tapados, hasta que estén tiernos; es decir, unos 20 minutos. Échelos luego en una batidora con 2 tazas del agua en que han hervido y mézclelo todo bien hasta obtener una crema suave. Tire el agua que le sobre.

En un cazo, saltee la cebolla y el ajo en mantequilla hasta que la primera esté tierna. Añada la harina y déjelo todo un minuto más sin permitir que se dore. Añada el caldo de pollo y déjelo todo al fuego sin cesar de remover hasta obtener una crema ligera. Combine este caldo con la mezcla de chayote, sazónelo todo a su gusto con sal y pimienta blanca y déjelo hervir a fuego lento, tapado, durante 5 minutos más, removiéndolo de cuando en cuando. Si lo prefiere, puede pasar la sopa por un colador para obtener una textura más suave.

Variación.—Encontré una interesante variación de esta sopa en Nicaragua. Se prepara exactamente de la misma manera, con la única diferencia de que, antes de servirla, se añade 1 taza (aprox. 1/4 kg.) de trocitos de carne de pollo hervido, calentándolo todo junto, y echando trocitos de pan frito en la sopa en el momento de servirla.

Sopa de jitomate   MÉXICO

Se trata de una sencilla y agradable sopa de tomate de México, de donde es originario el tomate y donde se vende grande, maduro y dulce. Para preparar este plato suelo esperar a que llegue la temporada del tomate, o aún mejor, a contar con tomates maduros cultivados por mí misma. A veces añado una cucharada de jerez seco a cada plato; pero casi siempre prefiero el sabor del tomate sin mistificar.

Para 6 raciones

2 cucharadas de mantequilla o aceite vegetal
1 cebolla grande bien picada
1 diente de ajo picado
6 tomates grandes y maduros, pelados y cortados en grandes trozos

4 tazas de caldo de pollo o carne de vaca
Sal, pimienta recién molida
6 cucharadas de jerez seco (optativo)

Caliente la mantequilla en un cazo bastante grande y saltee la cebolla y el ajo hasta que la primera esté tierna. Añada los tomates y déjelo todo a fuego lento, moviéndolo constantemente, durante 2 ó 3 minutos. Vierta el caldo y deje la mezcla al fuego 10 minutos más. Déjela enfriar levemente y pásela 2 ó 3 veces por la batidora o el pasapuré. Vuelva a calentarla y añada sal y pimienta a su gusto. Sirva la sopa en tazones para caldo junto con el jerez, si así lo desea.

Sopa de pimientos morrones   MÉXICO

Nada más casarme, cuando mi marido fue trasladado a México para varios años, mi suegra me encontró una cocinera durante largo tiempo relacionada con la familia. Se llamaba Francisca, y era una india zapoteca de Oaxaca, una mujer bajita de rasgos bellos y tranquilos, con el cabello ya gris peinado en largas trenzas. Esta sopa fue una de las que preparó para mí, utilizando pimientos morrones, por su sabor mucho más intenso. Es importante que sean lisos y brillantes, ya que los pimientos levemente arrugados poseen menos sabor y la textura de la sopa acabada no será la misma. Este plato ofrece un bello aspecto por su intenso color, mientras que a mí personalmente me gusta mucho su desacostumbrado sabor. Se puede incluir guindillas en la receta, aunque yo prefiero esta sopa sin ellas.

Para 6 raciones

2 cucharadas de aceite vegetal
1 cebolla mediana, bien picada
3 pimientos morrones, grandes y maduros
4 tazas de caldo de pollo o carne de vaca

1 taza de zumo de tomate
1 guindilla roja o verde fresca, entera y con el tallo (optativo)
Sal, pimienta recién molida

Caliente el aceite en una sartén pequeña y saltee la cebolla hasta que esté tierna. Resérvela. Pele los pimientos según las instrucciones de la pág. 57. Quíteles las semillas y córtelos en grandes trozos. Pase los pimientos por el pasapuré o la batidora junto con la cebolla y un poquito de caldo. Eche el puré en un cazo, añada el resto del caldo, el zumo de tomate y, si lo desea, la guindilla. Sazónelo todo a su gusto con la sal y la pimienta. Déjelo hervir tapado a fuego lento durante 15 minutos. Saque y tire la guindilla.

Sopa de flor de calabaza   MÉXICO

La calabaza, uno de los vegetales más antiguos del mundo, es originaria de México. Las flores utilizadas en esta receta son generalmente las del zucchini, aunque también sirven las flores de cualquier tipo de calabaza o calabacín. Un popular plato italiano se prepara con flores de calabaza envueltas en una masa a base de agua, harina y huevo, por lo que tanto los mercados especializados en alimentos italianos como latinoamericanos son adecuados para buscar en ellos las flores de calabaza. Se trata siempre de las flores masculinas, que no producen fruto alguno. La flor femenina es la que nos da los zucchini, por lo que resulta relativamente fácil diferenciar ambos tipos. Las flores masculinas van unidas a tallos cortos y delgados; mientras que las femeninas van unidas a diminutas calabazas. El epazote, que aporta a esta sopa un sabor sutil pero característico, no se encuentra fácilmente en los mercados; aunque sin este ingrediente la sopa sigue estando bastante buena.

Para 6 raciones

1/2 kg. de flores de calabaza	Sal, pimienta recién molida
2 cucharadas de mantequilla	1 tallo de epazote, véase pág. 47
1 cebolla mediana, bien picada	(optativo)
5 tazas de caldo de pollo	

Corte y tire los tallos de las flores de calabaza y corte las flores en grandes trozos. Caliente la mantequilla en un cazo y saltee la cebolla hasta que este tierna. Añada las flores y saltéelas durante 3 ó 4 minutos más. Eche el caldo, sazónelo todo a su gusto con sal y pimienta, tápelo y déjelo hervir a fuego lento hasta que las flores estén tiernas; es decir, unos 5 minutos.

Páselo todo por la batidora o el pasapuré, en 2 ó 3 veces si fuera necesario. Vuelva a echarlo en el cazo y recaliéntelo junto con el tallo de epazote en caso de que lo haya conseguido. Antes de servir la sopa deberá tirar el epazote.

Variación.—Para la sopa de flor de calabaza con nata, una sopa bastante espesa, batirá 2 yemas de huevo junto con 1 taza de nata líquida, y luego añadirá una taza de la sopa caliente a esta mezcla, batiéndolo todo bien y dejándolo al fuego, pero sin que llegue a hervir, hasta que la sopa esté ligeramente espesa. Las cocineras mexicanas utilizan sólo yemas de huevo. Yo personalmente creo que es mejor el huevo entero, aunque esto represente una ruptura con respecto a los métodos tradicionalmente utilizados.

Variación.—Para la sopa de flor de calabaza con jitomate, añada 2 tomates medianos, pelados, sin semillas y cortados en trocitos, a la cebolla y las flores de calabaza. Obtendrá una sopa agradablemente distinta con una interesante mezcla de sabores.

Caldo de zapallo tierno   PARAGUAY

Esta receta sencilla y deliciosa me la dio una buena amiga, Josefina Belilla de Aquino, cuando la visité en Asunción (Paraguay). Se trata de una excelente cocinera y profesora de cocina, con una gran experiencia en el campo de la cocina tradicional. Otra versión de este mismo plato, que me proporcionó la cocinera de una familia de Cuernavaca, es aún más sencilla, y con frecuencia me la preparo cuando estoy sola, tengo prisa, mientras que reservo la receta más elaborada para cuando tengo invitados. Frecuentemente suprimo el arroz de la receta paraguaya para dejar el sabor más puro de las verduras.

Para 6 raciones

2 cucharadas de aceite vegetal
1 cebolla mediana, bien picada
1 diente de ajo, picado
5 tazas de caldo de pollo
3 cucharadas de arroz crudo
1/2 kg. de zucchini, rallados

Sal, pimienta recién molida
1 huevo
3 cucharadas de queso Parmesano recién rallado
1 cucharada de perejil bien picado

Caliente el aceite en un cazo bastante grande y saltee en él la cebolla y el ajo hasta que la primera esté tierna. Añada el caldo de pollo y el arroz y déjelo hervir todo a fuego lento, tapado, durante 10 minutos. Añada los zucchini. Sazónelo todo a su gusto con sal y pimienta y déjelo hervir a fuego lento hasta que los zucchini estén tiernos; es decir, unos 15 minutos. En una sopera, bata el huevo junto con el queso y el perejil y añada luego la sopa, mezclándolo todo bien.

Variación.—Sopa de calabacita de Antonia Delgado, de Cuernavaca (México). Eche en un cazo un poco de mantequilla y saltee una cebolla mediana bien picada y un puerro grande, utilizando tanto la parte blanca como la verde, hasta que la cebolla esté tierna. Añada 1/2 kg. de zucchini, cortado en trozos grandes, y déjelo todo un minuto más. Vierta 5 tazas de caldo de pollo y déjelo hervir todo tapado y a fuego lento hasta que los zucchini estén tiernos; es decir, unos 15 minutos. Páselo en 2 ó 3 turnos por la batidora o el pasapuré. Vuelva a echar la sopa en el cazo, sazónela a su gusto con sal y pimienta y recaliéntela. Apártela del fuego y añada 1/2 taza de nata líquida espesa. Sírvala inmediatamente. Obtendrá 6 raciones.

Sopa de crema de coco   COLOMBIA

Se trata de una sutil y desacostumbrada sopa de la ciudad de Cartagena, en la costa de Colombia, zona en la que el coco desempeña un importante papel culinario. Me gusta sobre todo como primer plato para un almuerzo o cena estival.

Para 6 raciones

1 coco	1 cebolla mediana, rallada
5 tazas de caldo de pollo	2 cucharadas de harina
2 cucharadas de mantequilla	Sal, pimienta blanca recién molida

Siga las instrucciones para extraer la leche de coco de la pág. 44, y resérvela. Obtendrá entre 3/4 y 1 taza. Caliente una taza de caldo de pollo y viértala sobre el coco rallado, del que habrá. extraído previamente la leche, y déjelo reposar todo aproximadamente 1/2 hora. Cuele el líquido a través de una doble capa de tejido humedecido. Repita el proceso 2 ó 3 veces para extraer el máximo sabor posible del coco. Resérvelo. No mezcle los dos líquidos. Tire el coco rallado.

Caliente la mantequilla en un cazo y saltee la cebolla hasta que esté tierna. Añada la harina y déjelo todo a fuego lento durante 2 minutos. Vaya echando poco a poco la leche de coco junto con el caldo, y el resto del coco. Añada un poco más de caldo si sólo ha obtenido 3/4 de taza de la leche espesa de coco, para que haya un total de 6 tazas. Sazónelo a su gusto con sal y pimienta, tápelo y déjelo hervir a fuego lento durante 1/4 de hora. Añada la leche espesa de coco y caliente la sopa, pero sin permitir que llegue a hervir. Sírvala en tazones para caldo.

Sopa de repollo   CHILE

El clima templado y soleado de Chile produce maravillosas frutas y verduras, y sus repollos, firmes y jugosos, no son una excepción. El repollo verde es el mejor para esta refrescante y deliciosa sopa.

Para 6 raciones

1 repollo verde pequeño, de aproximadamente 1/2 kg. de peso	4 tazas de caldo de pollo o carne de vaca
1 patata grande, o 2 patatas medianas	Sal, pimienta recién molida
1 puerro grande	1 taza de queso rallado tipo Münster, o similar
3 cucharadas de mantequilla	

Lave y corte el repollo en trocitos pequeños. Pele la patata, córtela en finas rodajas y luego cada rodaja en 3 ó 4 trozos largos. Pele el puerro y córtelo en sentido longitudinal. Lávelo bien y córtelo luego en finas rodajas. Caliente la mantequilla en un cazo lo suficientemente grande como para que quepan en él todos los ingredientes. Añada el repollo, las patatas y el puerro y déjelo hervir todo, removiéndolo de cuando en cuando con una cuchara de madera, hasta que las verduras hayan absorbido toda la mantequilla y el repollo y el puerro estén bien hechos; es decir, unos 3 ó 4 minutos. Añada el caldo, sazónelo todo a su gusto con sal y pimienta, y déjelo hervir tapado a fuego lento durante una 1/2 hora, hasta que el repollo esté tierno. Añada el queso y sirva la sopa en tazones para caldo.

Sopa de lima   MÉXICO

Esta sopa es uno de los grandes platos regionales de México. Procede de Yucatán, donde predomina la cocina maya, y debe su sabor único y personal a una especie local de lima que rara vez se encuentra aún en México fuera de la península del Yucatán. Algunas veces he encontrado esta clase de limas en los grandes mercados de Ciudad de México, pero no con regularidad ni con excesiva frecuencia. Afortunadamente, he descubierto que esta sopa apenas pierde su maravilloso y auténtico sabor cuando se prepara con limas de otro tipo. En Mérida, la capital de Yucatán, degusté una interesante y agradable variante de esta sopa. En lugar de mollejas e higaditos de pollo, se añadía una pechuga entera, deshuesada, hervida y cortada en trocitos. La pechuga de pollo se cortaba por la mitad, se dejaba hervir a fuego lento en el caldo durante 10 minutos, y luego se enfriaba, pelaba, deshuesaba y partía en trocitos con los dedos. Se añadía a la sopa y se dejaba el tiempo suficiente para calentarla antes de servirla.

Para 6 raciones

Manteca o aceite vegetal
1 cebolla mediana, bien picada
1 tomate mediano, pelado y troceado
1/2 pimiento verde, sin semillas y troceado
2 ó 3 pimientos serranos de lata, cortados en trocitos

6 tazas de caldo de pollo
El zumo de media lima, con la piel
3 mollejas de pollo
6 higaditos de pollo crudos, cortados en trocitos
Sal, pimienta recién molida
6 tortillas, cortadas en finas tiras
1 lima, cortada en finas rodajas

Caliente 2 cucharadas de la manteca o aceite vegetal en un cazo y saltee la cebolla hasta que esté tierna. Añada el tomate y el pimiento y saltéelo todo durante 2 ó 3 minutos más. Añada los pimientos serranos, el caldo de pollo, el zumo de lima y la cáscara de lima. Déjelo hervir todo a fuego lento durante 2 minutos. Apártelo y tire la cáscara de lima.

Eche las mollejas de pollo en un cazo pequeño con agua suficiente como para cubrirlas. Espere a que rompa a hervir, baje el fuego, tape el cazo y déjelo hervir a fuego lento hasta que las mollejas estén tiernas, aproximadamente 1/2 hora. Escúrralas, quite las piedrecitas, córtelas en trocitos y resérvelas. Añada las mollejas a la sopa junto con los higaditos de pollo. Déjelo hervir todo a fuego lento hasta que los higaditos estén hechos; es decir, unos 5 minutos. Sazónelo a su gusto con sal y pimienta. Tenga las tortillas preparadas, fritas hasta quedar crujientes en manteca o aceite vegetal y escurridas sobre servilletas de papel. Sirva la sopa adornada con las tiritas de tortilla y con las finas rodajas de lima.

Locro   ECUADOR

Se trata de un plato de las altiplanicies. Existe también una versión costera en la que se utiliza una cucharadita de achicote molido en lugar de pimentón.

Para 6 u 8 raciones

4 cucharadas (1/4 taza) de mantequilla
1 cucharadita de pimentón dulce
1 cebolla mediana, bien picada
1 1/2 tazas de patatas, peladas y
   cortadas en rodajas

1 taza de leche y otra de nata
   líquida
1/4 kg. de queso Münster, rallado
Sal

En un cazo grande y grueso, caliente la mantequilla y añada el pimentón dulce. Eche la cebolla y saltéela a fuego moderado hasta que esté tierna. Añada 4 tazas de agua, déjelo todo hervir, añada las patatas y déjelo hervir a fuego lento sin tapar, removiéndolo de cuando en cuando. Una vez que las patatas estén casi hechas, añada la leche y la nata y continúe hirviéndolo todo, sin dejar de removerlo de cuando en cuando hasta que las patatas empiecen a deshacerse. Añada el queso a las patatas, sazónelo todo con sal y sírvalo inmediatamente.

Algunas veces se sirven rodajas de aguacate con el locro, en platos aparte pero para comerlas al mismo tiempo.

Variación.—En la costa de Ecuador se añade algunas veces trocitos de gambas fritas al locro o sopa de patata. Pele 2 docenas de gambas medianas y resérvelas. En una sartén, caliente una cucharada de mantequilla y saltee las pieles de las gambas hasta que se vuelvan de color rosa. Eche las pieles en un cazo pequeño junto con una taza de agua, tápela y déjela hervir a fuego lento durante 5 minutos. Cuele el líquido, tire las pieles y añada el caldo al locro. Corte las gambas en trocitos. Ralle un cenancle mediano (debería obtener 1/2 taza). En una cucharada de mantequilla, sofría una cebolla mediana, bien picada, un tomate mediano, pelado, sin semillas y cortado en trocitos, y espere hasta que la cebolla esté tierna y la mezcla espesa y hecha casi puré. Déjela enfriar. Sazónela a su gusto con sal y pimienta, añada las gambas, el maíz y un huevo ligeramente batido. Fríalo a cucharadas en manteca de cerdo o aceite vegetal bien caliente, hasta que esté dorado por ambos lados. Añádalo a la sopa en el momento de servirla.

Sopa de elote

Para 6 raciones

4 tazas de granos de maíz, preferentemente frescos; si son
congelados, deberán descon-
gelarse previamente
2 tazas de caldo de pollo

1 taza de nata líquida
Sal, pimienta blanca recién molida
2 huevos levemente batidos
2 cucharadas de perejil picado

Eche el maíz en la batidora junto con el caldo de pollo y
bátalo todo hasta obtener un puré. Hágalo en dos tandas.
Vierta el puré en un cazo, añada la nata líquida y caliéntelo
todo a fuego lento, removiéndolo de cuando en cuando,
durante unos 5 minutos. Pase el puré por un colador, vuelva a
echarlo en el cazo y sazónelo a su gusto con sal y pimienta. Si
está muy espeso, aclárelo con un poco más de caldo de pollo y
vuelva a hervirlo a fuego lento. Mezcle 1/2 taza de la sopa con
los huevos, añada la mezcla a la sopa, y déjelo hervir todo, sin
dejar de remover, durante 1 ó 2 minutos. Sirva la sopa adornada con un poquito de perejil picado.

Sopa de maní

Las sopas de maní o cacahuete son muy corrientes en toda
América Latina, con versiones que varían un poco de un país a
otro o de una región a otra, aunque nunca demasiado. La que
yo prefiero es esta cremosa y delicada sopa, receta de Ecuador.

Para 6 raciones

2 cucharadas de mantequilla
1 cebolla mediana, bien picada
1 taza de cacahuetes tostados,
bien molidos
1/2 kilo de patatas, hervidas y en
trocitos

4 tazas de caldo de pollo o carne
1 taza de nata líquida
Sal, pimienta recién molida
2 cucharadas de cebollinos en
trocitos

Caliente la mantequilla en una sartén y saltee la cebolla hasta que esté blanda. Mezcle en una batidora o pasapuré la cebolla y la mantequilla que quede en la sartén, los cacahuetes, las patatas y un poquito del caldo. Haga con todo un suave puré, viértalo en un cazo, añada el resto del caldo y déjelo hervir a fuego lento y tapado durante unos 15 minutos. Añada la nata líquida, sazónelo todo a su gusto con sal y pimienta y déjelo al fuego hasta que vuelva a calentarse. Viértalo en los platos o cuencos para sopa y adórnelo con los trocitos de cebollinos.

Sopa de Topinambur   CHILE

Chile fue el único país de toda América Latina en el que encontré esta sopa. Aunque hecha de manera distinta, me recordó a la sopa de alcachofas que preparaba mi madre, uno de los platos favoritos de la familia. Otoño es la época de las alcachofas, y yo personalmente encuentro que esta sopa resulta sumamente reconfortante en una tarde húmeda y fría, aunque es más bien delicada y suave que fuerte o espesa.

Para 4 raciones

350 g. de alcachofas
1 cebolla grande, bien picada
3 1/2 tazas de caldo de pollo
Sal, pimienta blanca recién molida
1 taza de nata espesa
2 cucharadas de cilantro fresco o perejil,
    picado

Lave las alcachofas, ráspelas y córtelas en finas rodajas. Échelas en un cazo junto con la cebolla y el caldo de pollo, déjelo todo hervir a fuego lento y tapado hasta que las alcachofas estén tiernas (aproximadamente 20 minutos). Hágalo todo puré en la batidora o en un pasapuré y vuelva a echarlo en el cazo. Sazónelo con sal y pimienta, añada la nata y caliéntelo nuevamente. Sirva la sopa en platos o cuencos y adórnelos con el cilantro o el perejil picado.

Sopa de plátano verde

Tradicionalmente, los plátanos empleados para esta sopa, que degusté por primera vez en Puerto Rico, se pasan por un rallador, pero yo descubrí que una batidora o un pasapuré cumplen la misma función a la perfección. La receta varía de un país a otro, pero no de manera sustancial.

Para 6 raciones

1 plátano verde (véase pág. 57)   Sal, pimienta recién molida
6 tazas de caldo de pollo o de carne

Ralle bien el plátano, o córtelo y hágalo puré en una batidora o pasapuré, añadiendo un poco de caldo en caso necesario. Vierta el caldo frío en un cazo, añada el plátano y hiérvalo todo a fuego lento, removiéndolo con una cuchara de madera, hasta que la sopa quede espesa. Sazónelo a su gusto con sal y pimienta y déjelo hervir, tapado, durante unos 10 minutos.

So'O-Yosopy   PARAGUAY

Se trata de una sopa deliciosamente reconfortante y, con un postre, constituye un menú perfecto para una cena ligera. Su nombre procede del guaraní, el otro idioma oficial del Paraguay junto con el castellano, en el que se conoce a este plato con la denominación de «sopa de carne». Resulta fácil de preparar, siguiendo las sencillas reglas expuestas a continuación.

Para 6 raciones

1 kg. de solomillo o carne magra   4 tomates medianos, pelados y
    picada   troceados
2 cucharadas de aceite vegetal   1/2 taza de arroz o vermicelli
2 cebollas medianas, bien picadas   Sal
1 pimiento verde, sin semillas y   Queso Parmesano rallado
    bien picado, o 1 ó 2 guindillas,
    sin semillas y picadas

Pídale al carnicero que pique la carne dos veces y machá-
quela luego en un almirez para asegurarse de que está completamente pulverizada (también puede pasarla por la batidora).
Reserve la carne con su jugo.

Caliente el aceite en una sartén y saltee las cebollas y el
pimiento hasta que las primeras estén bien blandas. Añada los
tomates y déjelo hervir todo hasta que la mezcla quede espesa y
hecha puré (aproximadamente 5 minutos más). Déjelo enfriar
levemente. Eche la carne y su jugo en un cazo. Añada el sofrito
y 8 tazas de agua fría, mezclándolo todo bien. Eche finalmente el arroz o la pasta y déjelo hervir todo a fuego lento (sin dejar
de removerlo con una cuchara de madera) hasta que esté tierno (aproximadamente 15 minutos). Entonces, sazónelo a su
gusto. Si echa la sal antes, la carne y el líquido, que deben
quedar perfectamente mezclados, pueden llegar a separarse.
Algunos cocineros creen que lo más importante de esta receta
es no dejar nunca de remover, mientras que otros opinan que
es el momento en que se añade la sal. Existe la creencia supers-
ticiosa de que, si mientras se elabora el So'O-Yosopy se encuentra presente alguien a quien no le gusta cocinar, la carne y el
líquido se separarán, con lo que el plato quedará estropeado.

Sírvalo con boniato asado o con una rodaja gruesa de yuca
hervida, en cuyo caso se conocerá este plato con el nombre de
Sopa paraguaya. Espolvoree por encima un poco de queso
rallado, si le gusta esa mezcla. Esta sopa se puede servir también acompañada de galletas.

Variación.—Suprima el arroz o la pasta y añada 2 zanahorias cortadas en finas rodajas al sofrito, junto con una cucharadita de orégano y pimienta recién molida.

Variación.—El Chupi (Sopa de carne) de Argentina es una
sopa sencilla pero sabrosa, fácil de preparar y especialmente adecuada para los fríos meses de invierno. Está evidentemente relacionada con el So'O-Yosopy paraguayo. Caliente 1/4 taza de
aceite vegetal en un cazo y saltee 1 cebolla grande bien picada y
pimiento rojo, sin semillas y picado (o, en su defecto, 2 pimientos enlatados cortados en trocitos), dejándolo todo al fuego

hasta que la cebolla y el pimiento estén bien tiernos. Añada 1/2 kg. de solomillo o carne magra picada (a mano o con la batidora) y saltéelo todo sin dejar de remover hasta que la carne quede deshecha (unos cuantos minutos). Añada 3 patatas medianas peladas y cortadas en cuadraditos, 1 cucharada de perejil picado, 1/8 cucharadita de pimentón (optativo), 6 tazas de caldo de carne o agua, y sal y pimienta a su gusto. Déjelo hervir todo a fuego lento durante 1/2 hora, aproximadamente, removiéndolo una o dos veces durante la cocción. Obtendrá 6 raciones.

Sopa de garbanzos MÉXICO

Aunque se trata de un plato regional mexicano (de Oaxaca), su origen parece encontrarse en Oriente Medio, debido a su combinación de garbanzos y menta. Se trata claramente de un plato heredado de los españoles. El huevo frito constituye una interesante adición.

Para 6 raciones

4 cucharadas de aceite vegetal
1 cebolla mediana, bien picada
1 diente de ajo, bien picado
1 cucharada de hojas frescas de menta, picadas; o 1/2 cucharada de hojas secas
3 tazas de caldo de carne o pollo

2 tazas de garbanzos hervidos (1 lata de 1/2 kg. o 1/4 kg. de garbanzos secos que habrán permanecido toda la noche en remojo)
Sal, pimienta recién molida
6 huevos

Caliente 2 cucharadas del aceite en una sartén y saltee la cebolla y el ajo hasta que la primera esté bien tierna. Pase el contenido de la sartén a una batidora o un pasapuré, añada las hojas de menta y 1/2 taza de caldo, y redúzcalo todo a puré. Vierta la mezcla en un cazo de tamaño mediano.

Eche los garbanzos hervidos en la batidora o el pasapuré junto con el líquido de la lata (en caso de usar garbanzos enlatados). Si utiliza garbanzos secos, hiérvalos en agua hasta que estén bien tiernos (aproximadamente 1 hora) y páselos por la batidora junto con 1 taza del agua en que han hervido. Añada

el puré de garbanzos al sofrito de ajo y cebolla y eche finalmente el caldo restante.

Sazónelo todo con sal y pimienta, y déjelo hervir a fuego
lento (removiéndolo de cuando en cuanto) hasta que los sabores se mezclen bien; es decir, aproximadamente 5 minutos.

Caliente las 2 cucharadas de aceite restantes en una sartén
y fría los huevos. Vierta la sopa en platos o cuencos, añadiendo
1 huevo frito a cada uno de ellos.

SOPAS DE PESCADO

Los pescados y mariscos, de los que América Latina está es-
pléndidamente surtida, se utilizan para elaborar algunas sabrosas
sopas, lo suficientemente nutritivas como para constituir el
plato fuerte de un almuerzo o cena. Pueden enriquecerse con
maíz, tomates, pimientos o guisantes, o con tubérculos como
la batata, la yuca o las patatas. También se les puede añadir
quimbombó (okra), zucchini y otras verduras frescas, leche de
coco y caldo, animado todo ello por un poquito de pimienta y
otras especias, en una verdadera sinfonía de sabores.

Sopa de almejas   COLOMBIA

Esta sopa es una de las favoritas de Colombia, país doblemen-
te afortunado, pues posee costas tanto en el Caribe como en el
Pacífico. En cierta ocasión la tomé en una reunión familiar con
unos amigos colombianos, en la que nos juntamos 12 perso-

nas. El día era caluroso, el sol brillaba con fuerza, y la sopa era rica y sabrosa, pero nada de eso nos impidió seguir tomando el resto de los platos del menú. En casa, me gusta preparar esta sopa en invierno y como plato fuerte del almuerzo o cena. Con raciones abundantes, esta receta es suficiente para 3 ó 4 raciones como plato fuerte y para 6 como primer plato.

En Colombia se utiliza la variante de caballa conocida como «pez-sierra» (véase pág. 42). La caballa del Atlántico, de sabor mucho más fuerte, no es recomendable para este plato; por lo que, en caso de no conseguir «pez-sierra», utilice pargo colorado.

Para 6 raciones

1/4 taza de aceite de oliva
1 cebolla mediana, bien picada
1 diente de ajo, bien picado
1 pimiento verde y otro rojo, o 2 rojos, o 2 verdes, sin semillas y en trocitos
3 tomates medianos, pelados, sin semillas y en trocitos
1/2 kg. de patatas (aproximadamente 3 medianas), peladas y en rodajas
Sal, pimienta recién molida

1 hoja de laurel
Un pellizquito de clavo molido
1/8 cucharadita de comino
1/2 cucharadita de azúcar (optativo)
3 docenas de almejas, bien lavadas
1 kg. de pez-sierra, pargo colorado u otro pescado similar, cortado en 12 pedazos
2 tazas de jugo de almejas
2 tazas de agua
2 cucharadas de perejil bien picado

Caliente el aceite en un cazo y saltee la caballa, el ajo y los pimientos, hasta que la cebolla esté tierna. Añada los tomates y saltéelo todo junto 1 minuto ó 2 más. Añada las patatas. Sazónelo todo a su gusto con sal y pimienta. Eche finalmente la hoja de laurel, el clavo, el comino y el azúcar (si lo desea). Tápelo y déjelo hervir a fuego lento hasta que las patatas estén tiernas. Añada las almejas, los trozos de pescado, el jugo de las almejas y el agua. Tápelo y déjelo hervir a fuego lento 5 minutos más, o hasta que las almejas se hayan abierto y el pescado perdido su aspecto translúcido. Espolvoree el perejil picado por encima y sírvalo en platos o cuencos para sopa.

Chupe de camarones   PERÚ

Más parecida a una bullabesa, esta sopa constituye en realidad una comida por sí misma. La palabra «chupe» significa un
guiso nutritivo y sabroso a base de patatas, queso, huevos, etc.
Perú, Ecuador y Chile son los países en los que se preparan
mejores variedades de «chupe».

Para 6 raciones

1/4 taza de aceite vegetal
2 cebollas medianas, bien picadas
2 dientes de ajo, picados
2 tomates medianos, pelados y en
    trocitos
1 ó 2 guindillas rojas o verdes, sin
    semillas y en trocitos
1/2 cucharadita de orégano
Sal, pimienta recién molida
3 1/2 tazas de caldo de pescado,
    o 1/2 taza de caldo de almejas
    y otra 1/2 de agua
2 patatas medianas, peladas y cor-
    tadas en cuadraditos
1 kg. de gambas grandes

1/2 taza de arroz
3 patatas grandes, peladas y corta-
    das por la mitad
3/4 de kilo de guisantes sin vaina,
    o un paquete (de 250 g.) de gui-
    santes congelados, previamen-
    te descongelados
2 mazorcas de maíz, cortada cada
    una de ellas en 3 rodajas
3 huevos
1 taza de nata líquida
2 cucharadas de cilantro verde y
    fresco bien picado o, en su
    defecto, perejil

Caliente el aceite en un cazo grande y saltee la cebolla y el
ajo hasta que la primera esté tierna. Añada los tomates, las
guindillas, el orégano, la sal y la pimienta a su gusto, y déjelo
todo al fuego unos cuantos minutos, removiéndolo de cuando
en cuando para que se mezcle bien. Añada el caldo de pescado
y las patatas en cuadraditos. Pele las gambas y eche las cáscaras
al cazo. Resérvelas. Cuando rompa a hervir, baje el fuego y
déjelo así, tapado, durante aproximadamente 1/2 hora. Páselo
luego por un colador, presionándolo bien para extraer todo el
jugo. Enjuague el cazo y vuelva a echar en él el caldo.
    Añada el arroz, las patatas partidas por la mitad y los gui-
santes, tápelo y déjelo hervir a fuego lento hasta que las patatas
estén tiernas (aproximadamente 20 minutos). Añada el maíz y
las gambas y hiérvalo todo 5 minutos más. Vaya echando los

huevos, uno a uno, en la sopa, sin dejar de remover para que se coagulen en tiras. Añada la nata líquida y déjelo todo al fuego justo lo suficiente para que se caliente. Viértalo finalmente en una sopera previamente calentada y espolvoree el cilantro o perejil por encima. Lo ideal es servir esta sopa en platos grandes y hondos, preferentemente antiguos. En su defecto, sírvala en cuencos grandes (aproximadamente 2 tazas por ración).

Variación.—Utilice sólo 1/2 kg. de gambas. Añada 6 rodajas, de aproximadamente 2,5 cm. de grueso de lubina o róbalo, fritas en aceite antes de echarlas. Suprima los huevos coagulados en tiras y, si lo desea, sustitúyalos por 1 huevo escalfado en cada plato y añada (optativamente) una tira de pimiento rojo o verde previamente salteado. Obtendrá 6 raciones.

Variación.—En Chile, verdadero paraíso de los pescados y mariscos, existe una versión sencilla y agradable de las sopas de pescado, el llamado *Chupe de pescado*. Es lo suficientemente ligera como para servirse a modo de sopa, como primer plato. Pele, corte en cuatro trozos y cueza en agua salada 6 patatitas pequeñas. Resérvelas. En un cazo, saltee 2 cebollas bien picadas en 3 cucharadas de aceite vegetal y 1 de pimentón dulce, hasta que las cebollas estén tiernas. Añada 2 tazas de pan rallado, 1 zanahoria bien rallada (optativo), 3 tazas de leche, taza y media de caldo de pescado o jugo de almejas y agua a partes iguales, y sal y pimienta a su gusto; 1/2 cucharadita de orégano y 1/2 kg. de filetes de caballa, bacalao o merluza, cortados en trocitos de 2,5 cm. Añada las patatas. Tápelo y déjelo a fuego lento hasta que el pescado esté hecho (aproximadamente de 5 a 8 minutos). El «chupe» debería quedar tan espeso como una besamel. Si le parece demasiado espeso, añada un poco más de leche. Sírvalo con trocitos de huevo duro por encima (2 huevos). Obtendrá 6 raciones.

Sopa de candia con mojarras   COLOMBIA

Las recetas de los países andinos, Venezuela, Colombia, Ecuador y Perú, poseen características regionales más diferenciadas, debido a que, hasta hace poco tiempo, esos países estaban aislados unos de otros por obstáculos geográficos casi insuperables. Aunque con los modernos métodos de transporte pueden disfrutar unos de los platos de los otros, las antiguas cocinas nacionales han conservado felizmente su propia identidad. Este plato es típico de la región costera de Cartagena de Indias, dotada de una estimulante cocina. Lo degusté por primera vez en Bogotá.

Para 6 raciones

2 tazas de caldo de pescado
2 cebollas medianas, bien picadas
2 dientes de ajo, picados
1 tomate grande, pelado, sin semillas y en trocitos
2 guindillas frescas, sin semillas y en trocitos
1/4 cucharadita de comino molido y otra 1/4 cucharadita de pimienta de Jamaica
Sal
4 cucharadas de zumo de limón
1/4 kg. de candia pequeña y fresca, en trozos

1/2 kg. de batatas pequeñas, peladas y cortadas en trocitos de 2,5 cm.
2 plátanos maduros, pelados y en rodajas
2 cucharadas de mantequilla
6 filetes de pompano o morraja
2 cucharadas de puré de tomate
1 cucharada de salsa Worcestershire
Sal, pimienta recién molida

En un cazo, mezcle el caldo de pescado, la cebolla, el ajo, el tomate, las guindillas, el comino y la pimienta de Jamaica. Póngalo todo a hervir y déjelo a fuego lento y tapado alrededor de 1/4 de hora. Añada el zumo de limón y la candia a un cacito con agua salada hirviendo. Cuando rompa todo nuevamente a hervir, apártelo del fuego, cuele la candia y enjuáguela bien en agua fría. Añada la candia al cazo junto con la batata y el plátano y déjelo todo a fuego lento y tapado durante 1 hora, aproximadamente.

En una sartén, caliente la mantequilla y saltee el pescado hasta que los filetes estén dorados. Córtelos en trocitos de 2,5 cm. y añádalos a la sopa junto con el puré de tomate, la salsa Worcestershire y sal y pimienta a su gusto. Déjelo hervir a fuego lento una 1/2 hora o mas.

Variación.—En la cocina costera se utilizan mucho los cocos. En vez de caldo de pescado, emplee 3 tazas de leche ligera de coco (véase pág. 44); aumente la dosis de comino hasta 1/2 kg. de yuca pelada y cortada en trocitos de 2,5 cm. al mismo tiempo que la candia. Suprima el puré de tomate y la salsa Worcestershire. Cuando la sopa esté lista, añada 1 taza de leche espesa de coco y déjelo hervir todo a fuego lento durante unos cuantos minutos mas.

Chupe de corvina y camarones   ECUADOR

Se trata de la versión ecuatoriana del Chupe de camarones peruano, pero su sabor es claramente distinto.

Para 6 raciones

3/4 de filetes de lubina o róbalo, pelados y cortados en rodajas de 4 cm.
Harina
Sal, pimienta recién molida
1/4 taza de aceite vegetal
1/2 kg. de gambas pequeñas o medianas
4 cucharadas de mantequilla

1 cucharadita de pimentón dulce
1 cebolla grande, bien picada
1 kg. de patatas, peladas y en rodajas
2 tazas de leche, o 1/2 taza de leche y otra 1/2 de nata líquida
1/4 kg. de queso tipo Münster, rallado
3 huevos duros en rodajas

Enjuague el pescado y séquelo bien con servilletas de papel. Sazone la harina con sal y pimienta a su gusto. Reboce bien el pescado. Caliente el aceite en una sartén, y saltee las rodajas de pescado hasta que queden doradas por ambos lados. Resérvelas.

Pele las gambas, y reserve las cáscaras. Córtelas en trocitos de 2,5 cm. y resérvelas. Derrita una cucharada de mantequilla en un cazo, añada las cáscaras de las gambas y fríalas sin dejar de remover hasta que se pongan de color rosa. Añada 3 tazas de agua, espere a que rompa a hervir, tápelo todo y déjelo a fuego lento durante 5 minutos. Cuele el caldo, tire las cáscaras y mida la cantidad de líquido que le ha quedado. Si es menos de 3 tazas, añádale un poco de agua. Resérvelo.

Caliente el resto de la mantequilla en un cazo grande. Añada el pimentón dulce y la cebolla y saltéelo todo hasta que la cebolla esté tierna. Añada las patatas y el caldo de las gambas, tápelo y déjelo a fuego lento hasta que las patatas estén tiernas (aproximadamente 20 minutos). Añada la leche o la mezcla de leche y nata líquida al cazo y continúe hirviendo las patatas, removiendo de cuando en cuando, hasta que estén parcialmente deshechas. Añada el queso y mézclelo todo bien. Sazónelo a su gusto con sal y pimienta y eche finalmente el pescado y las gambas, dejando que hierva todo a fuego lento unos 3 minutos, o hasta que las gambas estén en su punto. Se sirve con rodajas de huevo duro por encima. El «chupe» debe quedar espeso, pero seguir siendo reconocible como sopa. En caso necesario, aligérelo con un poquito de leche.

Variación.—Existe una versión más sencilla, también ecuatoriana, el *Chupe de corvina*. Caliente 4 cucharadas de mantequilla en un cazo grande. Añada 1 cucharada de pimentón dulce, 1 cebolla grande bien picada, 2 dientes de ajo picados, y saltéelo todo hasta que la cebolla esté tierna. Añada 1 kg. de patatas, peladas y en rodajas, y 3 tazas de agua. Tápelo y déjelo hervir a fuego lento hasta que las patatas se deshagan. Sazónelo a su gusto con sal y pimienta, añada 1 taza de nata líquida y 1/4 kg. de queso tipo Münster rallado o, si es capaz de encontrarlo, queso blanco español en migajas. Corte 1/2 kg. de filetes de lubina o róbalo pelados en rodajas de 2,5 cm. Rebócelas en harina y fríalas en aceite vegetal hasta que estén bien doradas por ambos lados. Escúrralas y añádalas al resto. Se sirve con rodajas de huevo duro por encima (2 huevos). Obtendrá de 4 a 6 raciones.

Caldillo de congrio   CHILE

El congrio es un pescado de fuerte y excelente sabor, que se pesca en las costas de Chile. En caso de no encontrarlo, sustitúyalo por bacalao.

Para 4 raciones

1 kg. de congrio o bacalao, cortado en 4 filetes
Sal
1/4 taza de zumo de limón
2 zanahorias, raspadas y en finas
rodajas
1 kg. de patatas pequeñas, peladas y en finas rodajas

2 cebollas medianas, cortadas por
la mitad y en finas rodajas
2 dientes de ajo, picados (optativo)
Pimienta recién molida
1/2 cucharadita de orégano
1 taza de vino blanco, seco
4 tazas de caldo de pescado
4 cucharadas de aceite de oliva

Ponga los filetes de pescado en una cacerola, preferentemente de barro, lo suficientemente grande como para que quepan unos al lado de otros. Sazónelos con la sal y el zumo de
limón. Cúbralos con una capa de rodajas de zanahoria, luego
con otra de rodajas de patatas y finalmente con una tercera de
rodajas de cebolla, ajo y el resto de las patatas. Sazónelo todo
con sal, pimienta y orégano. Añada el vino, el caldo de pescado y el aceite de oliva. Cuando rompa a hervir, baje el fuego y
déjelo todo a fuego lento hasta que las patatas y las zanahorias
estén tiernas (aproximadamente 1/2 hora). Sírvalo en platos
hondos o cuencos para sopa, acompañado de pan crujiente y
mantequilla. Con la adición de un postre o de una tabla de
quesos, tendrá un espléndido almuerzo o cena.

Fanesca   ECUADOR

Se trata de un plato tradicional de primavera, cuando las verduras frescas, guisantes, judías verdes, etc., están en su mejor
momento, y constituye una comida por sí sola.

1/2 kg. de bacalao salado
4 cucharadas de mantequilla
2 cebollas medianas, bien picadas
1 diente de ajo, picado
1/4 cucharadita de orégano
1/4 cucharadita de comino molido
1 hoja de laurel
Pimienta recién molida
1 taza de arroz de grano largo, hervido en 1 taza de leche y otra de agua
1 taza de granos de maíz hervidos
2 1/2 tazas de repollo troceado
2 tazas de calabaza, hervida y machacada

2 tazas de zucchini, hervidos y troceados
1 taza de semillas de lima o habas hervidas
1 taza de guisantes hervidos
1 taza de judías verdes hervidas, cortadas en trocitos de 2,5 cm.
1/2 taza de cacahuetes molidos
4 tazas de leche
1 taza de nata líquida
1 taza de queso fresco o blanco español (o tipo Münster), en trocitos
Sal
3 huevos duros en rodajas
Queso parmesano rallado

Deje el bacalao en remojo durante 12 horas o más, cambiando frecuentemente el agua. Escúrralo y échelo en un cazo con agua suficiente para cubrirlo. Cuando rompa a hervir, baje el fuego y déjelo a fuego lento hasta que el pescado esté tierno (aproximadamente 1/4 de hora). Escúrralo y reserve el caldo. Quítele al bacalao la piel y las espinas y córtelo en trocitos de 2,5 cm. Resérvelo.

Caliente la mantequilla en un cazo grande y saltee las cebollas y el ajo hasta que las cebollas estén tiernas. Añada el orégano, el comino, la hoja de laurel y la pimienta negra molida, y saltéelo todo junto durante un minuto o dos más. Añada 1 taza de agua, y, cuando rompa a hervir, eche el arroz, el maíz, el repollo, la calabaza, los zucchini, las semillas de lima o las habas, los guisantes, las judías verdes, los cacahuetes molidos, el pescado y el caldo de pescado, la leche y la nata líquida. Mézclelo todo bien y déjelo 5 minutos más al fuego, para que se mezclen bien los sabores. Añada el queso en trocitos y sal a su gusto. La sopa debería quedar tan espesa como un minestrone. Si le parece demasiado espesa, añádale un poquito más de leche y déjela hervir unos minutos mas.

Vierta la sopa en una sopera y sírvala en platos hondos. Adórnela con rodajas de huevo duro. Coloque el queso Parmesano rallado en un cuenco y sobre la mesa, para que cada uno se sirva a su gusto, si lo desea.

Sopa de fríjol negro con camarones   MÉXICO

Se trata de una receta de Oaxaca, región en la que es frecuente el uso de hojas de aguacate en la cocina. Dado que a mí personalmente me cuesta mucho trabajo arrancar hojas de mis aguacates —pues admiro mucho su hermoso follaje—, le estoy muy agradecida a recetas como ésta que me obligan a, de cuando en cuando, arrancarles un par de ellas. El sabor que aportan a los platos es menos pronunciado que el de las hojas de laurel (también usadas con frecuencia en la cocina latinoamericana). Las hojas pueden tostarse levemente antes de añadirlas al plato. Algunos cocineros insisten en que ésta es una medi-da fundamental, pero mi experiencia me ha enseñado que no hay que hacerles mucho caso. Esta sopa resulta deliciosa y muy sabrosa, pues el sabor intenso de los fríjoles contrasta sorprendentemente bien con el mucho más suave y fresco de las gambas.

Para 4 raciones

3/4 de taza de fríjoles, limpios y lavados
1/8 cucharadita de comino molido
1/4 cucharadita de orégano
1 hoja de laurel, o 2 hojas de aguacate
2 cucharadas de aceite de oliva
1 cebolla mediana, bien picada

1 diente de ajo, picado
1 tomate mediano, pelado y troceado
Sal, pimienta recién molida
2 tazas de caldo de pollo
1/4 kg. de gambas crudas, peladas y cortadas en trocitos de 2,5 cm.
4 cucharadas de jerez seco

En un cazo mediano, combine los fríjoles, el comino, el orégano, la hoja de laurel o las hojas de aguacate con 3 tazas de agua. Cuando rompa a hervir, baje el fuego, tape el cazo y déjelo a fuego lento hasta que los fríjoles estén tiernos; es decir, aproximadamente 2 1/2 horas. Déjelos enfriar, quite la hoja de laurel o las hojas de aguacate y eche los fríjoles y el líquido en una batidora o en un pasapuré.

Caliente el aceite en una sartén y saltee el ajo y la cebolla hasta que ésta esté tierna. Añada el tomate y déjelo todo a fuego lento hasta que el sofrito esté hecho (unos 2 ó 3 minutos). Sazónelo a su gusto con sal y pimienta y añádalo a la batidora o pasapuré. En caso necesario, hágalo en dos tandas. Reduzca la mezcla a puré y viértalo todo en el cazo. Añada el caldo de pollo y déjelo hervir a fuego lento. Eche finalmente las gambas y hiérvalo todo unos 2 minutos más. Sirva esta sopa de inmediato, ya que, de lo contrario, la gamba se pondrá dura. Añada una cucharada de jerez seco a cada plato.

Pescados y mariscos

COMO ya he señalado, y gracias a la fría corriente de Humboldt que baña las costas de Chile y Perú, estos dos países disfrutan de algunos de los mejores pescados y mariscos del mundo. Los erizos chilenos, que con frecuencia llegan a medir entre 10 y 12 cm. a lo ancho, proporcionan una experiencia gastronómica verdaderamente sin rival. Recuerdo haber degustado erizos al matico —es decir, erizos con una salsa a base de cebolla picada, perejil, aceite y zumo de limón—, acompañados con tostadas con mantequilla, y haberme quedado maravillada no sólo de su exquisito sabor, sino también de sus grandes dimensiones.

Lo mismo puede decirse de los llamados «locos» (orejas marinas), que alcanzan, asimismo, tamaños excepcionales, sin por ello perder nada de su delicadeza y sabor. En un club situado en una playa cercana a Lima (Perú), degusté en cierta ocasión gigantescas «vieiras» en su concha acompañadas únicamente con el zumo de los pequeños limones tropicales, que estoy segura son exclusivos de América Latina, y cuyo sabor, más parecido al del limón que al de la lima, es sin embargo suave y delicado. Las gambas, los cangrejos, las ostras, las langostas, las almejas y las vieiras se dan en abundancia, así como un extraño marisco, llamado «picorocco» (percebe), que vive en colonias y que poseen un exótico y magnífico sabor. Entre los pescados, el congrio, con su gigantesca cabeza y cuerpo alargado, es también una especie única, así como la corvina, cuyo sabor es exquisito. Las aguas de las costas de México pro-

ducen excelentes gambas, pargo colorado y otros pescados y
mariscos, y lo mismo puede decirse de las de Ecuador, Colombia, Argentina y Brasil.

Debido quizá a esta misma abundancia de magníficos pescados y mariscos, las recetas para prepararlos no son tan abundantes ni variadas como las de carne y aves, probablemente
porque la mejor forma de prepararlos es también la más sencilla. Pero abundan las recetas originales y sabrosas, adecuadas
para cualquier tipo de pescado de los que se encuentran en las
pescaderías. Y están además los llamados seviches, pescados y
mariscos en salsas especiales a base de zumo de lima o limón, y
los escabeches, nutritivos y deliciosos.

El bacalao seco es tan popular en América Latina como en
España y Portugal, y los cocineros y cocineras del Continente
combinan las recetas indígenas con otras importadas para crear
platos nuevos y deliciosos. En México lo preparan con una salsa
a base de pimientos «anchos» y almendras.

Pescado a la veracruzana   MÉXICO

El *Pescado a la veracruzana* es la receta de pescado más conocida de México, y con toda justicia, pues se trata de un plato
admirable. Existen numerosas variaciones del mismo, que normalmente consisten sólo en cambiar pequeños detalles. Éste es
uno de mis platos favoritos, y no me canso nunca de degustar-
lo. Cuando viajé por primera vez a Venezuela, me di cuenta de
que en dicho país existía también una variante del *Pescado a la*

veracruzana llamada *Corbullón mantuano;* mientras que, en Buenos Aires, la *Corvina a la porteña,* hecha con corvina o lubina, era el equivalente argentino. Las sutiles diferenciaciones existentes entre estas recetas hacen que merezca la pena probar las tres; pues, si se fija uno atentamente, su sabor es parecido, pero al mismo tiempo diferente.

Para 4 raciones

1 kg. de filetes de pargo colorado	3 cucharadas de alcaparras
Sal, pimienta recién molida	20 aceitunas rellenas de pimiento
El zumo de 1 limón o lima, pequeño	2 ó 3 guindillas jalapeñas, sin semillas y cortadas en trocitos
1/3 de taza de aceite de oliva	12 patatas nuevas, recién hervidas, o 6 medianas, cortadas por la mitad
2 cebollas medianas, bien picadas	
2 dientes de ajo, picados	3 rebanadas de pan de molde
6 tomates medianos, pelados y en trocitos	Mantequilla para freír

Sazone el pescado con sal y pimienta y el zumo de la lima o limón. Resérvelo. Caliente el aceite en una sartén y saltee las cebollas y el ajo hasta que las primeras estén tiernas. Reduzca los tomates a puré en una batidora o pasapuré y échelos a la sartén junto con las alcaparras, las aceitunas, las guindillas jalapeñas y el pescado. Añada un poco más de sal y pimienta y déjelo todo a fuego lento hasta que el pescado esté tierno y la salsa ligeramente espesa (aproximadamente 10 ó 15 minutos). Colóquelo todo sobre una fuente previamente calentada y utilice las patatas a modo de guarnición. Corte el pan en 6 triángulos, saltéelo en mantequilla hasta que esté dorado y colóquelo también alrededor de la fuente.

Variación.—El *Corbullón mantuano* de Venezuela se prepara de la manera siguiente: Quítele la cabeza y la cola a un pargo colorado, previamente pelado, de aproximadamente 1 kg. de peso, y córtelo en rodajas de 4 cm. Sazónelo con sal y pimienta recién molida. Caliente 4 cucharadas de mantequilla y una de aceite de oliva en una sartén grande y saltee el pescado hasta que esté dorado por ambos lados. Colóquelo en una fuente y manténgalo caliente. En la grasa que quede en la sartén, saltee 2 cebollas medianas cortadas en finas rodajas, 1 pimiento verde y otro rojo, sin semillas y cortados también en finas rodajas, hasta que las cebollas estén tiernas. Añada 6 tomates medianos, pelados y en trocitos, 1/2 guindilla fresca o 1/4 cucharadita de pimentón picante, 2 cucharadas de alcaparras y 20 aceitunas rellenas de pimiento, dejándolo luego hervir todo durante 2 ó 3 minutos. Añada 1 taza de vino tinto seco y 1/4 taza de aceite de oliva y déjelo todo a fuego lento hasta que la salsa esté bien hecha (aproximadamente 10 minutos). Añada el pescado y déjelo el tiempo suficiente como para que se caliente. Dispóngalo sobre una fuente calentada de antemano. Pele y corte en rodajas 3/4 de kilo de patatas y déjelas hervir en agua salada hasta que estén tiernas (entre 15 y 20 minutos). Escúrralas bien y colóquelas en el borde de la fuente, alrededor del pescado. Obtendrá 4 raciones.

Variación.—La *Corvina a la porteña* es un plato argentino emparentado con los dos anteriores. Corte una corvina previamente pelada (de aproximadamente 1 1/2 kg. de peso), y sin cabeza ni cola, en rodajas de 4 cm. y rebócelas bien en harina. Vierta 1/2 taza de aceite de oliva en una fuente de asar y coloque en ella las rodajas de pescado. En una sartén, caliente otra taza de aceite de oliva y saltee 2 cebollas medianas picadas, hasta que estén tiernas. Añada 2 tomates pelados y en trocitos, 2 pimientos verdes también troceados, 1 hoja de laurel, 1/2 cucharadita de orégano, y sal y pimienta recién molida a su gusto. Déjelo hervir todo a fuego lento hasta que quede espeso y bien mezclado. Vierta la salsa sobre el pescado y déjelo en el horno previamente calentado (a 175º C) durante unos 20 minutos, o hasta que el pescado esté hecho: Tire la hoja de laurel. Páselo todo a una fuente previamente calentada y espolvoree una cucharada de perejil picado por encima. Obtendrá 4 raciones.

Corvina a la chorrillana   PERÚ

Se trata de corvina preparada al estilo de Chorrillos, ciudad veraniega situada en las proximidades de Lima. El aceite de achicote es el que proporciona a este plato su fuerte y característico sabor.

Para 6 raciones

1 cucharada de aceite de achiote (véase pág. 394)

2 cebollas grandes, cortadas en finas rodajas

2 dientes de ajo, picados

2 tomates grandes, pelados y cortados en rodajas

2 guindillas grandes y frescas, o 4 pequeñas, sin semillas y cortadas en rodajas

1/2 cucharadita de orégano

Sal, pimienta recién molida

1 1/2 kg. de corvina, pelada y cortada en 6 filetes

2 cucharadas de aceite de cacahuete

El zumo de 1 limón

Vierta el aceite de achiote en una cacerola gruesa, de manera que cubra el fondo por igual. Coloque sobre él una capa con la mitad de la cebolla, el ajo, el tomate y la guindilla. Espolvoree el orégano por encima y sazónelo todo con sal y pimienta. Disponga el pescado encima de esta capa y cúbralo con otra formada por la cebolla, el ajo, el tomate y la guindilla restantes. Sazónelo con el resto del orégano, la sal y la pimienta, el aceite de cacahuetes y el zumo de limón. Tape la cacerola y déjela a fuego lento entre 20 y 30 minutos, o hasta que los ingredientes estén tiernos. Se sirve con arroz graneado (a la peruana).

Variación.—Suprima el orégano y utilice 2 cucharadas de cilantro verde y fresco bien picado.

Corvina rellena

Para 4 raciones

Una corvina de algo más de 1/2
    kg. de peso, con cabeza y cola
Sal, pimienta recién molida
1 cebolla mediana, bien picada
2 dientes de ajo, bien picados o
    aplastados

1/2 taza de perejil bien picado
1 taza de pan rallado
Leche
1 cucharada de mantequilla
1 cucharada de aceite de oliva
1 taza de vino blanco, seco

Enjuague el pescado y séquelo con servilletas de papel. Sazone el interior del mismo con sal y pimienta. En un cuenco, mezcle la cebolla, el ajo, el perejil, el pan rallado y la sal y la pimienta a su gusto. Humedezca la mezcla con un poquito de leche y rellene con ella el pescado. Sujételo con palillos. Unte con mantequilla una cacerola poco profunda, preferentemente de barro, en la que quepa bien el pescado, y colóquelo en ella. Úntelo con mantequilla y vierta el aceite de oliva por encima y luego el vino blanco. Déjelo en un horno precalentado (a 200° C) unos 40 minutos, o hasta que el pescado ofrezca resistencia a la presión del dedo. Para entonces, el vino se habrá evaporado, combinándose con la mantequilla y el aceite para formar una rica salsa. Sírvalo directamente de la cacerola de barro, acompañado de arroz o patatas, así como de una ensalada.

Mero en mac-cum

Este plato, preparado con aceite de achicote, comino y zumo de naranjas amargas o de Sevilla, es representativo de la cocina maya del Yucatán.

Para 4 raciones

1 kg. de mero, corvina o cualquier otro pescado blanco y no grasiento, cortado en 4 filetes
4 dientes de ajo, machacados
Pimienta negra
1/4 cucharadita de comino molido
1/2 cucharadita de orégano
1/2 taza de aceite de oliva
1 cebolla grande, cortada en finas rodajas
2 dientes de ajo, picados
2 tomates, cortados en rodajas
2 pimientos rojos, medianos, sin semillas y cortados en trocitos, o 2 pimientos de lata, cortados en tiras
1 cucharadita de achiote molido
Sal
1/2 taza de zumo de naranja amarga (de Sevilla), o una mezcla de dos partes de zumo de naranja y una de zumo de lima
1 guindilla roja, sin semillas y en trocitos (optativo)
2 cucharadas de perejil picado

Coloque los filetes de pescado sobre una fuente, en una sola capa. Prepare una salsa a base de ajo, 6 o más granos de pimienta molidos, comino, orégano, achiote, sal a su gusto y suficiente zumo de naranja como para obtener una pasta espesa. Unte los filetes de pescado por ambos lados con esta mezcla y déjelos empaparse en ella durante aproximadamente 1/2 hora. Eche un poquito de aceite de oliva en una fuente de asar poco profunda y lo suficientemente grande como para que quepan en ella los filetes de pescado. Utilice aceite suficiente como para untar bien el fondo. Disponga los filetes de pescado en la fuente, con la salsa que le haya quedado. Cúbralos con la cebolla, el ajo picado, los tomates y los pimientos. Vierta el resto del aceite sobre el pescado, tápelo y déjelo a fuego lento hasta que el pescado pierda su aspecto translúcido; es decir, aproximadamente 1/4 de hora. Espolvoree el perejil por encima y sírvalo acompañado de arroz. También se pueden servir tortillas recién hechas.

Pescado con cilantro   MÉXICO

Las hojas de cilantro fresco dan a este plato su delicioso sabor, especialmente agradable para los aficionados a esta hierba, como yo. Se trata de una receta heredada de los españoles,

y fácil de preparar, lo que no es frecuente en las recetas procedentes de tiempos coloniales, que suelen ser más bien complicadas. El acompañamiento perfecto es el arroz blanco.

Para 6 raciones

1 1/2 kg. de filetes de pargo colorado, corvina, lubina, o cualquier
   otro pescado blanco de carne
   firme
Sal, pimienta recién molida
1/4 taza de zumo de limón

5 cucharadas de aceite vegetal
1 cebolla mediana, bien picada
1/2 taza de cilantro fresco, picado
3 guindillas jalapeñas de lata, lavadas, sin semillas y en trocitos

Sazone el pescado con sal y pimienta y vierta el zumo de
limón por encima. Caliente 4 cucharadas de aceite en una sartén y saltee la cebolla hasta que esté tierna. Unte con una fina
capa de aceite el fondo de una cacerola (preferentemente de
barro) y lo suficientemente grande como para que quepa en
ella el pescado, en más de una capa si no hay más remedio.
Disponga los filetes de pescado, con cualquier jugo que puedan haber soltado, en la cacerola, cúbralos con la cebolla y el
aceite y espolvoree por encima el cilantro o los trocitos de guindilla. Vierta por encima la cucharada de aceite restante. Métalo
todo en el horno previamente calentado a 160º C, y déjelo
unos 20 minutos, o hasta que el pescado haya perdido su
aspecto translúcido.

Pescado frito
con salsa de vino tinto   COLOMBIA

En esta receta, el vino tinto y los tomates se mezclan para
formar una salsa llena de sabor, y que yo personalmente
encuentro sabrosa y distinta de las conocidas.

Para 4 raciones

1 kg. de filetes de pescado, cortados en 4 trozos (puede ser cualquier pescado blanco y de carne firme, como pargo colorado, corvina, pez-teja, etc.)
Sal, pimienta recién molida
Harina
4 cucharadas de aceite vegetal

2 cebollas medianas, bien picadas
2 dientes de ajo, picados
4 tomates medianos, pelados y en trocitos
1 hoja de laurel
Un pellizquito de pimentón y otro de pimienta de Jamaica molida
1 taza de vino tinto seco

Sazone los filetes de pescado con sal y pimienta y rebócelos en la harina, sacudiéndolos bien para que caiga toda la que sobre. Caliente el aceite en una sartén y saltee el pescado hasta que esté dorado por ambos lados. Colóquelo en una fuente y manténgalo caliente. En el aceite restante (añadiendo un poco más en caso necesario), saltee la cebolla y el ajo hasta que la primera esté tierna. Añada los tomates, la hoja de laurel, la pimienta de Jamaica, el pimentón y la sal y la pimienta a su gusto, y saltéelo todo, removiendo de cuando en cuando, hasta obtener una mezcla espesa y consistente (aproximadamente 5 minutos). Añada el vino y espere a que rompa a hervir. Eche el pescado y déjelo todo a fuego lento entre 2 y 3 minutos. Coloque el pescado en una fuente de servir previamente calentada y vierta sobre él la salsa. Se servirá con arroz, patatas o cualquier otro alimento rico en almidón.

Pargo al horno   VENEZUELA

Para 4 raciones

Un pargo colorado de algo más de 1 1/2 kg. de peso, con cabeza y cola, o también corvina pelada
Sal, pimienta recién molida
4 cucharadas de mantequilla

1/4 taza de zumo de lima o limón
1 taza de caldo de pescado o zumo de almejas
1/2 taza de nata líquida
1 cucharadita de salsa Worcestershire

Enjuague el pescado y séquelo bien con servilletas de papel. Sazónelo por dentro y por fuera con la sal y la pimienta. Utilizando una cucharada de mantequilla, engrase una cacerola poco honda (preferentemente de barro) y resistente al fuego, en la que el pescado queda cómodamente, y dispóngalo en ella. Mezcle el zumo de lima o limón con el caldo de pescado y viértalo sobre éste. Añada una cucharada de mantequilla y déjelo en el horno precalentado a 200º C durante 1/2 hora, aproximadamente, o hasta que el pescado ofrezca resistencia a la presión del dedo. Utilizando 2 espátulas, coloque el pescado en una fuente de servir y manténgalo caliente. Vierta el líquido de la cacerola en un cazo pequeño. Añada la nata líquida y deje que hierva todo a fuego lento. Divida las dos cucharadas de mantequilla restantes en trocitos pequeños y añádalos al resto. Pruébelo y añada más sal y pimienta en caso necesario. Con una cuchara, eche parte de la salsa sobre el pescado, y sirva el resto en salsera aparte. Este plato se puede acompañar de patatas o arroz y una ensalada.

Congrio en fuente de barro   CHILE

El congrio, ese magnífico pescado de las costas de Chile, es considerado por sus habitantes como el mejor de todos sus productos del mar. Existen tres variedades: congrio colorado, congrio negro y congrio dorado. Cuando los vi por primera vez colgados en un mercado de Santiago de Chile, me causaron una magnífica impresión. Aunque algunos los confunden con la anguila, conviene no olvidar que se trata de especies completamente distintas.

Este pescado tiene la carne muy firme y, cuando se guisa, se divide en pedazos grandes. En mi opinión, el que mejor le sustituye es el bacalao, aunque también puede utilizarse con buenos resultados cualquier pescado no grasiento y de carne firme. Sabe mejor cuando se prepara en fuente de barro, y de ahí el nombre de la receta. Se trata de un plato nutritivo, sabroso y agradable.

Para 4 raciones

1 kg. de filetes de congrio o bacalao, partidos en 4 trozos
Sal, pimienta recién molida
2 cucharadas de zumo de limón
3 cucharadas de mantequilla
1 cucharadita de pimentón dulce
1 cebolla grande, bien picada
4 tomates medianos, pelados y
  troceados

4 rebanadas de pan de molde, fritas en mantequilla, o 1/2 kg.
  de patatas, hervidas y cortadas
  en rodajas
2 huevos duros en rodajas
1 pimiento morrón, cortado en
  tiras
1/2 taza de leche (optativo)
1 cucharada de perejil picado

Sazone el pescado con sal, pimienta y zumo de limón, y
resérvelo. Caliente la mantequilla en una sartén, eche el pimentón y luego la cebolla, y saltéela bien a fuego moderado, hasta
que esté tierna. Añada los tomates, y saltéelos durante unos
cuantos minutos. Unte con mantequilla una fuente de barro y
coloque una capa de sofrito, luego otra de pescado, luego otra
de tomate, el pan frito o las patatas y más tomate. Repita hasta
haber acabado con todos los ingredientes. También puede usar
una cacerola lo suficientemente grande como para que quepa
todo el pescado en una sola capa. Corónelo todo con las rodajas de huevo duro y las tiras de pimiento morrón. Tápelo y déjelo en el horno a 175º C durante 1/2 hora, aproximadamente.
Si le parece que se está quedando algo seco, añádale 1/2 taza
de leche. Esta medida no será en absoluto necesaria si los tomates utilizados son maduros y jugosos. Espolvoree el perejil picado por encima y sírvalo.

Variación.—Un día, en Asunción, la capital de Paraguay,
país sin salidas al mar, me quedé asombrada cuando me sirvieron un plato muy parecido al *Congrio en fuente de barro* chileno. El pescado de este *Guiso de dorado* procedía del río
Paraguay, una caudalosa corriente fluvial que atraviesa el país.
Su textura y sabor me parecieron muy similares a los de la dorada española, aunque, por supuesto, no hay que confundir
este pez con el dorado fluvial, muy abundante en los ríos de
Uruguay. Cualquier pescado blanco de carne firme podrá ser
utilizado para esta receta.

Para el *Guiso de dorado*, coloque 1 kg. de pescado (cortado en 4 filetes) en una fuente, y sazónelo con sal y pimienta. Vierta 1/4 taza de zumo de limón sobre los filetes y déjelos reposar 1 hora, dándoles la vuelta una o dos veces. Sáquelos, séquelos bien con servilletas de papel y rebócelos en harina. Caliente 1/2 taza de aceite de oliva o vegetal en una cacerola y saltee los filetes de pescado hasta que estén dorados por ambos lados. Deje la mitad de los filetes en la cacerola. Tenga preparadas 2 cebollas medianas, cortadas en finas rodajas, 2 dientes de ajo picados, 2 tomates, pelados y cortados en rodajas, 2 pimientos verdes o rojos, sin semillas y cortados en rodajas, y 2 patatas medianas, peladas y cortadas, asimismo, en finas rodajas. Coloque la mitad de todos estos ingredientes sobre el pescado. Corónelo todo con una hoja de laurel, una ramita de tomillo y 2 ó 3 ramitas de perejil. Sazónelo a su gusto con sal y pimienta y coloque encima el resto del pescado y la otra mitad de los ingredientes. Vuelva a sazonar con sal y pimienta. Vierta 1/2 taza de vino blanco seco y otra 1/2 taza de caldo de pescado, o de jugo de almejas y agua a partes iguales, sobre el pescado; tápelo bien, espere a que rompa a hervir, y déjelo entre 20 y 30 minutos a fuego lento, o hasta que las patatas y el pescado estén tiernos. Compruebe si el pescado se queda seco durante la cocción y añada un poco más de agua o vino en caso necesario. Obtendrá 4 raciones.

Pescado en escabeche   PERÚ

El pescado en escabeche es muy popular en toda América Latina. El origen de esta receta es indudablemente español, pero los cocineros indígenas la han modificado añadiendo distintas hierbas y especias, cambiando un poquitín los ingredientes, de manera que en la actualidad existe una amplia variedad de escabeches del Nuevo Mundo, ideales como aperitivo o como plato fuerte.

Para 6 raciones

1 1/2 kg. de cualquier pescado de carne firme, como pargo colorado, lubina o róbalo, cortado en 6 filetes
Sal, pimienta recién molida
Harina
3 cucharadas de mantequilla o manteca de cerdo

1 taza de aceite de oliva o vegetal
3 cebollas medianas, cortadas en finas rodajas
1 ó 2 guindillas frescas, verdes o rojas, sin semillas y cortadas en tiras
1/4 cucharadita de orégano
4 cucharadas de vinagre

Sazone el pescado con sal y pimienta y rebócelo en harina, sacudiéndolo bien para eliminar la sobrante. Caliente la mantequilla o la manteca de cerdo en una sartén y fría el pescado hasta que esté dorado por ambos lados. Una vez frito, colóquelo en una fuente llana y manténgalo caliente. Ponga el aceite al fuego en un cazo de tamaño mediano, añada la cebolla y las tiras de guindilla, y déjelo todo a fuego lento hasta que la cebolla esté tierna y ligeramente dorada. Añada el orégano y déjelo unos cuantos minutos más al fuego. Eche finalmente el vinagre, remuévalo todo bien y viértalo sobre el pescado. Sírvalo inmediatamente.

Si desea un plato más nutritivo, utilice una guarnición a base de 3 mazorcas de maíz recién hervido, cortada cada una de ellas en 4 rodajas, 3 huevos duros, partidos por la mitad, hojas de lechuga y aceitunas.

Variación.—La versión argentina, *Merluza a la vinagreta,* difiere bastante de la del Perú. Lave y seque bien 1 1/2 kg. de rodajas de merluza (unas 12), o utilice bacalao o cualquier otro pescado blanco y de carne firme. Espolvoréelo con sal, preferentemente gorda, y déjelo reposar 1 hora. Escúrralo y séquelo bien. Rebócelo en harina, sacudiéndolo bien para eliminar la sobrante, y fríalo en 3 cucharadas de aceite de oliva, hasta que haya perdido su aspecto translúcido. Una buena regla consiste en medir el grosor de las rodajas y asignarles 10 minutos por cada 2,5 cm., 5 por cada lado. Disponga el pescado frito en una fuente llana y vierta sobre él una salsa que habrá preparado previamente con 1 diente de ajo, pelado y bien picado, 4 cornichones troceados, 2 huevos duros en trocitos, 2 cucharadas de alcaparras, 2 cucharadas de perejil bien picado, sal, pimienta recién molida, 1 taza de vinagre y 1 taza de aceite de oliva. Deje reposar el pescado en la vinagreta al menos 1 hora antes de servirlo. Lo hará a la temperatura ambiente y adornado con hojas de lechuga. Obtendrá 12 raciones de un delicioso primer plato.

Variación.—El *Pescado en escabeche* de México se puede preparar con una amplia variedad de pescados, incluyendo pámpano, caballa, pargo colorado y róbalo. Corte 1 kg. de filetes de pescado en 8 trozos y vierta sobre ellos 3 cucharadas de zumo de limón. Deje el pescado en reposo durante unos 15 minutos, dándole de cuando en cuando la vuelta. Enjuáguelo en agua fría y séquelo bien. Caliente 4 cucharadas de aceite de oliva en una sartén y fría el pescado hasta que haya perdido su aspecto translúcido y esté ligeramente dorado por ambos lados. Saque el pescado de la sartén y colóquelo en una fuente.

En un cazo, combine 2 clavos, enteros, un trocito de 2,5 cm. de canela en rama, 6 granos de pimienta, 2 dientes de ajo, 1/8 cucharadita de comino molido, 1/4 cucharadita de tomillo, 1/2 cucharadita de orégano, 2 hojas de laurel, 2 guindillas frescas y verdes, preferentemente de la variedad «serrano» e incluyendo los tallos, 6 cebollinos cortados en rodajas (utilizando tanto la parte blanca como la verde), sal a su gusto y 1 taza de vinagre. Cuando rompa a hervir, baje el fuego y déjelo a fuego lento y sin tapar unos 2 ó 3 minutos, o hasta que los cebollinos estén tiernos. Resérvelo. En otro cazo pequeño o sartén, caliente 1 taza de aceite de oliva con 2 dientes de ajo, y fría el ajo a fuego lento hasta que se dore. Saque y tire el ajo. Vierta el aceite en el cazo que contiene la preparación anterior, caliéntelo todo hasta que rompa a hervir y viértalo entonces sobre el pescado. Déjelo enfriar, tápelo y métalo en el frigorífico durante 24 horas. Para servir este plato, saque el pescado, dispóngalo en una fuente de servir y, si lo desea, espolvoree por encima un poco de orégano estrujado entre los dedos. Adorne la fuente con hojas de lechuga en salsa vinagreta, 2 cucharadas de alcaparras, 2 guindillas jalapeñas de lata, cortadas en tiras, 1 manojo de rábanos, cortados en forma de flor, y aproximadamente

24 aceitunas rellenas de pimiento. También puede servirlo con tortillas de maíz. Como aperitivo, obtendrá 8 raciones, y como agradable almuerzo o cena ligera, 4 raciones.

Variación.—Para el *Pescado en escabeche* de Cuba, fría 1 kg. de filetes de pargo colorado u otro pescado parecido, cortados en 8 trozos, en 1 taza de aceite de oliva, hasta que el pescado haya perdido su aspecto translúcido y esté levemente dorado por ambos lados. Saque el pescado y dispóngalo en una fuente de servir o cacerola poco profunda. Saltee 3 cebollas medianas, cortadas en finas rodajas, y 2 dientes de ajo, picados, en el aceite que quede en la sartén, hasta que la cebolla esté tierna. Eche la cebolla, el ajo y el aceite encima del pescado.

En un cazo pequeño, caliente 1/2 taza de vinagre, junto con 1 hoja de laurel, 6 granos de pimienta, 1/4 cucharadita de tomillo, 1/4 cucharadita de mejorana y 1 cucharadita de pimentón. Vierta le mezcla sobre el pescado, déjelo enfriar y métalo en el frigorífico durante 24 horas. Se servirá como primer plato, acompañado de hojas de lechuga, aceitunas verdes deshuesadas y cornichones. Obtendrá 8 raciones.

Variación.—Para el *Escabeche de atún,* eche una rodaja de atún de aproximadamente 1/2 kg. en una sartén, junto con 1/4 taza de aceite de oliva, 4 cucharadas de zumo de limón y 1 hoja de laurel, y déjela hervir a fuego lento (dándole de cuando en cuando la vuelta) hasta que el pescado esté hecho (aproximadamente 10 minutos por cada 2,5 cm. de grosor). Sáquelo de la sartén, quítele la piel y las espinas, y córtelo en 4 pedazos. Lave y seque la sartén. Caliente 1/4 taza de aceite de oliva y saltee en él 2 cebollas medianas, cortadas en finas rodajas, y 2 pimientos rojos, sin semillas, y cortados asimismo en rodajas, hasta que la cebolla esté tierna. Añada 1/4 kg. de zanahorias hervidas y en rodajas, 1/4 kg. de judías verdes hervidas y cortadas en trocitos de aproximadamente 2,5 cm., y 1/4 kg. de patatas hervidas, peladas y cortadas en rodajas. Saltéelo todo durante 2 ó 3 minutos. Añada el atún, 2 cucharadas de vinagre y sal y pimienta a su gusto. Apártelo del fuego, déjelo enfriar y sírvalo adornado con hojas de lechuga. Obtendrá 4 raciones como aperitivo y 2 como plato fuerte.

Sábalo guisado con coco   COLOMBIA

La leche de coco se utiliza mucho en la cocina de la región costera de Colombia, aportando a los platos un sabor rico y exótico, pero al mismo tiempo delicado.

Para 6 raciones

1 1/2 kg. de filetes de sábalo, sin espinas y cortados en 6 trozos
3 tomates medianos, pelados, sin semillas y troceados
1 cebolla mediana, bien picada
1 ó 2 guindillas frescas, verdes o rojas, enteras y con tallo

Sal, pimienta recién molida
4 tazas de leche ligera de coco (véase pág. 44)
1 taza de leche espesa de coco (véase pág. 44)

Disponga los filetes de pescado en una cacerola poco honda y resistente al fuego y cúbralos con los tomates y las cebollas. Corónelo todo con las guindillas y sazónelo a su gusto con sal y pimienta. Añada la leche ligera de coco, y déjelo hervir aproximadamente 10 minutos, o hasta que el pescado haya perdido su aspecto translúcido. Una sencilla regla consiste en medir el grosor del pescado y calcular 10 minutos por cada 2,5 cm. Saque cuidadosamente el pescado, colóquelo en una fuente de servir y manténgalo caliente. Tire las guindillas. Reduzca el líquido de la cacerola hasta aproximadamente 1 taza, subiendo para ello el fuego. Añada la leche espesa de coco y deje que hierva a fuego lento el tiempo suficiente como para calentar bien la salsa. Cuélela, pero sin intentar hacer pasar los ingredientes sólidos a través del colador. Vierta la salsa sobre el pescado. Sírvalo con arroz.

Este plato puede hacerse también al horno, a 175° C. En ese caso, cuando el líquido esté a punto de romper a hervir, meta la cacerola en el horno, y déjela en él calculando 10 minutos por cada 2,5 cm. Prepare la salsa exactamente de la misma manera. Para esta receta se podrá usar en lugar de sábalo cualquier pescado blanco y que tenga la carne firme, en cuyo caso se llamará simplemente *Pescado guisado con coco*.

Si las guindillas pican mucho (pruébelas primero con la lengua para comprobarlo), la salsa puede resultar demasiado picante para algunas personas. Una solución sencilla consiste en sacarlas de la salsa a los 2 ó 3 minutos en lugar de dejarlas durante todo el proceso.

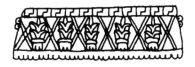

Camarones acapulqueños   MÉXICO

Para 4 raciones

1/2 kg. de camarones o gambas
4 cucharadas de mantequilla
2 dientes de ajo, picados
1/4 taza de perejil, bien picado
3 tomates medianos, pelados y en
    trocitos

3 cucharadas de puré de tomate
Sal, pimienta recién molida
1/3 de taza de coñaz

Pele las gambas o camarones y resérvelos. Ponga un cacito al fuego y eche en él las cáscaras junto con 2 tazas de agua. Cuando rompa a hervir, baje el fuego, y déjelo a fuego lento durante unos 20 minutos. Cuele el líquido y tire las cáscaras. Mídalo. Debería haber aproximadamente 1 taza. En caso necesario, reduzca la cantidad de líquido subiendo el fuego, o auméntela, añadiendo agua. Resérvelo.

Caliente la mantequilla en una cacerola y añada el perejil y el ajo, salteándolo todo unos 2 minutos, pero teniendo cuidado de que el ajo no se queme. Añada los tomates y déjelo todo hervir hasta que la mezcla espese (aproximadamente 10 minutos). Añada al líquido de hervir las cáscaras y el puré de tomate, mézclelo todo bien, sazónelo con la sal y la pimienta y échele el coñac. Cuando rompa a hervir, eche los camarones o gambas, tápelo, y déjelo 2 ó 3 minutos más al fuego (dependiendo del tamaño de los camarones), hasta que se pongan de color rosa, pero teniendo cuidado de que no hiervan demasiado. Se sirve con arroz blanco.

Cuajado de camarones   COLOMBIA

La expresión «cuajado» se refiere a un plato preparado en la sartén y compuesto de carne, pescado, fruta, etc., con huevos para unirlo todo. La palabra «tortilla» sería la correcta para describirlo, pero dado que los huevos no juegan un papel tan importante como en la tortilla francesa o española, es mejor emplear el término «cuajado», ya que, en este plato, las cebollas, los tomates, las patatas y los camarones son más importantes que los huevos. Aunque no es una comida pesada, sí resulta lo suficientemente nutritiva y satisfactoria: y presentada con una buena ensalada sirve como almuerzo o cena.

Para 4 raciones

3 cucharadas de mantequilla
1 cucharada de pimentón dulce
2 cebollas medianas, bien picadas
3 tomates grandes, pelados, sin semillas y en trocitos
Sal, pimienta recién molida

2 patatas nuevas de tamaño mediano, hervidas y cortadas en cuadraditos
4 huevos grandes, batidos
1/2 kg. de camarones o gambas crudos, pelados y cortados en trocitos de 2,5 cm.

Caliente la mantequilla en una sartén grande (de unos 25 cm. de diámetro), añada el pimentón dulce y las cebollas y saltéelo todo a fuego moderado hasta que las cebollas estén tiernas. Añada los tomates y la sal y la pimienta a su gusto y déjelo todo al fuego hasta que la mezcla se espese (aproximadamente 5 minutos). Añada las patatas y déjelas unos minutos más al fuego. Bata las yemas de huevo bien. En un cuenco aparte, bata las claras a punto de nieve. Junte las yemas y las claras con la ayuda de una espátula. Vuelva a colocar la sartén al fuego, eche los camarones o gambas en la mezcla anteriormente preparada, y déjelos 2 minutos si son pequeños, y 3 si son de tamaño mediano. Eche luego los huevos, procurando que quede todo bien mezclado. Espere a que los huevos cuajen.

Arroz con mariscos

Se trata de un plato realmente delicioso, con su agradable sabor a gambas y su maravillosa combinación de mariscos. El secreto consiste en hervir los mariscos hasta que estén justo en su punto, pero ni un segundo más; pues, en ese caso, se pondrían duros.

Para 4 ó 5 raciones

4 cucharadas de aceite de oliva
1 cebolla grande, bien picada
2 dientes de ajo, picados
2 guindillas frescas *, preferentemente rojas, sin semillas y cortadas en tiras
2 tazas de arroz de grano largo
4 tazas de caldo de gambas
1 ó 2 cucharadas de cilantro fresco, picado

1/4 kg. de gambas de tamaño mediano (aproximadamente 18)
1/4 kg. de cebollinos (si son pequeños, enteros; si son grandes, partidos por la mitad)
12 almejas
12 ostras

Caliente el aceite en una sartén y saltee la cebolla, el ajo y las tiras de guindilla hasta que la cebolla esté tierna. Con una cuchara, vaya echando este sofrito en una cacerola. En la sartén deberían quedar aproximadamente 2 cucharadas de aceite. Añada un poco más, en caso necesario. Eche el arroz y saltéelo hasta que haya absorbido el aceite, pero teniendo cuidado de que no se dore. Eche el arroz en la cacerola. Añada el caldo de las gambas y, cuando rompa a hervir, baje el fuego, dejándolo hervir tapado y a fuego lento hasta que el arroz esté tierno y haya absorbido todo el líquido (unos 20 minutos). Añada el cilantro y las gambas, los cebollinos y las almejas, mezclándolo todo bien con el arroz. Vuelva a dejarlo de 3 a 5 minutos a

---

* A los peruanos les gusta la comida muy picante, y utilizan generosamente los *ajíes* o guindillas muy picantes, que dan un sabor intenso a los alimentos. Un travieso amigo mío de Perú me dijo en cierta ocasión que a sus compatriotas les gustaba la comida picante para así tener el pretexto de «apagar el fuego» con pisco, una deliciosa bebida local, o con cualquier otra bebida alcohólica. No obstante, cada uno podrá utilizar la cantidad de guindilla, poca o mucha, que desee.

fuego lento y tapado, o hasta que las gambas se pongan de color rosa y pierdan su aspecto translúcido. Añada las ostras, mezclándolas con el arroz y dejándolas el tiempo suficiente como para que se abran (alrededor de 1 minuto). Sírvalo inmediatamente.

Para preparar el caldo de gambas.—En un cazo pequeño, caliente 1 cucharada de aceite de oliva y fría en él las cáscaras hasta que se pongan de color rosa. Añada 1 tallo de perejil, 1 rodaja de cebolla o un cebollino cortado en rodajas (utilizando tanto la parte blanca como la verde), 1 tallo de tomillo o 1/8 cucharadita de tomillo seco, 3 ó 4 granos de pimienta y 4 tazas de agua. Cuando rompa a hervir, baje el fuego y déjelo hervir a fuego lento durante 1/2 hora, aproximadamente. Cuele el líquido y mídalo. Debería haber unas 3 tazas. Mida el jugo de las ostras y las almejas. Si hay más de 1 taza, reduzca el caldo de las gambas dejándolo un rato a fuego alto, hasta que haya en total 4 tazas de líquido. Enfríe el caldo y añádalo al jugo de las otras ostras y las almejas. Sazónelo a su gusto con sal.

PLATOS A BASE DE BACALAO SALADO

Muchas pescaderías, algunos supermercados y la mayoría de los mercados latinoamericanos tienen a la venta bacalao salado. Se vende o bien empaquetado, o bien en trozos enteros, algunas veces bastante grandes. Apenas hay diferencia entre un tipo de bacalao y el otro, salvo que el empaquetado suele ir sin raspas ni espinas, mientras que los trozos enteros necesitarán limpiarse previamente, lo que implica algo de trabajo extra.

Bacalao en salsa de chile ancho y almendra   MÉXICO

Para 4 ó 6 raciones

1 kg. de bacalao salado
1 cebolla mediana, picada
1 diente de ajo entero
1 ración de salsa de chile ancho y
   almendra (véase pág. 383)

1 cucharadita de vinagre de vino
   tinto

Deje el bacalao en remojo 12 horas o más, cambiando el agua 5 ó 6 veces. Escúrralo y échelo en un cazo junto con la cebolla y el ajo y agua fría suficiente como para cubrirlo. Cuando rompa a hervir, baje el fuego, y déjelo a fuego lento aproximadamente un cuarto de hora o hasta que el bacalao esté tierno. Escúrralo. Cuele y reserve el caldo. Quítele al bacalao la piel y las espinas que pueda tener, y córtelo en pedazos de entre 5 y 7 cm.

Prepare la salsa y aclárela con 2 tazas del caldo de pescado que tiene reservado, mézclelo todo bien y déjelo hervir un minuto o dos a fuego lento. Añada el pescado y el vinagre y déjelo todo 5 minutos más al fuego. Se sirve con arroz.

Bacalao a la criolla   VENEZUELA

1/2 kg. de bacalao salado
4 cucharadas de aceite de oliva
1 cebolla grande, bien picada
3 dientes de ajo, picados
3 tomates grandes, pelados y en
   trocitos

1/2 cucharadita de comino
1/2 cucharadita de orégano
Sal, pimienta recién molida
1 hoja de laurel
1 taza de vino blanco seco
2 cucharadas de zumo de limón

Deje el bacalao en remojo 12 horas o más, cambiando el agua frecuentemente. Escúrralo y quítele la piel y las espinas. Seque bien el bacalao con servilletas de papel y córtelo en trozos de 5 cm. Caliente 4 cucharadas de aceite de oliva o vegetal en una cacerola y saltee en él la cebolla y los ajos hasta que la

primera esté tierna. Añada los tomates, el comino, el orégano, pimienta a su gusto y la hoja de laurel, y déjelo hervir todo
a fuego lento unos 5 minutos. Añada el bacalao, el vino blanco, el zumo de limón y, en caso necesario, algo de sal. Hiérvalo
a fuego lento hasta que el bacalao esté tierno (aproximadamente un cuarto de hora). Se sirve con arroz. Obtendrá 4 raciones.

Carnes

EN ningún otro aspecto de la cocina latinoamericana se ha producido una fusión más estrecha entre los métodos indígenas y los procedentes de otros países que en los platos a base de carnes y aves. Tanto México como América Central y del Sur carecían prácticamente de animales de los que obtener carne antes de la Conquista. No había ovejas, cabras ni vacas, animales todos ellos domesticados ya en Oriente Medio miles de años antes, ni tampoco cerdos o gallinas, que habían suministrado carne en los países asiáticos desde aproximadamente el mismo tiempo.

Pero los aztecas sí criaban pavos, patos, codornices y palomas, entre otras aves, y cazaban una especie de verraco o jabalí. Yucatán era famoso como el «país del faisán y del venado». Desde México hasta la Patagonia abundaban roedores parecidos al conejo, como el pequeño *agouti*, el *ñeque* o *paca*, la *viscacha* y el gigantesco *capybara*, que podía pesar hasta 70 kilos. Eso explica por qué en América Latina existen en la actualidad tantas deliciosas maneras de preparar el conejo. El *cuy*, una especie de conejillo de Indias, sigue siendo uno de los platos preferidos en Perú, y su sabor se asemeja bastante al del conejo tierno. Los incas criaban llamas, vicuñas y alpacas, así como los llamados *guanacos*, animales parecidos a camellos, pero de menor tamaño, que aún viven en libertad en las altiplanicies andinas. Todos ellos les proporcionaban leche, carne y una magnífica y suave lana, mientras que la llama servía además para transportar cargas.

Los españoles introdujeron ovejas, cabras, cerdos y pollos poco después del Descubrimiento, y todos ellos fueron aceptados con entusiasmo en la cocina azteca, la inca, la chibcha y otras. El cerdo y el pollo fueron los animales favoritos desde el primer momento, lo que todavía se refleja en la cocina latinoamericana actual. Los nuevos tipos de carnes se vieron rápidamente incorporados a los platos locales ya existentes, y según fueron evolucionando las distintas cocinas coloniales, fueron apareciendo nuevos platos, algunos de ellos que recordaban el propio pasado colonial de España, cuando el país había estado dominado por los árabes durante casi ocho siglos. La influencia de Oriente Medio resulta aún perceptible en los platos preparados con almendras, pasas, canela y clavo, o con distintos tipos de frutos, tanto frescos como secos.

El encuentro entre conquistadores y conquistados produjo resultados asombrosamente ricos y variados; los alimentos viejos y los nuevos se combinaban de manera armoniosa, ofreciendo mezclas de sabores, a veces exóticos y exuberantes, pero nunca insípidos o apagados. Las guindillas se mezclaron con el chocolate para formar la base de una exótica salsa que acompaña al plato nacional mexicano, el *Mole poblano de guajalote*. Combinados con frutos secos, así como con hierbas y especias tanto del Viejo Mundo como del Nuevo, los pimientos y los tomates ganaron en sabor y aroma. En Perú y Ecuador, los mariscos, sobre todo las gambas, se combinan de manera fascinante con diversos tipos de carnes y aves. Los frutos frescos o secos resaltan el sabor de los estofados de vaca o ternera argentinos, llegándose en algunos casos a cocinar la carne en el interior de grandes calabazas partidas por la mitad, que se convierten así no sólo en uno de los ingredientes de la receta, sino también en el recipiente en que se prepara. Los tubérculos tropicales, el ñame, el taro y la batata, transforman los platos cotidianos en algo untuoso, atractivo y diferente, mientras que las legumbres sirven para preparar toda una serie de platos enormemente variados. El achicote y la pimienta de Jamaica, especias características de Latinoamérica, enriquecen y dan sabor a sus platos de carne.

Muchas de las recetas a base de carne de América Latina consisten en diversos tipos de estofados, debido sobre todo a que el horno moderno es algo relativamente nuevo en los hogares de todo el Continente, en los que, hasta hace poco, predominaban las rudimentarias cocinas de carbón. También hay que tener en cuenta que buena parte del Continente es muy montañoso, y que la altitud juega un importante papel en la cocina. Hace ya mucho tiempo que se descubrió que los métodos de cocción lentos y prolongados dan resultados mucho más sabrosos, haciendo que la carne salga mucho más tierna y jugosa. Una ventaja de este método consiste en que permite preparar los platos por anticipado y que apenas necesitan vigilancia ni cuidados especiales.

Tanto en Argentina, famosa por la calidad de su carne, como en Uruguay, se celebran con frecuencia maravillosas comidas al aire libre a base de carnes asadas, el asado criollo y el churrasco.

En ese Continente, tan rico y variado, hay, pues, una amplísima gama de sabores que explorar.

ESTOFADOS DE CARNE
CON VERDURAS Y FRUTAS

Existe una gama aparentemente inagotable de estofados de carne, hechos con vaca, ternera, cerdo, cordero, cabrito, etc., así como con toda clase de verduras e incluso frutas. El sabor, la textura y el aroma se equilibran en combinaciones excitantemente diferentes, que pueden ser suaves, de sabor intenso, picantes, directas o sutiles y elegantes... Ingredientes poco frecuentes se unen en arriesgadas combinaciones destinadas a producir una espléndida variedad de platos, muy recomendables para la cocina cotidiana y también para cuando hay invitados, pues se puede hacer todo el trabajo por adelantado. Y a pesar de la rica complejidad de los ingredientes, los métodos son bastante sencillos. Los lentos y prolongados métodos de cocción hacen que incluso las carnes de calidad inferior salgan tiernas y jugosas. El zumo de naranja, el vino o el vinagre se utilizan para dar sabor y ablandar; los frutos secos, para espesar y mejorar el sabor de las salsas, y la fruta, fresca o seca, pone un toque agridulce que complementa a la perfección el sabor de las carnes.

Seco de carne   PERÚ

Este estofado tiene un nombre curioso: *seco*. Pero en otros tiempos los estofados eran mucho más caldosos que ahora, por lo que esta palabra indica simplemente que no se trata de un estofado tan caldoso como, por ejemplo, el *pot-au-feu* francés.

Los ingredientes no tienen nada de exóticos, pero el sabor del plato una vez acabado no es en absoluto corriente, ya que el ajo, la guindilla, el cilantro fresco y el zumo de limón se combinan para dar al caldo su peculiar y exquisito sabor.

Un estofado parecido, hecho con carne de cabrito, es uno de los platos favoritos del Perú. El cabrito posee un sabor más intenso que la vaca y la ternera, y los cocineros y cocineras peruanos se aprovechan de ello para añadir algo más de cilantro y vino blanco o chicha, una especie de bebida alcohólica a base de maíz, con lo que el estofado sale mucho más sabroso. El *Seco de carnero* y el *Seco de cerdo* pertenecen a la misma familia.

En Perú, las patatas utilizadas serían las que tienen la pulpa amarillenta (pero que no hay que confundir con batatas). Aparte de su aspecto diferente, saben exactamente igual que las patatas que nosotros conocemos.

Para 6 raciones

4 cucharadas de manteca de cerdo
   o aceite vegetal
4 dientes de ajo, bien picados
1 cebolla mediana, bien picada
1 cucharadita de pimienta molida, o pimienta de Jamaica
1 1/2 kg. de carne magra de vaca,
   cortada en cuadraditos

2 tazas de caldo de carne
Sal, pimienta recién molida
2 cucharadas de cilantro fresco,
   picado
El zumo de 1 limón
1 kg. de patatas, hervidas y partidas por la mitad

Caliente la manteca o el aceite en una cacerola y saltee el ajo, la cebolla, la pimienta y la carne, hasta que ésta esté ligeramente dorada. Añada el caldo de carne, la sal y la pimienta a su gusto, y el cilantro. Déjelo hervir, parcialmente tapado, o a fuego lento, hasta que la carne esté tierna (de 1 1/2 a 2 horas). El líquido deberá reducirse, de manera que quede bastante espeso y no demasiado abundante. Justo antes de servirlo, añádale el zumo de limón y deje que hierva 1 minuto o 2 más. Vierta el estofado en una fuente de servir previamente calentada y rodéelo con las patatas partidas por la mitad, recién hervidas.

Variación.—*Seco de cabrito.* Prepare el estofado como en la receta anterior, pero utilizando en lugar de vaca cabrito cortado en trozos de unos 2,5 cm. Emplee una guindilla fresca, verde o roja, sin semillas y bien picada, en sustitución de la pimienta, y aumente la cantidad de cilantro fresco hasta 1 taza. Use las mismas cantidades de vino blanco y caldo de carne para la cocción y procure que el líquido cubra la carne, pero no más. Un toque auténticamente peruano consistiría en emplear 1 taza de chicha. Cuando el estofado haya permanecido unas 2 horas hirviendo, parcialmente tapado, o cuando la carne esté casi hecha, añada 6 patatas de tamaño mediano, peladas y partidas por la mitad, y déjelo todo 20 minutos más al fuego, o hasta que tanto el cabrito como las patatas estén tiernos. Suprima el zumo de limón, y añada 1 taza de guisantes hervidos antes de servir este plato. El estofado se cuece parcialmente tapado para reducir la cantidad de caldo, que no debería ser abundante. Obtendrá 6 raciones.

Carne en jocón

En algunas regiones de Guatemala se llama también *Carne en adobo.*

Para 6 raciones

1/4 taza de aceite de cacahuete
1 cebolla mediana, bien picada
2 dientes de ajo, picados
2 pimientos rojos o verdes, sin semillas y en trocitos
1 guindilla fresca, roja o verde, sin semillas y en trocitos
1 1/2 kg. de carne magra, cortada en cuadraditos de 2,5 cm.
1 lata de 250 g. de tomates verdes mexicanos, y el líquido de la misma

4 tomates medianos, pelados y cortados en trozos grandes
1 hoja de laurel
2 clavos
1/2 cucharadita de orégano
Sal, pimienta recién molida
1/2 taza de caldo de carne, aproximadamente
2 tortillas, o 2 cucharadas de masa harina, o 2 cucharadas de harina de maíz

Caliente el aceite en un cazo o cacerola gruesos, y saltee la cebolla, el ajo y los pimientos hasta que la cebolla esté tierna. Añada la carne y los restantes ingredientes, menos las tortillas. El líquido apenas debería cubrir la carne. Añada en caso necesario un poco más de caldo. Tápelo y déjelo hervir a fuego lento hasta que la carne esté tierna (unas 2 horas). Si utiliza tortillas, déjelas en remojo en agua fría, escúrralas y desmigájelas como si fuesen pan. Añádalas a la cacerola y déjela a fuego lento hasta que la salsa es espese. Si utiliza masa harina o harina de maíz, mézclela con un poquito de agua fría y échela al estofado, esperando hasta que la salsa se espese (la harina de maíz tardará unos minutos más en hacerlo). Sirva este estofado acompañado de arroz guatemalteco.

Tomaticán

4 cucharadas de esencia de pimentón *(Color chilena)*, véase
pág. 393
3/4 de kilo de carne magra, cortada en cuadraditos de 4 cm.
1 cucharada de perejil, bien picado
Sal, pimienta recién molida

8 tomates medianos, pelados y en
trocitos
1 cebolla grande, picada
1 diente de ajo, picado
1/2 cucharadita de orégano
4 patatas medianas, peladas y partidas en 4 trozos
1 taza de granos de maíz

Caliente la esencia de pimentón en una cacerola gruesa y
añada la carne, la cebolla, el ajo, el orégano, el perejil y sal
y pimienta a su gusto, y saltéelo todo, removiendo frecuentemente, durante unos 5 minutos. Añada los tomates, tape
la cacerola y déjela a fuego lento hasta que la carne esté
casi tierna (aproximadamente 1 1/2 horas). Añada las patatas y déjelo todo al fuego hasta que tanto éstas como la carne estén tiernas (unos 30 minutos más). Eche los granos
de maíz y déjelo todo 5 minutos más. Si le agrada la idea, podrá
adornar el plato con huevo duro cortado en rodajas. Algunos cocineros fríen las patatas en aceite antes de echarlas al estofado.

Ternera en pipián verde

Pipián es un estofado de carne o aves en el que el caldo se
espesa con frutos secos o semillas molidas: cacahuetes, almendras, semillas de calabaza o ajonjolí —lo que prefiera el cocinero o cocinera—. El caldo puede ser rojo o verde, dependiendo del tipo de pimientos y tomates utilizados. Este pipián
concreto posee un delicioso sabor y un agradable color. Resulta
verdaderamente elegante acompañado de arroz y de judías verdes, cuyo color más intenso contrasta con el suave de este
plato.

Para 6 raciones

1 1/2 kg. de carne de ternera (falda o pierna), cortada en trocitos de 5 cm.

2 tazas de caldo de carne o pollo (aproximadamente)

3/4 de taza de pipas de calabaza

1 cebolla mediana, picada

1 diente de ajo, picado

3 guindillas verdes y frescas, sin semillas y en trocitos (preferentemente del tipo serrano o jalapeño)

1/2 taza de hojas de cilantro frescas, picadas

1 lata de 250 ó 300 g. de tomates verdes mexicanos, escurridos

6 hojas de lechuga, preferentemente verdes, en trocitos

2 cucharadas de manteca de cerdo o aceite vegetal

Sal, pimienta recién molida

Eche la carne en una cacerola gruesa y añada el caldo, procurando que apenas cubra la carne. Déjelo hervir a fuego lento y tapado, hasta que la carne esté tierna (aproximadamente 1 1/2 horas). En una sartén sin grasa, tueste las pipas de calabaza durante unos minutos. Déjelas enfriar un poco y páselas luego por la batidora o por un pasapuré. Añada luego la cebolla, el ajo, la guindilla, el cilantro, los tomates verdes y la lechuga, y redúzcalo todo a puré. En caso necesario, échele un poquito de caldo.

En una sartén, caliente la manteca de cerdo o el aceite vegetal y añada la mezcla anterior. Déjela unos 3 minutos, removiendo constantemente. Aligérela con 2 tazas de caldo o más, hasta obtener la consistencia de una crema ligera. Sazónelo con sal y pimienta a su gusto. Escurra la carne y resérvela. Vuelva a echarla en la cacerola, vierta sobre ella el caldo y caliéntelo todo junto el tiempo suficiente como para poder servirlo.

Ternera con zanahorias   PERÚ

Con frecuencia he admirado la bella imagen que ofrecen los montones de zanahorias, de pequeño tamaño e intenso color, en los mercados de toda América Latina. Las zanahorias aportan todo su delicado sabor a este estofado de ternera.

1 1/2 kg. de carne de ternera (falda o pierna), cortada en trocitos de 5 mm.
Sal, pimienta recién molida
1/8 cucharadita de nuez moscada, rallada
2 dientes de ajo grandes, machacados

1 taza de vino blanco seco
4 cucharadas de mantequilla
1 cebolla mediana, bien picada
1/2 kg. de zanahorias pequeñas y tiernas, raspadas y cortadas en finas rodajas
1 taza de caldo de carne (aproximadamente)

Sazone los trozos de carne con la sal, la pimienta, la nuez moscada y el ajo, y colóquelos en un cuenco grande. Vierta el vino sobre ellos. Tape el cuenco y déjelo en el frigorífico unas 4 horas, dándole de cuando en cuando la vuelta a los trozos de carne.

Caliente la mantequilla en una cacerola gruesa y saltee la cebolla y las zanahorias hasta que la cebolla esté tierna (aproximadamente 10 minutos). Añada la carne y la salsa y suficiente caldo como para cubrirla. Déjela hervir, tapada y a fuego lento, hasta que esté tierna; es decir, alrededor de 1 1/2 horas. Las zanahorias deberían estar muy tiernas, casi desintegradas en la salsa. Se sirve con alguna guarnición de verdura.

Chancho adobado

1 diente de ajo entero
2 cucharadas de achicote molido
2 cucharaditas de comino molido
Sal, pimienta recién molida
1 taza de vinagre
1 1/2 kg. de carne de cerdo, cortada en cuadraditos de 5 cm.

2 cucharadas de manteca de cerdo o aceite vegetal
El zumo de 1 naranja amarga (de Sevilla), o 1/4 taza de zumo de naranja
3/4 de kilo de batatas

Pele los dientes de ajo y hágalos puré en la batidora, junto con el achicote, el comino, sal y pimienta a su gusto, y vinagre. Eche los trozos de cerdo en un cuenco grande y cúbralos con la salsa, mezclándolo todo bien. Déjelos toda la noche en el frigorífico, con el cuenco tapado. Escúrralos y reserve la salsa. Seque los trozos de cerdo bien con servilletas de papel. Caliente la manteca de cerdo o el aceite en una sartén grande y fría los trozos de cerdo hasta que estén dorados por ambos lados, pasándolos luego a una cacerola. Vierta la salsa sobre la carne, añada el zumo de naranja, tápelo y déjelo a fuego lento hasta que la carne esté tierna (entre 1 1/2 y 2 horas). Si le parece que la carne se esta quedando reseca, añada un poquito de agua (por lo general bastará con 3 ó 4 cucharadas). Al final, apenas debería quedar salsa.

Pele las batatas y córtelas en rodajas de aproximadamente 18 milímetros de grosor. Hiérvalas en agua salada hasta que estén tiernas (entre 15 y 20 minutos). Escúrralas.

Para servir, coloque la carne de cerdo en el centro de una fuente grande, previamente calentada, y rodéela con las rodajas de batatas, humedecidas con la salsa de la carne. El arroz blanco es otro acompañamiento tradicional para este plato.

Seco de chancho   ECUADOR

Para 6 u 8 raciones

2 cucharadas de aceite de achiote o manteca de cerdo
1 1/2 kg. de carne magra de cerdo, cortada en cuadraditos de 5 cm.
1 cebolla grande, bien picada
2 dientes de ajo grandes, picados
1 tomate grande, pelado, sin semillas y en trocitos
1 pimiento rojo, sin semillas y cortado en trozos grandes, o 2 pimientos de lata en trocitos

1 cucharada de cilantro fresco, en trocitos
1 guindilla fresca roja o verde, sin semillas y bien picada
1/2 cucharadita de comino molido
1/2 cucharadita de orégano
Sal, pimienta recién molida
Un pellizquito de azúcar (optativo)
2 tazas de cerveza

Caliente el aceite o la manteca en una sartén gruesa y fría levemente los trozos de carne. Sáquelos luego y vaya echándolos en una cacerola gruesa, a prueba de fuego. Quite de la sartén toda la grasa, menos 2 cucharadas, añada la cebolla y el ajo, y saltéelo todo hasta que la cebolla esté tierna. Añada el tomate, el pimiento, la guindilla, el cilantro, el comino y el orégano, y déjelo todo a fuego lento hasta que esté bien mezclado (unos 10 minutos). Sazónelo a su gusto con sal y pimienta y, si lo desea, con un pellizquito de azúcar. Vierta este sofrito sobre el cerdo, añada la cerveza, tápelo y déjelo hervir a fuego lento hasta que la carne esté tierna (unas 2 horas). La salsa debería quedar bastante espesa. Si le parece demasiado caldosa, destape parcialmente la cacerola durante la segunda hora de cocción. Se sirve con arroz.

Jamón del país   PERÚ

Aunque se llame jamón, se trata en realidad de carne fresca de cerdo con especias, preparada de forma desacostumbrada: primero se deja en una especie de escabeche, luego se hierve a fuego lento hasta que esté tierna, y finalmente se dora en grasa bien caliente. Resulta especialmente adecuado para *buffets*, bien caliente, bien frío, cortado en forma de «butifarras», la modalidad peruana de salchichas para sándwiches. Puede prepararse con un pernil deshuesado de cerdo, pero yo personalmente considero más manejable la paletilla. Conviene señalar que, aunque se trata de una carne hervida o estofada, el sabor del plato acabado se parece más al de la carne asada.

Los ajos peruanos y mexicanos tienen unos dientes enormes, lo que resulta bastante cómodo cuando hay que pelar unos cuantos. En la receta específico dientes grandes; pero si no dispone de ellos, utilice una cabeza entera de ajos. Su sabor no anulará el de los restantes ingredientes.

Para 12 o más raciones

12 dientes de ajo grandes, pelados, o 1 cabeza entera
2 cucharadas de semillas de achiote, molidas
1 cucharadita de comino, molido

Sal, pimienta recién molida
Aproximadamente 3 kg. de paletilla de cerdo, deshuesada y en
un rollo
4 cucharadas de manteca de cerdo

Machaque los dientes de ajo y mézclelos con el achiote, el
comino y la sal y pimienta a su gusto. Extienda esta pasta sobre
la carne, colóquela en una fuente de asar, cúbrala con papel de
aluminio y déjela toda la noche en el frigorífico. Ponga la carne
y el jugo que pueda haber soltado en una cacerola grande y
eche en ella agua suficiente como para cubrirla. Tape la cacerola, póngala en la lumbre, y cuando el agua rompa a hervir baje
el fuego y deje que hierva a fuego lento hasta que la carne esté
tierna (de 2 1/2 a 3 horas). Cuando esté lo suficientemente fría
como para poder manejarla sin quemarse, sáquela de la olla y
séquela bien con toallitas de papel. Caliente la manteca de
cerdo en una sartén grande o fuente de asar, y fría la carne hasta
que esté dorada por todas partes. Colóquela en una fuente y
sírvala caliente, con arroz o patatas, así como con una ensalada
o una guarnición de verduras. También puede dejarla enfriar y
usarla para hacer «butifarras».

Variación.—Para «butifarras», ponga finas rodajas de cebolla en un cuenco con la misma cantidad de rábanos, cortados
en finas rodajas, guindillas frescas, sin semillas y cortadas en
rodajas, y sal y pimienta a su gusto. Eche suficiente cantidad de
vinagre como para cubrir estos ingredientes, y déjelos 2 horas
a la temperatura ambiente antes de usarlos. La cantidad de
guindillas dependerá del gusto de cada uno. Cuélelo y tire el
vinagre. Tenga preparados panecillos como para perros calientes. Úntelos con mantequilla, si lo desea, y coloque luego en
cada uno de ellos una hoja de lechuga, una rodaja de jamón del
país y una capa de los ingredientes en vinagre. Se sirven como
snack o tapa.

Cordero criollo

El cordero y el chivo se usan de manera indistinta en América Latina, aunque el segundo necesita un poco más de cocción que el primero. No hay muchas recetas para preparar esta clase de carnes, pero las que hay son excelentes. El achicote aporta su maravillosa fragancia a esta pierna de cordero, asada a la peruana. Las hierbas y las especias utilizadas en la salsa son las mismas que en el *Aliño criollo* de Venezuela, y yo personalmente considero que el aliño que se vende ya preparado es perfecto para este plato, aunque le echo un diente grande de ajo machacado, para darle más sabor. En vez de pierna, se puede utilizar también paletilla de cordero o chivo.

Para 6 raciones

Una pierna o paletilla de cordero o chivo, de aproximadamente 2 kg. de peso
2 cucharadas del aliño criollo (véase pág. 394)
1/4 taza de vinagre de vino tinto
1 diente grande de ajo, machacado

1/2 taza de aceite de oliva
3 patatas grandes, peladas y partidas por la mitad
Hojas de lechuga, preferentemente «romana»
1 pimiento morrón de lata, cortado en tiras

Quite toda la grasa de la carne, dejando sólo una pequeña capa. Mezcle el aliño preparado con el vinagre, añada el ajo y vaya batiendo el aceite de oliva con la mezcla, utilizando para ello un tenedor. Frote esta salsa sobre la carne, y déjela reposar al menos 2 horas, dándole de cuando en cuando la vuelta y añadiéndole más salsa a cucharadas. Cuando vaya a hacer la carne, quítele la salsa y resérvela. Coloque el cordero en una fuente de asar untada con aceite, y ponga las patatas alrededor. Métala en el horno a 160º C y déjela algo más de una hora (se calcula 15 minutos por cada 1/2 kg.), con lo que quedará poco hecho. Si lo prefiere más hecho, déjelo 15 minutos más. Con una cuchara, vaya echando sobre la carne el resto de la salsa y el jugo que pueda soltar a intervalos de unos 20 minutos. A mitad de la cochura, déle la vuelta a las patatas.

Saque la carne, colóquela en una tabla de madera y espere 15 minutos antes de empezar a cortarla. Disponga las patatas alrededor de una fuente de servir, y manténgalas calientes. Corte la carne en lonchas y colóquelas en la fuente. Adorne el borde con hojas de lechuga y tiras de pimiento morrón. Vierta el jugo que haya quedado en la fuente de asar en una salsera, junto con el que pueda soltar la carne en el momento de cortarla. Sírvalo como salsa, que debería ser espesa y no demasiado abundante.

Variación.—Una deliciosa variación, con matices procedentes de Oriente Medio, es el *Carnero cabrito al horno,* plato en el que se utiliza la menta. Prepare un aliño a base de 3 cucharadas de mantequilla batida, junto con 8 dientes grandes de ajo machacados, sal, pimienta recién molida y 4 cucharadas de menta fresca, bien picada. Extienda el aliño sobre la carne como en la receta anterior. Durante la cochura, échele a cucharadas 1 taza de vino blanco seco en lugar de la salsa.

Cazuela de cordero   CHILE

Este estofado de cordero es uno de los platos favoritos en Chile, y resulta rico y sabroso al tiempo que fácil de preparar. La calabaza sirve para espesar agradablemente la salsa, al igual que los huevos batidos que se le añaden al final.

Para 6 raciones

1 kg. de carne de cordero sin hueso, cortada en trozos de unos 5 cm.
1 cebolla, cortada en trozos grandes
1 puerro, cortado en rodajas
1 zanahoria, raspada y cortada en rodajas
Un tallo pequeño de apio, con hojas
1/2 cucharadita de orégano
Un pellizquito de comino molido
1 tallo de perejil
1 hoja de laurel
6 patatas pequeñas, peladas, o 3 grandes, peladas y partidas por la mitad
1/4 kg. de calabaza, pelada y cortada en cuadraditos de 2,5 cm.
Sal, pimienta recién molida
3 zucchini pequeños, cortados en rodajas de 2,5 cm.
1/4 kg. de judías verdes, cortadas en trozos de 2,5 cm.
2 tazas de granos frescos de maíz
2 huevos, ligeramente batidos

Coloque la carne, la cebolla, el puerro, la zanahoria, el orégano, el comino, el perejil y la hoja de laurel en una olla o cacerola grande. Añada agua suficiente como para cubrirlo todo (unas 6 tazas), póngala al fuego y, cuando rompa a hervir, vaya quitando la grasa que pueda subir a la superficie, baje el fuego, tape la olla y déjela a fuego lento hasta que la carne esté tierna (aproximadamente 1 1/2 horas). Saque los trozos de cordero y resérvelos. Cuele el líquido, presionando bien para extraer todos los jugos. Tire los ingredientes sólidos. Enjuague y seque la olla o cacerola.

Vuelva a echar en ella los trozos de cordero y añada las patatas y la calabaza. Vierta en la olla el líquido colado, añadiendo un poco de agua si hace falta para cubrir la carne, las patatas y la calabaza. Sazónelo a su gusto con sal y pimienta, y déjelo 15 minutos a fuego lento. Añada los zucchini, los guisantes, las judías verdes y el maíz y déjelo hervir todo hasta que las judías verdes estén tiernas (aproximadamente 10 minutos).

Poco a poco, vaya echando una taza de caldo caliente sobre los huevos batidos, y vierta luego esa mezcla en la olla, sin dejar de remover, para que se mezcle todo bien. No permita que el líquido hierva, pues el huevo se cuajaría. Déjelo a fuego muy lento, hasta que los huevos hayan espesado debidamente la salsa. Para entonces, la calabaza se habrá deshecho, contribu-

yendo también a espesarla. Se sirve en platos hondos, asegurándose de que cada ración contiene un poco de todos los
ingredientes.

Arvejado de cordero   CHILE

Este estofado chileno de cordero se caracteriza por su uso de
la esencia de pimentón *(Color chilena)*.

Para 6 raciones

3 cucharadas de esencia de pimentón *(Color chilena)* (véase
pág. 393)
1 kg. de carne de cordero sin hueso, cortada en trozos de 2,5 cm.
1 cebolla grande, bien picada

1 cucharada de harina
Sal, pimienta recién molida
2 tazas de guisantes frescos
2 huevos, ligeramente batidos
1/4 taza de perejil picado

Caliente la esencia de pimentón en una olla o cacerola.
Añada los trozos de carne y la cebolla, y sofríalo hasta que la
cebolla esté blanda. Añada la harina y déjelo todo un minuto o
dos más al fuego, removiendo con una cuchara de madera para
que se mezcle bien. Añada 2 tazas de agua, sazónelo a su gusto
con sal y pimienta, tápelo y déjelo hervir a fuego lento hasta que
el cordero esté casi hecho (aproximadamente 1 1/2 horas).
Añada los guisantes, espere a que rompa a hervir, y déjelo a
fuego lento un cuarto de hora más o hasta que los guisantes
estén tiernos. Coloque la carne y los guisantes en una fuente de
servir y manténgalo todo caliente. Añada los huevos y el perejil
al líquido de la cacerola y déjelo hervir a fuego lento, removiendo constantemente con una cuchara de madera, hasta que
la salsa se haya espesado levemente. No permita que hierva, pues
el huevo cuajaría. Vierta la salsa sobre el cordero y sírvalo con
patatas hervidas, puré de patatas o algún otro tubérculo o arroz
blanco.

Carnero en adobo   MÉXICO

El cordero y el chivo son muy populares en el norte de México, una región eminentemente montañosa, muy apropiada para la cría de estos dos animales. Julia, la cocinera del tío de mi marido, el general Procopio Ortiz Reyes, que vive en Torreón (Coahuila), preparó este plato para mí, y me dio la receta. Resulta fácil de hacer y, sin embargo, sabroso y exótico. El pimiento ancho es suave y lleno de sabor, mientras que el pimiento mulato resulta más picante. Mezclando ambos se consigue una salsa llena de personalidad.

Para 6 raciones

1 1/2 kg. de cordero sin huesos (espalda o pierna), cortado en trozos de 4 cm.
Sal
3 pimientos anchos y 3 mulatos
1/8 cucharadita de comino molido
1/2 cucharadita de orégano

2 cebollas medianas, picadas
2 dientes de ajo, picados
3 ó 4 tallos de cilantro fresco
2 cucharadas de vinagre de vino tinto
3 cucharadas de manteca de cerdo o aceite vegetal

Coloque el cordero en un cazo grueso o cacerola junto con 1 cebolla, 1 diente de ajo, el cilantro, la sal y agua suficiente como para cubrirlo. Cuando rompa a hervir, baje el fuego y déjelo hervir tapado y a fuego lento hasta que la carne esté tierna (aproximadamente 1 1/2 horas). Escurra la carne, cuele el líquido y resérvelo. Enjuague y seque bien la cacerola y vuelva a echar en ella el cordero.

Prepare los pimientos (véase pág. 57) y échelos junto con el agua en que han permanecido en remojo en una batidora. Añada la cebolla y el ajo restantes, el comino, el orégano, el vinagre y la sal, y bátalo todo hasta obtener una pasta cremosa. Caliente la manteca de cerdo o el aceite en una sartén y fría en ella la mezcla, a fuego lento y sin dejar de remover con una cuchara de madera, durante unos 5 minutos. Aclárela con 1 1/2 tazas del líquido de hervir el cordero. La mezcla resultante debería tener la consistencia de una crema ligera. En caso necesario, añada algo más de líquido. Vierta la salsa sobre la carne y déjelo hervir todo 20 minutos más a fuego muy lento. Se sirve con arroz, judías verdes y alguna ensalada. Las tortillas de harina de maíz van, asimismo, muy bien con este plato.

Variación.—Unos amigos mexicanos a los que les gusta la comida picante y muy sabrosa me sugirieron que añadiese un poco de guindilla chipotle o morita a la batidora en el momento de preparar la salsa. Lo hice y comprobé que, en efecto, introduce en ella un cambio delicioso.

Variación.—Para el *Carnero en salsa de chile ancho* de México, saltee primero la carne en una sartén con 2 cucharadas de aceite de oliva y pásela luego a la olla o cacerola. Prepare 6 pimientos anchos y échelos en la batidora junto con el agua en la que han permanecido en remojo. Añada 1 cebolla picada, 1 diente de ajo y 4 tomates medianos, pelados y en trocitos. Bátalo todo hasta hacer de ello un puré. En caso necesario, añada aceite a la sartén para que la cantidad de grasa sea de 2 cucharadas. Añada la mezcla anterior y déjela unos 5 minutos a fuego moderado. Tiene cierta tendencia a saltar de la sartén. Viértala luego sobre la carne, sazónela a su gusto con sal y pimienta recién molida, un pellizquito de canela y 1/8 cucharadita de clavos. Tape la olla y déjela a fuego lento hasta que el cordero esté tierno (aproximadamente 1 1/2 horas). Deje unas 12 aceitunas rellenas de pimiento unos 15 minutos en agua fría, para eliminar la salmuera, escúrralas y pártalas por la mitad. Coloque el cordero en una fuente de servir, adornado con las aceitunas y 1/8 taza de almendras tostadas y partidas por la mitad. Se sirve con arroz y alguna ensalada. Dependiendo de lo jugoso que sean los tomates, puede haber necesidad de añadir un poco más de líquido al cordero, aunque la salsa no debería ser demasiado abundante. Añada zumo de tomate, caldo o agua. Obtendrá 6 raciones.

Seco de carnero   PERÚ

No se asuste por la cantidad de ajo utilizada en esta receta, pues su sabor no resultará en absoluto agresivo, sino bastante suave gracias a que, durante la cocción, el ajo pierde buena parte de sus esencias fuertes y picantes. El cilantro, el ajo, los zumos de fruta y las guindillas se combinan a la perfección y dan lugar a una salsa realmente deliciosa.

Para 6 u 8 raciones

1 taza de cilantro fresco, picado
2 ó 3 guindillas frescas, verdes o rojas, sin semillas y picadas
1 cabeza de ajo entera, pelada y picada
1/2 taza de aceite de oliva
2 cebollas medianas, bien picadas
2 kg. de carne magra de cordero (pierna o espalda), cortada en cuadraditos de 2,5 cm.

Sal, pimienta recién molida
1/2 taza de zumo de naranja amarga (de Sevilla) o, en su defecto, dos terceras partes de zumo de naranja y una tercera parte de zumo de lima o limón
1 kg. de patatas, peladas y cortadas en rodajas
1/2 kg. de guisantes frescos, o 2 paquetes de guisantes congelados

En una batidora, combine las hojas de cilantro, las guindillas y el ajo, y hágalo todo puré. Resérvelo. Caliente el aceite en una cacerola y sofría las cebollas hasta que estén blandas. Añada la mezcla anterior y hiérvalo todo 1 minuto o 2 más. Añada los trozos de cordero y déjelos hacerse unos 5 minutos, dándoles de cuando en cuando la vuelta para que la salsa los cubra bien. Sazónelo todo a su gusto con sal y bastante pimienta. Añada el zumo de naranja amarga (de Sevilla) o el zumo de naranja y lima o limón, así como agua suficiente como para cubrir la carne (alrededor de 1 1/2 tazas). Tape la olla y déjela a fuego lento hasta que el cordero esté tierno (aproximadamente 1 1/2 horas). En este momento, el *Seco de carnero* se puede dejar un día entero en el frigorífico para eliminar luego toda la grasa sobrante. Antes de volver a calentar el guiso, deberá dejar que se ponga a la temperatura ambiente.

Hierva las patatas en agua salada hasta que estén tiernas. Escúrralas y échalas en la olla. Hierva los guisantes en agua salada hasta que estén tiernos, escúrralos y añádalos también a la olla. Póngala al fuego hasta que el liquido rompa a hervir y déjela el tiempo suficiente como para que se caliente todo bien.

Posta en frutas secas

Éste es uno de los estofados latinoamericanos de carne y frutas que, a través de España —que estuvo en posesión de los moros casi ocho siglos—, enlazan su cocina con la de la antigua Persia, país en el que por primera vez se prepararon estas sabrosas recetas. Curiosamente, la enlazan también en la cocina del actual Marruecos, cuyos platos son muy similares a los de la antigua Persia. La mayoría de los cocineros colombianos aprovechan las comodidades de la vida moderna, y en lugar de preparar la mezcla de frutas secas la compran ya hecha en alguna tienda o supermercado; pero, si lo desea, puede elaborarla usted.

Para 6 raciones

Un paquete de 300 gr. de frutas secas combinadas (ciruelas, albaricoques, melocotones y peras)

3 cucharadas de aceite de oliva o vegetal

1 1/2 kg. de carne magra de vaca, preferentemente solomillo, cortada en cuadraditos de 2,5 cm.

1 cebolla mediana, bien picada

1 diente de ajo, picado

1 zanahoria mediana, raspada y troceada

Sal, pimienta recién molida

1 taza de vino tinto seco

1 cucharada de mantequilla (optativo)

1 cucharada de harina (optativo)

Coloque las frutas secas combinadas en un cuenco junto con 1 1/2 tazas de agua templada, y déjelas 1 hora en remojo, dándoles de cuando en cuando la vuelta. Escúrralas, reserve el agua y las frutas por separado.

Caliente el aceite en un cazo grueso o cacerola y sofría la carne, la cebolla, el ajo y la zanahoria durante unos 5 minutos. Sazónelo todo con sal y pimienta. Añada el vino y el agua en que han permanecido las frutas en remojo. Cuando rompa a hervir, baje el fuego y déjelo hervir a fuego lento y tapado durante unas 2 horas, o hasta que la carne esté tierna. Añada las frutas. Las ciruelas y los albaricoques deberán dejarse enteros, mientras que las peras y los melocotones se partirán por la mitad o en cuatro partes. Tape la cacerola y déjela 1/2 hora más al fuego. Si la salsa queda demasiado espesa, añádale un

poco más de vino; si queda demasiado líquida, mezcle la harina y la mantequilla y eche la mezcla a trocitos pequeños en la
cacerola, procurando que se disuelvan bien. Se sirve con arroz.

Carne con salsa de frutas   ECUADOR

Se trata de un estofado de carne de vaca especialmente delicioso, en el que los sabores de las frutas y los tomates se mezclan sutilmente, viéndose además enriquecidos por la nata
líquida.

Para 6 raciones

6 cucharadas de aceite vegetal
1 cebolla grande, bien picada
1 1/2 kg. de carne de vaca sin
  huesos, cortada en cuadraditos
  de 2,5 cm.
1 taza de vino blanco seco
1 taza de caldo de carne
Sal, pimienta recién molida
2 membrillos, pelados, sin corazón y cortados en trocitos, o 2
  melocotones, pelados, deshuesados y cortados en trocitos

2 manzanas, peladas, sin corazón
  y cortadas en trocitos
2 peras, peladas, sin corazón y
  cortadas en trocitos
2 tomates grandes, pelados y cortados en trocitos
Azúcar a su gusto
1 taza de nata líquida espesa

Caliente 4 cucharadas de aceite en una sartén y sofría la
cebolla hasta que esté tierna. Pásela luego a una olla o cacerola. En el aceite que quede en la sartén, fría la carne hasta que
esté dorada por todas partes. Añádala a la olla o cacerola junto
con el vino, el caldo y sal y pimienta a su gusto. Tape la cacerola y déjela a fuego lento hasta que la carne esté tierna (aproximadamente 2 horas). Coloque la carne en una fuente de servir y manténgala caliente. Reserve el caldo.

Caliente las 2 cucharadas de aceite restantes en un cazo y
añada las frutas, incluyendo los tomates. Hiérvalo todo unos
cuantos minutos, sin dejar de remover. Añada un poquito de
azúcar, silo desea, pero no se olvide de que la salsa debe quedar ligeramente ácida. Eche el caldo suficiente como para

cubrirlo todo, y déjelo hervir a fuego lento, removiendo de cuando en cuando, hasta que la salsa esté espesa y bien mezclada. En otros tiempos, los cocineros tenían que pasarla luego por un colador, lo que resulta lento y tedioso; en la actualidad se utiliza una batidora. Vuelva a echar el puré en el cazo y pruébelo, añadiendo un poquito de sal en caso necesario. Eche finalmente la nata líquida y déjelo todo al fuego el tiempo suficiente como para que se caliente. Vierta la salsa sobre la carne. Se sirve con arroz.

Variación.—Pueden utilizarse cáscaras de guayaba o mandarinas en lugar de membrillos o melocotones. También cabe sustituir la carne de vaca por carne magra de cerdo, preferentemente lomo. La salsa combina también perfectamente con chuletas de cordero a la parrilla. Si lo prefiere, sirva este plato con *llapingachos* (pastelillos de patata) en lugar de con arroz.

Chuletas de cerdo con frutas   REPÚBLICA DOMINICANA

El uso de las frutas secas, sobre todo albaricoques, en los platos de carne es una tradición originaria de Oriente Medio. En Irán, la carne de cordero y los albaricoques secos se combinan para preparar platos deliciosos. Buena parte de estas antiguas recetas han sobrevivido en la República Dominicana, adonde fueron llevadas por los españoles, pero sustituyendo el cordero por el cerdo. Los resultados son admirables.

Para 4 raciones

Mitad de cuarto (aproximadamente 1 taza) de ciruelas secas y deshuesadas
Mitad de cuarto (aproximadamente 1 taza) de albaricoques secos
Mitad de cuarto (aproximadamente 1 taza) de peras secas
4 chuletas de cerdo, con un peso total de 1 kg.

Sal, pimienta recién molida
2 cucharadas de aceite vegetal
1 cebolla mediana, bien picada
1 diente de ajo, picado
1 taza de caldo de pollo (aproximadamente)
1 taza de vino blanco seco (aproximadamente)

Coloque las ciruelas en un cuenco junto con los albaricoques partidos por la mitad y las peras, partidas en cuatro trozos. Vierta suficiente agua fría como para cubrirlo todo y déjelo 1/2 hora más o menos en remojo.

Sazone las chuletas con sal y pimienta. Caliente el aceite en una sartén y fría las chuletas hasta que estén doradas por ambos lados. Échelas en una olla o cacerola. En la grasa que quede en la sartén, sofría la cebolla y el ajo hasta que la cebolla esté tierna. Añádalo a la cacerola. Disponga la fruta por encima y alrededor de las chuletas de cerdo. Eche el caldo de pollo y el vino, añadiendo un poco más de cada cosa en caso necesario, hasta cubrirlo todo. Tape la cacerola con papel de aluminio, póngale luego la tapa y déjela en el horno a unos 175º C durante 1 1/2 horas o hasta que la carne esté tierna.

Chirmole de puerco

Para 6 raciones

1 1/2 kg. de carne magra de cerdo, sin hueso y cortada en cuadraditos de 5 cm.
6 pimientos ancho
3 guindillas serrano, frescas o enlatadas, sin semillas
2 dientes de ajo, picados
1 cebolla grande, picada
1/4 cucharadita de canela molida
Sal, pimienta recién molida
1/2 kg. de ciruelas claudias

4 tomates medianos, cortados en rodajas
1/2 cucharadita de epazote seco y en migajas (optativo)
1/4 taza de masa harina
1/4 taza de zumo de naranjas amargas (de Sevilla), o dos terceras partes de zumo de naranja y una tercera parte de zumo de lima
2 cucharadas de manteca de cerdo o aceite vegetal (optativo)

Coloque la carne en un cazo grande y grueso o en una cacerola, añada agua suficiente como para cubrirla, y déjela hervir a fuego lento hasta que esté casi tierna (aproximadamente 1 1/2 horas).

Quíteles los tallos y las semillas a las guindillas y córtelas en trocitos. Enjuáguelas y échelas en un cuenco con 1/2 taza de agua caliente. Déjelas 1 hora en remojo, dándoles frecuentemente la vuelta. Combine los pimientos Ancho, el agua en que han permanecido en remojo, las guindillas Serrano, el ajo, la cebolla y la canela en la batidora y redúzcalo todo a puré. Escurra la carne, reserve el caldo, y échela luego al cazo. Añada al puré caldo suficiente como para transformarlo en una salsa ligera. Sazónela a su gusto con sal y pimienta y viértala sobre el cerdo, procurando que se mezcle todo bien. Quíteles el hueso a las ciruelas claudias y córtelas todas en cuatro pedazos. Añádalas a la carne, junto con las rodajas de tomate y, si lo considera conveniente, el epazote. Déjelo hervir todo a fuego lento hasta que la carne esté tierna. Mezcle un poquito del caldo restante con la masa harina. Añada el zumo de naranja a esta mezcla y échelo todo sobre el estofado de carne. Si lo desea, también podrá añadir en este momento la manteca de cerdo o el aceite vegetal. Déjelo hervir todo a fuego lento, removiéndolo suavemente, durante 1 minuto ó 2 más.

Ternera en salsa de ciruelas pasas   MÉXICO

Se trata de un viejo plato colonial que me gusta servir cuando invito amigos a cenar. Las ciruelas pasas aportan a la salsa un sabor agradable y delicado.

Para 6 raciones

1 1/2 tazas de ciruelas pasas grandes, deshuesadas y cortadas en trocitos
1 taza de vino tinto seco
4 cucharadas de manteca de cerdo o aceite vegetal
1 1/2 kg. o 1 3/4 de carne de ternera sin huesos, preferentemente solomillo

2 cebollas medianas, bien picadas
2 dientes de ajo, picados
3 tomates medianos, pelados, sin semillas y en trocitos
2 tazas de caldo de ternera o vaca (aproximadamente)
Sal, pimienta recién molida

Ponga las ciruelas pasas a remojar en el vino durante al menos 2 horas.

Caliente la manteca de cerdo o el aceite vegetal en una cacerola gruesa y fría la ternera hasta que esté bien dorada por todas partes. Sáquela de la cacerola y resérvela. En el aceite restante, sofría las cebollas y el ajo, hasta que las primeras estén tiernas. Añada los tomates y déjelo todo al fuego hasta que esté bien mezclado. Échele las ciruelas con el vino. Eche finalmente la carne y caldo suficiente como para cubrirlo todo. Déjelo hervir a fuego lento hasta que la carne esté tierna (aproximadamente 2 horas). Coloque la carne en una fuente de servir, córtela en lonchas y manténgala caliente. Sazone la salsa a su gusto con sal y pimienta. Durante la cocción, las ciruelas deberán haberse deshecho, contribuyendo así a espesar la salsa En caso necesario, hiérvala a fuego fuerte durante unos cuantos minutos y sin dejar de remover para que los ingredientes se mezclen mejor y la salsa quede más espesa. Con una cuchara, eche un poco de ella sobre las lonchas de carne, y sirva el resto en una salsera. Se sirve con arroz o con cualquier tubérculo rico en almidón.

Ternera con aceitunas   MÉXICO

Las aceitunas verdes rellenas aportan un característico sabor a este plato.

Para 4 ó 6 raciones

4 cucharadas de aceite de oliva, o vegetal	1 diente de ajo, picado
	1/2 taza de perejil, picado
1 kg. de ternera (pierna o espalda), cortada en cuadraditos de 2,5 cm.	36 aceitunas verdes rellenas de pimiento
	1 taza de vino blanco seco
50 g. de jamón hervido, cortado en trozos grandes	1 taza de caldo de carne
	Sal, pimienta recién molida
1 cebolla mediana, bien picada	2 huevos

Caliente el aceite en una sartén y fría la carne junto con el jamón hervido. Sáquelo luego todo y échelo en una cacerola. En el aceite que quede en la sartén, sofría la cebolla y el ajo hasta que la primera esté tierna. Añádalo a la cacerola junto con el perejil. Deje las aceitunas 10 minutos a remojar en agua fría, escúrralas y añádalas a la cacerola. Eche finalmente el vino y el caldo, sazónelo todo a su gusto con sal y pimienta, tape la olla y déjela a fuego lento hasta que la ternera esté tierna (aproximadamente 1 1/2 horas). Bata ligeramente los huevos y mézclelos luego con 1/2 taza del caldo caliente. Vuelva a echarlo todo a la cacerola y déjelo hervir, sin parar de remover, hasta que la salsa se espese ligeramente. No permita que hierva, pues el huevo cuajaría. Se sirve con arroz o con algún tubérculo rico en almidón, así como con alguna ensalada o guarnición de verdura.

PLATOS DE CARNE DE FALDA

Los sudamericanos estiman mucho la carne de falda por su rico sabor y adaptabilidad. Puede hacerse a la parrilla, hervida, rellena, asada o picada, y también servirse caliente o fría. En Venezuela constituye la base del plato nacional, junto con los acompañamientos tradicionales de arroz, fríjoles negros y plátanos fritos. También se rellena de espinacas o, más exóticamente, de tortilla de huevos, puntas de espárragos y tiras de pimiento morrón para preparar un plato muy adecuado para fiestas y reuniones, que no sólo resulta sabroso y satisfactorio, sino también de presentación elegante. La falda posee además la ventaja de ser un tipo de carne magra pero tierna, que resulta al mismo tiempo económica.

Pabellón caraqueño   VENEZUELA

Este plato nacional de Venezuela se llama así por su parecido con un pabellón o bandera, debido a los diferentes colores de la carne, el arroz, los fríjoles y los plátanos. Se trata de un plato nutritivo y sabroso.

3/4 de kilo de carne de falda
1 1/2 tazas de caldo de carne
  (aproximadamente)
1 cebolla mediana, bien picada
1 diente de ajo, picado
2 tomates medianos, pelados, sin
  semillas y cortados en trocitos
Sal
2 cucharadas de aceite de oliva

1 receta de *Arroz blanco* (véase
  pág. 314)
6 huevos, fritos en aceite de oliva
1 receta de *Caraotas negras* (véase pág. 309)
1 plátano maduro, o 2 bananas no
  demasiado maduras
2 cucharadas de aceite vegetal

Corte la carne en 2 ó 3 trozos para que quepa cómodamente en un cazo, y añada caldo de carne hasta cubrirla. En
caso necesario, aumente la dosis de 1 1/2 tazas. Cuando rompa
a hervir, tape el cazo y déjelo a fuego lento hasta que la carne
esté tierna (entre 1 1/2 y 2 horas). Deje la carne enfriar en el
caldo, escúrrala y reserve el caldo para otros usos. Desmigaje
entonces la carne con los dedos y mézclela con la cebolla, el ajo
y los tomates. Sazónelo todo a su gusto con sal. Caliente el
aceite en una sartén y fría la mezcla anterior hasta que la cebolla esté hecha y quede todo bastante seco. Coloque el arroz en
el centro de una fuente grande, previamente calentada, y la
carne encima de él. Disponga los huevos fritos encima de la
carne. Rodee el arroz con fríjoles negros y decore el borde de
la fuente con el plátano o las bananas fritos.

Para freír los plátanos o bananas.—Pele los plátanos y
córtelos longitudinalmente por la mitad, y luego en sentido
transversal en tres partes. Si utiliza bananas, pélelas y córtelas en
tres partes. Caliente el aceite en una sartén y fría en él los plátanos o las bananas hasta que estén dorados por ambos lados
(unos 2 ó 3 minutos).

MATAMBRE   ARGENTINA

Como su propio nombre indica, se trata de una comida que
llena mucho, y se puede tomar caliente como plato fuerte, o

fría, con ensaladas, en cuyo caso es ideal para meriendas y *picnics*. En cantidades menores, es un magnífico primer plato.

Para 4 raciones

1 cucharadita de orégano
2 dientes de ajo machacados
3/4 de kilo de carne de falda
Sal, pimienta recién molida
1 taza de hojas de espinacas (aproximadamente)

1 zanahoria pequeña, cortada en finas rodajas
1 huevo duro en rodajas
Pimentón (optativo)
8 tazas de caldo de carne (aproximadamente)

Mezcle el orégano y el ajo, y extiéndalo sobre la carne. Sazónela con sal y pimienta a su gusto, cúbrala luego con las hojas de espinacas, dejando un margen de aproximadamente 12 milímetros. Coloque las rodajas de zanahoria y huevo duro encima de las espinacas y, si lo desea, espolvoree un poquito de pimentón por encima. Enrolle la carne y átela con cuerda de cocina a intervalos de 2,5 cm. Colóquela en un cazo en el que quepa bien, pero sin holguras. Añada el caldo de carne. Debería haber suficiente como para cubrir la carne. Cuando rompa a hervir, espume la grasa que suba a la superficie, baje el fuego y déjelo hervir a fuego lento entre 1 1/2 y 2 horas, o hasta que la carne esté tierna.

Sáquela, quite la cuerda, córtela en lonchas y sírvala caliente, humedeciéndola con un poco de caldo. Se sirve con patatas o arroz. También puede dejar que se enfríe el caldo y servirla fría, en lonchas y con ensalada. Reserve el caldo sobrante para usos posteriores. Se sirve con *Salsa criolla* (véase págs. 214, 389).

Variación.—Para *Matambre al horno,* ponga la carne de falda rellena en una cacerola junto con 3 tazas de caldo. Cuando rompa a hervir, tape la cacerola y métala en el horno, previamente calentado a 175º C, y déjela 1 hora o hasta que la carne esté hecha.

Variación.—En Uruguay, donde este plato es también muy popular, algunas veces se sazona la carne y se rellena simplemente de espinacas.

Variación.—*Matambre a la cacerola*. Caliente 2 cucharadas de mantequilla en una sartén, añada 1 cebolla pequeña, bien picada, 1/2 taza de apio bien picado y una zanahoria pequeña, raspada y bien picada. Sofríalo todo hasta que la cebolla esté tierna (unos 5 minutos). Apártelo del fuego y añada 2 cucharadas de perejil bien picado y 2 tazas de pan cortado en cuadraditos. Sazónelo con sal y pimienta a su gusto. Añada 2 cucharadas de caldo de carne, mézclelo todo bien y extiéndalo sobre la carne, dejando un margen de 12 milímetros. Enrolle la carne y átela con cuerda de cocina a intervalos de 2,5 cm. Caliente 2 cucharadas de aceite vegetal en una cacerola lo suficientemente grande como para que quepa en ella la carne, y dórela por todas partes. Añada caldo suficiente como para cubrirla (unas 8 tazas) y déjela hervir a fuego lento entre 1 1/2 y 2 horas. También puede meterla en el horno a 175º C y dejarla aproximadamente una hora, en cuyo caso debería añadir sólo caldo suficiente como para cubrir la carne en una tercera parte (unas 3 tazas). Si lo desea, espese aproximadamente 2 tazas de caldo con *beurre manié* (véase pág. 398). Se sirve con zanahorias y patatas, así como con alguna guarnición de verdura o ensalada.

Variación.—*Malaya arrollada*. Plato originario de Chile. Sazone la carne con sal, pimienta y 1 cucharadita de orégano. Cúbrala con 1 cebolla, bien picada, 1 tallo de apio, bien picado, 1 zanahoria, raspada y cortada en finas rodajas, y huevo duro, cortado en finas rodajas. Enróllelo todo en la carne, átela con cuerda de cocina y métala en una cacerola en la que quepa cómodamente, pero sin holguras. Vierta sobre ella caldo suficiente como para cubrirla y déjela hervir a fuego lento hasta que esté tierna (entre 1 1/2 y 2 horas). Déjela enfriar en el caldo. Sáquela, quite la cuerda y córtela en lonchas. Se sirve como primer plato acompañada de una ensalada. Obtendrá 8 raciones.

Sobrebarriga

COLOMBIA

Para 4 ó 6 raciones

Un trozo de carne de falda de aproximadamente 1 kg. de peso, con una capa de grasa sin quitar
1 cebolla mediana, picada
2 dientes de ajo, picados
2 tomates medianos, cortados en trocitos
1 zanahoria, raspada y cortada en trocitos
1 hoja de laurel
2 ó 3 tallos de perejil
1/2 cucharadita de tomillo
1/2 cucharadita de orégano
Sal, pimienta recién molida
Caldo de carne o agua
1 ó 2 cucharadas de mantequilla, ablandada a la temperatura ambiente
1 taza de pan rallado

Coloque la carne en un cazo grande, junto con la cebolla, el ajo, los tomates, la zanahoria, la hoja de laurel, el perejil, el tomillo, el orégano, y sal y pimienta al gusto. Añada caldo o agua suficiente como para subir la carne y déjela hervir, tapada y a fuego lento, aproximadamente 2 horas, o hasta que esté tierna. Saque la carne del líquido, séquela con servilletas de papel y colóquela en una parrilla al fuego, con la capa de grasa hacia arriba. Extienda la mantequilla sobre la carne y cúbrala con el pan rallado. Áselo todo hasta que el pan rallado esté bien dorado. Corte la carne en lonchas y colóquelas en una fuente previamente calentada. Cuele el jugo y viértalo en una salsera. Se sirve con papas chorreadas y ensaladas de aguacates.

Sobrebarriga bogotana

Para 4 ó 6 raciones

1 cebolla mediana, bien picada
2 dientes de ajo, picados
2 tomates medianos, pelados y en trocitos
1 cucharada de perejil, picado
1/2 cucharadita de tomillo
1 hoja de laurel, estrujada en la mano
1 cucharadita de mostaza
1 cucharadita de salsa Worcestershire

Sal, pimienta recién molida
Un trozo de carne de falda, de aproximadamente 1 kg., despojado de toda grasa
2 tazas de caldo de carne o agua (aproximadamente)
2 tazas de cerveza negra (aprox.)
2 cucharadas de mantequilla, ablandada a la temperatura ambiente
1 taza de pan rallado

Mezcle la cebolla, el ajo, los tomates, el perejil, el tomillo, la hoja de laurel, la mostaza, la salsa Worcestershire, y sal y pimienta al gusto. Extienda esta mezcla sobre la carne. Enróllela y átela con cuerda de cocina. Colóquela en una cacerola, tápela y déjela en el frigorífico hasta el día siguiente. Cúbrala con caldo de carne o agua y cerveza negra a partes iguales y ponga la cacerola al fuego. Cuando rompa a hervir, baje el fuego al mínimo, y déjela hervir, parcialmente tapada, hasta que la carne esté tierna y el líquido se haya reducido considerablemente (aproximadamente 2 horas). Saque la carne de la cacerola, frótela con la mantequilla y extienda sobre ella el pan rallado. Colóquela en una fuente de asar y déjela en el horno a 200º C hasta que el pan rallado esté levemente dorado (unos 15 minutos). Caliente la salsa restante en la cacerola y sírvala en una salsera. Corte la carne en lonchas y dispóngalas sobre una fuente de servir, previamente calentada. Se sirve con papas chorreadas y ensalada de aguacate.

PLATOS A BASE DE LOMO DE CERDO

La carne de cerdo es una de las favoritas en América Latina, y el lomo la más estimada. Desde mi punto de vista, la paletilla es igual de sabrosa y mucho más económica, aunque necesita más tiempo de cocción. Las recetas para preparar el lomo de cerdo son enormemente variadas, desde un plato ecuatoriano, que consiste en rellenar la carne con gambas crudas y hacerla a la parrilla, lo que recuerda a la cocina china, hasta un plato argentino, en el que la carne se asa en leche, y el resultado, extraordinariamente sabroso, es un cerdo deliciosamente tierno en salsa cremosa, pasando por el lomo de cerdo hervido a fuego lento en zumo de naranja, tierno y delicado, o el lomo a la chilena, servido con una salsa muy picante.

Lomo con camarones   ECUADOR

La combinación de lomo de cerdo y gambas o camarones al horno y con vino resulta desacostumbrada y excitante, y su sabor es realmente delicioso. Se trata de uno de mis platos favoritos para fiestas.

Para 6 raciones

Un trozo de lomo de cerdo de 1 1/2 kg.	Sal, pimienta recién molida
	2 dientes de ajo machacados
1/4 kg. de gambas o camarones crudos, pelados y cortados en trozos grandes	4 cucharadas de mantequilla
	2 tazas de vino blanco seco
	1 cucharada de harina
1 huevo duro, cortado en trocitos	Vino blanco o caldo de pollo

Con un pincho de acero o un cuchillo estrecho y afilado, haga agujeros del grosor del dedo gordo en todo el lomo, casi en el centro de la carne. Sazone las gambas y el huevo con sal y pimienta. Con los dedos, vaya rellenando una mitad de los agujeros con las gambas y la otra mitad con los trocitos de huevo duro, o mezcle las gambas y los huevos y rellene todos los agujeros con esa masa. Sazone el lomo con sal, pimienta y ajo machacado. Caliente 3 cucharadas de mantequilla en una cacerola lo suficientemente grande como para que quepa cómodamente la carne (lo mejor es una de forma oval) y fría en ella la carne hasta que esté dorada por todas partes. Añada el vino y espere a que rompa a hervir. Aparte la cacerola del fuego. Tápela con papel de aluminio, póngale la tapa y métala en el horno a 160º C, donde la dejará 2 horas o hasta que el lomo esté tierno. Coloque la carne en una fuente de servir previamente calentada y quite la cuerda. Corte el lomo en lonchas y manténgalo caliente. Mezcle la harina con la cucharada de mantequilla restante, y derrítala a fuego moderado en la cacerola, removiendo constantemente hasta que la salsa espese ligeramente. Si el líquido se ha evaporado durante la cocción y la salsa está demasiado espesa, añada un poquito de vino o caldo de pollo, hasta aligerar su consistencia. Pruébela y sazónela con más sal y pimienta en caso necesario. Vierta un poquito de la salsa sobre las lonchas de lomo y sirva el resto en una salsera. Se sirve con patatas hervidas, tomates en rodajas y *Ensalada de habas.*

Lomo de cerdo a la caucana   ARGENTINA

Se trata de una versión exótica de la carne hervida en leche. El zumo de limón contribuye a cuajar ligeramente la leche y, por tanto, también a ablandar la carne. Al final del tiempo de cocción debería haber unas 3 tazas de leche ligeramente condensada en la fuente de asar. Se trata de una salsa ligera y de atractivo sabor. Para esta receta se puede utilizar también la paletilla deshuesada, una carne más económica, en cuyo caso habrá que incrementar el tiempo de cocinado en 1/2 hora.

Para 6 raciones

1 kg. de lomo de cerdo o paletilla deshuesada	1/4 taza de zumo de limón
	Sal, pimienta recién molida
4 tazas de leche	2 cucharadas de mantequilla

Ponga la carne en una fuente de asar oblonga, marca «Pyrex», o de otro tipo, en la que quepa cómodamente. Mezcle la leche con el zumo de limón y viértalo sobre la carne. Tape la fuente y déjela toda la noche en algún sitio fresco. Cuando esté lista para hacerse, saque la carne de la salsa y séquela bien. Sazónela

con sal y pimienta. Caliente la mantequilla en una sartén y dore
la carne en ella. Vuelva a poner la carne en la fuente, junto con
la leche y la salsa que pueda haber en la misma, y métala sin
tapar en el horno a 175º C, donde la dejará entre 1 1/2 y 2
horas, o hasta que la carne esté tierna. Dispóngala en una fuente de servir previamente calentada y quite la cuerda usada para
atarla. Espume la grasa de la salsa y échela en un cazo. Póngalo a
fuego alto y reduzca la cantidad de salsa a 1 1/2 tazas. Viértala
en una salsera y sírvala por separado. Corte la carne en lonchas
y sírvala con arroz o patatas y alguna guarnición de verdura.

Este plato está también muy sabroso con *Guasacaca* (la salsa
de aguacate de Venezuela, pág. 386) o con *Guacamole* (la salsa
de aguacate de México, pág. 38) y alguna ensalada.

Lomo en jugo de naranja   ECUADOR

Para 6 raciones

3 cucharadas de mantequilla
1 cebolla grande, bien picada
1 diente de ajo, picado
1 1/2 kg. de lomo de cerdo
Sal, pimienta recién molida
1 cucharada de cáscara de naranja
    rallada

1 guindilla fresca, roja o verde, sin
    semillas y molida, o 1 cucharadi-
    ta de alguna salsa picante, como
    por ejemplo Tabasco
2 tazas de zumo de naranja
Caldo de pollo
2 cucharadas de almidón de maíz

Caliente la mantequilla en una sartén y sofría la cebolla y el
ajo hasta que la primera esté tierna. Pase luego la cebolla y el ajo
a una cacerola lo suficientemente grande como para que quepa
bien la carne. Sazónela con sal y pimienta al gusto y dórela en la
grasa que quede en la sartén. Eche la carne a la cacerola junto
con la cáscara de naranja rallada, la guindilla o la salsa picante, el
zumo de naranja y caldo suficiente como para cubrirlo todo.
Cuando rompa a hervir, baje el fuego y déjelo aproximadamente 2 horas a fuego lento, o hasta que la carne esté tierna. Póngala
en una fuente de servir, córtela en lonchas y manténgala caliente. Mida el líquido de la cacerola y, si hay demasiado, redúzcalo
a fuego fuerte, hasta unas 2 tazas. Mezcle el almidón de maíz

con un poco de agua y añádalo a la salsa Déjelo a fuego lento, removiendo constantemente, hasta que la salsa se espese ligeramente. Con una cuchara, vaya echándola sobre la carne, y sirva el resto en una salsera aparte. Acompañe este plato con una ensalada hecha con remolacha cortada en rodajas y hervida, zanahorias y patatas en una salsa vinagreta, que preparará de la forma habitual, pero añadiéndole 1 cucharadita de mostaza de Dijon. Si lo prefiere, aliñe las verduras con la salsa vinagreta y colóquelas en montoncitos sobre hojas de lechuga en fuente aparte. También se puede servir con arroz blanco y alguna guarnición de verdura.

Chancho a la chilena   CHILE

Para 6 u 8 raciones

1/4 taza de aceite vegetal
2 kg. de lomo de cerdo
2 ajos medianos, cortados en trocitos
2 cebollas medianas, cortadas en rodajas
1 zanahoria, raspada y cortada en rodajas

1 tallo de apio, cortado en trozos de 2,5 cm.
1 hoja de laurel
1/2 cucharadita de orégano
1/2 cucharadita de tomillo
1/4 cucharadita de comino molido
Sal, pimienta recién molida
1/2 taza de vinagre de vino tinto

Caliente el aceite en una cacerola y dore levemente la carne por todas partes. Añada los restantes ingredientes y agua suficiente como para cubrirlo todo. Cuando rompa a hervir, baje el fuego y déjelo a fuego lento hasta que la carne esté tierna (aproximadamente 3 horas). Deje que la carne se enfríe del todo en el caldo, y colóquela entonces en una fuente de servir. Reserve el caldo para posteriores usos.

Sirva el cerdo cortado en lonchas con *Salsa de ají colorado* (véase pág. 382), por separado. En Chile, se cubrirían las lonchas con la salsa Pero dado que, si las guindillas utilizadas pican mucho, la salsa estará muy fuerte y picante, lo más prudente será probarla primero, poniendo un poquito de ella en el paladar, o servirla aparte.

PLATOS DE CARNE PICADA

Albóndigas URUGUAY

Las albóndigas gozan de gran popularidad en América Latina,
y se inspiran evidentemente en la cocina de Oriente Medio, en
la que las recetas para preparar deliciosas albóndigas son enormemente variadas y casi inagotables. Aportando su toque especial a las mismas, en los países latinoamericanos, las albóndigas
se preparan con carne de vaca, de ternera, de cerdo, o combinando más de una. Por lo general, se fríen levemente primero,
y luego se guisan en algún caldo o carne, sazonado de manera
completamente distinta a la de las propias albóndigas, con lo
que se crea un interesante contraste de sabores. Muchas veces,
el caldo o salsa va enriquecido con vino. En México, el pimiento ancho o el exótico chipotle aportan un rico sabor a las salsas.
Con toda esa variedad de sabores sería casi imposible llegar a
hartarse de las albóndigas.

Para unas 18 albóndigas (de 4 a 6 raciones)

5 cucharadas de aceite vegetal
1 cebolla mediana, bien picada
1 tomate mediano, pelado y cor-
    tado en trocitos
1 guindilla fresca y roja, sin semi-
    llas y cortada en trocitos
1 cucharadita de azúcar
Sal, pimienta recién molida
1/2 kg. de carne de ternera pi-
    cada
1 taza de pan rallado
4 cucharadas de queso parmesano
    rallado
1/4 taza de pasas sin semillas
1/4 cucharadita de nuez mos-
    cada
2 huevos
Leche, en caso necesario
Harina

PARA EL CALDO

1 cucharada de aceite vegetal
1 cebolla mediana, bien picada
1 1/2 tazas de caldo de carne
1 1/2 tazas de vino tinto seco
1/4 cucharadita de tomillo
1/4 cucharadita de orégano
1 hoja de laurel
Sal, pimienta recién molida
Caldo y vino adicional, en caso
    necesario

En una sartén, caliente 2 cucharadas de aceite y sofría la cebolla hasta que esté blanda. Añada el tomate, la guindilla, y la sal y pimienta a su gusto. Déjelo todo al fuego, hasta que la mezcla esté espesa y más bien seca. Espere luego a que se enfríe. En un cuenco, mezcle bien la carne de ternera picada, el pan rallado, el queso parmesano, las pasas, la nuez moscada y el sofrito anterior. Añada los huevos, mezclándolo todo bien. Si la mezcla está demasiado seca como para poder hacer las albóndigas, échele un poquito de leche. Haga las albóndigas (de unos 5 cm. de diámetro) y rebócelas ligeramente en harina. Caliente las 3 cucharadas de aceite restantes en la sartén y sofría las albóndigas hasta que estén doradas. Una vez hechas, sáquelas y resérvelas.

Para hacer el caldo.—Caliente la cucharada de aceite en un cazo y sofría la cebolla hasta que esté bien tierna. Añada el caldo, el vino, el tomillo, el orégano, la hoja de laurel, y déjelo hervir todo unos minutos, para que se mezclen bien los sabores. Sazónelo a su gusto con sal y pimienta. Añada las albóndigas, tape el cazo y déjelo a fuego lento hasta que estén hechas (aproximadamente 1/2 hora). Si hace falta para cubrir las albóndigas, añada más caldo y más vino a partes iguales.

Sirva las albóndigas con arroz o algún tubérculo rico en almidón, usando el caldo como salsa. El caldo puede resultar demasiado abundante y ligero, en cuyo caso deberá sacar las albóndigas, ponerlas en una fuente de servir y mantenerlas calientes. Luego reducirá la cantidad de caldo dejándolo a fuego alto hasta que espese. Si, a pesar de todo, le sobra, resérvelo para otros usos. La *Ensalada de habas* de Ecuador constituye un acompañamiento perfecto para este plato.

Variación.—Para las *Albóndigas chilenas,* utilice carne picada de vaca en lugar de ternera; mézclela con 1 cebolla bien picada, 1 taza de pan rallado, sal, pimienta y 2 huevos, añadiendo un poco de leche si le queda la masa demasiado seca. Haga las albóndigas y hiérvalas en caldo de carne hasta que estén tiernas (aproximadamente 1/2 hora). Mientras las albóndigas están hirviendo, prepare la salsa del modo siguiente: en un cazo, caliente 2 cucharadas de mantequilla y sofría 1 cebolla, bien picada, hasta que esté tierna. Añada 1 1/2 tazas de caldo de carne y 1 1/2 tazas más de vino tinto seco, 1 zanahoria bien rallada, 1/4 cucharadita de comino molido, 1 hoja de laurel; y sal y pimienta al gusto. Cuando rompa a hervir, baje el fuego y déjelo a fuego lento 1/2 hora más o menos. Luego cuélelo. Vuelva a echar la salsa en el cazo y espésela con una *beurre manié*. Mezcle 2 cucharaditas de harina con 2 de mantequilla y vaya añadiéndolas a la salsa caliente poquito a poco. Tras reservar el líquido en que han hervido para usos posteriores, saque las albóndigas, póngalas en una fuente de servir y vierta la salsa por encima. Se sirven con arroz. Obtendrá de 4 a 6 raciones.

Variación.—Para las *Albóndigas en caldo* de Paraguay, mezcle bien 1/2 kg. de carne picada de vaca, 1 taza de harina de maíz o pan rallado, 1 cebolla bien picada, 1 diente de ajo, picado, 2 cucharadas de perejil, bien picado, 1 guindilla roja fresca, picada, 1/4 cucharadita de orégano, sal y pimienta al gusto, y 2 huevos. Si le queda demasiado seca, añada un poco de caldo a la masa. Haga las albóndigas (de unos 5 cm. de diámetro), colocando un trocito de huevo duro en el centro de cada una de ellas. Resérvelas. Caliente 1 cucharada de aceite vegetal en un cazo y sofría 1 cebolla, bien picada, 2 tomates medianos, pelados y en trocitos, 1 guindilla roja fresca, sin semillas y en trocitos, y sal y pimienta al gusto, hasta que la cebolla esté tierna. Añada 3 tazas de caldo de carne y espere a que rompa a hervir. Añada las albóndigas y déjelas a fuego lento hasta que estén hechas (1/2 hora aproximadamente). Se sirven con arroz. Obtendrá de 4 a 6 raciones.

Si lo prefiere, puede hacer las albóndigas más pequeñas, de 2,5 cm. de diámetro, incrementando la cantidad de caldo hasta 8 tazas. Hiérvalas junto con 3 cucharadas de arroz previamente lavado durante unos 20 minutos, y sírvalas en platos hondos, junto con el caldo, como si se tratase de una sopa. La harina de maíz contribuirá a dotar a este plato de una textura ligeramente más seca y consistente, ya que el pan rallado resulta demasiado blando. Pero se puede preparar de las dos maneras. Obtendrá de 4 a 6 raciones.

Variación.—Para las *Albóndigas picantes* de Paraguay, coloque en un cuenco 3/4 de kilo de carne magra de vaca, picada dos veces, junto con 2 dientes de ajo, picados, 1 taza de pan rallado, 1/2 cucharadita de orégano molino, otra 1/2 cucharadita de comino molido, sal y pimienta al gusto, y 1 huevo batido. Mézclelo todo bien, añadiendo un poco de leche o caldo si la masa le queda demasiado seca. Haga las albóndigas (de 4 cm. de diámetro) y rebócelas ligeramente en harina. Fríalas en aceite vegetal hasta que estén doradas por todas partes y resérvelas.

Prepare a continuación la salsa. Para ello, caliente 3 cucharadas de aceite vegetal en un cazo y sofría 2 cebollas medianas, bien picadas, 1 pimiento, sin semillas y cortado en trocitos, preferentemente rojo (si no encuentra pimientos rojos, utilice 2 pimientos morrones de lata, cortados en trocitos). Añada 2 guindillas rojas frescas, sin semillas y cortadas en trocitos, o utilice 1 cucharadita de pimentón y otra de alguna salsa picante, como Tabasco. (Si utiliza pimentón o Tabasco, añádalos posteriormente, junto con el puré de tomate.) Cuando la cebolla esté tierna, añada 1 hoja de laurel, 1 cucharadita de azúcar y sal y pimienta al gusto. Eche finalmente 2 tazas de caldo de carne y 6 tazas de puré de tomate, y déjelo hervir todo tapado y a fuego lento durante 1/4 de hora. Saque y tire la hoja de laurel y páselo todo por la batidora o el pasapuré. Vuelva a echarlo en el cazo y espere a que rompa a hervir; entonces añada las albóndigas y déjelas hervir, a fuego lento, 1/4 de hora más, o hasta que las albóndigas estén hechas. Se sirven con arroz blanco. Debería haber abundante salsa para cubrir con ella el arroz. No obstante, si hay demasiada, se puede reducir dejándola hervir un rato a fuego alto o espesaría con un poco de harina. Obtendrá de 4 a 6 raciones.

Variación.—De todas las albóndigas latinoamericanas, las más exóticas son quizá las mexicanas. Existe una versión con una amplia variedad de salsas, a base del suave pimiento ancho o del más sabroso y picante chipotle o monta, por lo que todos los paladares podrán quedar satisfechos.

Para *Albóndigas mexicanas,* mezcle en un cuenco 1/4 kg. de carne de vaca picada, otro 1/4 kg. de carne de cerdo picada y otro 1/4 kg. de carne de ternera picada. Añada 1/2 taza de pan rallado, 1 cebolla mediana, bien picada, 1/2 cucharadita de orégano o de comino molido (dependiendo de las preferencias de cada uno), sal, pimienta recién molida y 1 huevo, ligeramente batido. Mézclelo todo bien, añadiendo un poquito de leche en caso necesario. Haga las albóndigas (de unos 4 cm. de diámetro), rebócelas levemente en harina y resérvelas. Si lo desea, podrá poner en el centro de cada albóndiga un poquito de arroz hervido, de huevo duro o de aceitunas verdes (o una combinación de las 3 cosas). Obtendrá unas 24 albóndigas.

Para la salsa a base de pimiento ancho: quíteles los tallos a 3 pimientos secos, tipo ancho, sacuda las semillas y córtelos en trocitos Enjuáguelos y déjelos en remojo 1 hora aproximadamente, dándoles de cuando en cuando la vuelta. Echelos en la batidora o pasapuré junto con el líquido, y redúzcalos a puré. Resérvelos. En una sartén, caliente 3 cucharadas de aceite vegetal, sofría 1 cebolla mediana, bien picada, junto con 1 diente de ajo, asimismo picado, hasta que la cebolla esté tierna. Añada el puré de pimientos y 2 tazas de tomates pelados, sin semillas y cortados en trocitos pequeños, y déjelo todo unos 5 minutos a fuego moderado, removiendo de cuando en cuando. Vierta la mezcla en un cazo grande, añada 1 taza o más de caldo de carne para dotarla de la consistencia de una sopa, y sazónela a su gusto con sal, pimienta y 1/4 cucharadita de azúcar. Cuando rompa a hervir, eche las albóndigas y déjelas a fuego lento y tapadas hasta que estén tiernas (unos 20 minutos). Se sirven con arroz. Obtendrá de 4 a 6 raciones.

Para la salsa a base de pimiento chipotle o monta: siga las instrucciones anteriormente dadas, pero suprimiendo el pimiento tipo ancho. Eche en la batidora o pasapuré 2 tazas de tomates pelados, sin semillas y cortados en trocitos, junto con 1 pimiento tipo chipotle ó 2 de la variedad monta, cortados en trozos grandes, y redúzcalo todo a puré. Sofríalo junto con la cebolla y eche un poco de caldo de carne para aligerar la mezcla. La salsa resultará mucho más picante, pero también menos espesa que la elaborada con el pimiento ancho.

Variación.—Para las *Albóndigas de Venezuela,* mezcle en un cuenco 1/2 kg. de carne magra bien picada, 125 gr. de jamón hervido o de York, picado, 1 cebolla bien picada, 1/2 taza de pan rallado, 2 huevos ligeramente batidos, y sal y pimienta recién molida, al gusto. Amáselo todo bien y haga las albóndigas (de unos 2,5 cm. de diámetro). Caliente 4 cucharadas de aceite vegetal en una sartén y fría en él las albóndigas por tandas, hasta que estén doradas por todas partes. Échelas en un cazo o cacerola. En la batidora o el pasapuré, eche 1 cebolla, bien picada, 1 cucharada de perejil picado, 4 tomates medianos, pelados y cortados en trocitos, sal y pimienta recién molida, al gusto, y 1 taza de vino blanco seco. Mézclelo todo bien hasta obtener una pasta suave. Añada las albóndigas junto con un poco de caldo de carne si hace falta para cubrirlas. Déjelas hervir, tapadas y a fuego lento, hasta que estén hechas (aproximadamente 20 minutos). Se sirven con arroz o patatas como plato fuerte, y pueden ir acompañadas también de una ensalada o una guarnición de verduras. Obtendrá 6 raciones.

Las albóndigas pueden hacerse también de menor tamaño, pincharlas luego en palillos y servirse como tapa o acompañamiento para las bebidas. En ese caso, deberá escurrirlas bien y reservar la salsa para otros usos.

Picadillo

El *Picadillo* es uno de los platos favoritos en toda América Latina, y cada país tiene su propia versión del mismo. En México se le aprecia mucho como relleno para los tacos, las empanadas, los tamales y los pimientos verdes. En el norte del país es popular por sí solo, y si se toma como plato fuerte, acompañado de arroz, frijoles, guacamole y tortillas de harina de maíz.

Para 6 raciones

3 cucharadas de aceite de oliva, o vegetal
1 kg. de carne magra de vaca, picada
1 cebolla grande, bien picada
1 diente de ajo, bien picado
3 tomates medianos, pelados y cortados en trocitos
2 manzanas ácidas, peladas, sin corazón y cortadas en trocitos
1 o más guindillas verdes frescas, sin semillas y cortadas en trocitos, o 2 o 3 pimientos jalapeños de lata, sin semillas y cortados en trocitos

1/2 taza de pasas, que habrán permanecido 10 minutos a remojo en agua fría
1/2 taza de aceitunas rellenas de pimiento, partidas por la mitad
1/2 cucharadita de orégano
1/2 cucharadita de tomillo
Sal, pimienta recién molida
1 cucharada de mantequilla
1/2 taza de almendras, partidas por la mitad

Caliente el aceite en una sartén grande y gruesa. Eche en él la carne picada y fríala hasta que esté dorada, removiéndola para evitar que se formen pelotitas. Añada la cebolla y el ajo y sofríalo todo junto unos 5 minutos más. Eche luego los ingredientes restantes, salvo la mantequilla y las almendras. Mézclelo todo bien y déjelo hervir a fuego lento y sin tapar, removiendo de cuando en cuando, durante unos 20 minutos. En una sartén pequeña, caliente la mantequilla y fría en ella las almendras hasta que estén bien doradas. Coloque la carne en una fuente de servir y espolvoree sobre ella las almendras. Rodéelo todo con arroz blanco.

Variación.—En vez de orégano y tomillo, utilice 1 pellizquito o 2 de canela y 1/8 cucharadita de clavo molido. Esto introducirá una interesante diferencia de sabor, haciendo que el plato se parezca bastante a algunos de Oriente Medio.

Variación.—En Chihuahua se suprime la manzana y se añaden 4 patatas medianas, hervidas y cortadas en cuadraditos, y

2 tazas de guisantes hervidos (al final del tiempo de cocción, simplemente para que se calienten). Así se obtiene un agradable plato fuerte o único.

Variación.—El *Picadillo de la costa,* del estado de Guerrero, conocido sobre todo por encontrarse en él la ciudad de Acapulco, utiliza las frutas tropicales, tan abundantes en la región, y en lugar de carne picada de vaca, carne picada de cerdo y de ternera a partes iguales. El método seguido es el mismo, con la diferencia de que la carne, la cebolla, el ajo, el tomate, la guindilla, la sal y la pimienta se hierven sin tapar durante unos 15 minutos. Luego se añaden 1 1/2 tazas de trocitos de piña, 2 peras, peladas, sin corazón y cortadas en trocitos, y 2 bananas peladas y cortadas en rodajas, dejando luego que hierva todo a fuego lento 15 minutos más. Antes de servir este *Picadillo* se espolvorean almendras por encima. Con arroz blanco, constituye un delicioso plato veraniego.

PLATOS A BASE DE CONEJO

Gracias a su carne magra y sabrosa, el conejo se adapta maravillosamente a la amplia variedad de condimentos y especias de América Latina, donde constituye uno de los platos favoritos, habiendo sustituido en los mercados modernos a otros roedores indígenas, como el agouti o el paca. Puede prepararse de maneras muy sencillas, simplemente con vino blanco, o por procedimientos más exóticos, con pimientos y leche espesa de coco, con achicote, con zumo de naranja o incluso con cacahuetes molidos. Una amiga mía utiliza para este fin manteca de cacahuetes, pero yo personalmente prefiero la textura de la salsa cuando se utilizan cacahúetes enteros, preferentemente cultivados por una misma. En la mayoría de los supermercados se encuentra carne de conejo congelada de excelente calidad, cortada ya en trozos y lista para guisar. No obstante, recuerde que un conejo entero resulta muy fácil de cortar.

Normalmente le habrán quitado ya la cabeza. Si no es así, hágalo usted, empleando para ello un cuchillo grande y afilado. Pártala en dos y úsela para enriquecer el plato. Contiene una pequeña cantidad de carne, y los sesos pueden tomarse por separado. Corte después los muslos, lo que le resultará sencillo, pues no existen articulaciones. Córtelo luego a lo ancho, por debajo de las costillas, y parta entonces las costillas por la mitad. Divida luego los cuartos traseros en dos partes, y separe los muslos. Divida entonces los cuartos delanteros en otras dos partes. Una de ellas contendrá los riñones. Habrá obtenido en total ocho partes, pero las dos de las costillas apenas tendrán carne.

Guiso de conejo

PERÚ

Para 4 raciones

6 dientes de ajo
1 cucharadita de comino, otra de orégano y otra de romero
Sal, pimienta recién molida
1/2 taza de aceite vegetal
1/4 taza de vinagre de vino blanco
Un conejo de aproximadamente 1 1/4 kg. de peso, o 1 1/4 de cabrito, cortado en trocitos

3 lonchas de beicon, cortado en trocitos
2 tazas de vino blanco seco
12 cebollas pequeñitas, peladas

Machaque el ajo, el comino, el orégano y el romero juntos en un almirez. Añada sal a su gusto y una generosa dosis de pimienta. Mézclelo con 1/4 de aceite y todo el vinagre. Coloque los trozos de conejo en un cuenco y vierta la mezcla sobre ellos. Tápelo con plástico y déjelo toda la noche en el frigorífico, dándole una o dos veces la vuelta. Saque los trozos de conejo y séquelos. Guarde la salsa

En una sartén, caliente la 1/4 taza de aceite restante y fría el beicon hasta que esté crujiente. Déjelo a un lado de la sartén y fría los trozos de conejo hasta que estén dorados. Eche el contenido de la sartén a un cazo o cacerola resistente. Añada la salsa, el vino y las cebollitas. Tápelo y deje que hierva a fuego lento hasta que el conejo esté tierno, aproximadamente 1 1/2 horas. Coloque el conejo y las cebollas en una fuente de servir·y manténgalo todo caliente. Reduzca la salsa a fuego alto, hasta que espese. Viértala sobre el conejo. Si lo desea, adórnelo con aceitunas negras y tallos de perejil y sírvalo con patatas hervidas.

Conejo con leche de coco   COLOMBIA

En Colombia, este plato se prepara con ñeque o paca, un animal parecido a la liebre, pero pueden sustituirse por conejo. Se trata de un plato típico de la costa, que utiliza achicote y leche de coco, uno de los ingredientes propios de la zona. El *Conejo guisado con coco,* también de la costa, lleva asimismo leche de coco, pero los sabores de ambos platos son muy diferentes, lo que demuestra la versatilidad de esta atractiva cocina.

Para 4 raciones

6 dientes grandes de ajo
1 cucharadita de sal
1/4 cucharadita de pimentón
1/2 cucharadita de comino molido
12 granos de pimienta negra (aproximadamente)
3 cucharadas de vinagre de vino blanco
Un conejo de 1 1/4 kg., cortado en 8 pedazos

1 cucharada de aceite de achicote o manteca de cerdo (véase página 394)
1 cebolla mediana, picada
1 tomate grande, pelado, sin semillas y cortado en trocitos
1 cucharada de puré de tomate
1/2 taza de leche espesa de coco (véase pág. 44)

En un mortero, machaque el ajo junto con la sal, el pimentón, el comino y la pimienta negra. Añada el vinagre. Extienda esta mezcla sobre los trozos de conejo colocados en la cacerola en la que vayan a ser guisados y déjelos a la temperatura ambiente unas 4 horas, dándoles la vuelta 1 ó 2 veces.

Caliente el aceite de achicote o la manteca de cerdo en una sartén y sofría la cebolla hasta que esté tierna. Añádala al conejo junto con el tomate, el puré de tomate y agua suficiente como para cubrirlo todo. Cuando rompa a hervir, tape la cacerola y déjela a fuego lento hasta que el conejo esté tierno (aproximadamente 1 1/2 horas). Saque los pedazos de conejo, póngalos en una fuente de servir y manténgalos calientes. A fuego alto, reduzca el líquido de la cacerola hasta aproximadamente 1 taza, removiéndolo frecuentemente. Añada la leche de coco y caliéntelo todo bien, pero sin dejar que hierva. Vierta la salsa sobre el conejo. Se sirve con arroz.

Conejo guisado con coco   COLOMBIA

Para 4 raciones

3 cucharadas de mantequilla
Un conejo de 1 1/4 kg., cortado en 8 pedazos
1 cebolla grande, bien picada
2 dientes de ajo, picados
1 pimiento verde, sin semillas y cortado en trocitos
1 guindilla fresca, roja o verde, sin semillas y cortada en trocitos

1 tomate grande, pelado y cortado en trocitos
1 pimiento morrón, en tiras
Sal, pimienta recién molida
2 tazas de caldo de carne o pollo
1/2 taza de leche espesa de coco (véase pág. 44)

Caliente la mantequilla en una sartén y sofría los pedazos de conejo hasta que estén ligeramente dorados. Echelos luego en una cacerola resistente. En la grasa que quede en la sartén, sofría la cebolla, el ajo y los pimientos y guindillas. Eche el sofrito a la cacerola junto con el tomate, el pimiento morrón, sal y pimienta a su gusto, y el caldo. Cuando rompa a hervir, ponga la tapa y déjelo a fuego lento hasta que el conejo esté tierno (aproximadamente 1 1/2 horas). Coloque los pedazos de conejo en una fuente de servir, y manténgalos calientes. A fuego alto, reduzca la cantidad de líquido de la cacerola hasta aproximadamente la mitad. Baje el fuego y añada la leche de coco. Hiérvalo todo durante unos minutos más, removiéndolo constantemente, y vierta luego la salsa sobre el conejo. La salsa debería estar bastante espesa. Sírvala con arroz.

Variación.—Suprima la leche de coco, reduzca la cantidad de caldo a 1 taza y añada 1 taza de vino tinto. Reduzca el líquido de la cacerola por el mismo procedimiento. La salsa no debería ser demasiado abundante.

Conejo con maní   CHILE

Para 4 raciones

1/4 taza de aceite vegetal
1 cucharada de pimentón dulce
Un conejo de 1 1/4, cortado en pedazos
2 cebollas grandes, bien picadas
1 diente de ajo
1 taza de maní o cacahuetes tostados, bien molidos

Sal, pimienta recién molida
1/2 cucharadita de comino molido
1 cucharada de vinagre de vino blanco
1 1/2 tazas de caldo de pollo
1 1/2 tazas de vino blanco seco

Caliente el aceite en una cacerola gruesa y añada el pimentón, teniendo cuidado de que no se queme. Eche los pedazos de conejo y fríalos ligeramente. Sáquelos y resérvelos. Añada la cebolla y el ajo a la cacerola y sofríalo todo hasta que la cebolla esté tierna. Vuelva a echar los pedazos de conejo en la cacerola. Añada todos los demás ingredientes, procurando que queden bien mezclados, y déjelo hervir todo a fuego lento hasta que el conejo esté tierno (aproximadamente 1 1/2 horas). Se sirve con arroz y ensalada.

Variación.—En Perú se prepara el *Conejo con maní* utilizando las guindillas amarillas picantes, características de su cocina. No obstante, puede prepararse también con guindillas verdes o rojas frescas. Fría los pedazos de conejo en una mezcla hecha con 2 cucharadas de aceite vegetal y otras 2 de mantequilla. Eche el conejo en una cacerola. En la grasa restante, sofría 2 cebollas medianas, cortadas en finas rodajas, y añádalas a la cacerola junto con 1 ó 2 guindillas molidas en la batidora con 2 dientes de ajo y 1 cucharadita de sal. Cúbralo todo con caldo de pollo o agua (2 ó 3 tazas), déjelo hervir 1 hora a fuego lento. Añada 1 taza de maní o cacahuetes tostados y molidos y continúe hirviéndolo todo a fuego lento hasta que el conejo esté tierno (aproximadamente 30 minutos). Antes de servirlo, añádale 8 patatitas hervidas y enteras. El maní o cacahuetes espesará la salsa y le dará mayor sabor.

Conejo con salsa de naranja   CHILE

Para 4 raciones

2 cucharadas de aceite vegetal
Un conejo de 1 1/4 kg., cortado en pedazos
2 cebollas medianas, bien picadas
1 diente de ajo, picado
1 1/2 tazas de vino blanco seco
1 1/2 tazas de zumo de naranja

Sal, pimienta recién molida
1 cucharada de harina
1 cucharada de mantequilla
2 huevos, ligeramente batidos
1 huevo duro, cortado en trocitos
1 cucharada de perejil picado

Caliente el aceite en una sartén y fría los pedazos de conejo hasta que estén ligeramente dorados. Échelos en una cacerola resistente. En el aceite que quede en la sartén (añadiendo un poco más en caso necesario), sofría la cebolla y el ajo hasta que las primeras estén tiernas. Eche el sofrito en la cacerola. Vierta el vino en la sartén, procurando arrancar todo lo que se haya podido quedar pegado en ella. Viértalo en la cacerola. Añada el zumo de naranja y sazónelo todo a su gusto con sal y pimienta. Tápelo y déjelo hervir a fuego lento hasta que el conejo esté tierno (aproximadamente 1 1/2 horas). Coloque los pedazos de conejo en una fuente de servir y manténgalos calientes.

Haga una pasta con la harina y la mantequilla. Añádala al líquido que hay en la cacerola y déjelo todo a fuego lento, removiéndolo constantemente, hasta que se espese un poquito. Bata 1/2 taza de la salsa con los huevos y échelo luego todo en la cacerola, sin dejar de remover. No permita que la salsa llegue a hervir, pues los huevos cuajarían. Vierta la salsa sobre los pedazos de conejo y espolvoree por encima el huevo duro en trocitos y el perejil picado. Se sirve con arroz, patatas o pastas, así como con alguna ensalada o guarnición de verduras.

Despojos o carnes variadas

■ Callos

De todos los despojos existentes, el más popular en América Latina es la tripa, mondongo o callos, lo que no tiene nada de extraño, pues pocos platos saben tan bien cuando están preparados siguiendo una receta imaginativa. Normalmente consisten en el primer y el segundo estómago de la vaca, y se venden empaquetados, ya preparados y parcialmente hervidos. La mejor variedad es la que tiene alveolos, a modo de un panal de miel; pero la tripa normal y corriente es también adecuada. Algunas veces se vende tripa de cerdo y de cordero. La tripa suele estar bastante dura, por lo que necesita 2 o más horas de cocción a fuego lento para ablandarse; pero no se olvide de que eso dependerá de hasta qué punto haya sido precocinada antes de comprarla. Conviene echarle un vistazo de cuando en cuando, para no hervirla demasiado, pues se desharía. Debería estar tierna, pero al mismo tiempo firme y ligeramente resistente. La tripa demasiado blanda pierde todo su carácter.

He elegido un grupo de recetas procedentes de México y de toda Sudamérica, todas ellas deliciosamente apetitosas, fáciles de preparar, nutritivas y sabrosas en cualquier estación del año. Necesitarán ir acompañadas de algo, por ejemplo patatas si no van incluidas ya en la receta, o también arroz, alguna verdura o una ensalada. Además de todas estas cualidades, las recetas a base de tripa o callos salen muy baratas.

Mondongo serrano   MÉXICO

Se trata de un exótico plato del norte de México, con una maravillosa mezcla de sabores y un fragante aroma. Me gusta servirlo a mis familiares o amigos íntimos.

Para 6 u 8 raciones

1/2 kg. de callos con alveolo, cortados en cuadraditos de 2,5 cm.
1/4 taza de zumo de limón
3 tazas de caldo de carne, aproximadamente
1/2 taza de aceite vegetal
1 cebolla grande, bien picada
4 chorizos, cortados en trozos grandes
1/4 kg. de jamón hervido, cortado en cuadraditos de 12 milímetros
Una lata de 1/2 kg. de garbanzos hervidos, o 1/4 kg. de garbanzos secos, que hayan permanecido toda la noche en remojo y hervidos hasta que estén tiernos (unas 2 horas)

1/3 de taza de pasas sin semillas
1/3 de taza de almendras peladas y molidas
2/3 de taza de zumo de naranja
2 guindillas verdes frescas, sin semillas y cortadas en trocitos, o 1 guindilla serrana o jalapeña de lata
1/2 taza de aceitunas verdes sin hueso, partidas por la mitad
Un pellizquito de clavo molido y otro pellizquito de canela molida
1/4 cucharadita de tomillo
1/4 cucharadita de orégano
1 hoja de laurel
Sal, pimienta recién molida
Queso parmesano recién rallado

Lave los callos en agua mezclada con el zumo de limón, enjuáguelos y échelos en un cazo o cacerola resistente junto con el caldo de carne, añadiendo en caso necesario un poco más, hasta cubrirlos. Tápelos y déjelos hervir a fuego lento hasta que los callos estén casi tiernos (entre 1 y 2 horas). Compruebe su grado de dureza, pues varía mucho de un tipo de callos a otros. Saque los callos del caldo con un cucharón y séquelos bien con servilletas de papel. Reserve el caldo.

Caliente el aceite en una sartén y fría la cebolla y los chorizos hasta que la primera esté tierna. Sáquelo y échelo en la cacerola. En la grasa restante, fría los callos y añádalos a la cacerola junto con todos los ingredientes restantes, menos el queso rallado. Añada finalmente el caldo restante, tape la cacerola y déjela a fuego muy lento 1/2 hora más o menos, o hasta que los callos estén tiernos. En caso necesario, échele un poco más de caldo, pues la salsa debería ser bastante abundante. Se sirve en platos hondos, con el queso rallado aparte, y acompañado de pan crujiente y de alguna ensalada.

Chupe de guatitas   CHILE

Se trata de un sabroso estofado, al que le da carácter la guindilla, combinada con el sutil sabor de los pimientos morrones. Los chilenos utilizan frecuentemente el pan rallado (como en este caso) para espesar las salsas.

Para 4 ó 6 raciones

1 kg. de callos con alveolo
1/2 taza de esencia de pimentón (*Color chinela*) (véase pág. 393), preparada con aceite de oliva o vegetal
1 cebolla mediana, bien picada
1 pimiento rojo, sin semillas y cortado en trocitos, o 2 pimientos morrones de lata, cortados en trocitos
1/4 taza de perejil picado

1/2 cucharadita de orégano
1 guindilla roja fresca, sin semillas y cortada en trocitos, o 1/2 cucharadita de pimentón
Sal, pimienta recién molida
1 taza de pan rallado
1 taza de leche
1/2 taza de queso parmesano rallado
1 huevo duro, cortado en rodajas

Ponga los callos en un cazo grande o cacerola, junto con agua fría y sal hasta cubrirlos, y cuando rompa a hervir baje el fuego y déjelos a fuego lento y tapados hasta que los callos estén casi tiernos (aproximadamente de 1 a 2 horas). Compruebe su grado de dureza, pues varía mucho de unos tipos de callos a otros. Escúrralos, córtelos en tiras de aproximadamente 12 x 50 milímetros, y resérvelos. Guarde el caldo.

Caliente la esencia de pimentón en el cazo y añada la cebolla y el pimiento. Si utiliza pimientos morrones, échelos luego, junto con el perejil. Sofría la cebolla y el pimiento hasta que ambos ingredientes estén tiernos. Añada el perejil, el orégano, la guindilla o el pimentón, la sal y la pimienta recién molida a su gusto y los pimientos morrones, si los usa. Mézclelo todo bien y déjelo hervir a fuego lento y sin tapar aproximadamente 5 minutos, o hasta que esté bien mezclado.

Ponga el pan rallado y la leche en un cazo pequeño y hiérvalo todo junto, removiendo de cuando en cuando, durante unos 5 minutos. Hágalo puré en la batidora o el pasapuré. Este paso no es imprescindible, pero hace que la salsa resulte más suave. Añádala a la cacerola, removiéndola continuamente. Eche los callos. Si la salsa se queda demasiado espesa, aligérela con 1/2 taza o más del caldo previamente reservado. Déjelo hervir todo a fuego muy lento y sin tapar, removiéndolo de cuando en cuando (aproximadamente 20 minutos, o hasta que se mezclen bien los sabores). Échelo en una fuente de servir precalentada. Espolvoree el queso rallado por encima y adórnelo todo con el huevo duro en rodajas. Se sirve con pan crujiente y alguna ensalada.

Variación.—Para *Guatitas con tomates,* prepárelo todo de idéntica manera, pero suprima el pimiento en la primera salsa y la salsa de pan rallado también. Sofría la cebolla y el ajo, añada entonces 6 tomates medianos, pelados y cortados en trocitos, y 2 zanahorias, raspadas y ralladas. Cuando la salsa de tomate esté bien hecha, añada 6 patatas medianas, peladas y cortadas en 4 trozos, los callos y suficiente caldo como para cubrirlo todo. Déjelo hervir, tapado y a fuego lento, hasta que las patatas estén tiernas. Espese la salsa con 1 cucharada de harina mezclada con un poco de caldo hasta formar una pasta ligera, que añadirá a la cacerola y dejará hervir a fuego lento hasta que la salsa esté algo más espesa. Suprima la guarnición a base de huevo duro y espolvoree queso parmesano rallado por encima.

Variación.—Un plato sencillo, y suficiente como comida por sí mismo, es el *Mondongo a la criolla,* muy popular en toda América Latina. La siguiente es una receta argentina: deje 1/4 kg. de semillas de lima a remojo durante toda la noche, escúrralas luego y échelas en un cazo con agua salada suficiente como para cubrirlas. Hiérvalas hasta que estén tiernas (entre 1 y 1 1/2 horas). Escúrralas y resérvelas. En una cacerola resistente, caliente 1/2 taza de aceite de oliva y sofría 1 cebolla grande, bien picada, 1 tallo grande de apio, picado, y 1 pimiento rojo, sin semillas y cortado en trocitos, y déjelo hervir todo a fuego lento durante unos minutos. Añada 2 tomates grandes, pelados y cortados en trocitos, y déjelos hervir a fuego lento, junto con el resto, hasta que se mezclen bien los sabores. Añada 1 kg. de callos con alveolo cortado en tiritas de 40 x 12 milímetros, 1 hoja de laurel, 1/4 cucharadita de tomillo y 1/4 de orégano, 2 tazas de caldo de carne, 1 cucharada de puré de tomate, y sal y pimienta a su gusto. Déjelo todo a fuego lento durante 1 ó 2 horas, o hasta que los callos estén casi tiernos. Pruébelos, pues el tiempo de cocción para los callos varía mucho de unos a otros. Añada 1 taza de arroz de grano largo previamente lavado y espere a que el arroz esté hecho (aproximadamente 20 minutos). En caso necesario, eche algo más de caldo, ya que la salsa debe ser abundante. Añada las semillas de lima y caliéntelo todo bien. Se sirve en platos hondos con abundante queso parmesano rallado, pan crujiente y una ensalada.

En lugar de las semillas de lima y del pimiento se puede utilizar 1 lata de 1/2 kg. de judías blancas, lavadas y escurridas, y 2 pimientos morrones de lata, cortados en trocitos. Añádalo todo justo antes de servir el plato, y caliéntelo bien.

Variación.—Los cacahuetes molidos empleados en la receta ecuatoriana para preparar *Guatita* pueden parecer fuera de lugar en un principio; pero aportan un delicioso sabor a fruto seco que no anula el de los callos y, al mismo tiempo, contribuyen a espesar la salsa. El achicote añade, asimismo, una sutil nota de sabor, ligera y fragante, al tiempo que le da al plato un atractivo color amarillo. Se trata de una receta llena de imaginación, a pesar de lo cual el sabor del plato acabado no tiene nada de raro.

Hierva los callos exactamente igual que para el *Chupe de guatitas* (véase pág. 195). En una sartén, caliente 4 cucharadas de aceite de achicote o manteca de cerdo (véase pág. 394) y sofría una cebolla grande, bien picada, 2 dientes de ajo, picados, 1 pimiento verde, sin semillas y cortado en trocitos, hasta que la cebolla esté tierna. Añada 1 tomate grande, pelado, sin semillas y cortado en trocitos, sazónelo todo con sal y espere que esté bien mezclado. Añada 1 taza de cacahuetes molidos y suficiente caldo de hervir los callos hasta obtener una salsa no demasiado espesa. Eche los callos y 1/2 kg. de patatas, hervidas y cortadas en cuadraditos, y déjelo hervir todo a fuego lento hasta que esté bien caliente. Se sirve con perejil o cilantro espolvoreado por encima y acompañado de alguna guarnición de verduras o ensalada. Obtendrá 4 raciones.

Variación.—Para *Caucau a la limeña,* las cocineras peruanas emplean guindillas amarillas muy picantes, pero yo personalmente encuentro que las verdes o rojas son un sustituto perfecto; y mientras que los peruanos utilizarían 1 cucharada de palillo molido, una hierba de color también amarillo, yo uso 1 1/2 cucharaditas de cúrcuma, con magníficos resultados. Hierva los callos exactamente igual que para el *Chupe de guatitas* (véase pág. 195). En una sartén grande y pesada, con tapa, caliente 1 taza de aceite vegetal y añada una guindilla fresca, verde o roja (o más, dependiendo del gusto de cada uno), sin semillas y machacadas en un mortero o pasadas por la batidora, 4 cebollas medianas, bien picadas, y 6 dientes de ajo, picados. Sofríalo todo a fuego moderado hasta que las cebollas estén tiernas y empiecen a dorarse. Añada los callos y 1 kg. de patatas, peladas y cortadas en cuadraditos de 12 milímetros. Sofríalo todo durante 2 ó 3 minutos, añada entonces 1 1/2 cucharaditas de cúrcuma molida, mezclada con 1/2 taza de caldo de hervir los callos, un tallito de menta o perejil y sal y pimienta recién molida a su gusto. Tape la sartén y déjelo hervir todo a fuego lento hasta que las patatas estén casi tiernas. Quite luego la tapa y déjelo al fuego hasta que quede más bien seco. En caso necesario, añada un poco de caldo durante la cocción, pero sólo el suficiente para que se hagan bien las patatas. Antes de servir este plato, vierta una cucharada de aceite sobre los callos, procurando que se mezcle bien con la salsa. Obtendrá 4 raciones.

■ Lengua

Lengua en salsa picante   CHILE

La lengua fresca de vaca es un plato muy popular en toda América Latina. Esta receta chilena no es demasiado picante, a pesar de su nombre, y la salsa contiene sólo la suficiente cantidad de guindilla como para justificarlo.

Para 6 u 8 raciones

Una lengua fresca de vaca, de aproximadamente 1 1/2 kg. de peso
1 cebolla, cortada en rodajas
1 tallo de perejil y otro de cilantro
1 tallo pequeño de apio
1 hoja de laurel
2 cucharaditas de sal

Lave la lengua y póngala en un cazo grande o cacerola junto con los restantes ingredientes y suficiente agua fría como para cubrirlo todo. Cuando rompa a hervir, espume la grasa, baje el fuego, tape el cazo y déjelo a fuego lento hasta que la lengua esté tierna (aproximadamente 3 horas). Destápelo y deje la lengua en el líquido hasta que esté lo suficientemente fría como para manejarla sin quemarse. Colóquela en una fuente, quítele la piel, los huesos o la grasa que pueda tener y córtela en lonchas de 12 milímetros de grosor. Cuele el caldo y resérvelo. Enjuague y seque el cazo y vuelva a echar en él la lengua.

PARA LA SALSA

2 chalotes, bien picados
1/2 taza de vinagre
2 cucharadas de mantequilla o aceite vegetal
2 cucharadas de harina

2 tazas de líquido de hervir la lengua
1 o más guindillas frescas, preferentemente rojas, sin semillas y en trocitos
2 cucharadas de perejil picado

Ponga los chalotes en un cazo pequeño junto con el vinagre y déjelos hervir hasta que estén tiernos (unos 3 minutos). Resérvelos. Caliente la mantequilla o el aceite en un cazo y añada la harina. Hiérvalo todo, sin dejar de remover con una cuchara de madera, durante unos 2 minutos y a fuego lento, para que la harina no se dore. Añada el caldo y déjelo todo 10 minutos más a fuego lento. Eche finalmente el vinagre, los chalotes, la guindilla y el perejil, y viértalo todo encima de la lengua. Espere a que se caliente. Dispóngala entonces en una fuente, rodeada por las patatas hervidas partidas por la mitad, o con arroz aparte.

Variación.—En Ecuador existe una receta parecida, llamada también *Salsa en lengua picante*. La lengua se hierve exactamente igual, lo único que varía es la salsa; pero yo personalmente opino que este plato constituye una interesante variación con respecto a la receta chilena. En 2 cucharadas de aceite vegetal o mantequilla, sofría 1 cebolla mediana, bien picada, junto con 1 diente de ajo, picado, hasta que la cebolla esté tierna. Añada 1 cucharada de mostaza seca, mezclándolo luego todo bien. Eche 1 1/2 tazas del caldo en que ha hervido la lengua y déjelo hervir todo unos 5 minutos. Añada 1 cucharada de alcaparras, 2 cucharadas de perejil picado, 1 pimiento morrón, cortado en trozos grandes, 1 cucharada de zumo de limón, y sal y pimienta al gusto. Vierta la salsa sobre la lengua cortada en lonchas y déjela hervir a fuego lento justo lo suficiente como para que esté caliente.

Variación.—El primer plato mexicano que yo aprendí a cocinar fue *Lengua en salsa de tomate verde,* utilizando los típicos tomates mexicanos de color verde, dotados de un sabor tan peculiar y delicioso. La lengua se hierve como en las recetas anteriores. Luego, en una batidora o pasapuré, mezcle 1 cebolla mediana, cortada en trozos grandes, 2 dientes de ajo, picados, 1/2 taza de tallos de cilantro, cortados en trocitos, 1 1/2 tazas de tomates verdes mexicanos de lata, previamente escurridos, y 3 ó 4 guindillas serrano de lata, o, en su defecto, 1 ó 2 guindillas frescas verdes o rojas, sin semillas y cortadas en trocitos. Redúzcalo todo a puré. Caliente 2 cucharadas de aceite vegetal o manteca de cerdo en una sartén, añada el puré y déjelo hervir, removiéndolo constantemente durante unos 4 minutos. Añada 1 taza del caldo en que ha hervido la lengua, sazónelo a su gusto con sal y viértalo todo sobre la lengua. Déjela al fuego el tiempo suficiente como para que se caliente. Se sirve con patatas nuevas.

Si dispone de tomates verdes mexicanos frescos, quíteles la piel y córtelos en trozos grandes antes de echarlos a la batidora o pasapuré.

Variación.—Cuando se hierve una lengua, suele quedar un montón de caldo sobrante, y los latinoamericanos lo usan con frecuencia para preparar una sopa, reservando trocitos de la lengua para la misma. Las recetas varían mucho, aunque en casi todas ellas se echan al caldo trocitos de zanahoria, nabo, patata o repollo, que se pueden rehogar un ratito en mantequilla antes de echarlos en el caldo, o echarlos sin más y esperar a que estén tiernos (unos 25 minutos). Algunas veces se añade un poco de jerez seco a la sopa, mientras que otras se espolvorea queso rallado por encima. Se le eche arroz, pasta o harina de maíz, dependiendo de lo que se tenga a mano. El resultado es una sopa agradable y sencilla, así como muy económica.

■ **Manitas de cerdo**

Patitas de cerdo   ARGENTINA

Las llamadas «manitas de cerdo», con su suave sabor y calidad gelatinosa, son uno de los alimentos favoritos en todos los
países en los que se come cerdo. América Latina ofrece algunas
recetas excitantemente diferentes para preparar este económico
plato. Algunas veces me gusta servir las manitas de cerdo enteras en lugar de deshuesadas y cortadas. Le he copiado un truco
a James Beard, un generoso amigo siempre dispuesto a ayudarme. Antes de cocinarlas, envuelvo las manitas en un paño y
lo ato bien; eso les proporciona un aspecto limpio y agradable,
impide que la piel se rompa y contribuye a una presentación
atractiva.

Para 4 raciones

8 manitas de cerdo
1 pimiento rojo maduro, sin
    semillas y cortado en trocitos
2 dientes de ajo

PARA LA SALSA

1 cucharadita de pimentón es-
    pañol

1 taza de vinagre de vino tinto
Sal
1 taza de aceite vegetal
1 pimiento rojo maduro, pelado
    (véase pág. 57) y sin semillas
Hojas de lechuga

Envuelva cada una de las manitas de cerdo en un paño y
átelo bien con una cuerda. Échelas en un cazo grande, junto
con el pimiento y el ajo, así como suficiente agua fría como para
cubrirlo todo. Cuando rompa a hervir, baje el fuego y deje que
hierva todo a fuego lento y tapado durante 3 ó 4 horas, o hasta
que las manitas estén tiernas. Cuando se hayan enfriado lo suficiente como para manejarlas sin quemarse, sáquelas y quíteles
el paño. Colóquelas en una fuente y vierta la salsa por encima.
Déjelas reposar a la temperatura ambiente, dándoles la vuelta
una o dos veces, al menos una hora antes de servirlas.

Para preparar la salsa, mezcle el pimentón molido con el vinagre y sal al gusto. Añada el aceite y bátalo todo junto. Corte el

pimiento en tiritas, y añádalo. Sirva las manitas de cerdo en platos adornados con hojas de lechuga, 2 por persona, como plato fuerte, o 1 por persona, como aperitivo. Acompáñelas de pan crujiente y mantequilla.

Patitas de cerdo con chile poblano   MÉXICO

En México, el chile poblano, de color verde oscuro y de fuerte sabor, es el habitualmente utilizado para esta receta. No obstante, puede sustituirse por pimiento verde normal y corriente.

Para 4 raciones

8 manitas de cerdo
1 cebolla mediana, cortada en trozos grandes
1/8 cucharadita de tomillo
1/8 cucharadita de orégano
1 hoja de laurel
1 tallo de perejil o cilantro

PARA LA SALSA

1 cebolla mediana, picada

2 dientes de ajo, picados
6 tomates medianos, pelados y cortados en trocitos
4 cucharadas de aceite vegetal
3 pimientos verdes, pelados (véase pág. 57), sin semillas y cortados en tiritas
Un pellizquito de azúcar
Sal, pimienta recién molida

Envuelva cada una de las manitas de cerdo en un paño y átelo bien con una cuerda. Échelas en un cazo grande junto con la cebolla, el tomillo, el orégano, la hoja de laurel y perejil o cilantro, así como agua suficiente como para cubrirlo todo. Cuando rompa a hervir, baje el fuego y déjelo 3 ó 4 horas a fuego lento, o hasta que las manitas estén tiernas. Espere luego a que se enfríen lo suficiente como para poder manejarlas sin quemarse. Sáquelas y quíteles el paño que las envuelve. Échelas nuevamente en el cazo.

Para preparar la salsa, eche la cebolla, el ajo y los tomates en una batidora o pasapuré y redúzcalo todo a puré. Caliente el aceite en una sartén y añada el puré anterior y las tiritas de pimiento. Échele el azúcar y sazónelo a su gusto con sal y pimienta. Déjelo hervir, sin tapar y a fuego lento, removiendo de cuando en cuando, hasta que la salsa esté espesa y bien mezclada. Viértala sobre las manitas de cerdo y déjelo todo al fuego hasta que se caliente. Se sirve con tortillas.

Variación.—La salsa sobrante de platos tales como la *Ternera en pipián verde,* el *Pollo verde almendrado,* el *Pollo en pipián de almendra,* el *Mole coloradito de Oaxaca* o la *Salsa de chile ancho y almendra* (véase pág. 383) puede utilizarse también con las manitas de cerdo.

Patitas de chancho a la criolla   PERÚ

Servido a la temperatura ambiente, este plato puede tomarse como entremés o para acompañar un plato fuerte.

Para 4 raciones como plato fuerte
y para 8 raciones como entremés o acompañamiento

2 manitas de cerdo, de aproximadamente 1 kg. de peso
Sal
2 cebollas medianas, cortadas en finas rodajas
2 tomates medianos, pelados y cortados en rodajas
1 guindilla fresca, roja o verde, sin semillas y cortada longitudinalmente en tiras
2 patatas medianas hervidas, partidas por la mitad y cortadas en rodajas
6 cucharadas de aceite vegetal
2 cucharadas de vinagre o zumo de limón, o de una mezcla de ambas cosas
Sal, pimienta recién molida
Hojas de lechuga a modo de guarnición

Lave las manitas de cerdo y échelas en un cazo junto con agua salada suficiente como para cubrirlas. Cuando rompa a hervir, baje el fuego y déjelas 3 horas tapadas y a fuego lento, o hasta que estén tiernas. Déjelas enfriar en el caldo, sáquelas, deshuéselas y córtelas en trocitos de aproximadamente 2,5 cm. Tire el caldo.

En un cuenco grande, combine las manitas de cerdo, las cebollas, los tomates, las tiritas de guindilla, las patatas, el aceite, el vinagre o el zumo de limón, y sal y pimienta a su gusto, y mézclelo todo bien. Déjelo reposar durante unos 15 minutos, y colóquelo luego en una fuente de servir, adornado con hojas de lechuga. Se sirve a la temperatura ambiente.

Picante de pata arequipeña   PERÚ

Para 4 raciones

3 manitas de cerdo
3 tallos de menta fresca
1 o más guindillas frescas, rojas o verdes, sin semillas y molidas
2 cucharadas de manteca de cerdo o aceite vegetal
2 cebollas medianas, bien picadas
3 dientes de ajo, picados

1/2 cucharadita de orégano
1/2 cucharadita de cacahuetes tostados y bien molidos
Sal, pimienta recién molida
3 patatas medianas (aproximadamente 1/2 kg. en total), hervidas y cortadas en cuadraditos de 2,5 cm.

Lave las manitas de cerdo y póngalas en un cazo lo suficientemente grande como para que quepan bien, preferentemente en una sola capa. Añada lamenta y agua suficiente como para cubrirlas en unos 2,5 cm. Tape el cazo y déjelo a fuego lento hasta que las manitas estén tiernas (aproximadamente 3 horas). Déjelas enfriar en el caldo, luego sáquelas, deshuéselas y córtelas en trocitos de 2,5 cm. Resérvelas. Cuele y reserve el caldo.

Machaque las guindillas en un mortero o páselas por la batidora.

Caliente la manteca de cerdo en una cacerola resistente y sofría la cebolla, el ajo, el orégano y las guindillas hasta que la cebolla esté tierna. Añada los cacahuetes molidos y déjelo todo 1 ó 2 minutos más al fuego. Sazónelo a su gusto con sal y pimienta. Añada 1 taza del caldo previamente reservado y déjelo hervir todo a fuego lento durante unos minutos, para que se mezclen bien los sabores. Añada las manitas de cerdo y las patatas y déjelo todo a fuego lento el tiempo suficiente como para que se caliente. La salsa debería estar espesa y bien sabrosa, aunque la cantidad de guindilla utilizada dependerá de la afición de cada uno al picante. Si la salsa le queda demasiado espesa, añádale caldo. En Perú, este plato se sirve con arroz. Yo lo prefiero con verduras o ensalada.

■ Sesos

Los sesos son muy populares en toda América Latina, sobre todo los *Sesos con salsa de mantequilla quemada*. Pero existen varias interesantes recetas comunes a toda una serie de países, que nos enseñan nuevas formas de preparar este delicado alimento. Los sesos deben dejarse siempre en remojo y quitarles la piel antes, tras lo cual se hervirán en un líquido sazonado al gusto de cada uno, salvo cuando vayan a guisarse como en la primera de las siguientes recetas.

Sesos guisados   COLOMBIA

Esta receta es tan apetitosa como sencilla.

Para 6 raciones

3/4 de kilo de sesos   1 cucharada de mantequilla
1 cebolla mediana, bien picada   Sal, pimienta recién molida
1 diente de ajo, picado
3 tomates medianos, pelados y
   cortados en trocitos

Deje los sesos a remojo durante unas 2 horas, cambiando de cuando en cuando el agua. Quíteles cuidadosamente la delgada membrana que los recubre; esta tarea no es difícil, pero exige paciencia. Enjuague los sesos en agua fría corriente. Echelos luego en un cazo con agua suficiente como para cubrirlos, junto con la cebolla, el ajo, los tomates, la mantequilla, y sal y pimienta a su gusto, y déjelos hervir aproximadamente 1/2 hora. Saque los sesos y corte cada uno de ellos en 4 ó 6 rodajas. Colóquelos en una fuente de servir previamente calentada. Reduzca la cantidad del líquido del cazo dejándolo hervir a fuego alto hasta que se espese levemente, y viértalo luego sobre los sesos. Se sirven con arroz, patatas o algún otro tubérculo rico en almidón.

Variación.—Para los *Sesos rebozados,* deje 3/4 de kilo de sesos en remojo y quíteles las membranas de la forma acostumbrada. Échelos luego en un cazo con agua suficiente como para cubrirlos, junto con 1 cebolla pequeña picada, 1 diente de ajo y 1/2 cucharadita de sal, y déjelos hervir aproximadamente 1/2 hora. Espere a que se enfríen en el líquido en que han hervido, sáquelos y escúrralos bien con servilletas de papel. Corte cada uno de los sesos en 4 ó 6 rodajas. Bata 2 claras de huevo a punto de nieve. Mézclelas con 2 yemas de huevo batidas, junto con 1/2 cucharadita de sal. Reboce las rodajas de sesos primero en harina y luego en el huevo batido, y fríalas en 4 cucharadas de mantequilla hasta que estén bien doradas por ambos lados. Se sirven con arroz y patatas, así como con alguna salsa de pimiento picante fresco (véase pág. 380), o con trozos de limón.

Variación.—Para *Sesos al vino,* deje en remojo 3/4 de kilo de sesos y hiérvalos luego como para los *Sesos rebozados.* Córtelos en cubitos y échelos en una cacerola previamente untada con mantequilla. Caliente 2 cucharadas de mantequilla en una sartén y sofría una cebolla mediana, bien picada, y un diente de ajo, bien picado, a su gusto con sal y pimienta. Añada 3 tazas de patatas hervidas y cortadas en cubitos a los sesos y luego 1 1/2 tazas de vino blanco seco. Déjelo hervir todo a fuego lento durante 15 minutos más para que se mezclen bien los sabores, espolvoree por encima 2 cucharadas de perejil picado, y sírvalo rodeado por 12 triángulos de pan de molde frito en mantequilla.

Variación.—Para *Sesos con jamón,* deje en remojo 3/4 de kilo de sesos y hiérvalos luego como para los *Sesos rebozados.* Corte los sesos por la mitad, rebócelos en harina sazonada con sal y pimienta, y fríalos en mantequilla, aproximadamente 4 cucharadas, hasta que estén bien dorados por ambos lados. Fría 6 rodajas finas de jamón y cúbralos con 1 1/2 tazas de *Salsa criolla* (págs. 214, 389).

■ **Hígado**

Hígado en salsa de hongos   CHILE

El excelente vino chileno convierte este sencillo plato en una deliciosa receta. Se puede utilizar, o bien vino blanco seco, o bien vino tinto igualmente seco, que es el que yo prefiero.

Para 4 raciones

6 cucharadas de mantequilla
2 cucharadas de aceite
1 cebolla mediana, bien picada
1/4 cucharadita de orégano
1/4 kg. de champiñones, cortados en rodajas

1 1/2 tazas de vino tinto seco
Sal, pimienta recién molida
1/2 kg. de hígado de ternera, cortado en trozos de 6 mm.

Caliente 3 cucharadas de mantequilla y 1 cucharada de aceite en una sartén y sofría la cebolla y el orégano hasta que la cebolla esté tierna. Añada los hongos o champiñones y déjelo todo a fuego alto, removiendo de cuando en cuando con una cuchara de madera hasta que los champiñones estén levemente dorados, aproximadamente 5 minutos. Añada el vino y déjelo hervir todo a fuego lento, sin parar de remover, hasta que el vino se reduzca a la mitad y la salsa esté levemente espesa.

En otra sartén, caliente las 3 cucharadas restantes de mantequilla y 1 cucharada de aceite, y fría el hígado a fuego moderado durante 2 minutos. Déle la vuelta a los trozos y déjelos freír durante un minuto más. Añada el hígado y sus jugos a los champiñones, remuévalo todo bien y déjelo hervir a fuego lento aproximadamente 1 minuto. Tenga cuidado de que el hígado no hierva demasiado, ya que por dentro deberá estar tierno y de color rosa. Colóquelo en una fuente previamente calentada y sírvalo con patatas o arroz y alguna ensalada.

Hígado con vino   COLOMBIA

La salsa a base de vino tinto aporta a esta receta su sabor especialmente delicado.

Para 2 raciones

1/4 kg. de hígado de ternera, cortado en rodajas de 12 mm.
Sal, pimienta recién molida

1 diente de ajo grande, machacado
3/4 de taza de vino tinto seco
3 cucharadas de mantequilla

Coloque las rodajas de hígado en una fuente grande y poco profunda, sazónelas con sal y pimienta, así como con el ajo. Vierta el vino sobre ellas. Déjelas a la temperatura ambiente durante 2 horas, dándoles de cuando en cuando la vuelta. Una vez listas para su preparación, saque las rodajas de hígado y séquelas bien con servilletas de papel. Reserva la salsa. En una sartén grande, caliente la mantequilla y fría las rodajas de hígado a fuego moderado, aproximadamente 2 minutos por uno de los lados y 1 minuto por el otro. El hígado deberá estar tierno y de color rosa por dentro. Vierta la salsa en un pequeño cazo y redúzcala a la mitad de su volumen. Coloque el hígado sobre una fuente de servir previamente calentada. Añada el jugo que pueda haber en la sartén a la salsa de vino, mézclelo todo bien, y viértalo sobre el hígado.

■ Riñones

Riñones con vino   CHILE

Me encanta preparar este sencillo y rápido plato chileno para mí misma con 2 riñones de cordero ó 1 de cerdo. Se trata de una excelente receta para una cena rápida.

Para 3 ó 4 raciones

1 riñón de vaca
Sal, pimienta recién molida
4 cucharadas de mantequilla
1 cebolla mediana, bien picada

4 cucharadas de perejil, picado
1 taza de vino blanco seco
4 patatas medianas, recién hervidas y cortadas en cuadraditos

Quítele al riñón el exceso de grasa y córtelo en finas rodajas. Sazónelo con sal y pimienta. Caliente la mantequilla en una sartén y fría las rodajas de riñón durante unos 5 minutos, dándoles frecuentemente la vuelta. Sáquelas y resérvelas en una fuente cubierta. En la mantequilla que quede en la sartén, fría la cebolla hasta que esté blanda. Añada el perejil y fríalo todo un minuto más. Añada el vino y las patatas. Eche finalmente las rodajas de riñón y déjelo todo al fuego para que se caliente, pero sin que vuelva a hervir, pues eso endurecería el riñón. Sírvalo inmediatamente. Si prepara esta receta sólo para una persona y utiliza riñones de cordero o de cerdo, quíteles la piel y cualquier grasa que puedan tener y córtelos en finas rodajas. Use sólo una cuarta parte de los ingredientes, y prepare los riñones tal como se ha indicado anteriormente.

Variación.—En Argentina, los cocineros y cocineras usan una receta similar para los *Riñones a la porteña,* con la única diferencia de que se utiliza riñones de ternera cortados en trocitos en lugar de en rodajas, y de que se fríen en aceite en lugar de en mantequilla.

BARBACOAS

En los grandes países ganaderos, como Argentina, se celebran fiestas al aire libre, en las que los asistentes se alimentan a base de barbacoas, espléndidas para comidas al aire libre.

El asado criollo, la típica barbacoa argentina, fue inventada por los gauchos, los vaqueros de las pampas. Los gauchos criaban ganado vacuno y también lanar; y cuando tenían hambre sacrificaban un animal, lo asaban y lo comían. En comparación con ese sencillo procedimiento, las barbacoas de hoy en día resultan mucho más complicadas. Aparte de las carnes asadas, se componen de ensaladas, salsas, pan y vino, así como de la bebida favorita de los gauchos, el mate, esa hierba aromática tan popular en numerosos lugares de América Latina por su sabor refrescante y ligeramente amargo. Pero los elementos esenciales siguen siendo los mismos: carne, sal y fuego.

La palabra española «barbacoa» procede de un término haitiano del lenguaje de los indios taínos. La creciente popularidad de las barbacoas hace que, en el momento actual, se puedan comprar parrillas de numerosos tipos distintos, y si se dispone de espacio suficiente, tampoco resulta demasiado difícil construirse uno su propia barbacoa al estilo argentino o brasileño.

Para preparar una parrilla para el asado argentino, excave un agujero en el suelo de aproximadamente 30 cm. de profundidad, 90 cm. de largo y 60 cm. de ancho. Asegúrese de que el lecho para el fuego está llano y cúbralo con una capa de arena. Rodéelo con ladrillos al nivel del suelo o, para una parrilla más lujosa, súbalos hasta la altura de su cintura, y coloque encima una rejilla de hierro. También necesitará un tenedor grande de 3 puntas, una tabla de madera para cortar la carne asada, guantes de trabajo, unas manoplas de amianto para horno, unas pinzas grandes para darles la vuelta a los trozos de carne y sacarlos de la parrilla, un cuenco para la salmuera o salsa en la que untar las carnes, un cepillo o manojo de ramitas para este fin, y una botella con pulverizador llena de agua, para reducir la intensidad de las llamas en caso necesario.

Se necesita aproximadamente 1 hora para que un fuego de leños o de carbón se reduzca a brasas listas para ser usadas, y el que se ocupe de la parrilla tendrá que ir poniendo los trozos de carne en orden, de manera que se sirvan bien calientes, crujientes y bien hechos por fuera y rojos y jugosos por dentro. Se trata de un arte bastante difícil, que sólo se puede llegar a dominar mediante la experiencia, el sentido común y un ojo vigilante. Las carnes no se suelen untar con ningún tipo de salsa; en su lugar se utiliza una simple salmuera, hecha a base de sal y agua. Cuando la carne está chamuscada por un lado, se unta con salmuera y se le da la vuelta; cuando el otro lado está igualmente chamuscado, se unta también con salmuera. La carne es untada con salmuera y se le da la vuelta frecuentemente hasta que esté bien hecha.

Los anfitriones argentinos suelen ser bastante generosos en su cálculo de la carne necesaria. Por lo general toman como medida 1/2 kg. aproximadamente por persona. El asado comienza siempre con distintos tipos de embutidos a la brasa, o bien un chorizo partido por la mitad, o bien 2 ó 3 rodajas de longaniza a la parrilla, acompañadas de un vaso de vino tinto seco. Pero este aperitivo debe limitarse a calmar el hambre, no a destruir el apetito, mientras los invitados esperan a que se hagan las carnes en la parrilla. Para 10 personas, las carnes utilizadas para una parrillada consistirían en 1 kg. de costillas, 1 kg. de solomillo, 3/4 de kg. de carne de falda, 1/2 kg. de morcillas, 1 ó 2 riñones de vaca o 1 hígado entero de ternera, 3/4 de kg. de mollejas de ternera, y 3/4 de kg. de tripa o callos, cortados en tiras de unos 2,5 cm. de ancho. Tradicionalmente forman parte de la parrillada los intestinos, las ubres de la vaca y los huevos crudos con pimienta, sal y vinagre. Los intestinos se hacen a la parrilla y luego se cortan en rodajas. Las ubres se hacen a la parrilla y se cortan en rodajas de 12 mm. Y los huevos, una vez hechos, se pelan, se cortan por la mitad, se hacen a la parrilla y se cortan también en rodajas.

Después de los embutidos, se sirven primero los llamados despojos y luego las carnes. Los invitados a una parrillada comen de manera informal en sencillas mesas de madera en las que se habrán puesto cestas con trozos de pan y botellas o garrafas de vino tinto. Suele haber también cuencos o fuentes con ensalada, lechuga, tomates y rodajas de cebolla o cebollinos con un aliño de aceite, vinagre y algo de ajo, o una ensalada algo más sólida a base de patatas, remolacha, huevos duros, apio picado y rabanitos, también con un aliño a la vinagreta. Algunas veces se sirven zanahorias, apio y rabanitos crudos. Y aparte de las salsas tradicionales, existe siempre un cuenco con pimientos picantes en vinagre, o *Salsa criolla,* muy picante, y que se debe tomar con parquedad, o un cuenco con salsa Chimichurri, también muy fuerte y picante. Pero existe también una salsa menos picante, la salsa para asados, del cercano Uruguay, país en el que las barbacoas o parrilladas son también muy populares.

El hoyo para barbacoas con una parrilla de hierro por encima constituye en realidad un dispositivo bastante sofisticado. Animales enteros, un cordero, un cabrito, un lechón, o también un costillar de vaca, pueden asarse al auténtico estilo gaucho. Éste consiste en partir los animales por la mitad y atravesarlos con unos hierros en forma de cruz para que se mantengan horizontales. Esos hierros se clavan firmemente luego en el suelo en un ángulo de unos 20º en relación con un fuego de leña situado a 30 cm. de distancia. La carne se unta también con salmuera y se hace en su propia grasa, dándole de cuando en cuando la vuelta para que se dore y se haga bien por ambos lados.

Resulta difícil dar tiempos más o menos exactos para las barbacoas o parrilladas, ya que varían la intensidad del fuego, el grosor de los trozos de carne, así como el grado de cocción deseado. Los embutidos necesitarán unos 10 minutos por cada lado. Un pollo de tamaño mediano necesitará como 1 hora. Un lechón de tamaño mediano necesitará de 3 a 3 1/2 horas, y el cordero lechal y el cabrito aproximadamente el mismo tiempo. Un trozo de 1 1/2 kg. de costillas deberá permanecer entre 10 y 15 minutos al fuego, darle entonces la vuelta, echarle sal y dejarlo unos 30 minutos más. El solomillo necesita de 20 a 30 minutos, dependiendo del tamaño. La carne de falda se hace a fuego alto, empezando con el lado de la grasa hacia abajo, y son precisos unos 7 minutos por cada lado.

■ **Salsas para las barbacoas**

Salsa criolla

ARGENTINA

Para unas 5 tazas

1 cucharada de pimentón picante   Sal, pimienta recién molida
  o pimienta de Jamaica   2 pimientos verdes, sin semillas y
1/2 cucharada de mostaza seca   cortados en trocitos
1/2 taza de vinagre de vino tinto 1 cebolla mediana, bien picada
1/2 taza de aceite de oliva   3 tomates medianos, picados

Mezcle el pimentón o la pimienta de Jamaica y la mostaza hasta formar una pasta, utilizando para ello un poco de vinagre, y añada luego el resto del vinagre. Échele el aceite. Sazónelo a su gusto con sal y abundante cantidad de pimienta recién molida. Añada los ingredientes restantes y mézclelo todo bien. La salsa contendrá bastante líquido. Los ingredientes sólidos deberán flotar en el cuenco, y para ello hay que añadir un poco más de aceite y vinagre en caso necesario. Se trata de una salsa muy picante.

Chimichurri

ARGENTINA

Se trata de una salsa muy popular con las carnes a la parrilla o con cualquier clase de carne o ave asada o a la parrilla.

Para aproximadamente 1 1/2 tazas

4 cucharadas de aceite de oliva   1 cucharadita de pimienta negra
1 taza de vinagre de vino tinto   1 cucharadita de orégano
4 cucharadas de pimentón pican-   1 hoja de laurel, machacada
  te o pimienta de Jamaica   1/2 cucharadita de sal
4 dientes de ajo, machacados

Combine todos los ingredientes en una botella, agítela bien para que se mezclen y déjela en algún sitio frío o en el frigorífico durante 4 ó 5 días, para que el *Chimichurri* tenga todo su sabor. Échelo a gotas sobre la carne olas aves.

Salmuera

1/2 taza de sal gorda   2 tazas de agua

Mezcle bien la sal y el agua y utilícela para untar la carne

Salsa para asados

Para unas 3 tazas

1 taza de aceite de oliva
1/2 taza de vinagre de vino tinto
8 dientes de ajo, picados
1 taza de perejil bien picado
1 cucharadita de orégano

1 cucharadita de tomillo
2 cucharadas de pimentón picante o pimienta de Jamaica
Sal, pimienta recién molida

Combine todos los ingredientes y mézclelos bien. Déjelos reposar unas 2 ó 3 horas antes de servir la salsa. Se sirve con carnes a la parrilla. También puede utilizarse a modo de escabeche.

GUISOS

Los guisos constituyen una de las formas más primitivas de preparar los alimentos, y probablemente se remontan a la Era del Bronce. Los recipientes de bronce del año 3500 a. de C. no se diferencian demasiado de las cacerolas y ollas utilizadas hoy, y prácticamente no hay ningún país en el mundo en cuya cocina no figuren los guisos. En América Latina se les puede llamar sancocho (plato en el que los alimentos se echan en la olla después de que algunos de ellos estén parcialmente hervidos), pozole (palabra azteca que significa legumbres hervidas con otros ingredientes), puchero (recipiente normalmente de barro empleado para guisar carne y verduras juntas), carbonada (un guiso de carne del Nuevo Mundo), cocido (plato a base de carnes hervidas), y ajiaco (plato a base de carne y verduras hervidas de América del Sur). Pero, esencialmente, como en el resto del mundo, se trata de una comida hecha en una olla o cacerola al fuego.

En América Latina, las distintas versiones de los guisos han servido tradicionalmente como comidas de plantación, útiles para alimentar a un elevado número de personas. La lista de ingredientes es muchas veces enormemente larga, incluyendo los maravillosos tubérculos, como los boniatos, los taros y la mandioca, que florecen en esta región del mundo, de la que la mayoría de ellos son originarios; su textura y sabor varía mucho, proporcionando así variedad a cualquier tipo de guiso del que formen parte. Los plátanos son otro ingrediente ampliamente utilizado, al igual que la calabaza, y, por supuesto, el tubérculo más importante de todos, la patata. Se utilizan todos los tipos de carne introducidos por España y Portugal: vaca, cabrito, cordero, pollo y cerdo. Lo mismo ocurre con las legumbres, tanto las indígenas (los distintos tipos de fríjoles y judías), como las exóticas, tales como los garbanzos, traídos desde España, adonde llegaron a su vez procedentes de Oriente Medio. Están además todos los tipos imaginables de verduras y hortalizas, y las cebollas, los cebollinos y el ajo, una enorme cantidad de ingredientes que exigen un cierto grado de discernimiento y conocimientos culinarios para saber cómo combinarlos.

Los guisos siguen siendo muy populares en América Latina para reuniones familiares y fiestas, ya que en realidad no es posible prepararlos para un número reducido de personas, como 2 ó 3. Normalmente se presentan de manera espectacular con las diversas carnes en una fuente, las verduras en otra y la sopa en una gran sopera, en una mesa adornada con platos hondos y abundancia de salsas. Con un poco de planificación resultan fáciles de preparar, y no exigen pasarse hasta el último minuto en la cocina, ya que los distintos ingredientes deben prepararse por anticipado, consistiendo la mayor parte del trabajo en pelar y cortar las hortalizas. Lo que es esencial es una olla o cacerola lo suficientemente grande; en algunas ocasiones he resuelto este problema utilizando dos cacerolas medianas y dividiendo los ingredientes a partes iguales entre ambas. Dado que un guiso basta para una comida entera, dispondrá de toda la cocina para su preparación. Las distintas permutaciones y combinaciones de ingredientes han dado lugar a un grupo de recetas asombrosamente variadas y sabrosas.

Carbonada de zapallo

La calabaza es una hortaliza que se encuentra fácilmente en la mayoría de los países y que resulta ideal para preparar este plato espectacular y lleno de colorido, ya que por lo general es fácil encontrar el tamaño deseado. Se puede utilizar cualquier tipo de calabaza, menos los calabacines, ya que son demasiado acuosos. Este guiso se sirve en la propia calabaza, que desempeña así el doble papel de recipiente e ingrediente. La carne de la calabaza estará bastante tierna y se mezclará con el caldo, contribuyendo a espesarlo. Posee un agradable sabor, que se combina a la perfección con el del guiso en sí.

Para 6 a 8 raciones

1 calabaza grande
1/4 taza de aceite vegetal
1 kg. de carne de ternera deshuesada, cortada en cuadraditos de 2,5 cm.
1 cebolla grande, bien picada
1 pimiento verde, sin semillas y cortado en trocitos
1 ó 2 pimientos picantes frescos, sin semillas y cortados en trocitos (optativo)
1 tomate grande, pelado y cortado en trocitos
1 1/2 tazas de caldo de pollo
1 1/2 tazas de vino blanco seco
1/2 kg. de patatas, peladas y cortadas en cuadraditos de 2,5 cm.

1/2 kg. de boniatos, pelados y cortados en cuadraditos de 2,5 cm.
2 mazorcas de maíz, cortadas en rodajas de 2,5 cm.
2 peras grandes, peladas y cortadas en rodajas
3 melocotones grandes, pelados, deshuesados y cortados en rodajas
1 cucharada de cebollinos, cortados en trocitos
1 cucharada de azúcar
Sal, pimienta recién molida
1/2 taza de arroz de grano largo, previamente dejado en remojo durante 1 hora y escurrido

Frote bien la piel de la calabaza. Corte una rodaja en la parte superior para utilizarla a modo de tapadera, y extraiga luego las semillas y las cuerdas que puedan contener tanto la calabaza como la tapadera. Colóquela en una bandeja de asar y déjela en el horno a 175° C durante 45 minutos.

Mientras tanto, caliente el aceite en una sartén gruesa y fría los trozos de carne hasta que estén dorados por todas partes. Sáquelos y échelos en una cacerola. En la grasa que quede en la sartén, sofría la cebolla, el pimiento y los pimientos picantes, en caso de utilizarlos, hasta que la cebolla esté tierna. Añada el tomate y déjelo todo al fuego hasta que esté bien mezclado, aproximadamente 5 minutos. Échelo a la cacerola junto con el caldo de pollo y el vino. Cuando rompa a hervir, baje el fuego y déjelo hervir a fuego lento, y tapado, unos 40 minutos. Añada las patatas y los boniatos y déjelo todo 15 minutos más. Eche el maíz y déjelo todo 5 minutos más. Aparte la olla del fuego y añada las peras, los melocotones, los cebollinos y el azúcar. Sazónelo todo a su gusto con sal y pimienta. Eche finalmente el arroz. Pase el contenido de la olla a la calabaza. Póngale encima la rodaja previamente cortada, a modo de tapadera, y déjelo todo en el horno, previamente calentado a 175º C, 1/2 hora aproximadamente o hasta que el arroz esté hecho. Deposite la calabaza en una fuente grande de servir y sirva directamente de ella, teniendo cuidado de no romper su cáscara con la cuchara.

Variación.—Si lo desea, en el momento de echar las patatas y los boniatos a la cacerola puede añadir también 2 membrillos, pelados y cortados en rodajas.

Variación.—Se puede utilizar solomillo de vaca en lugar de ternera.

Variación.—En lugar de los melocotones, sirven también 6 albaricoques secos, que habrán permanecido unos 20 minutos a remojo en agua fría, escurridos y cortados en 4 pedazos.

Carbonada criolla   ARGENTINA

Se trata de una versión más sencilla y menos espectacular de la *Carbonada en zapallo*. Una vez más, demuestra la habilidad de los cocineros argentinos para combinar la carne y la fruta.

1/4 taza de aceite de oliva
1 kg. de carne magra de vaca, cortada en cuadraditos de 2,5 cm.
1 cebolla grande, bien picada
1 diente de ajo, picado
3 tomates medianos, pelados y picados
1/2 cucharadita de orégano
1 hoja de laurel
1 cucharadita de azúcar
1 cucharada de puré de tomate
Sal, pimienta recién molida

1 taza de caldo de carne, aproximadamente
1 taza de vino tinto seco
1/2 kg. de boniatos, pelados y cortados en rodajas
1/2 kg. de patatas, peladas y cortadas en rodajas
1/2 kg. de calabaza, pelada y cortada en rodajas
6 melocotones pequeños, pelados
4 mazorcas de maíz, cortada cada una de ellas en 3 rodajas

Caliente el aceite en una cacerola grande y gruesa y fría en él la carne hasta que esté dorada por todas partes. Resérvela y eche la cebolla y el ajo. Sofríalo todo hasta que la cebolla esté tierna. Añada los tomates y déjelo todo al fuego 5 minutos más. Échele el orégano, la hoja del laurel, el azúcar, el puré de tomate, la sal y pimienta al gusto, el caldo de carne y el vino. Ponga la tapa y déjelo hervir todo a fuego lento 1 1/2 horas aproximadamente o hasta que la carne esté casi tierna. Añada los boniatos y las patatas y un poco más de caldo y vino en caso necesario, hasta cubrirlo todo. Déjelo hervir a fuego lento durante 10 minutos, eche luego la calabaza y los melocotones, y déjelo todo al fuego unos 10 minutos más. Añada el maíz y déjelo 5 minutos más, o hasta que los ingredientes estén tiernos. Algunos cocineros añaden 1/2 taza de arroz o pasta durante los 20 últimos minutos de cocción.

Sancocho especial COLOMBIA

La palabra sancochar se aplica en América Latina a toda una serie de guisos, preparados a base de añadir nuevos ingredientes a otros a medio hacer en la olla. Cuantos más ingredientes contenga el sancocho, más se convertirá en plato para fiestas o reuniones. Se trata de una receta muy adecuada para estas ocasiones. Tiene que prepararse por anticipado, ya que se necesita aproximadamente una semana. Simplificada mediante la omisión de algunas hortalizas y carnes, puede seguir siendo bastante sabrosa. La carne de vaca salada aporta un sabor peculiar, aunque no excesivamente pronunciado, a este sancocho especial.

Para 6 u 8 raciones

1/2 kg. de carne magra de vaca, cortada en cuadraditos de 4 cm.

1/2 kg. de carne magra de cerdo, cortada en cuadraditos de 4 cm.

1/2 kg. de carne de vaca salada, bien lavada y cortada en trocitos de 4 cm. (Véase abajo)

2 cebollas grandes, cortadas en rodajas

3 dientes de ajo, cortados en trocitos

2 tomates grandes, pelados, sin semillas y cortados en trocitos

1/2 kg. de yucca, pelada y cortada en rodajas

1/2 litro de caldo de carne

1/2 litro de caldo de pollo

1 pollo de unos 2 kg., cortado en trozos

1/2 kg. de boniatos, pelados y cortados en rodajas

1/2 kg. de batatas, peladas y cortadas en rodajas

1/2 kg. de calabaza, pelada y cortada en cuadraditos

1/2 kg. de patatas, peladas y cortadas en rodajas

2 plátanos verdes, pelados y cortados en rodajas de unos 5 cm.

2 plátanos maduros, pelados y cortados en rodajas de 5 cm.

3 mazorcas de maíz, cortada cada una de ellas en 3 rodajas

Sal, pimienta recién molida

3 ó 4 limas, cortadas en 4 pedazos

Ponga la carne de vaca, de cerdo, la carne salada, las cebollas, el ajo, los tomates, la yucca y el caldo de carne y pollo en una olla lo suficientemente grande como para que quepan todos los ingredientes. Póngala a hervir a fuego moderado, espúmela de cuando en cuando, y baje el fuego de forma que apenas haya ebullición. Déjelo todo a fuego lento aproximadamente 1 1/4 horas. Añada el pollo en trocitos, las batatas, los boniatos, la calabaza, las patatas y los plátanos verdes y maduros, y déjelo todo al fuego, hasta que el pollo esté tierno, unos 45 minutos más. Añada el maíz, sazónelo todo a su gusto con sal y pimienta y déjelo 5 minutos más al fuego.

Disponga las carnes en una fuente de servir previamente calentada, las verduras en otra y vierta el caldo en una sopera grande. Se sirve en grandes platos hondos con los trozos de lima al lado y *Salsa de ají*.

Carne de vaca salada, al estilo colombiano.—La carne de vaca salada, que constituye uno de los ingredientes especiales de esta receta, resulta fácil de hacer; y una vez preparada se puede conservar indefinidamente en el frigorífico. Merece la pena hacerlo.

Corte un trozo de solomillo de vaca de 1 1/2 ó 2 kg. de peso en rodajas horizontales de unos 2,5 cm. de grosor, sin llegar a cortar la carne del todo, de forma que se abra como un libro. Eche 1/2 kg. de sal sobre la carne, entre las rodajas, y por la parte superior e inferior. Colóquela en una fuente grande y cúbrala con un paño. Déjela en algún lugar fresco toda la noche y por la mañana quite el líquido que se haya podido acumular. El primer día habrá bastante. Compruebe que la carne está bien recubierta de sal, añadiendo más en caso necesario. Repita el proceso, dejando la carne reposar durante 24 horas más y volviendo a quitar el líquido. En caso necesario, añada más sal. Coloque la carne sobre un trozo de papel de plata o sobre una fuente, tápela con un paño y déjela secar al sol, dándole todos los días la vuelta. Tardará aproximadamente una semana en secarse. Quítele la sal sobrante, envuelva la carne en papel de plata y guárdela en el frigorífico. Lávela bien antes de utilizarla.

Pozole tapatío   MÉXICO

Tapatío es una forma cariñosa de referirse a los habitantes de Guadalajara, la capital del estado de Jalisco, y se utiliza también para los platos procedentes de dicha ciudad. Procede de una famosa danza de Guadalajara, «el Jarabe tapatío», y de ahí que a quienes la bailan se les llame tapatíos. En México, el maíz molido utilizado en esta receta se puede comprar enlatado, pero muchas veces se prepara también en casa. Para ello se dejan granos grandes de maíz blanco en remojo toda la noche, y luego se hierven con zumo de lima. Entonces se les quita la piel y la llamada «cabecita» de la base. El maíz estará entonces listo para ser utilizado. Pero se trata de un procedimiento largo y penoso, y yo personalmente utilizo el maíz molido de lata.

Para 8 ó 10 raciones

6 chiles tipo ancho
3 manitas de cerdo
1 cabeza de ajo, pelada
3 litros de caldo de pollo
1/2 kg. de solomillo de cerdo, cortado en trocitos de 2,5 cm.
1 pollo de entre 1 1/2 kg. y 2 kg., cortado en trocitos
Sal
2 tazas de maíz molido de lata

PARA LA GUARNICIÓN

1 cebolla grande, bien picada

1/2 cabeza de lechuga, cortada en trocitos
1 manojo de rábanos
1/2 kg. de queso fresco (optativo)
Orégano
Pimienta recién molida, o alguna salsa a base de pimiento picante, como el Tabasco
Tortillas calientes recién hechas, o tortillas cortadas en cuadraditos y fritas en grasa o aceite vegetal caliente
3 limas o limones, cortados en pedazos

Quítele los tallos y las semillas a los chiles. Enjuáguelos bien y córtelos en trocitos. Colóquelos en un cuenco con una taza de agua caliente y déjelos una hora en remojo, dándoles de cuando en cuando la vuelta. Echelos en una batidora o pasapuré y hágalos puré. Resérvelos.

Coloque las manitas de cerdo en una olla o cacerola grande, junto con el ajo y el caldo de pollo. Cuando rompa a hervir, baje el fuego, póngale la tapa y déjelo hervir a fuego lento durante 3 horas. Añada el solomillo de cerdo y déjelo hervir todo a fuego lento durante 1 hora más, añadiendo luego los trozos de pollo y los chiles en puré. Eche un poco más de sal en caso necesario. Déjelo todo a fuego lento 40 minutos más, añada el maíz molido y déjelo otros 5 minutos al fuego. Para entonces todos los ingredientes deberán estar tiernos. En caso necesario, déjelos a fuego lento un poco más.

Para servir ponga las carnes y el caldo en una sopera grande y platos grandes en la mesa. Deposite la cebolla, la lechuga, los rábanos y el queso Mirado en cuencos, y el orégano y el pimiento picante molido o la salsa de picante en pequeños cuencos. Sirva las tortillas en una canasta de paja, cubierta por una servilleta. En el momento de comer, añada las distintas guarniciones a cada uno de los platos con caldo y carne, acompañadas con zumo de lima o limón.

Cocido a la dominicana

REPÚBLICA DOMINICANA

Para 6 u 8 raciones

1/4 kg. de garbanzos secos, o una lata de 1/2 kg.
4 cucharadas de aceite vegetal
1 pollo de unos 2 kg. de peso, cortado en trocitos
1/4 kg. de carne magra de vaca, cortada en trocitos de 2,5 cm.
1 rodaja de aproximadamente 1/4 kg. de jamón serrano, cortada en trocitos de 2,5 cm.
1/4 kg. de chorizos, cortados en rodajas
1 cebolla mediana, picada
4 dientes de ajo, picados
1 kg. de patatas, peladas y cortadas en rodajas

1 zanahoria grande, pelada y cortada en rodajas
1 repollo pequeño, cortado en 8 pedazos
1/4 kg. de calabaza, pelada y cortada en trocitos
1 pimiento verde o rojo picante, entero y con tallo
1 hoja de laurel
1 cucharada de vinagre de vino blanco
8 tazas de caldo de carne
Sal
6 aceitunas verdes deshuesadas, cortadas en rodajitas
1 cucharada de perejil bien picado

Si utiliza garbanzos secos, déjelos toda la noche en remojo en agua fría suficiente como para cubrirlos. Escúrralos, écheles otra agua y déjelos hervir a fuego lento y tapados durante aproximadamente 1 hora. Escúrralos, mida el líquido y reemplácelo por parte del caldo de carne. Reserve los garbanzos. Si utiliza garbanzos de lata, escúrralos, enjuáguelos en agua fría y resérvelos.

Caliente el aceite en una sartén y fría los trocitos de pollo hasta que estén dorados por ambos lados. Échelos a una olla o cacerola grande. En el aceite que quede en la sartén, fría los trocitos de carne, jamón y chorizo, y échelos a la olla. En el aceite que quede, añadiendo un poco más en caso necesario, aunque los chorizos habrán soltado bastante grasa, sofría la cebolla y el ajo hasta que la cebolla esté tierna. Añada la mezcla a la olla junto con las patatas, la zanahoria, el repollo, la calabaza, el pimiento picante entero, la hoja de laurel, el vinagre y los garbanzos con su líquido, el caldo de carne y sal al gusto. Tápelo y déjelo hervir a fuego lento hasta que todos sus ingredientes estén tiernos, aproximadamente 1 hora. Para entonces la calabaza se habrá deshecho, contribuyendo a espesar el caldo. Saque y tire la hoja de laurel y el pimiento picante. Eche el cocido en una sopera previamente calentada, añada las rodajitas de aceitunas y espolvoree el perejil picado por encima.

Variación.—Existe una interesante variación, el *Sancocho de longaniza y tocino,* también de la República Dominicana. Deje 1/4 y mitad de panceta en un solo trozo durante 15 minutos en agua fría, enjuáguela, escúrrala y córtela en trocitos de 2,5 cm. Corte 1 kg. de longaniza en rodajas de 2,5 cm. Caliente 4 cucharadas de aceite vegetal en una sartén y fría los trocitos de panceta y las rodajas de longaniza hasta que estén levemente dorados. Echelos a una cacerola gruesa. En la grasa que quede en la sartén, sofría una cebolla grande bien picada, 3 dientes de ajo picados y 1 pimiento verde, sin semillas y cortado en trocitos, y añádalo todo a la cacerola junto con 1 cucharada de vinagre de vino tinto y 2 cucharadas de zumo de naranja amarga (o de Sevilla), o, en su lugar, 2/3 partes de zumo de naranja y 1/3 parte de zumo de lima o limón. Añada 3 litros de caldo de carne y déjelo hervir todo a fuego lento durante 1 1/2 horas, aproximadamente, y añada luego 1/2 kg. de yuca, pelada y cortada en rodajas, 1/2 kg. de ñame y 1/2 kg. de calabaza, pelada y cortada en trocitos Sazónelo todo a su gusto con sal y pimienta recién molida, 1 cucharadita de orégano y alguna salsa de pimiento picante (como por ejemplo Tabasco) a su gusto. Déjelo hervir a fuego lento y tapado hasta que todos los ingredientes estén tiernos. En un cazo aparte, con agua suficiente como para cubrirlos, hierva 2 plátanos verdes con piel durante unos 30 minutos; déjelos enfriar, pélelos, córtelos en rodajas y añádalas a la cacerola, dejándolas justo lo suficiente como para que se calienten bien. Si lo prefiere, puede suprimir los plátanos o utilizar en lugar de ellos bananas verdes o poco maduras, en cuyo caso las dejará hervir unos 20 minutos. Coloque las carnes y las verduras en una fuente de servir previamente calentada, vierta el caldo en una sopera y sírvalo en platos hondos. Obtendrá de 6 a 8 raciones.

Puchero estilo mexicano   MÉXICO

Si desea presentar todos los ingredientes de este guiso al mismo tiempo, sirva la sopa en cuencos y las carnes y verduras en platos. Las verduras y hortalizas pueden modificarse, según el gusto de cada uno. Cabe añadir repollo y nabos, y utilizar chayotes en lugar de zucchini.

Para 8 ó 10 raciones

1/4 kg. de garbanzos secos, o una lata de 1/2 kg.

1/2 kg. de carne magra de vaca deshuesada y cortada en trocitos de 2,5 cm.

1/2 kg. de cordero deshuesado, cortado en trocitos de 5 cm.

1/4 kg. de jamón crudo, cortado en trocitos

1/4 kg. de chorizo

1 cebolla grande, picada

2 dientes de ajo, picados

1/8 cucharadita de granos de pimienta

1/2 litro de caldo de pollo

1/2 litro de caldo de carne

Sal

1 pollo de entre 1 1/2 y 2 kg. de peso, cortado en trozos

4 zanahorias, peladas y cortadas en rodajas

4 zucchini, cortados en rodajas

1/2 kg. de judías verdes, cortadas en trocitos de 12 mm.

1/2 kg. de batatas, peladas y cortadas en rodajas

3 mazorcas de maíz, cortadas en rodajas de 2,5 cm.

4 cucharadas de manteca de cerdo o aceite vegetal

1/2 kg. de patatas, peladas y cortadas en rodajas

2 plátanos verdes, o 2 bananas grandes verdes, peladas y cortadas en rodajas de 2,5 cm.

3 melocotones grandes, pelados, deshuesados y cortados en 4 pedazos

3 peras grandes, peladas, sin corazón y cortadas en 4 pedazos

1 cucharada de cilantro fresco y picado

Tortillas calientes, recién hechas

Guacamole (salsa de aguacate), véase pág. 384

2 limas o limones, cortados en trozos

Salsa de pimiento picante (Tabasco o cualquiera de las salsas de la pág. 328)

Deje los garbanzos toda la noche en remojo, escúrralos y enjuáguelos. Colóquelos en una olla o cacerola grande. Si utiliza garbanzos enlatados, escúrralos, enjuáguelos y resérvelos para después. Añada a la cacerola la carne de vaca, el cordero, el jamón, el chorizo, la cebolla, el ajo, los granos de pimienta, el caldo de pollo y de carne, y sal al gusto, en caso necesario. Cuando rompa a hervir, espume la olla, baje el fuego, póngale una tapadera y déjelo todo a fuego lento durante 45 minutos. Eche los trozos de pollo y déjelo hervir todo 30 minutos más. Añada la zanahoria, los zucchini, las judías verdes, las batatas y los garbanzos de lata (en caso de utilizarlos), y déjelo hervir todo 15 minutos más. Añada el maíz y déjelo todo otros 5 minutos al fuego.

Caliente la manteca de cerdo o el aceite vegetal en una sartén y sofría las patatas y los plátanos o bananas verdes hasta que estén tiernos. Sáquelo, déjelo en una fuente y manténgalo todo caliente. Saque una taza de caldo de la olla y escalde suavemente los melocotones y las peras, dejándolos en el caldo entre 10 y 15 minutos. Añádalos a la olla junto con su caldo.

Compruebe que todos los ingredientes están tiernos. Disponga las carnes en el centro de una fuente grande y rodéelas con las verduras, hortalizas y frutas. Humedézcalo todo con un poco de caldo y manténgalo caliente. Si lo desea, los garbanzos pueden dejarse en la sopa, o servirse en la fuente. Vierta la sopa en una sopera grande y espolvoree por encima el cilantro fresco picado. La sopa se sirve en cuencos o platos hondos. Sirva las carnes, las verduras, hortalizas y frutas, así como las patatas y los plátanos fritos como segundo plato, acompañado todo por tortillas calientes, guacamole, trozos de lima o limón y la salsa de pimiento picante.

Sancocho de gallina   VENEZUELA

En los mercados tropicales se encuentra una asombrosa variedad de tubérculos, por lo que si no encuentra apio (arracacha), utilice taro, boniato, o más de un tipo de tubérculo. Ninguno de los ingredientes posee un sabor dominante y todos se hierven aproximadamente en el mismo plazo de tiempo, por lo que resulta perfectamente sencillo y aceptable sustituir unos por otros. De ese modo se conoce también más sobre estas deliciosas verduras u hortalizas.

Para 8 ó 10 raciones

2 pollos de unos 2 kg. de peso, cortados en trozos
3 litros de caldo de pollo
1 puerro, bien lavado y cortado longitudinalmente por la mitad
1 cebolla grande, picada
1 cabeza de ajo, pelada
3 nabos blancos, pelados y cortados en 4 trozos
3 zanahorias, peladas y cortadas en 4 rodajas
1 tomate grande, pelado, sin semillas y cortado en trocitos
2 ó 3 tallos de cilantro fresco
Sal, pimienta recién molida

1/2 kg. de calabaza, pelada y cortada en rodajas de 12 mm.
1/2 kg. de ñame, pelado y cortado en rodajas de 12 mm.
1/2 kg. de apio (arracacha), pelado y cortado en rodajas de 12 mm.
1/2 kg. de patatas, peladas y cortadas en rodajas de 12 mm.
1 repollo pequeño, pelado y cortado en 8 trozos
3 mazorcas de maíz, cada una de ellas cortadas en 4 rodajas
2 plátanos verdes (optativo), o 3 bananas verdes grandes

LAS VERDURAS U HORTALIZAS

1/2 kg. de yucca, pelada y cortada en rodajas de 12 mm.

Ponga todos los ingredientes, menos las verduras u hortalizas, en una olla o cacerola grande. Cuando rompa a hervir, baje el fuego y déjelo todo tapado y a fuego lento durante 1/2 hora aproximadamente. Añada todas las verduras y hortalizas, salvo el maíz y los plátanos, y déjelo hervir hasta que el pollo y las verduras estén tiernos, entre 20 y 30 minutos. Añada el maíz en los últimos 5 minutos de cocción. En un cazo aparte, hierva los plátanos verdes sin pelar en agua suficiente como para cubrirlos durante 1 1/2 horas. Cuando se hayan enfriado lo suficiente como para poder manejarlos, sáquelos, pélelos y córtelos en rodajas de 2,5 cm. Añádalas al pollo y las verduras u hortalizas justo el tiempo suficiente para que se calienten bien. Si utiliza bananas verdes, hiérvalas durante 15 minutos, pélelas, córtelas en rodajas y échalas a la olla. Disponga los trozos de pollo en una fuente grande previamente calentada, y rodéelos con las verduras y hortalizas. Cuele la sopa y sírvala en una sopera. Se sirve en cuencos o platos hondos por separado, con *Guasacaca* (salsa de aguacate) o *Salsa de ají.*

Tradicionalmente, para esta receta se utiliza una gallina grande, pero las gallinas son cada vez más difíciles de encontrar y exigen una cocción prolongada y lenta. Yo personalmente encuentro que los pollos no demasiado grandes resultan igualmente satisfactorios. Este plato puede prepararse también con carne de vaca, utilizando 2 kg. de carne magra, como solomillo, cortada en trocitos de 2,5 cm. En ese caso se denomina Hervido.

Ajiaco   CUBA

Para 8 ó 10 raciones

1 1/2 kg. de carne de cerdo magra, deshuesada y cortada en trocitos

1/2 kg. de cecina o carne seca de vaca, cortada en trocitos de 5 cm.

2 litros de caldo de carne

2 litros de agua

1/2 kg. de yucca, cortada en rodajas de 12 mm.

1/2 kg. de taro, pelado y cortado en rodajas de 12 mm.

1/2 kg. de ñame, pelado y cortado en rodajas de 12 mm.

1/2 kg. de boniatos, pelados y cortados en rodajas de 12 mm.

3 tomates medianos, pelados y cortados en trozos grandes

Sal, pimienta recién molida

1/2 kg. de calabaza, pelada y cortada en trocitos

2 mazorcas de maíz, cortadas en rodajas de 2,5 cm.

2 chayotes, pelados y cortados en rodajas, o, en su defecto, zucchini

2 plátanos maduros, pelados y cortados en rodajas de 2,5 cm.

4 cucharadas de aceite de oliva

2 cebollas medianas, bien picadas

2 dientes de ajo, picados

1 pimiento verde, sin semillas y cortado en trozos grandes

2 pimientos picantes, rojos o verdes, frescos, sin semillas y cortados en trocitos

2 plátanos verdes (optativo)

El zumo de 2 limas

Coloque la carne de cerdo y la cecina o carne de vaca seca, en un cazo u olla grande, junto con el caldo y el agua. Cuando rompa a hervir, déjelo cocer un minuto o dos, y espume la grasa que pueda subir a la superficie. Baje el fuego al mínimo y déjelo hervir todo a fuego lento y tapado durante 1 hora aproximadamente. Añada la yuca, el taro y el ñame, y déjelo hervir todo 15 minutos más. Añada los boniatos, la calabaza, el maíz, los chayotes y los plátanos maduros, y continúe hirviéndolo todo a fuego lento. Si utiliza los zucchini, no los añada hasta después.

Caliente el aceite en una sartén y sofría la cebolla, el ajo y los pimientos dulces y picantes, hasta que la cebolla esté tierna. Añada los tomates, sazónelo todo a su gusto con sal y pimienta, en caso necesario (la cecina o carne de vaca seca puede tener suficiente sal), y hiérvalo todo hasta que se mezclen bien los sabores, unos 5 minutos más. Échelo a la olla junto con los zucchini, en caso de utilizarlos, y déjelo hervir todo a fuego lento hasta que esté bien hecho, durante unas 2 horas. La calabaza se deshará, contribuyendo a esperar levemente el caldo.

Hierva los plátanos verdes en un cazo aparte, con agua suficiente como para cubrirlos, durante una 1/2 hora. Déjelos enfriar, pélelos y córtelos en rodajas de 2,5 cm. Añádalos a la olla justo el tiempo suficiente como para que se caliente bien. Eche finalmente el zumo de lima, remuévalo todo bien y sírvalo. Disponga la carne y las verduras en una fuente de servir grande y previamente calentada, o, si lo prefiere, en dos fuentes de menor tamaño. Eche el caldo en una sopera. Se sirve en cuencos o platos hondos con una salsa de pimiento picante al lado. Este plato sabe maravillosamente con panecillos crujientes y mantequilla.

Aves

POLLO

NO cabe la menor duda de que el pollo, barato y extremadamente versátil, es el ave favorita en las cocinas de toda América Latina. Con tan variadas y sabrosas formas de prepararlo resulta imposible cansarse de él.

La mayoría de las recetas latinoamericanas se basan en el pollo hervido, con leves variaciones. El pollo se hierve a fuego lento con hierbas y especias y hortalizas de distintos sabores, como la cebolla y el ajo, y luego se acompaña con salsas de los más distintos tipos. El maíz desempeña también un papel especial en platos como el pastel de choclo con relleno de pollo (véase «Platos fuertes»).

De la amplia variedad de recetas existentes elegí las que he degustado no sólo una vez, sino varias veces.

Pollo con naranja

Para 4 raciones

1 pollo de entre 1 1/2 kg., cortado en 4 trozos
Sal, pimienta recién molida
3 cucharadas de mantequilla
1 taza de caldo de pollo

1 taza de zumo de naranja
1 cucharada de harina
1 cucharada de nata líquida
La cáscara rallada de una naranja
2 huevos

Sazone los trozos de pollo con sal y pimienta. Caliente la
mantequilla en una cacerola gruesa, y fría los trozos de pollo,
1 ó 2 a la vez, hasta que estén dorados por ambos lados.
Resérvelos. Vierta la grasa de la cacerola en un cuenco pequeño y resérvela. Vuelva a echar los trozos de pollo en la cacerola, colocando primero los muslos y luego las pechugas, ya que
éstas se hacen más rápidamente. Añada el caldo de pollo, el
zumo de naranja y la cáscara rallada de naranja. Tápelo y déjelo hervir todo a fuego lento entre 30 y 45 minutos, o hasta que
el pollo esté hecho. Sáquelo, colóquelo en una fuente de servir
y manténgalo caliente. Mezcle la harina con una cucharada de
la grasa reservada y añádala al líquido de la cacerola. Cuando
rompa a hervir, déjelo a fuego alto 1 ó 2 minutos, removiendo
de cuando en cuando. Baje entonces el fuego. Bata los huevos
junto con la nata líquida. Añada 1 taza del líquido espesado de
la cacerola, cucharada a cucharada, a la mezcla de huevo y nata
líquida, y viértalo luego todo en la cacerola agitando sin parar
hasta obtener una salsa espesa, durante un minuto o dos. No
permita que la salsa hierva, ya que se cuajaría. Vierta parte de
la salsa sobre el pollo y sirva el resto en una salsera. Este plato
se sirve con arroz, puré de patatas o patatas fritas.

Pollo en piña

Para 4 ó 6 raciones

1 pollo de entre 1 1/2 y 2 kg., cortado en trozos
1 piña madura, de unos 3/4 kg. de peso, pelada, sin corazón y cortada en trozos grandes, o 1 lata de 1/2 kg. de piña en su propio jugo, sin endulzar
2 cebollas medianas, bien picadas
2 dientes de ajo, picados
2 clavos enteros
1 trozo de canela en rama de unos 2,5 cm.
2 hojas de laurel
1/2 taza de aceite de oliva
1/2 taza de vinagre de vino blanco
1/2 taza de jerez seco
2 tomates medianos, pelados y cortados en trozos grandes
Sal, pimienta recién molida
Caldo de pollo, en caso necesario

Coloque los trozos de pollo en un cazo o cacerola gruesa.
Si utiliza piña fresca, tenga cuidado de reservar y emplear todo

su zumo. Si utiliza piña de lata, emplee también el zumo. Añada los restantes ingredientes, incluyendo sal y pimienta a su gusto. Si utiliza piña fresca, quizá sea necesario echar un poco más de caldo de pollo para cubrir los trozos de éste, ya que la fruta fresca no contendrá tanto zumo como la enlatada. Tápelo y déjelo hervir todo a fuego lento hasta que el pollo esté tierno, aproximadamente 45 minutos. Si la salsa es muy abundante, hiérvalo todo parcialmente tapado durante 15 minutos más. Se sirve con arroz.

Ají de gallina   PERÚ

Para 6 raciones

1 pollo de entre 1 1/2 y 2 kg. de peso, en 4 trozos
3 tazas de caldo de pollo, aproximadamente
1/4 taza de aceite vegetal
2 cebollas medianas, bien picadas
2 dientes de ajo, picados
2 tazas de pan rallado
2 tazas de leche

8 pimientos picantes, rojos o verdes, frescos y sin semillas
2 tomates medianos, pelados y sin semillas
100 g. de nueces molidas
Sal, pimienta recién molida
1/2 taza de queso parmesano rallado

Ponga los trozos de pollo en un cazo o cacerola gruesa junto con el caldo, añadiendo en caso necesario un poco más hasta cubrirlo, y hiérvalo hasta que el pollo esté tierno, aproximadamente 45 minutos. Deje que el pollo se enfríe en el caldo. Quítele la piel y los huesos y corte la carne en trocitos de unos

4 cm. de largo por 6 mm. de ancho. Reserve el pollo en trocitos por un lado y el caldo por otro.

Caliente el aceite en una cacerola resistente y sofría la cebolla y el ajo hasta que la cebolla esté dorada. Remoje el pan rallado en la leche y haga con todo una pasta o puré. Añádalo a la cacerola. En una batidora o pasapuré, reduzca los pimientos picantes y los tomates a puré y añádalo a la cacerola. Eche las nueces molidas. Sazónelo todo a su gusto con sal y pimienta, y déjelo hervir a fuego moderado durante 5 minutos, removiendo de cuando en cuando. Añada el pollo en trocitos, una taza del caldo y el queso, y déjelo todo al fuego justo hasta que se caliente. La salsa debería estar bastante espesa. Sirva el pollo y la salsa en una fuente previamente calentada, rodeado de patatas hervidas partidas por la mitad, huevos duros cortados longitudinalmente en rodajas y aceitunas negras.

Ajiaco de Cecilia Blanco de Mendoza   COLOMBIA

Se trata de un ajiaco muy especial, con sutiles sabores que incluyen guascas o goascas, una hierba colombiana cuyo nombre botánico es *Galinsoga pardiflora Linneo*. En Colombia se vende seca y molida en tarros de cristal, y posee un sabor suave y refinado que, en mi opinión, recuerda vagamente al de las alcachofas de Jerusalén, a pesar de que, como me ha asegurado un botánico colombiano, no tiene la menor relación con dicha especie. No obstante, aunque las guascas constituyen un ingrediente atractivo, no es esencial para la preparación de esta receta, que depende más bien de la combinación de distintos sabores, incluyendo el de los puerros o chayotes y el del cilantro.

En esta receta intervienen tres tipos de patatas diferentes: la patata blanca, la patata roja y pequeña y las llamadas papas criollas. Estas últimas son deliciosas patatitas colombianas, que algunas veces se encuentran en mercados especializados en productos latinoamericanos. Su carne es amarillenta y no se deshacen a pesar de una prolongada cocción. Las patatas blancas nuevas no demasiado grandes constituyen un sustituto casi perfecto, quizás no tan atractivo de aspecto, pero igualmente sabroso.

Para 6 raciones

1 pollo de entre 1 1/2 kg. de peso, entero
4 puerros enteros
6 tallos de cilantro fresco
1 cucharadita de guasca molida
3 tazas de caldo de pollo o agua
Sal, pimienta recién molida
4 mazorcas de maíz, cortadas cada una de ellas en rodajas de 2,5 cm.
1 kg. de patatas blancas, peladas y cortadas en rodajas de 6 mm.
1 kg. de patatas rojas, pequeñas, peladas y cortadas en rodajas de 6 mm.

1/2 kg. de papas criollas o de patatas blancas nuevas, sin pelar
2 tazas de leche
1 taza pequeña de salchichas de Viena, cortadas en rodajas
1/2 taza de guisantes pequeñitos, hervidos
1 ó 2 cucharadas de alcaparras
2 huevos duros, cortados en rodajas
6 cucharadas de nata líquida espesa

En una olla o cacerola grande, eche el pollo, los puerros, el cilantro, las guascas (si dispone de ellas), el caldo de pollo o el agua, y sal y pimienta a su gusto. Espere a que rompa a hervir y espume cualquier grasa que pueda subir a la superficie, bajo el fuego, tape la olla y déjela a fuego lento hasta que el pollo esté tierno, aproximadamente 45 minutos. Deje que el pollo se enfríe en el líquido, sáquelo y córtelo en 6 pedazos, que reservará luego después de taparlos. Cuele el caldo y eche en él el maíz. Déjelo a fuego moderado hasta que rompa a hervir y eche entonces las patatas. Déjelo todo a fuego lento hasta que el caldo se espese. Las patatas blancas se desharán y contribuirán a espesar el caldo, las rojas conservarán parte de su textura, y las papas criollas o patatas nuevas permanecerán enteras. Añada la leche y el pollo en trozos y déjelo al fuego el tiempo suficiente como para que se caliente bien. Para servir, tenga preparados 6 platos grandes y hondos. Ponga un trozo de pollo en cada uno de ellos, 2 ó 3 rodajas de salchichas de Viena, 1 cucharada de guisantes, unas cuantas alcaparras, 1 rodaja de huevo duro y el caldo, asegurándose de que en cada plato haya como mínimo una papa criolla o patata nueva. Vierta 1 cucharada de nata líquida espesa sobre cada plato. Se toma con cuchillo, tenedor y cuchara.

Ajiaco de pollo bogotano   COLOMBIA

Para 6 raciones

4 cucharadas (1/4 taza) de mantequilla
1 pollo de unos 2 kg. de peso, cortado en trozos
2 cebollas grandes, bien picadas
8 patatas pequeñas, peladas y cortadas en finas rodajas
8 tazas de caldo de pollo
12 papas criollas (si dispone de ellas),
   peladas y enteras (o, en su defecto, 6 patatas nuevas cortadas
   por la mitad)
Sal, pimienta recién molida
2 mazorcas de maíz, cada una de
   ellas cortada en 3 rodajas
3 cucharadas de alcaparras
1 taza de nata líquida espesa

Caliente la mantequilla en una cacerola gruesa y fría los trozos de pollo junto con las cebollas hasta que el pollo esté dorado por ambos lados. Añada las patatas cortadas en finas rodajas y el caldo, y déjelo hervir todo a fuego lento hasta que el
pollo esté casi hecho y las patatas empiecen a deshacerse, aproximadamente unos 25 minutos. Añada las 6 patatas nuevas partidas por la mitad y continúe hirviéndolo todo hasta que tanto
el pollo como las patatas estén tiernos. Saque los trozos de
pollo y las patatas de la cacerola y manténgalos calientes. Pase
el caldo por un colador. Se habrá espesado gracias a las rodajas
de patata. Vuelva a echar el caldo en la cacerola, sazónela a su
gusto con sal y pimienta, añada el pollo y las patatas, de la cacerola y manténgalos calientes.

Pase el caldo por un colador. Se habrá espesado gracias a las
rodajas de patata. Vuelva a echar el caldo en la cacerola, sazónelo a su gusto con sal y pimienta, añada el pollo y las patatas,
el maíz y las alcaparras, y déjelo hervir todo a fuego lento 5
minutos más. Añada la nata líquida y espere a que se caliente.
Se sirve en platos hondos con ají de huevo (salsa de aguacate)
a un lado.

Carapulcra   PERÚ

Cuando decidí probar a preparar este plato en Nueva York, tras haberlo degustado en Perú, alguien me dijo que podía considerar a uno de sus ingredientes, el chuño o papa seca, como optativo, pudiendo sustituirse por patatas frescas, ya que en muchos países es imposible conseguir la papa seca. Pero decidí que lo que podían hacer las mujeres incas lo podía hacer yo también. Cuando los incas, el primer pueblo en cultivar la patata en el año 2500 a. de C., se enfrentaron al problema de su conservación, inventaron el procedimiento del secado en frío, y existen todas las razones para creer que fueron los primeros en utilizarlo. Dejaban las patatas crudas y sin pelar de noche sometidas al tremendo frío de las altiplanicies andinas, hasta el punto de que se quedaban congeladas. Por la mañana las descongelaban al sol, quitándoles el agua, y repetían el proceso hasta que las patatas quedaban perfectamente secas.

El piso decimosexto de un edificio de apartamentos de Nueva York no se puede comparar con los Andes, por lo que dejé mis patatas, 3 patatas grandes y blancas, en el frigorífico toda la noche. Por la mañana, las puse en una terraza orientada al sur para que se descongelaran. Luego escurrí cuidadosamente el líquido. Repetí el procedimiento durante 3 días, al cabo de los cuales estaban duras como piedras y su tamaño se había reducido considerablemente. La pulpa se había vuelto de color oscuro, casi negro. Las conservé dos años antes de utilizarlas, y cuando lo hice resultaron igual de buenas que al principio. Aunque me resultó entretenido preparar el chuño o papa seca, tengo que reconocer que mis amigos peruanos tenían razón cuando me dijeron que no merecía la pena y que podía utilizar en su lugar patatas frescas.

2 patatas secas o frescas

1 pollo de algo más de 2 kg. de peso, cortado en trozos

1/2 kg. de solomillo de cerdo, cortado en trocitos de 18 mm.

2 tazas de caldo de pollo, aproximadamente

4 cucharadas de manteca de cerdo o aceite vegetal

1 cebolla grande, bien picada

4 dientes de ajo, picados

1/2 cucharada de pimentón picante o de cayena

1/8 cucharadita de comino molido

Sal, pimienta recién molida

1/2 taza de cacahuetes tostados, bien molidos

6 patatas pequeñas, recién hervidas

3 huevos duros, cortados en rodajas

20 aceitunas verdes o negras deshuesadas y de tamaño mediano

Deje las patatas secas a remojo en agua templada aproximadamente 2 horas. Si las utiliza frescas en lugar se secas, limítese a añadirlas al guiso, peladas y cortadas en trocitos, en el mismo momento en que se echarían las patatas secas. Cuando hayan permanecido ese plazo de tiempo en remojo, escúrralas y córtelas en trozos grandes. Resérvelas.

Coloque los trozos de pollo y cerdo en un cazo y añada suficiente caldo de pollo como para cubrirlos. Déjelo todo tapado y a fuego lento hasta que esté tierno. Escúrralo y reserve el caldo. Quítele la piel y los huesos al pollo y corte la carne en trocitos de aproximadamente el mismo tamaño que la de cerdo. Resérvelo con un poco de caldo para embellecer las carnes.

Enjuague y seque el cazo, o utilice una cacerola gruesa, y caliente en ella la manteca de cerdo o el aceite. Añada la cebolla, el ajo, el pimentón o la pimienta de Jamaica y el comino, y sofríalo todo hasta que la cebolla esté tierna. Añada la patata y 1 taza más o menos del caldo reservado, tápelo y déjelo hervir todo a fuego lento hasta que la patata se haya deshecho, contribuyendo a espesar la salsa, durante 1 hora aproximadamente. Sazónelo a su gusto con sal y pimienta y añada los cacahuetes molidos. Déjelo 1 minuto o 2 más al fuego, y añada entonces el pollo y el cerdo en trocitos. La salsa debería estar bastante espesa, pero eche un poco más de caldo en caso necesario. Déjelo todo a fuego lento el tiempo suficiente para que se caliente bien y se mezclen los sabores.

Disponga los trocitos de pollo y cerdo sobre una fuente de servir previamente calentada y rodéelos con las patatas hervidas, las rodajas de huevo duro y las aceitunas.

Pollo borracho   ARGENTINA

Se trata de una típica receta criolla y, con pequeñas variaciones, se encuentra en toda América Latina.

Para 4 raciones

1 cucharada de mantequilla	1/4 taza de vinagre de vino blanco
1/4 kg. de jamón hervido, cortado en tiras de unos 5 cm. de largo por 6 mm. de ancho	2 tazas de vino blanco seco
	1 taza de caldo de pollo, aproximadamente
1 pollo de algo menos de 2 kg., cortado en 4 trozos	3 dientes de ajo, picados
Sal, pimienta recién molida	12 aceitunas medianas rellenas de pimiento
1/4 cucharadita de comino molido	3 cucharadas de alcaparras
1/4 cucharadita de cilantro molido	

Derrita la mantequilla en una cacerola gruesa. Coloque sobre ella una capa formada por 1/3 del jamón hervido. Sazone los trozos de pollo con la sal, la pimienta, el comino y el cilantro, y añada los muslos del pollo a la cacerola, cubiertos por otra tercera parte del jamón hervido. Coloque la pechuga sobre el jamón y cúbrala con la tercera parte restante del jamón. Añada el vinagre, el vino y suficiente caldo de pollo como para cubrirlo todo. Eche el ajo, tape la olla y déjela a fuego lento unos 45 minutos, o hasta que el pollo esté tierno. Enjuague las aceitunas y déjelas 15 minutos a remojo en agua fría. Escúrralas. Enjuague y escurra las alcaparras. Coloque los trozos de pollo y las tiras de jamón hervido en una fuente de servir y manténgalo todo caliente. Calcule el líquido que queda en la olla y redúzcalo a fuego alto hasta 2 tazas. Humedezca el pollo con un poco del líquido y sirva el resto en una salsera. Rodee el pollo de aceitunas y alcaparras.

Si lo prefiere, puede espesar aún más la salsa. Para ello, mezcle una cucharada de harina con otra de mantequilla, añádalo al líquido y déjelo hervir a fuego lento, sin parar de remover, hasta que la salsa se haya espesado. Se sirve con patatas hervidas o arroz blanco, así como con alguna guarnición de verduras o una ensalada.

Pollo en pipián dulce   GUATEMALA

Debido a que Guatemala fue el corazón del Imperio maya, que tenía su capital en la ciudad de Tikal, la cocina de la Guatemala poscolombina se parece mucho a la de la península del Yucatán, en México. En esta receta se utilizan sabores muy variados, que el pollo absorbe durante la cocción. Estos sabores se mezclan armoniosamente también en la salsa, que debe quedar bien espesa y resulta deliciosa con arroz blanco.

Para 6 raciones

1 pollo de entre 1 1/2 y 2 kg. de peso, cortado en pedazos
2 tazas de caldo de pollo, aproximadamente
1 cucharada de semillas de ajonjolí
1/2 taza de pipas de calabaza
3 pimientos rojos, sin semillas y cortados en trozos grandes, o 5 pimientos morrones de lata, cortados en trozos
3 tomates medianos, pelados y cortados en trozos grandes
1 cebolla mediana, picada
2 dientes de ajo, picados

2 cucharadas de manteca de cerdo o aceite vegetal
1/4 taza de zumo de naranja amarga (o de Sevilla), o, en su defecto, 2/3 partes de zumo de naranja y 1/3 parte de zumo de lima
1/2 cucharadita de calicanto molido
Sal, pimienta recién molida
1/4 taza de pasas, sin semillas
Mantequilla
1/4 taza de almendras, cortadas en trocitos

Coloque los trozos de pollo en una cacerola gruesa con caldo suficiente como para cubrirlos. Ponga la tapadera y déjelo todo a fuego lento, hasta que el pollo esté casi tierno, unos 30 minutos. En una batidora o pasapuré, muela el ajonjolí y las pipas de calabaza lo más posible y páselo luego todo por un colador. Resérvelo. Eche los pimientos, los tomates, la cebolla y el ajo en la batidora o pasapuré y redúzcalo todo a puré.

Mézclelo con el puré de semillas de ajonjolí y pipas de calabaza. Caliente la manteca de cerdo o el aceite vegetal en una sartén, añada el puré y déjelo hervir todo a fuego lento, removiendo sin parar con una cuchara de madera durante unos 5
minutos. Escurra el pollo, reserve el caldo y vuelva a echar el
pollo en la cacerola. Añada al puré 1 taza de caldo, el zumo de
naranjas amargas (o de Sevilla), el calicanto, y sal y pimienta a
su gusto. Remuévalo todo para que se mezcle bien y viértalo
sobre el pollo. Ponga la tapa a la olla y déjelo a fuego lento
hasta que el pollo esté hecho, unos 15 minutos más. En caso
necesario, añada un poco más de caldo. La salsa debería estar
espesa. Deje las pasas a remojo en agua fría durante 15 minutos. Escúrralas bien. Caliente un poco de mantequilla en una
sartén y fría en ella las almendras hasta que estén doradas.
Escúrralas. Coloque el pollo y la salsa en una fuente de servir
previamente calentada y espolvoree por encima las pasas y los
trocitos de almendra. Se sirve con arroz.

Pollo verde almendrado

Personalmente encuentro que todos los platos mexicanos a
base de pollo y salsa verde están deliciosos, sobre todo éste, que
no sólo posee un sutil y refinado sabor, sino que también ofrece una bella presentación.

Para 6 raciones

1 pollo de algo menos de 2 kg., cortado en trozos
2 tazas de caldo de pollo
1 cebolla mediana, picada
1 diente de ajo, picado
1 taza de tallos de perejil, corta-dos en trozos grandes
1 taza de tallos de cilantro, corta-dos en trozos grandes
1 corazón de lechuga romana, cortado en trozos grandes

1 ó 2 chiles verdes y frescos, sin semillas y cortados en trocitos, o, en su defecto, 2 chiles jala-peños de lata, o 3 chiles serra-nos de lata, sin semillas y corta-dos en trozos
100 g. de almendras molidas; unos 3/4 de taza
3 cucharadas de manteca de cerdo o aceite vegetal
Sal

Coloque los trozos de pollo en una cacerola gruesa junto con el caldo, y cuando rompa a hervir tápelo y déjelo a fuego lento unos 45 minutos, o hasta que el pollo esté tierno. Sáquelo, colóquelo en una fuente y resérvelo. Vierta el caldo en un jarro. Enjuague y seque la cacerola.

En una batidora o pasapuré, eche la cebolla, el ajo, el perejil, el cilantro, el corazón de lechuga, los chiles y las almendras, y redúzcalo todo a puré. No lo deje demasiado tiempo en la batidora, ya que la salsa debería tener cierto cuerpo y textura, y no estar totalmente deshecha. Caliente la manteca de cerdo o el aceite en una sartén grande y gruesa y eche en ella el puré, que debería ser casi como masa a causa de las almendras. Déjelo todo a fuego moderado 3 ó 4 minutos, removiendo sin parar con una cuchara de madera. Transfiéralo luego a una cacerola. Eche 2 tazas del caldo y sazónelo a su gusto con sal. Añada los trozos de pollo, ponga la tapadera y déjelo todo a fuego lento el tiempo suficiente como para que se caliente.

El arroz blanco va muy bien con este plato. Si desea una comida típicamente mexicana, sirva el pollo con arroz, tortillas, fríjoles y guacamole (salsa de aguacate).

Pollo en pipián de almendra   MÉXICO

El *pipián* es una de las mejores recetas de la cocina mexicana y también una de las más difíciles de definir. El diccionario de la Real Academia Española dice que se trata de un guiso latinoamericano a base de carne, pollo, pavo u otra ave, con cerdo salado y almendras molidas. En otros diccionarios se le describe como una especie de *fricasé* indio. *El Nuevo Cocinero Mexicano,* un diccionario publicado en París en 1888, ofrece una descripción más completa. Afirma que el pipián es un guiso mexicano hecho a base de pimientos rojos o verdes, pipas de calabaza, almendras o alguna otra semilla oleaginosa, como el ajonjolí o el cacahuete. El guiso puede hacerse con pavo, pollo, pato, o de hecho cualquier tipo de ave, así como con carne, pescado o mariscos. Existen incluso versiones vegetarianas que utilizan frutas y verduras. No debería salarse hasta el momento de servirlo, pues se dice que la sal contribuye a separar la salsa.

Para 4 raciones

1 pollo de 1 1/2 kg., aproximadamente, cortado en trozos
2 ó 3 puerros
2 ó 3 tallos grandes de cilantro fresco
1 zanahoria, pelada y cortada por la mitad
2 tazas de caldo de pollo, aproximadamente

6 chiles anchos
1/2 taza (100 g.) de almendras peladas
2 cucharadas de manteca de cerdo o aceite vegetal
1/8 cucharadita de clavo molido
1/4 cucharadita de canela molida
1/4 cucharadita de orégano
Sal

Coloque los trozos de pollo en una cacerola grande y pesada junto con los puerros, el cilantro y la zanahoria. Eche el caldo de pollo, añadiendo un poco más en caso necesario hasta cubrirlo. Cuando rompa a hervir, baje el fuego y déjelo hervir tapado y a fuego lento durante 45 minutos, o hasta que el pollo esté tierno. Saque los trozos de pollo del caldo. Cuélelo y resérvelo, tras tirar los ingredientes sólidos. Enjuague la cacerola y vuelva a poner en ella los trozos de pollo. Saque las semillas de los chiles y enjuáguelos. Córtelos en trozos y déjelos durante aproximadamente 1 hora en remojo en 1/2 taza de agua caliente, dándoles de cuando en cuando la vuelta. Si absorben todo el agua, añada un poco más. Haga los chiles puré en una batidora o pasapuré, utilizando un poco del agua en la que han permanecido a remojo. Échelos en un cuenco. Tueste las almendras en una sartén y pulverícelas en una batidora, molinillo o pasapuré, páselas por un colador y añádalas a los chiles, procurando que quede todo bien mezclado. Caliente la manteca de cerdo o el aceite en una sartén, añada la mezcla de chiles y almendras, sofríalo todo durante 4 ó 5 minutos a fuego moderado, removiendo sin parar con una cuchara de madera. Añada unas 2 tazas del caldo de pollo reservado para conseguir una salsa no demasiado espesa. Eche el clavo, la canela y el orégano y viértalo todo sobre los trozos de pollo en la cacerola. Déjelo hervir a fuego muy lento durante 15 minutos o hasta que el pollo esté caliente y los sabores se hayan mezclado todos. Sazónelo a su gusto con sal. Se sirve con arroz, fríjoles, tortillas, guacamole o algún otro tipo de ensalada y una guarnición de verduras, si se desea.

A pesar de las solemnes advertencias de antiguos libros de cocina y de experimentados cocineros mexicanos, debo confesar que, cuando he salado la salsa por anticipado, no se me ha separado nunca, por lo que dejo que cada cual decida a este respecto.

Algunos cocineros reservan las semillas de los chiles anchos, las tuestan y las muelen junto con las almendras. A mí personalmente no me parece una buena idea. Las semillas o pepitas de los chiles hacen que la salsa resulte demasiado fuerte y oscurecen el delicado sabor de las almendras. Además, hay que añadir mucho más caldo, con lo que se obtiene una excesiva cantidad de salsa.

Pollo en salsa de almendra   MÉXICO

Para 4 raciones

4 cucharadas (1/4 taza) de mantequilla
1 pollo de, aproximadamente,
   1 1/2 kg., cortado en trozos
3 tazas de caldo de pollo, aproximadamente
1 cebolla mediana, bien picada
1 pimiento picante rojo o verde,
   fresco, sin semillas y cortado en

trocitos, o un chile tipo serrano
   o jalapeño de lata, lavado
1/2 taza de almendras tostadas,
   bien molidas
2 huevos duros, cortados en trocitos
1 taza de pan rallado
Sal, pimienta recién molida

Caliente la mantequilla en una sartén grande y fría los trozos de pollo hasta que estén dorados por todas partes. Eche el pollo en una cacerola resistente, y añada caldo suficiente como para cubrirlo. Cuando rompa a hervir, baje el fuego, ponga la tapadera y déjelo hervir a fuego lento, hasta que el pollo esté tierno, unos 45 minutos. Saque los trozos de pollo y manténgalos calientes. Vierta el caldo en un recipiente y resérvelo. Enjuague y seque la cacerola.

De la grasa que quede en la sartén, sofría la cebolla junto con el pimiento picante hasta que la cebolla esté tierna. Añada las almendras, los huevos, el pan rallado y la sal y pimienta a su gusto, y saltéelo todo 1 ó 2 minutos más. Añada 2 tazas del caldo de pollo reservado, vierta la mezcla en una batidora o pasapuré, y redúzcalo todo a puré. Procure que la salsa conserve cierta textura. Vuelva a echar los trozos de pollo en la cacerola y vierta la salsa sobre ellos. Déjelos a fuego lento el tiempo suficiente como para que se calienten bien. Se sirve con arroz.

Pollo pibil   MÉXICO

Se trata de una receta muy antigua de tiempos remotos. En teoría, el plato debe prepararse en hojas de platanero y hacerse en un pib, un horno de tierra, uno de los métodos de cocción más antiguos que se conocen. Un horno moderno funciona bien, pero nunca tan bien como el pib. Algunas veces se tiene la oportunidad de degustar el pollo pibil preparado de la manera tradicional, y puedo asegurar que se trata de una gran experiencia.

Para 4 raciones

12 granos de pimienta
1/2 cucharadita de orégano
1/2 cucharadita de semilla de comino
2 cucharaditas de semillas de achicote
1 cucharadita de sal
4 dientes de ajo grandes

1 taza de zumo de naranja amarga (o de Sevilla), o, en su defecto, 2/3 partes de zumo de naranja y 1/3 parte de zumo de lima
1 pollo de entre 1 1/2 kg. de peso, cortado en 4 pedazos
Hojas de platanero (o, en su defecto, papel de plata o cocina)

Utilizando un mortero, una batidora o un pasapuré, muela los granos de pimienta, el orégano, el comino, el achicote, la sal y el ajo. Eche la mezcla en un cuenco grande y Mézclelo bien con el zumo de naranja. Añada los trozos de pollo, procurando que queden bien cubiertos por la salsa. Tápelo y déjelo en el frigorífico durante 24 horas, dándoles 2 ó 3 veces la vuelta.

Envuelva cada trozo de pollo en una hoja de platanero, papel de plata o papel de cocina, de unos 30 x 30 cm., procurando que la salsa quede repartida por igual entre todos los trozos. Colóquelos en una cacerola, tápela y métala en el fuego a 160º C durante unas 2 horas, o hasta que el pollo esté muy tierno. Se sirve con tortillas de maíz calientes.

Pollo ticuleño

Se trata de un exquisito plato maya de la Península del Yucatán. El delicado sabor de la pechuga de pollo contrasta maravillosamente con el más intenso de los fríjoles negros y de la tortilla de maíz, resaltado todo ello por el sabor puro de la salsa de tomate. Ponga los fríjoles a hervir durante unas 3 horas antes de preparar el plato, de manera que estén listos cuando se necesiten. Esta receta no precisa realmente más acompañamiento que su guarnición y, para los amantes de las comidas picantes, *Ixni-pec*, la salsa picante de Yucatán (véase pág. 381).

Para 4 raciones

PARA LA SALSA DE TOMATE

3 tomates medianos
1 cebolla pequeña
Sal, pimienta recién molida

PARA EL POLLO

8 cucharadas (1/2 taza) de mantequilla
2 pechugas de pollo enteras, deshuesadas y partidas por la mitad
Harina
1 huevo levemente batido
2 tazas de pan rallado, aproximadamente
4 tortillas, bien fritas en aceite vegetal
1 taza de fríjoles negros hervidos como para panuchos (véase página 88)

4 cucharadas, aproximadamente, de queso parmesano, recién rallado

PARA LA GUARNICIÓN

1 cebolla preparada como para los panuchos (véase pág. 88), pero cortada en finas rodajas en lugar de en trocitos
1 taza de guisantes hervidos
2 plátanos maduros, cortados transversalmente por la mitad y luego longitudinalmente, y fritos en aceite vegetal hasta que estén dorados
De 8 a 12 rábanos cortados en forma de flor
1 ó 2 tomates medianos, cortados en rodajas (optativo)

Para preparar la salsa de tomate, pele y corte en trocitos 3 tomates medianos y échelos en la batidora o pasapuré junto con 1 cebolla pequeña, cortada también en trocitos. Hágalo todo puré. Vierta la mezcla en un cazo pequeño y déjela hervir sin tapar y a fuego lento durante unos 15 minutos, o hasta que la salsa de tomate esté espesa y perfectamente mezclada. Sazónela con sal y pimienta recién molida a su gusto.

Corte la mantequilla en trozos grandes y échela en un cazo pequeño y resistente. Derrítala a fuego muy lento. Quite la espuma que pueda subir a la superficie y vierta cuidadosamente la mantequilla en una sartén gruesa, tirando luego los posos lácteos que hayan podido quedar. Reboce las pechugas primero en harina, luego en huevo y finalmente en pan rallado. Caliente la mantequilla y fría en ella las pechugas durante unos 4 minutos por cada lado, teniendo cuidado de que no se quemen. Extienda los fríjoles sobre las tortillas, coloque encima las pechugas, vierta un poco de salsa de tomate sobre ellas y espolvoree el queso rallado por encima. Coloque las 4 raciones en sus platos correspondientes, previamente calentados, y rodéelas con la guarnición de cebolla, guisantes, plátano, rábanos y, si lo desea, tomates cortados en rodajas.

Pollo en salsa de huevos ECUADOR

Ecuador formó en otros tiempos parte del gran imperio inca, que tenía su centro en la ciudad de Cuzco (Perú), y dominó toda la región de los Andes, llegando hasta el norte de Chile. Incluso hoy, el idioma dominante del imperio inca, el quechua, sigue hablándose en ambos países. Pero la costa del Ecuador no pertenecía a dicho imperio, y dado su clima y vegetación completamente distinto, poseía una cocina regional diferenciada, cuyo rasgo más notable lo constituye el empleo de plátanos, especialmente del plátano verde. El secreto de esta cocina radica en que combina alimentos que normalmente no se consumen juntos, por ejemplo cerdo relleno de gambas, o la naranja amarga (o de Sevilla) utilizada para los seviches. La mostaza seca se utiliza también bastante en los platos a base de pollo, sofrita primero con cebolla en trocitos, de manera que aporte su rico y sutil sabor al plato acabado. En otros casos se utilizan nueces molidas para preparar una salsa exquisita que acompaña maravillosamente al pollo, al que aporta ese peculiar sabor agridulce propio de las nueces. El vino, el vinagre, el zumo de naranja y de limón, los huevos, los pimientos morrones y los frutos secos se utilizan también frecuentemente con las recetas a base de pollo, convirtiendo la cocina ecuatoriana en sumamente versátil y al mismo tiempo sencilla, sin exigir técnicas demasiado elaboradas.

Para 4 ó 6 raciones

4 cucharadas (1/4 taza) de mantequilla o aceite vegetal
1 pollo de entre 1 1/2 y 2 kg. de peso, cortado en trozos
1 cebolla grande, bien picada
1 diente de ajo, picado

1 cucharada de mostaza seca
Sal, pimienta recién molida
2 tazas de caldo de pollo, aproximadamente
6 huevos duros, cortados en trocitos pequeños

Caliente la mantequilla en una sartén y fría en ella los trozos de pollo hasta que estén dorados por ambos lados. Échelos en una cacerola. En la mantequilla que quede en la sartén, sofría la cebolla y el ajo junto con la mostaza, removiendo constantemente para que se mezcle todo bien. Cuando la cebolla esté tierna, eche el contenido de la sartén en una cacerola resistente. Sazónelo a su gusto con sal y pimienta y añada caldo suficiente como para cubrir los trozos de pollo. Ponga la tapa y déjelo hervir a fuego lento hasta que el pollo esté tierno, unos 45 minutos. Coloque el pollo en una fuente de servir previamente calentada y manténgalo caliente. A fuego alto, reduzca la salsa hasta que quede bastante espesa. Pruébela y añádale un poco más de salsa y pimienta en caso necesario. Eche los huevos y déjelos justo el tiempo suficiente como para que se calienten. Vierta la salsa sobre el pollo y sírvalo todo junto, o bien el pollo por un lado y la salsa en una salsera aparte. Se acompaña con arroz o patatas, una ensalada mixta o alguna guarnición de verduras.

Variación.—Para el *Pollo en salsa de nuez,* suprima los huevos duros y añada 1 1/2 tazas de nueces molidas a la salsa.

Variación.—Para el *Pollo con aceitunas,* utilice 1 taza de vino tinto en lugar de 1 taza de caldo, y suprima la mostaza. En lugar de los huevos duros, añada 1 1/2 tazas de aceitunas verdes rellenas de pimiento, cortadas en rodajas. Antes de hacerlo, lávelas bien en agua templada.

Variación.—Para el *Pollo a la criolla,* suprima la mostaza y los huevos duros, y añada junto con el caldo 1/2 taza de aceite, 2 cucharadas de vinagre y 1 hoja de laurel. Se sirve con patatas fritas.

Variación.—Para el *Pollo con pimientos,* suprima los huevos duros. Utilice 1 taza de caldo y 1 taza de vino tinto seco. Aumente la cantidad de mostaza hasta 2 cucharadas y añada a la salsa 1 lata de unos 200 gr. de pimientos morrones, escurridos y hechos puré en la batidora. Hierva la salsa a fuego lento unos cuantos minutos más, y, en caso necesario, añada pan rallado suficiente como para dotarla de una cierta consistencia. Debería estar relativamente espesa.

Variación.—Para el *Pollo al limón,* suprima los huevos duros. Reduzca el caldo de pollo a 1 1/2 tazas y añada 1/2 taza de zumo fresco de limón. Tradicionalmente, la salsa se espesa añadiéndole 1 taza de pan rallado y calentándola a fuego moderado hasta que adquiera cierta consistencia. Yo personalmente prefiero reducir su cantidad a fuego alto, o espesaría con 1 cucharada de harina mezclada con otra de mantequilla. El sabor no varía, se trata simplemente de una cuestión de textura.

Variación.—Para el *Pollo en salsa de almendras,* suprima la mostaza y reduzca los huevos duros a 3. Cuando el pollo esté hecho, colóquelo en una fuente y manténgalo caliente. Reduzca el caldo a 1 1/2 tazas a fuego alto. Pulverice 3/4 de taza de almendras peladas en la batidora o pasapuré, añada los huevos y el caldo y redúzcalo todo a un suave puré. Caliente la salsa, échela a cucharadas sobre el pollo y sirva el resto por separado. Se trata de una receta engañosamente sencilla, ya que los huevos y las almendras aportan a la salsa un sabor enormemente sutil.

Variación.—Para el *Pollo en jugo de naranja,* suprima los huevos duros. Suprima también la mostaza y utilice en su lugar 1 cucharada de pimentón dulce. En lugar de 2 tazas de caldo de pollo, utilice 1 taza de caldo y otra de zumo de naranja. Añada unos 150 gr. de jamón hervido cortado en trozos grandes al pollo en la cacerola. Antes de servir este plato, reduzca la salsa a fuego lento hasta que quede ligeramente espesa.

Variación.—Para el *Pollo al jerez,* suprima los huevos duros. Reduzca la cantidad de mostaza seca a 1 cucharadita, y, en lugar de 2 tazas de caldo de pollo, utilice sólo 1 y otra de jerez seco. Espese la salsa con 1 taza de pan rallado, o redúzcala a fuego alto.

Variación.—Para el *Pollo con queso,* suprima los huevos duros. Cuando eche el caldo a la cacerola, añada 1 hoja de lau-

rel y 1/2 cucharadita de tomillo y otra 1/2 de orégano.
Cuando el pollo esté hecho, sáquelo y colóquelo en una fuente de asar, tras haber espolvoreado por encima queso parmesano rallado (1/2 taza aproximadamente), y tras haberlo untado
con 2 cucharadas de mantequilla. Métalo en un horno a 175º C
y déjelo hasta que el queso esté bien dorado. Cuele la salsa y
redúzcala a la mitad a fuego alto. Se sirve aparte, en una salsera.

En Ecuador había siempre en la mesa alguna salsa bien
picante fresca o embotellada, para tomarla con estos platos, al
gusto de cada uno.

Pollo con arroz   PARAGUAY

Resultaría imposible redactar un libro de cocina latinoamericana sin incluir ninguna receta para el arroz con pollo, uno de
los platos favoritos de dicho continente. Ese sencillo plato contiene también una gran paradoja: sus ingredientes son en su
mayor parte originarios de España, y en algunas ocasiones se le
denomina *Arroz a la valenciana*. Se le considera primo her-
mano de la paella, el famoso plato español a base de arroz,
pollo y marisco. Pero se trata de una receta esencialmente inter-
nacional, ya que los pollos procedieron originalmente de la
India, el azafrán llegó a España con los comerciantes fenicios,
los árabes trajeron el arroz de Asia y los tomates y los pimientos son la aportación de México. Se trata de un plato enormemente popular en todos los países de habla hispana del
Caribe y de México, así como en América del Sur, y difiere un
poco de un país a otro, no sólo en cuanto a los ingredientes y
a la técnica utilizada para prepararlo, sino también en cuanto al
nombre. Una de las formas de llamarle es arroz con pollo en
vez de pollo con arroz.

Para 4 ó 6 raciones

2 cucharadas de aceite, preferentemente de oliva

1 pollo de, aproximadamente, 1 1/2 kg. de peso, cortado en trozos

1 cebolla mediana, bien picada

1 pimiento verde o rojo, sin semillas y cortado en trocitos

3 tomates, pelados y cortados en trocitos

Sal, pimienta recién molida

4 tazas de caldo de pollo o agua

1/8 cucharadita de azafrán

2 tazas de arroz de grano largo

Caliente el aceite en una sartén gruesa y fría los trozos de pollo hasta que estén dorados por ambos lados. Échelos en una cacerola de porcelana o barro. En el aceite que quede en la sartén, sofría la cebolla y el pimiento hasta que estén tiernos. Añádalos a la cacerola junto con los tomates, la sal y pimienta a su gusto, 2 tazas de caldo de pollo o agua y el azafrán machacado. Déjelo hervir tapado y a fuego lento durante unos 30 minutos.

Saque los trozos de pollo, colóquelos en una fuente o plato y resérvelos. Pase el líquido por un colador y reserve los ingredientes sólidos. Mida el líquido y aumente en caso necesario su cantidad hasta 4 tazas con el resto del caldo de pollo. Échelos en la cacerola, añada el arroz y los ingredientes sólidos reservados, Mézclelo todo bien y suba el fuego hasta que rompa a hervir. Coloque los trozos de pollo encima del arroz, tápelo todo y déjelo hervir unos 20 minutos a fuego muy lento hasta que el arroz esté tierno y haya absorbido todo el líquido. Se sirve directamente de la cacerola. Si se desea, se puede colocar junto al pollo unos 12 corazones de alcachofas.

Variación.—Venezuela ofrece una interesante variación de esta receta. Es algo más elaborada y mezcla con el arroz pasas, aceitunas y alcaparras. En una batidora o pasapuré, reduzca a puré 4 tomates medianos, pelados y cortados en trocitos, 2 cebollas medianas, cortadas en trocitos, 1 pimiento verde y 1 pimiento rojo, sin semillas y cortados en trocitos, 2 cebollas medianas, cortadas en trocitos, 1 pimiento verde y 1 pimiento rojo, sin semillas y cortados en trocitos, 2 puerros bien lavados y troceados; y 1 diente de ajo. Sazone la mezcla con sal y pimienta recién molida y viértala sobre un pollo de 1 1/2 kg.

de peso, aproximadamente, cortado en trozos, y colocado en una cacerola resistente. Añada 1/2 taza de vino blanco seco y un poco de caldo de pollo hasta cubrirlo todo, y déjelo hervir tapado y a fuego lento 1/2 hora más o menos. Saque los trozos de pollo, colóquelos sobre una fuente o plato y mida el líquido. Aumente su cantidad hasta 4 tazas, añadiendo en caso necesario más caldo de pollo. Enjuague y seque la cacerola. Caliente 4 cucharadas (1/4 taza) de mantequilla en la cacerola y añada el arroz. Remueva constantemente con una cuchara de madera teniendo cuidado de que el arroz no se queme. Vierta la mezcla sobre el arroz. Añada 1/2 taza de pasas sin semillas, 12 aceitunas verdes rellenas de pimiento, cortadas por la mitad, y 2 cucharadas de alcaparras, y Mézclelo todo bien. Espere a que rompa a hervir. Coloque los trozos de pollo encima del arroz, tápelo todo y déjelo a fuego muy lento unos 20 minutos hasta que el arroz esté tierno y haya absorbido todo el líquido. Obtendrá de 4 a 6 raciones.

Variación.—En la costa de Colombia se utiliza el achicato para su propia versión del arroz con pollo, lo que resulta significativo, ya que ésta era una de las especias favoritas de los mayas, los caribes, los arawaks, y los habitantes indígenas de las costas de Colombia antes del Descubrimiento. Sigue siendo muy popular en la Península del Yucatán, en la Colombia costera y en el Caribe actual. Eche 2 cucharadas de aceite de achicote en una cacerola gruesa, y añada un pollo de 1 1/2 kg. de peso, aproximadamente, cortado en trozos, 4 tomates medianos, pelados y troceados, 2 cebollas medianas, bien picadas, 1 zanahoria grande, pelada y cortada en trocitos, 2 tallos de apio, cortados en trocitos, 3 ó 4 cebollinos, cortados en trocitos, 1 pimiento picante fresco, sin semillas y cortado en trocitos (optativo), 1 hoja de laurel, 1/8 cucharadita de comino molido, 2 clavos, 1 cucharada de vinagre, y sal y pimienta a su gusto. Tápelo y déjelo a fuego muy lento unos 30 minutos, o hasta que el pollo esté casi tierno. Si se necesita más líquido, añada un poco de caldo de pollo. Saque los trozos de pollo y colóquelos sobre una fuente o plato. Saque y tire los cebollinos, la hoja de laurel y el clavo. Pase el líquido por un colador y reserve los ingredientes sólidos. Incremente la cantidad de líquido hasta 4 tazas. Vierta el líquido en la cacerola, añada 2 tazas de arroz de grano largo y los ingredientes sólidos reservados, Mézclelo todo bien y espere a que rompa a hervir. Coloque los trozos de pollo encima del arroz, tápelo todo y déjelo hervir a fuego muy lento hasta que el arroz esté tierno y haya absorbido todo el líquido, aproximadamente 20 minutos. Obtendrá de 4 a 6 raciones.

Variación.—La República Dominicana posee su propia versión del arroz con pollo, sumamente atractiva. En ella el pollo se deja a remojo en una mezcla que contiene pimiento picante, y luego la salsa se mezcla con el arroz. Coloque un pollo de algo más de 2 kg. de peso, cortado en trozos, en un cuenco junto con 2 dientes de ajo, machacados, 1 cebolla mediana, bien picada, 1 cucharada de perejil, picado, 1 hoja de laurel, machacada, 1 pimiento picante verde o rojo, sin semillas y cortado en trocitos, sal y pimienta recién molida a su gusto y 2 cucharadas de vinagre, y déjelo reposar todo aproximadamente 1 hora. A algunos cocineros les gusta añadir al pollo 50 gr. de jamón hervido cortado en trocitos. Saque los trozos de pollo de la salsa y séquelos bien con servilletas de papel. Reserve la salsa. Caliente 4 cucharadas de aceite vegetal o manteca de cerdo en una cacerola gruesa, y fría los trozos de pollo hasta que estén dorados por ambos lados. Añada la salsa reservada y hiérvalo todo junto 1 minuto o 2. Eche 2 tazas de arroz en la mezcla anterior. Déjelo hervir durante 2 ó 3 minutos. Añada 4 tazas de caldo de pollo o agua mezclados con 2 cucharadas de puré de tomate y déjelo hervir a fuego bastante alto. Tápelo y déjelo a fuego lento, durante unos 30 minutos, hasta que el pollo y el arroz estén tiernos y hayan absorbido todo el líquido. Añada 1/2 taza de aceitunas verdes rellenas de pimiento, cortadas en rodajas, 1 cucharada de alcaparras, 1/2 taza de guisantes verdes hervidos o de judías verdes hervidas, y 1 ó 2 pimientos morrones, cortados en tiritas. Déjelo al fuego justo el tiempo suficiente como para que se caliente bien y sírvalo de la propia cacerola. Obtendrá 4 raciones.

Variación.—Conozco una receta mexicana para preparar el arroz con pollo que me dio la abuela de mi marido, doña Carmen

Saravia de Tinoco. Era una cocinera maravillosa, y cuando preparaba tamales del norte para una fiesta todo el mundo se afanaba por conseguir una invitación a la misma. Creo que es una pena que las abuelas sean por lo general mucho mayores que sus nietas políticas, ya que podría haber aprendido mucho de una maestra tan maravillosa como ella. Su receta es interesante, por incluir al mismo tiempo azafrán y pimientos picantes.

Para el arroz con pollo mexicano, sazone con sal y pimienta un pollo de algo más de 1 1/2 kg. de peso, cortado en trozos. Caliente 3 cucharadas de aceite de oliva en una sartén y fría los trozos de pollo hasta que estén dorados por ambos lados. Colóquelos en una cacerola de barro resistente al fuego, o en cualquier cacerola gruesa. En el aceite que quede en la sartén, sofría 1 cebolla mediana, bien picada, y 2 dientes de ajo, picados, hasta que la cebolla esté tierna. Añádalo todo al pollo. Eche 4 tomates medianos, pelados y cortados en trocitos, 1 ó 2 chiles jalapeños, sin semillas y cortados en trocitos, 1/4 cucharadita de comino molido, y 1/8 cucharadita de azafrán machacado. Añada 3 tazas de caldo de pollo o agua, o la cantidad suficiente como para cubrir el pollo. Cuando rompa a hervir baje el fuego, tape la cacerola y déjelo hervir todo a fuego lento durante 30 minutos. Saque los trozos de pollo y resérvelos, y mida luego la cantidad de líquido. Increméntela hasta 4 tazas. En el aceite que quede en la sartén, fría el arroz, pero sin dejar que llegue a dorarse. Añádalo a la cacerola, eche sobre él el caldo y Mézclelo todo bien. Cuando rompa a hervir, ponga los trozos de pollo encima, baje el fuego, tape la cacerola y déjelo hervir todo a fuego muy lento hasta que el arroz esté tierno y haya absorbido todo el líquido. Se adorna con 2 pimientos morrones cortados en tiritas, y se sirve directamente de la cacerola.

También se puede echar 50 gr. de jerez seco sobre el pollo y el arroz al final de la cocción y dejarlo todo al fuego 1 ó 2 minutos más. Si se prefiere, se puede prescindir de los chiles jalapeños. Obtendrá de 4 a 6 raciones.

Pollo escabechado

CHILE

En esta receta, el pollo se guisa literalmente en el aceite, que se vierte a cucharadas sobre el mismo al final del tiempo de cocción. Por este procedimiento se obtiene una carne de pollo tierna, jugosa y de delicado sabor. A pesar de su nombre, esta receta contiene sólo una pequeña cantidad de vinagre, sumamente agradable al paladar. Dado que el pollo se sirve frío, se prepara por adelantado, lo que hace que este plato resulte ideal para una comida familiar en verano. Ofrece un aspecto sumamente atractivo con su gelatina pálida y translúcida, y resulta especialmente adecuado para un *bufet* frío, acompañado de ensaladas tales como la de aguacate, de habas o de verduras.

Para 6 u 8 raciones

1 pollo de asar de unos 2 kg. de peso, cortado en trozos	1 hoja de laurel
1 taza de aceite vegetal	2 cebollas medianas, cortadas en finas rodajas
1/2 taza de vinagre de vino blanco	2 zanahorias, peladas y cortadas en finas rodajas
1 cucharadita de sal	
6 granos de pimienta	

Ponga todos los ingredientes en una olla o cacerola gruesa, tápela y déjelo hervir todo a fuego lento, hasta que el pollo esté tierno, aproximadamente 1 1/2 horas. Déjelo enfriar. Coloque los trozos de pollo en una fuente con las verduras alrededor. Saque y tire los granos de pimienta y la hoja de laurel. Vierta el líquido de la cacerola en un cuenco, y quítele luego todo el aceite a cucharadas (pues resulta más fácil hacerlo de esta manera). Reserve el aceite para freír en él otras carnes o aves. Vierta el caldo sobre los trozos de pollo y déjelo todo en el frigorífico. Si se desea que el líquido se convierta en gelatina, añada a la salsa 1/2 cucharada de gelatina insabora ablandada en agua y déjelo todo a fuego lento un rato antes de verterlo sobre el pollo. Si queda algo de aceite en la salsa, se separará en el momento de solidificarse la gelatina. En ese caso limítese a quitarlo a cucharadas o con una servilleta de papel.

Para servir, decore una fuente con hojas de lechuga, rodajas de tomate, guisantes y judías verdes hervidas, y pimiento morrón cortado en tiritas o cualquier otra verdura u hortaliza adecuada, tales como los corazones de alcachofas.

Variación.—Creo que el *Pollo a la paisana,* una receta también procedente de Chile, puede considerarse como una variación del pollo escabechado, aunque se sirve caliente y no frío, y es un plato bastante más sencillo Resulta de hecho enormemente fácil de preparar, y sobre todo aconsejable cuando no se tiene tiempo y se desea, sin embargo, comer algo apetitoso. La carne de pollo sale enormemente jugosa y tierna y con un sabor sutil que cada cocinero puede variar recurriendo al empleo de distintos tipos de vinagre. Yo personalmente he utilizado con frecuencia el vinagre de estragón y el vinagre de sake japonés. Aunque dudo que éste sea frecuentemente utilizado en Chile, reivindico el derecho de cada cocinero a desviarse de las tradiciones estrictas.

Para el *Pollo a la paisana,* corte un pollo de algo más de 1 1/2 kg. en trozos y colóquelos luego en una cacerola de porcelana o barro junto con 4 cebollinos, cortado cada uno de ellos en trocitos de 2,5 cm. y utilizando tanto las partes verdes como las blancas, 4 dientes de ajo, enteros, sal y pimienta negra recién molida al gusto de cada uno, 1 ó 2 tallos de perejil, 6 cucharadas de aceite de oliva y 2 cucharadas de vinagre. Tápelo todo y déjelo a fuego muy lento, hasta que el pollo esté tierno, entre 45 minutos y 1 hora. Se sirve con patatas hervidas o fritas, y una ensalada de lechuga o berros, o alguna guarnición de verduras. Obtendrá de 4 a 6 raciones.

PAVO

Pavo relleno   MÉXICO

Hasta hace poco, cuando la industrialización llegó a las cocinas de los hogares mexicanos, y hornos eléctricos y de gas reemplazaron a los antiguos hornos de carbón del pasado, en dicho país apenas se preparaban platos al horno, salvo el pan y algunos tipos de tarta. Este pavo asado, con su suculento relleno de carne, es una excepción. La primera vez que me encontré con él me quedé bastante sorprendida, pues me parecía bastante excesiva la combinación de pavo por un lado y carne por otro. Pero pronto lo adopté con entusiasmo, pues se trata de una receta realmente deliciosa. En México, este plato se serviría con una guarnición a base de trocitos de lechuga, tomates en rodajas y aguacate, en un aliño de aceite y vinagre, aceitunas y rábanos cortados en forma de flor; pero yo prefiero servir estos ingredientes por separado o en forma de ensalada.

Para 6 u 8 raciones

1 receta de *Picadillo* (carne de vaca sazonada), véase pág. 185	Mantequilla
	1 taza de vino blanco
1 pavo de entre 3 y 4 kg. de peso, listo para guisar	3 cucharadas de harina
	Sal, pimienta recién molida

Prepare el relleno de picadillo y déjelo enfriar. Rellene con él el pavo por dentro y ciérrelo con palillos o mondadientes. Ate el pavo bien con cuerdas y colóquelo con la pechuga hacia arriba sobre una fuente de asar. Sumérjalo en mantequilla derretida y colóquelo luego por encima del pavo. Déjelo entre 2 y 2 1/2 horas al horno a fuego moderado (a 160º C), o hasta que el pavo esté hecho, remojando de cuando en cuando el paño con mantequilla derretida. Mientras el pavo permanece en el horno, prepare un caldo cubriendo el cuello, los menudillos y el hígado con agua y 1 taza de vino blanco, dejándolo hervir todo a fuego lento entre 45 minutos y 1 hora. Quite el paño 1/2 hora antes de que el pavo esté hecho, de forma que se dore, remojándolo 2 veces durante este periodo. Coloque el pavo en una fuente y quítele las cuerdas y los palillos. Déjelo reposar 15 minutos antes de trincharlo. Quite toda la grasa de la fuente, dejando sólo 3 cucharadas, y añada la harina, mezclándolo todo bien a fuego moderado. Añada entonces 1 taza del caldo previamente preparado y Mézclelo todo bien, echando un poco más en caso de que la salsa quede demasiado espesa. Sazónela a su gusto con sal y pimienta y sírvala aparte en una salsera.

Variación.—Para otro relleno también muy popular, sustituya la carne de vaca por 1 kg. de carne de cerdo picada.
Suprima el orégano y el tomillo y añada 1/8 cucharadita de clavo
y la mitad de canela molida. El comino molido (1/8 cucharadita) puede añadirse a cualquiera de los rellenos. Esta especia es
muy popular en la cocina mexicana, y yo personalmente considero que introduce una agradable variación en la receta.

Pavita rellena a la criolla ARGENTINA

Si se dispone de ellos, en esta receta pueden utilizarse membrillos en lugar de melocotones para rellenar el pavo.

Para 10 ó 12 raciones

8 rebanadas de pan de molde
Leche
2 cucharadas de mantequilla
1 cebolla mediana, bien picada
1 kg. de carne de chorizo
1 hoja de laurel, machacada
1 cucharadita de orégano
1 cucharada de perejil, bien picado
2 huevos duros, bien picados
3 cucharadas de aceitunas verdes
  deshuesadas, cortadas en trocitos
2 tazas de melocotones, pelados,
  deshuesados y cortados en trocitos
Sal, pimienta recién molida
3 huevos, levemente batidos
1 pavo de entre 5 y 6 kg. de peso,
  preferentemente pava
Aceite de oliva
Mantequilla para untar

Deje el pan de molde a remojo en leche, escúrralo y desme-
núcelo. En un cazo, caliente la mantequilla y sofría la cebolla
hasta que esté dorada. Añada la carne de chorizo y déjela hasta
que haya perdido todo su color, machacándola con un tenedor
para desmenuzarla. Aparte el cazo del fuego. Añada el pan, las
especias, los huevos duros, las aceitunas y los melocotones.
Sazónelo a su gusto con sal y abundante pimienta. Añada los
huevos ligeramente batidos. Rellene el pavo con esta mezcla y
sujételo de la forma acostumbrada. Frótelo todo con aceite de
oliva y déjelo en el horno a 160º C entre 3 y 3 1/2 horas, o
hasta que esté hecho. Aproximadamente cada 1/2 hora, úntelo con 1/2 taza de mantequilla derretida, y cuando se haya

agotado, con la grasa que haya quedado en el cazo. En caso necesario, utilice un poco más de mantequilla. Si lo desea, prepare una salsa hirviendo a fuego lento los menudillos y el cuello en agua hasta obtener 3 tazas de caldo, mezcle 4 cucharadas de harina con otras 4 de la grasa que haya soltado el pavo, añádalo todo al caldo y déjelo hervir a fuego lento y removiendo sin parar hasta que la salsa se haya espesado.

Pavo guisado   REPÚBLICA DOMINICANA

Debido quizá a haber quedado algo al margen del resto de América Latina, la cocina de la República Dominicana ha conservado algunos de los mejores platos del periodo colonial, en el que los alimentos indígenas y los introducidos por los españoles se combinaron felizmente unos con otros.

Para 8 ó 10 raciones

1 pavo de algo más de 4 kg. de peso, cortado en trozos
4 dientes de ajo, machacados
Sal, pimienta recién molida
2 cucharadas de vinagre de vino tinto
1/2 taza de aceite vegetal
1 taza de puré de tomate
1 pimiento verde, sin semillas y cortado en trozos

24 aceitunas verdes, deshuesadas
4 cucharadas de alcaparras
1 1/2 kg. de patatas, peladas y cortadas en rodajas
1/2 kg. de guisantes frescos, o 1 paquete de 250 g. de guisantes congelados, previamente descongelados

Sazone los trozos de pavo con el ajo, la sal y la pimienta a su gusto y el vinagre. Déjelos durante 1 hora aproximadamente, a la temperatura ambiente. Caliente el aceite en una cacerola resistente en un horno holandés lo suficientemente grande como para que quepan cómodamente los trozos de pavo. Séquelos con servilletas de papel y reserve el caldo hasta que haya podido sobrarle. Añada el puré de tomate, el pimiento verde y agua suficiente como para cubrirlo todo. Tápelo y déjelo hervir a fuego lento durante aproximadamente 1 hora. Añada las aceitunas, las alcaparras y las patatas, y déjelo 20 minutos más al fuego. Eche los guisantes y déjelo hervir todo 10 minutos más, o hasta que tanto el pollo como las verduras estén bien tiernos. Si utiliza guisantes congelados, échelos sólo 5 minutos antes de retirar la olla del fuego. Para servir este plato, coloque los trozos de pavo en una fuente de servir previamente calentada y rodéelos con las patatas. Si la salsa es demasiado abundante, redúzcala a fuego alto y viértala por encima.

PLATOS DE MOLE (PAVO O POLLO)

Mole poblano de guajalote   MÉXICO

Se trata del plato más famoso de toda la cocina mexicana, y aunque originario del estado de Puebla, se sirve en todo el país con motivo de celebraciones o festividades. Para una fiesta o reunión puede resultar realmente sensacional acompañado de tortillas de maíz, de arroz y fríjoles y guacamole (salsa de aguacate). Yo siempre pongo en la mesa un cuenco pequeño con chiles serranos o jalapeños de lata para los audaces que afirman que este plato no es lo suficientemente picante para ellos. De hecho, el mole poblano no es demasiado picante, aunque yo he descubierto algunas versiones de este plato en las que se echa un chile chipotle o dos, añadiendo al mismo tiempo picante y el sabor exótico de esta clase de chile. Para un plato más de diario se puede utilizar carne de cerdo o pollo en lugar de pavo.

En México se cuenta una leyenda encantadora, pero apócrifa, según la cual un grupo de monjas del convento de Santa Rosa de Puebla inventaron este plato en los viejos tiempos coloniales en honor de un virrey y de un arzobispo que fueron a visitarlas. En realidad, era uno de los platos típicos de la corte azteca; dado que contenía chocolate, estaba prohibido para las mujeres, y entre los hombres se reservaba para la realeza, la nobleza militar y los altos sacerdotes. Se cuenta que a Hernán

Cortés se le sirvió una versión de este plato en la corte del emperador azteca Moctezuma. Pero a pesar de que la leyenda no sea cierta, yo me considero personalmente endeudada con las monjas de Puebla, ya que conservaron la receta, que de lo contrario podría haberse perdido, y sustituyeron algunas de las hierbas y especias más exóticas usadas en los tiempos de los aztecas por ingredientes más conocidos. Estoy segura de que en el pasado se utilizaban especias indígenas en lugar del clavo y la canela, traídos por los españoles y procedentes de Oriente Medio; pero dado que el sabor es muy parecido, no hay por qué preocuparse. Dado que mole, que procede de la palabra naotal moli, significa una salsa preparada a base de cualquier tipo de chile, picante, muy picante o dulce, en México hay una enorme variedad de moles. De la amplia gama existente he elegido este mole poblano de Guajalote y los moles del estado de Oaxaca, en donde uno es siempre consciente de los misterios del pasado y en donde la cocina del presente ha sabido recuperar todos sus sabores.

1 pavo de unos 4 kg. de peso, cortado en trozos
1 cebolla mediana, bien picada
2 dientes de ajo, picados
Sal
6 cucharadas de manteca de cerdo

PARA LA SALSA

6 chiles ancho
6 chiles mulato
4 chiles pasilla
2 cebollas medianas, picadas
3 dientes de ajo, picados
3 tomates medianos, pelados, sin pepitas y cortados en trocitos
2 tortillas, o 2 rebanadas de pan de molde tostado, cortadas en trocitos

1 taza de almendras peladas
1/2 taza de cacahuetes
1/2 taza de pasas
4 cucharadas de semillas de ajonjolí
1/2 cucharadita de semillas de cilantro molido
1/2 cucharadita de anís molido
2 clavos enteros
1 trozo de canela en rama de 2,5 cm.
1/2 taza de manteca de cerdo, aproximadamente
Unos 50 g. de chocolate sin azúcar
Sal, pimienta recién molida
1 cucharada de azúcar (optativo)

Coloque los trozos de pavo en un cazo grande y pesado o en una cacerola resistente, junto con la cebolla, el ajo y agua suficiente como para cubrirlo todo. Sazónelo con sal, espere a que rompa a hervir, baje el fuego y déjelo hervir tapado y a fuego lento durante 1 hora, o hasta que el pavo esté casi tierno. Escúrralo y reserve el caldo. Saque los trozos de pavo y séquelos bien con servilletas de papel. Caliente la manteca de cerdo en una sartén grande y fría los trozos de pavo hasta que estén dorados por ambos lados. Resérvelos.

Para preparar la salsa, quíteles a los chiles anchos, mulatos y pasilla los tallos y las semillas. Córtelos en trozos, échelos en un cuenco y vierta sobre ellos agua caliente suficiente como para cubrirlos, aproximadamente 2 tazas. Déjelos reposar 30 minutos, dándoles de cuando en cuando la vuelta. En una batidora o pasapuré, combine los chiles y el agua en la que han permanecido en remojo con las cebollas, el ajo, los tomates, las tortillas o el pan de molde tostado, y Mézclelo todo bien hasta formar una pasta. En caso necesario, hágalo en dos tandas. Eche esa pasta en un cuenco. Enjuague y seque el recipiente de la batidora o el pasapuré y añada las almendras, los cacahuetes, las pasas, 2 cucharadas de semillas de ajonjolí, las semillas de cilantro, el anís, el clavo, la canela en rama, partida en trocitos, y Mézclelo todo bien. Combínelo luego todo con la pasta de chiles. Calcule la manteca de cerdo que queda en la sartén después de haber frito el pavo y añada la cantidad suficiente hasta que haya 4 cucharadas. Eche la pasta de chiles y sofríala a fuego moderado, removiendo constantemente, durante 5 minutos. Eche la mezcla al cazo o cacerola en el que se hizo el pavo. Añada 2 tazas del caldo de pavo reservado y el chocolate, cortado en trocitos. Sazónelo todo a su gusto con sal y pimienta. Deje la mezcla a fuego lento, removiendo constantemente, hasta que el chocolate se derrita, y añada en caso necesario más caldo de pavo para que la salsa quede casi como pasta. Si lo desea, échele el azúcar. Eche finalmente los trozos de pavo y déjelo hervir todo tapado y a fuego lento 1/2 hora, aproximadamente. Coloque los trozos de pavo y la salsa en una fuente de servir. En una sartén pequeña, tueste las semillas de ajonjolí restantes y espolvoréelas luego sobre el pavo. Se sirve con tortillas de maíz, arroz blanco, fríjoles y guacamole (salsa de aguacate).

Para una auténtica comida mexicana de fiesta, comience con seviche de sierra y termine con chongos zamoranos.

Mole negro oaxaqueño

Aunque el mole poblano de Guajalote es probablemente el más famoso de todos los platos mexicanos, el mole oaxaqueño le sigue en popularidad. Tradicionalmente se hacía con 1 pava de unos 4 kg. de peso, pero sabe igualmente bien con pollo, que es lo que yo empleo en esta receta. Los dos son platos muy antiguos, servidos a los emperadores y reyes en las cortes precolombinas. Debido al uso del chocolate, se trata de platos esencialmente hechos para la realeza, aunque se han modificado bastante desde los tiempos coloniales, utilizando algunos ingredientes no disponibles antes de la Conquista: granos de pimienta, almendras, clavo y canela, por ejemplo. Entre los chiles utilizados en el mole oaxaqueño se encuentra incluido el chilguacle, un pimiento de sabor muy amargo que aporta al plato su peculiar color oscuro. Ese tipo de pimiento no se encuentra fácilmente en otros países, por lo que yo utilizo el chile guajillo, que lo sustituye perfectamente desde el punto de vista del sabor, aunque su color es algo más claro. El mole negro oaxaqueño es un plato muy recomendable para fiestas o reuniones grandes, ya que la salsa puede prepararse con un día de antelación y su sabor mejora con el tiempo.

Para 8 raciones

2 pollos de casi 2 kg. de peso, cortados en trozos
Caldo de pollo
12 chiles guajillos (unos 50 g.)
4 chiles anchos
4 chiles pasilla
1/4 taza de cacahuetes, molidos
2 rebanadas de pan de molde, frito en manteca de cerdo o aceite vegetal
4 granos de pimienta
1 cucharadita de tomillo
1/8 cucharadita de canela molida, o 1 trozo de canela en rama
50 g. de chocolate, sin azúcar
Sal

1 cebolla mediana, picada
2 dientes de ajo, picados
2 tomates medianos, pelados y cortados en trocitos
1/4 taza de albaricoques secos, en remojo y cortados en trocitos
1/4 taza de almendras, molidas
2 cucharadas de semillas de ajonjolí
1/8 cucharadita de clavo molido, o 2 clavos enteros
1 cucharadita de orégano
8 cucharadas de manteca de cerdo o aceite vegetal
1 ó 2 hojas de aguacate (optativo)

Coloque los trozos de pollo en una cacerola o cazo grande y vierta sobre ellos suficiente caldo de pollo como para cubrirlos. Cuando rompa a hervir, tápelo y déjelo hervir a fuego lento durante 30 minutos. Resérvelos.

Quítele a los chiles las semillas, lávelos bien y córtelos en trozos. Póngalos en un cuenco con una taza de agua templada, hasta cubrirlos, utilizando un poco más de agua en caso necesario. Déjelos 1 hora en remojo, dándoles de cuando en cuando la vuelta. Combine los chiles, la cebolla, el ajo, los tomates, los albaricoques, las almendras, los cacahuetes, 1 cucharada de semillas de ajonjolí, el pan, partido en trocitos, los clavos, los granos de pimienta, el tomillo, el orégano y la canela, y hágalo todo puré poco a poco en una batidora o pasapuré. Caliente la manteca de cerdo o el aceite en una sartén grande y eche en ella el puré, que debería estar bastante espeso. Fríalo, removiendo sin parar con una cuchara de madera, ya que tiende a pegarse, durante unos 5 minutos. Saque los trozos de pollo del cazo o cacerola y resérvelos en una fuente. Eche el caldo en otro recipiente y calcule cuánto hay. Enjuague el cazo o cacerola y eche en él la mezcla de chiles. Añada 3 tazas de caldo de pollo y el chocolate. Sumerja brevemente las hojas de aguacate en el agua hirviendo y échelas al cazo. Sazónelo todo a su gusto con sal. Déjelo a fuego lento removiendo constantemente hasta que el chocolate se haya derretido. La salsa debería quedar bastante espesa, pero si quedara demasiado, añádale un poco más de caldo de pollo. Eche los trozos de pollo, ponga la tapa y déjelo hervir todo a fuego lento aproximadamente 1/2 hora, o hasta que el pollo esté tierno. Quite las hojas de aguacate. Coloque los trozos de pollo y la salsa en una fuente de servir grande. Tueste las restantes semillas de ajonjolí en una sartén a fuego moderado hasta que empiecen a saltar (1 ó 2 minutos) y espolvoréelas luego sobre el mole. Se sirve con arroz blanco, fríjoles, guacamole y tortillas de maíz.

Variación.—Si utiliza un pavo, de unos 4 kg. de peso, córtelo en trozos y échelos en una olla o cazo grande con agua suficiente como para cubrirlos. Sazónelos con sal, espere a que rompa el agua a hervir, baje el fuego y deje hervir el pavo tapado y a fuego lento durante 1 hora. Escurra los trozos de pavo y séquelos bien con servilletas de papel. Utilice el caldo para aligerar la mezcla de chiles. Caliente 4 cucharadas de manteca de cerdo o aceite vegetal en una sartén y fría los trozos de pavo hasta que estén dorados por ambos lados. Añádalos a la salsa de chiles y déjelo hervir, tapado y a fuego muy lento hasta que el pavo esté tierno, durante unos 30 minutos.

Variación.—Corte 1 1/2 kg. de carne magra de cerdo en trozos de 5 cm. y échelos en un cazo con agua suficiente como para cubrirlos. Sazónelos con sal y déjelos hervir tapados y a fuego lento durante 1 hora. Escúrralos. Utilice el caldo para aligerar la mezcla de chiles. Añada los trozos de cerdo a la salsa y déjelo hervir todo, tapado y a fuego lento hasta que la carne esté tierna, durante unos 30 minutos.

Mole amarillo   MÉXICO

Para 6 raciones

1 pollo de 1 1/2 kg. de peso, cortado en trozos
4 dientes de ajo
4 chiles largos de lata, o cualquier otro tipo de pimiento verde fresco y picante, sin semillas
2 cucharadas de manteca de cerdo o aceite vegetal
1 cebolla mediana, cortada en trozos

4 tomates medianos, pelados y cortados
1/2 cucharadita de orégano
1/8 cucharadita de comino molido
Sal, pimienta recién molida
1/2 kg. de zucchini, cortados en rodajas
1/4 kg. de judías verdes, cortadas en trozos de 2,5 cm.
Masa harina

Ponga el pollo en un cazo junto con 2 dientes de ajo, machacados, y agua suficiente como para cubrirlo todo. Cuando rompa a hervir, baje el fuego y déjelo hervir tapado y a fuego lento, hasta que el cerdo esté tierno, durante unas 2 horas. Eche los chiles en una batidora o pasapuré y redúzcalos a puré. En caso necesario, añada 1 cucharada del caldo de pollo. Caliente la manteca de cerdo o el aceite en una sartén y sofría el puré de chiles, removiendo sin parar con una cuchara de madera, durante 3 ó 4 minutos. Eche los 2 dientes de ajo restantes, la cebolla y los tomates en una batidora o pasapuré y redúzcalo todo a puré. Viértalo en la sartén junto con los chiles y déjelo hervir todo, removiendo de cuando en cuando, hasta que la salsa esté espesa y bien mezclada, 3 ó 4 minutos. Escurra la carne de cerdo, pero déjela en el cazo. Vierta 2 tazas de caldo en la sartén, procurando que se mezcle bien con el resto de los ingredientes, sazónelo todo con el orégano, el comino, la sal y la pimienta, y vierta la mezcla resultante sobre la carne. Hierva los zucchini (unos 8 minutos) y las judías verdes (de 10 a 15 minutos) por separado y en agua salada, escúrralos y échelos al cazo. Déjelo hervir todo junto a fuego lento entre 10 y 15 minutos para que se mezclen bien los sabores. Si queda demasiado ligera, me gusta espesar la salsa con un poco de masa harina: para ello mezclo una cucharada de harina con un poco de caldo y lo añado al cazo, dejándolo luego 1 minuto o más al fuego. Se sirve con arroz.

Variación.—En lugar de los chiles largos, utilice 6 chiles guajillos. Quíteles las semillas y déjelos en remojo en 1/2 taza de agua templada durante 30 minutos, páselos luego por la batidora o el pasapuré junto con el agua en que han permanecido a remojo. Sofría este puré en la manteca de cerdo o el aceite. En lugar de los tomates, utilice 2 latas de 250 gr. de tomates verdes mexicanos, escurridos y hechos puré en la batidora o el pasapuré, junto con 2 hojas medianas de lechuga romana. El color rojo de los tomates y el verde de los pimientos dan lugar a una salsa de color amarillo, y aquí los tomates verdes y los pimientos verdes arrojan el mismo resultado cromático, aunque un sabor sutilmente distinto. Si lo desea, puede utilizar chayotes en lugar de zucchini.

Variación.—En lugar de pollo se puede utilizar 1 1/2 kg. de carne magra de cerdo, como por ejemplo solomillo, cortado en trozos de 2,5 cm.

Variación.—Tradicionalmente, durante los últimos minutos de cocción se añaden chochoyotes al caldo. Consisten en

una especie de albóndigas pequeñas preparadas mezclando
1 1/2 tazas de masa harina con un poco de sal y 4 cucharadas
de manteca de cerdo y agua suficiente como para hacer la masa.
En cada una de las albóndigas se hace un pequeño agujero de
unos 2,5 cm. de diámetro. Personalmente no creo que los
chochoyotes puedan prepararse con la harina seca que se vende
ya envasada. Lo que se necesita es la masa húmeda y recién
hecha que se vende en los mercados locales mexicanos. El estado de Oaxaca, en México, es conocido como el país de los siete
moles. Estos platos se distinguen unos de otros por el color.
Está el mole negro, quizá el más famoso, pero también el amarillo, el rojo, el coloradito, el verde, y otros dos más, el manchamanteles y el chichilo, preparado con el chile local típico, el
chilhuacle, que también se utiliza en el mole negro. En todo
México existen distintas versiones del manchamanteles, mientras que los restantes moles son exclusivamente oaxaqueños.
No todos ellos pueden reproducirse fielmente fuera de Oaxaca,
aunque algunos sí, por lo que los he incluido en esta obra, con-
cretamente el negro, el verde, el amarillo y el coloradito.

Mole verde de Oaxaca

Para 6 raciones

1 taza de fríjoles grandes o semillas de lima
Sal
1 cebolla mediana, bien picada
3 dientes de ajo, picados
1 lata de 250 g. de pimientos verdes mexicanos, escurridos
2 tazas de caldo de pollo o agua,
aproximadamente
1 pollo de alrededor de 1 1/2 kg.,
cortado en trozos

1 taza de tallos de perejil
2 chiles serranos de lata, escurridos y cortados en trocitos
3 cucharadas de manteca de
cerdo o aceite vegetal
1/2 kg. de carne magra de cerdo,
preferentemente solomillo, cortada en trocitos de 2,5 cm.
1 taza de hojas frescas de cilantro
2 cucharadas de masa harina

Elija bien y lave los fríjoles o semillas de lima. Échelos en un
cazo con agua fría suficiente como para cubrirlos, ponga la tapa y
déjelos a fuego moderado. Luego déjelos reposar entre 35
y 40 minutos, con la tapa puesta. Escúrralos, enjuáguelos y
échelos nuevamente en el cazo con agua fría suficiente como
para cubrirlos, déjelos hervir tapados y a fuego lento hasta que
estén tiernos, aproximadamente 1 hora. Sazónelos con sal a su
gusto durante los últimos 30 minutos de cocción. Escúrralos,
reserve el líquido por un lado y los fríjoles o semillas de lima
por otro.

En una batidora o pasapuré, combine la cebolla, el ajo, los
tomates verdes mexicanos y los chiles, y redúzcalo todo a puré.
En una sartén, caliente la manteca de cerdo o aceite vegetal y
sofría la mezcla durante 3 ó 4 minutos. Échela luego en un
cazo y añada el resto del líquido de hervir los fríjoles, previamente reservado. Añada el solomillo de cerdo cortado en trocitos y un poco de caldo de pollo o agua, en caso necesario,
hasta cubrirlo todo. Tápelo y déjelo hervir a fuego lento durante 1 hora. Al final de este periodo, añada el pollo y, en caso
necesario, un poco más de caldo. Déjelo hervir todo, hasta que
tanto el pollo como el cerdo estén tiernos, durante 1 hora
aproximadamente. Eche finalmente los fríjoles o semillas de
lima hervidos y déjelo todo a fuego lento justo el tiempo suficiente como para que se caliente.

Eche el perejil y el cilantro en una batidora o pasapuré junto
con un poco de caldo, en caso necesario, y redúzcalo todo a
puré. Échelo en el cazo y déjelo al fuego, pero sin permitir que
vuelva a hervir, durante 1 minuto aproximadamente. Si la mezcla llega a hervir, la salsa perderá su color verde y refrescante. Si
le queda demasiado ligera, espésela con la masa harina mezclada con un poco de caldo. Se sirve con arroz y guacamole.

Variación.—Algunas veces, cuando le cueste trabajo encontrar tomates verdes mexicanos, he utilizado 1 lata de 200 gr. de
salsa verde mexicana, de la marca Eredes. En este caso, suprimo la cebolla, el ajo, los tomates verdes y los chiles. La salsa no
contiene cilantro, pero eso no significa que haya que variar la
cantidad de cilantro fresco utilizado. Si lo desea, puede añadir

1/4 kg. de judías verdes hervidas u otro 1/4 kg. de zucchini, hervidos y cortados en rodajas, al mole acabado. Conozco un truco que utilizo algunas veces para asegurarme del color verde de determinados tipos de platos. Consiste en hacer puré 2 ó 3 hojas de lechuga romana junto con el perejil y el cilantro, si el color le resulta demasiado pálido. La lechuga contribuye también a espesar ligeramente la salsa, pero no modifica su sabor demasiado.

Mole coloradito de Oaxaca   MÉXICO

Para 4 ó 6 raciones

1 pollo de entre 1 1/2 kg. de peso, cortados en trozos	1/8 cucharadita de canela
3 tazas de caldo de pollo, aproximadamente	1/4 cucharadita de orégano
	2 cucharadas de semillas de ajonjolí, tostadas y molidas
6 chiles anchos	2 cucharadas de manteca de cerdo o aceite vegetal
1 cebolla mediana, picada	Sal, pimienta recién molida
1 diente de ajo, picado	
4 tomates medianos, pelados y cortados en trocitos	

Eche los trozos de pollo en un cazo grande o cacerola resistentes y vierta sobre ellos suficiente caldo de pollo como para cubrirlos. Cuando rompa a hervir, baje el fuego, tápelo y déjelo hervir a fuego lento, hasta que el pollo esté tierno, unos 45 minutos. Saque los trozos de pollo y resérvelos. Eche el caldo en un recipiente y resérvelo. Escurra y seque bien el cazo o cacerola. Quítele las semillas y los tallos a los chiles anchos. Córtelos en trozos, échelos en un cuenco con 1/2 taza de agua templada y déjelos en remojo, dándoles de cuando en cuando la vuelta, durante aproximadamente 1 hora. Eche los chiles en remojo en una batidora o pasapuré junto con el líquido. Añada la cebolla, el ajo, los tomates, la canela, el orégano y las semillas de ajonjolí, y redúzcalo todo a puré. Caliente la manteca de cerdo o el aceite en una sartén y añada el puré. Sofríalo, removiendo sin parar con una cuchara de madera, hasta que la mezcla esté bastante espesa, durante unos 5 minutos. Eche la salsa de chiles en la cacerola y añádale 2 tazas del caldo reservado. Sazónelo a su gusto con sal y pimienta. Añada los trozos de pollo y déjelo hervir todo tapado y a fuego lento hasta que se caliente bien el pollo y la salsa esté ligeramente espesa. Se sirve con arroz, tortillas, fríjoles y guacamole.

Variación.—Existe una agradable versión vegetariana de este mole. En lugar de pollo, use 1 1/2 kg. de solomillo de cerdo, cortado en trocitos de 2,5 cm., y hiérvalos junto con 2 ó 3 dientes grandes de ajo en agua suficiente como para cubrirlo todo, y espere hasta que la carne esté tierna, aproximadamente 2 horas. Pase el caldo por un colador antes de utilizarlo para la salsa.

A muchos cocineros y cocineras de Oaxaca les gusta añadir 1 ó 2 hojas de aguacate a la salsa en los últimos minutos de cocción. Antes de echarlas, se pueden tostar ligeramente las hojas. Antes de servir el plato se tirarán.

Variación.—Existe una agradable versión vegetariana de este mole. En lugar de pollo o cerdo, añada a la salsa 1/4 kg. de patatas hervidas y cortadas en trozos, 1/4 kg. de judías verdes y 1/4 kg. de guisantes. También se puede añadir cualquier otro tipo de verdura u hortaliza, como zucchini, chayote o coliflor. Personalmente me gustan mucho los plátanos verdes hervidos con este mole en sustitución del arroz. Elija bananas muy verdes (es decir, muy poco maduras) y corte longitudinalmente la piel en 2 ó 3 sitios para poder pelarlas. Hiérvalas en agua salada de 10 a 15 minutos, o hasta que estén tiernas, escúrralas y échelas al mole vegetariano, aunque también puede servirlas como guarnición o acompañamiento.

PATO

Arroz con pato   PERÚ

No tiene nada de sorprendente que este plato sea uno de los favoritos en Perú. El cilantro y el comino se combinan de manera sutil con la cerveza negra en la que se hierve el arroz, y el rico sabor del pato impregna todo el plato.

Para 6 raciones

1 pato de unos 2 1/2 kg. de peso, cortado en 6 trozos
Aceite vegetal
1 cebolla grande, bien picada
3 pimientos picantes verdes o rojos, frescos, sin semillas, cortados en trozos grandes y hechos puré en la batidora o pasapuré
6 dientes de ajo grandes, machacados
2 cucharadas de cilantro fresco, picado
Sal, pimienta recién molida

2 tazas de arroz con grano largo
2 tazas de cerveza negra
1 cucharadita de comino molido
4 tazas de caldo de pollo, aproximadamente
1/2 taza de guisantes verdes, hervidos

GUARNICIÓN

Tomates cortados en rodajas y pimientos picantes frescos, sin semillas y cortados en forma de flor

Pinche la piel del pato varias veces con un tenedor. Unte el fondo de una sartén gruesa con una pequeña cantidad de aceite y fría los trozos de pato, durante 10 ó 15 minutos, hasta que se doren por ambas partes en su propia grasa, que desprenderá durante el proceso. Eche los trozos de pato en una cacerola gruesa. Quite de la sartén toda la grasa, menos 3 cucharadas, y sofría en ella la cebolla, los pimientos picantes y el ajo hasta que la cebolla esté dorada. Añada las hortalizas a la cacerola junto con el cilantro, el comino, sal y pimienta al gusto, y el caldo de pollo, hasta cubrir los trozos de pato. En caso necesario, añada un poco más. Tápelo y déjelo todo a fuego lento, hasta que el pato esté casi hecho, durante unos 45 minutos. Escurra el caldo y mídalo. Eche el arroz a la cacerola junto con 2 tazas del caldo y la cerveza negra. Tápelo, espere a que rompa a hervir, reduzca entonces el fuego y déjelo a fuego muy lento hasta que el arroz esté tierno y bastante seco. Añada los guisantes. Se sirve caliente en una fuente grande adornado con el tomate en rodajas y los pimientos frescos.

Pato al vino

Las especias del Viejo y el Nuevo Mundo, el calicanto, la canela y el clavo, se combinan para dotar a este plato de su rico y sabroso sabor. Puede hacerse directamente sobre el fuego, pero yo personalmente encuentro que el horno es mucho más satisfactorio, al igual que numerosos cocineros y cocineras modernos de todo Latinoamérica.

Para 3 ó 4 raciones

1 pato de unos 2 1/2 kg. de peso
Sal, pimienta recién molida
2 cucharadas de mantequilla
2 cebollas grandes, bien picadas
1 hoja de laurel
2 clavos enteros
1 trocito de canela en rama, de unos 2,5 cm.

4 bayas de calicanto
1 pimiento picante rojo o verde, fresco y entero
1 taza de vino tinto seco
1 taza de caldo de pato, preparado hirviendo a fuego lento los menudillos, el cuello y el hígado durante 1 hora

Quite la grasa que pueda haber en el interior del pato y pínchelo varias veces con un tenedor para que suelte el exceso de grasa. Sazónelo por dentro y por fuera con sal y pimienta. Caliente la mantequilla en una cacerola gruesa y fría el pato hasta que esté dorado por todas partes. Sáquelo y resérvelo. Quite toda la grasa de la cacerola, menos 4 cucharadas. Añada las cebollas y sofríalas hasta que estén tiernas. Vuelva a echar el pato en la cacerola. Meta la hoja de laurel, el clavo, la canela, las bayas de calicanto y el pimiento picante en un trozo de paño, átelo y métalo en la cacerola junto con el vino tinto y el caldo de pato. Sazónelo todo a su gusto con más sal y pimienta en caso necesario y póngalo a hervir sobre el fuego. Cúbralo primero con papel de plata y luego con la tapa de la cacerola y déjelo en el horno a 175° C, durante 1 1/2 horas aproximadamente, o hasta que el pato esté tierno. Sáquelo, colóquelo en una fuente de servir y manténgalo caliente. Saque y tire el paño con las especias. Espume el exceso de grasa de la salsa y, si es demasiado abundante, redúzcala a fuego algo durante unos minutos. Eche un poco de salsa a cucharadas sobre el pato y sirva el resto aparte en una salsera. Se sirve con arroz con coco y pasas y alguna ensalada.

Variación.—El pato borracho es una receta muy popular en toda América Latina. Se prepara como el pato al vino, pero utilizando vino blanco en lugar de tinto. Se suprime el clavo, la canela, el calicanto y el pimiento picante, y se utiliza en su lugar un *bouquet garny* de perejil, tomillo y una hoja de laurel, metido todo en un trocito de trapo que se ata luego. Añada 3 dientes de ajo picados a la cebolla, y cuando ésta esté tierna, 4 tomates, pelados, sin semillas y cortados en trocitos.

Pato en jugo de naranja   MÉXICO

Es una vieja receta colonial que ha conservado su popularidad, con pequeñas variaciones, en toda América Latina, aunque se trata en principio de un plato mexicano. Yo he elegido una versión moderna en la que el pato se asa en el horno, en lugar de directamente sobre el fuego.

Para 4 raciones

1 pato de unos 2 kg. de peso
2 cucharadas de mantequilla
1 cebolla mediana, bien picada
2 dientes de ajo, picados
3 tomates medianos, pelados sin semillas y cortados en trocitos, hasta obtener aproximadamente 1 taza de pulpa
1/4 cucharadita de tomillo

1/4 cucharadita de mejorana
1 hoja de laurel
1/4 taza de pasas
1 cucharada de vinagre de vino blanco
1 taza de zumo de naranja
1/4 taza de almendras tostadas, partidas por la mitad

Quítele al pato toda la grasa que pueda tener dentro y pínchelo luego varias veces con un tenedor para ayudarle a soltar el exceso de grasa. Caliente la mantequilla en una sartén grande y fría el pato hasta que quede levemente dorado por todas partes. Colóquelo en una cacerola resistente lo suficientemente grande como para que quepa bien. Quite de la sartén toda la grasa menos 2 cucharadas y sofría en ella la cebolla y el ajo hasta que la cebolla esté tierna. Añádalo a la cacerola junto con los restantes ingredientes, menos las almendras. Eche también los menudillos del pato para enriquecer la salsa. Ponga la cacerola al fuego y espere a que el líquido rompa a hervir. Tápela primero con papel de plata, y luego con su tapadera, y métala en un horno a 160º C, donde la dejará 1 1/2 horas o hasta que el pato esté tierno. Sáquelo y tránchelo. Colóquelo en una fuente de servir y manténgalo caliente. Espume toda la grasa de la salsa, saque y tire los menudillos y la hoja de laurel. Si es muy abundante, redúzcala a fuego alto durante unos minutos. Vaya echándola sobre el pato a cucharadas y espolvoree luego las almendras por encima. Eche el resto de la salsa en una salsera y sírvala por separado junto con arroz y guisantes o judías verdes.

PICHONES

América Latina posee recetas maravillosas para preparar los pichones, que agradan a todo el mundo. Oscilan entre la sencilla receta mexicana de los pichones al vino y los exóticos pichones con salsa de camarones de Perú. Estas aves son ideales para una reunión o cena con amigos, en la que a cada uno de los invitados se le servirá un pichón entero, bellamente presentado y de rico sabor.

Pichones con salsa de camarones   PERÚ

La salsa de camarones convierte a esta receta en exóticamente diferente, ya que los sabores, aparentemente contradictorios, se complementan sin embargo a la perfección.

Para 6 raciones

4 cucharadas de mantequilla clarificada (véase pág. 398).
6 pichones, cada uno de ellos de unos 250 g. de peso
1 cebolla mediana, bien picada
1 diente de ajo, picado
2 cucharadas de harina
1 1/2 tazas de vino blanco seco
1 1/2 tazas de caldo de pollo

1 pellizquito de nuez moscada
Sal, pimienta recién molida
1/4 kg. de camarones o gambas crudos, pelados y cortados en trozos grandes
2 huevos, ligeramente batidos
2 cucharadas de cilantro fresco, bien picado

Caliente la mantequilla en una sartén y fría los pichones hasta que estén dorados por ambos lados. Échelos luego a una olla o cacerola resistente. En la mantequilla que quede en la sartén, sofría la cebolla y el ajo hasta que la cebolla esté tierna. Añada la harina y déjelo un minuto o más, removiendo sin parar. Añada el vino, remuévalo todo bien y eche luego el caldo y la nuez moscada, dejándolo luego hervir todo a fuego lento, sin dejar de remover, hasta que quede bien mezclado. Sazónelo a su gusto con sal y pimienta y vierta esta salsa sobre los pichones. Tape la olla o cacerola primero con papel de plata y luego con su tapa, y déjelo hervir todo a fuego moderado, hasta que los pichones estén tiernos, durante 1 1/2 horas, aproximadamente. Sáquelos y colóquelos sobre una fuente de servir. Manténgalos calientes. Eche los camarones o gambas al líquido de la cacerola y déjelos hervir unos 2 minutos. Añada entonces los huevos y el cilantro y déjelo todo a fuego lento, removiendo sin parar hasta que la salsa espese. No permita que la salsa hierva después de añadir los huevos, ya que se cuajarían. Eche un poco de la salsa a cucharadas sobre los pichones y sirva el resto aparte en una salsera. Se sirve con arroz blanco o patatas hervidas, así como con una ensalada o una guarnición de verduras.

Pichones al vino   MÉXICO

En esta receta se utiliza algunas veces jerez seco; pero aunque resulta agradable, yo personalmente prefiero el vino tinto seco. Los boniatos asados constituyen un acompañamiento perfecto para este plato.

Para 4 raciones

4 pichones, cada uno de ellos de unos 250 g. de peso
2 dientes de ajo, cortados en trocitos
16 puerros, pelados y cortados en trozos de 6 mm., utilizando tanto las partes verdes como las blancas
4 zanahorias medianas, peladas y cortadas en finas rodajas
1/2 cucharadita de tomillo
1/2 cucharadita de mejorana
1/8 cucharadita de pimienta negra recién molida
1/8 cucharadita de calicanto molido
1 clavo entero
Sal
1 chile fresco, pequeño, sin semillas y cortado en trocitos
1/4 taza de aceite de oliva
2 cucharadas de vinagre de vino tinto
1 taza de vino tinto seco o de jerez seco
1/2 taza de caldo de pollo, aproximadamente

Coloque los pichones en una cacerola resistente al fuego y lo suficientemente grande como para que quepan cómodamente. Añada todos los ingredientes, menos el caldo de pollo, y Mézclelo bien. Déjelo toda la noche en el frigorífico, dándole una o dos veces la vuelta. Cuando esté listo para guisar, eche el caldo, utilizando un poquito más en caso necesario, hasta cubrir los pichones. Cuando rompa a hervir, apártelo del fuego y métalo tapado en un horno a 175º C, y déjelo en él, hasta que los pichones estén tiernos, aproximadamente 1 1/2 horas. Disponga los pichones en una fuente de servir previamente calentada, virtiendo sobre ellos un poquito de salsa. Sirva el resto de la salsa por separado.

Pichones salteados   PERÚ

Se trata de un plato engañosamente sencillo, fácil de preparar y, sin embargo, de delicioso sabor.

Para 4 raciones

4 pichones, cada uno de ellos de
    unos 250 g. de peso
Sal, pimienta recién molida
1/2 taza de aceite de oliva
1 cebolla grande, bien picada
1 pimiento picante, rojo o verde,
    sin semillas y cortado en trocitos

2 cucharadas de harina
2 cucharaditas de pimentón dulce
1 taza de vino blanco seco
1 taza de caldo de pollo

Sazone los pichones con sal y pimienta tanto por dentro como por fuera. Caliente el aceite en una cacerola resistente al fuego y fría los pichones a fuego moderado, hasta que estén dorados por todos lados, durante unos 15 minutos. Sáquelos y resérvelos. Añada la cebolla y el pimiento al aceite que quede en la sartén y sofríalo todo hasta que la cebolla esté tierna. Eche entonces la harina y el pimentón y déjelo todo al fuego un minuto más, removiendo sin parar. Añada el vino, mézclelo todo bien y eche finalmente el caldo. Deposite los pichones nuevamente en la salsa, tape la cacerola con un trozo de papel de plata, y luego con la tapadera, y déjelo hervir a fuego lento, hasta que los pichones estén tiernos, aproximadamente 1 1/2 horas. Saque los pichones y colóquelos en una fuente de servir. Pruebe la salsa y añádale más sal y pimienta en caso necesario. Vierta un poco de salsa sobre los pichones y sirva el resto en una salsera aparte. Se sirve con arroz, puré de patatas o algún puré de otro tubérculo rico en almidón, como boniatos o batatas, o también con un puré de calabaza y una ensalada.

Pichones en jugo de naranja   COLOMBIA

El zumo de naranja y el vino blanco se combinan a la perfección y dan lugar a una salsa que complementa maravillosamente el intenso sabor de los pichones, en un equilibrio de sabores típicos de la cocina colombiana.

Para 6 raciones

4 cucharadas de mantequilla
6 pichones, cada uno de ellos de
   unos 250 g. de peso
1 cebolla mediana, bien picada
1 taza de vino blanco seco

1 taza de zumo de naranja
Sal, pimienta recién molida
1 pellizquito de canela
2 cucharaditas de maizena

Caliente la mantequilla en una sartén y fría los pichones hasta que estén dorados por todos lados. Échelos en una cacerola resistente. En la mantequilla que quede en la sartén, sofría la cebolla hasta que esté tierna. Añada el vino y el zumo de naranja, espere a que rompa a hervir, y remuévalo todo bien, sacando los trozos que se hayan podido quemar. Sazónelo a su gusto con sal y pimienta y añada la canela. Vierta la mezcla sobre los pichones, tápelos y déjelos a fuego lento, hasta que estén tiernos, aproximadamente 1 1/2 horas. Colóquelos en una fuente de servir y manténgalos calientes. Mezcle la maizena con un poquito de agua fría y añádala a la cacerola. Déjelo hervir todo, removiendo sin parar hasta que la salsa espese levemente. Si le parece demasiado abundante, redúzcala dejándola a fuego intenso durante unos cuantos minutos antes de añadir la maizena. Se sirve con cualquier clase de tubérculo o arroz y alguna ensalada.

Platos fuertes

INCLUIDOS JUDÍAS Y ARROZ

EN la cocina latinoamericana existen toda una serie de platos fuertes y nutritivos que combinan el pescado, la carne o las aves con las judías, el arroz, el maíz, las patatas u otros tubérculos. En otros tiempos se servían en las comidas en lugar de las sopas o los aperitivos; pero, para nuestro apetito moderno, mucho más morigerado, sirven como platos fuertes, por lo que los he incluido en esta categoría.

Ocopa arequipeña
PERÚ

Tras haber «inventado» la patata, los incas crearon toda una serie de espléndidas recetas utilizando el más versátil de todos los tubérculos. Estoy segura de que platos tales como las ocopas y las causas son precolombinas, aunque hayan experimentado ligeras modificaciones que yo considero positivas, gracias a la introducción de nuevos productos por los conquistadores, por ejemplo las nueces. En tiempos coloniales (y todavía hoy en una comida peruana tradicional), las ocopas y las causas se consideraban entradas o platos a tomar antes del plato fuerte. Por lo que a mí se refiere, son suficientes para una comida entera, complementados por algún postre. Resultan de gran utilidad cuando se desea hacer una comida vegetariana o aplicar una receta levemente distinta a los pescados y mariscos. En Perú se utilizaría el pimiento mirasol, pero los pimientos picantes rojos y secos constituyen un excelente sustituto.

Para 6 raciones

6 pimientos picantes rojos y secos, de unos 4 ó 5 cm. de largo
1/2 taza de aceite de cacahuete
1 cebolla mediana, en finas rodajas
2 dientes de ajo, bien picados
1 taza de nueces molidas
125 g. de queso blanco o fresco migado o, en su defecto, queso tipo Münster rallado
1 taza de leche
1 cucharadita de sal, al gusto de cada uno
Hojas de lechuga
6 patatas recién hervidas, peladas y cortadas longitudinalmente por la mitad
6 huevos duros, cortados longitudinalmente por la mitad
12 aceitunas negras
Tiras de pimiento morrón para guarnición

Quíteles las semillas a los pimientos y déjelos 30 minutos a remojo en 1/4 taza de agua caliente. Escúrralos y resérvelos. Caliente el aceite en una sartén pequeña y sofría la cebolla y el ajo a fuego muy lento hasta que la cebolla esté dorada. Vierta el aceite, la cebolla, el ajo, los pimientos picantes, las nueces molidas y el queso fresco en una batidora o pasapuré. Añada la leche y la sal y Mézclelo todo hasta obtener una salsa no demasiado espesa, que tenga la consistencia de una mayonesa. En caso necesario, añada leche y aceite a partes iguales para aligerar la salsa.

Disponga un lecho de hojas de lechuga en una fuente de servir grande y previamente calentada. Coloque las patatas encima de las hojas, con el lado del corte hacia abajo, cúbralas con la salsa y adorne luego el plato con los huevos, con el lado del corte hacia abajo, las aceitunas negras y las tiras de pimiento morrón.

Variación.—Para la *Ocopa de camarones o gambas,* reduzca las nueces molidas a 1/2 taza y eche a la batidora o pasapuré 1/4 kg. de camarones o gambas hervidos y cortados en trocitos. Adorne luego la fuente con mitad de cuarto de gambas peladas, preferentemente de tamaño mediano.

Papas a la huancaina

Se trata de una receta procedente de Huancayo, región situada en las altiplanicies andinas de Perú. Se trata de un plato muy típico de la zona, de carácter marcadamente indígena, sobre todo por el uso de una hierba local, el palillo, que da a los alimentos un brillante color amarillo. Utilizada con moderación, la cúrcuma constituye un magnífico sustituto.

Para 8 raciones como primer plato
Para 4 como plato único

1/4 taza de zumo de limón
1/8 cucharadita de pimentón
Sal, pimienta recién molida
1 cebolla mediana, en finas rodajas
8 patatas medianas
3 tazas de queso fresco o blanco migado, o, en su defecto, queso Münster
1 o más pimientos picantes amarillos, sin semillas y cortados en trocitos, o, en su defecto, pimientos picantes verdes o rojos

1 cucharadita de palillo, o 1/2 cucharadita de cúrcuma
1 1/2 tazas de nata líquida espesa
2/3 de taza de aceite de oliva
Hojas de lechuga
4 huevos duros, partidos por la mitad
2 ó 3 cenancles, hervidos y cortados en 8 rodajas
8 aceitunas negras

En un cuenco, combine el zumo de limón, el pimentón y la sal y la pimienta a su gusto. Añada las rodajas de cebollas, divididas en anillos, y déjelo todo durante algún tiempo a temperatura ambiente.

Hierva las patatas enteras y con piel hasta que estén tiernas. Escúrralas, pélelas y manténgalas calientes. En una batidora o pasapuré, combine el queso, los pimientos picantes, el palillo o cúrcuma y la nata líquida. Bátalo todo bien hasta obtener una pasta suave. Caliente el aceite en una sartén, vierta en ella la mezcla anterior, baje el fuego y déjelo hervir todo a fuego lento, removiéndolo constantemente con una cuchara de madera, hasta que la salsa quede ligera y cremosa.

Adorne una fuente con las hojas de lechuga. Disponga las patatas en el centro y vierta la salsa sobre ellas. Coloque luego los huevos duros, las rodajas de cenancle y las aceitunas entre las patatas. Escurra los anillos de cebolla y colóquelos sobre las patatas.

Causa a la chiclayana   PERÚ

Se trata de un plato sumamente decorativo, que ofrece un agradable aspecto en un *buffet* o cena fría, con las hojas de lechuga adornando la fuente y el puré de patatas en el centro, adornado con tiras de pimiento morrón, anillos de cebollas, trozos de queso y aceitunas negras, y rodeado por el pescado frito, las bananas verdes cortadas en rodajas y las rodajas de tubérculos típicamente tropicales. Las patatas se convierten en un bocado delicioso con la salsa vinagreta. Este plato constituye por sí solo una comida nutritiva y suculenta.

Para 6 raciones

1/4 taza de cebolla, bien picada
1/2 taza de zumo de limón
1/8 cucharadita de pimentón
Sal, pimienta recién molida
1 1/2 kg. de patatas hervidas, peladas y cortadas por la mitad
1 1/2 tazas de aceite de oliva y 4 cucharadas aparte
1/2 kg. de batatas peladas y cortadas en 6 rodajas
1/2 kg. de yuca, pelada y cortada en 6 rodajas
3 plátanos o bananas verdes
2 cenancles
Harina
1 kg. de filetes de róbalo o lubina, cortados en trozos de 5 cm., o

cualquier otro pescado de carne blanca y firme
3 pimientos picantes, rojos y frescos, de unos 10 cm. de largo, o, en su defecto, pimientos picantes verdes
3 cebollas medianas, cortadas en rodajas de 3 mm.
1/2 taza de vinagre de vino blanco
Hojas de lechuga
1/4 kg. de queso fresco o blanco, o, en su defecto, queso tipo Münster, cortado en 6 trozos
Hojas de lechuga
Aceitunas negras

En un cuenco pequeño, combine la cebolla picada, el zumo de limón, el pimentón y sal y pimienta al gusto. Resérvelo. Hierva las patatas en agua salada hasta que estén tiernas, pero sin que se deshagan. Escúrralas bien y hágalas puré. Añada 1 taza del aceite de oliva a la cebolla y el zumo de limón. Vierta esta salsa sobre las patatas, mezclándolo todo bien. Coloque el puré de patatas en el centro de una fuente grande y redonda y manténgalo templado, no caliente.

Hierva las batatas y la yuca en agua salada durante unos 20 minutos, o hasta que estén tiernas. Escúrralas y manténgalas calientes. No importa que las rodajas de yuca se rompan. En un cazo aparte, hierva los plátanos o bananas, sin pelar, pero cortados por la mitad si hace falta para que quepan. Déjelos unos 30 minutos (hasta que estén tiernos). Si utiliza bananas verdes, necesitará menos tiempo, aproximadamente 15 minutos. Pélelos y córtelos en 12 rodajas. Manténgalos calientes junto con las batatas y la yuca. Eche los cenancles en un cazo grande lleno de agua salada y déjelos hervir unos 5 minutos. Córtelos en 3 rodajas cada uno y échelos junto con los restantes tubérculos.

Sazone la harina con sal y pimienta. Reboce los filetes de pescado en la harina, sacudiéndolos para eliminar la sobrante. En una sartén, caliente las 4 cucharadas de aceite de oliva y fría los trozos de pescado hasta que estén dorados por ambos lados, aproximadamente 3 ó 4 minutos. Escúrralos con servilletas de papel y manténgalos calientes.

Corte los pimientos en tiritas de 3 mm. y échelas junto con las cebollas cortadas en rodajas en un cazo con agua hirviendo. Déjelo todo unos cuantos minutos y escúrralo luego bien. Añada la 1/2 taza de aceite de oliva restante, el vinagre, y sal y pimienta al gusto. Déjelo a fuego lento hasta que rompa a hervir, tape el cazo y espere 2 ó 3 minutos más antes de retirarlo del fuego.

Para servir el plato, adorne el borde de la fuente con las hojas de lechuga. Disponga luego los filetes de pescado, los cenancles, las batatas, la yuca y los plátanos o bananas sobre las hojas de lechuga. Vierta la mezcla de cebolla y pimiento sobre las patatas y adorne el puré de patatas del centro de la fuente con los trozos de queso y las aceitunas negras.

Variación.—Para la *Causa a la limeña*, añada un pimiento picante rojo o verde, bien picado, a la vinagreta. Suprima los plátanos y el pescado. En lugar de ello, eche 6 gambas muy grandes (o más, si son de menor tamaño) en agua salada hirviendo y déjelas, hasta que estén tiernas, unos 3 ó 5 minutos. Prepare 3 huevos duros y córtelos longitudinalmente por la mitad. Para servir este plato, se ponen hojas de lechuga alrededor de un molde de puré de patatas y luego las rodajas de yuca y batatas encima de dichas hojas. Con las rodajas de cenancle, confeccione un círculo que rodee todo el borde superior del molde de puré de patatas, y trace luego otro sobre las patatas alternando el queso y las gambas, coronándolo finalmente todo con los huevos duros y las aceitunas negras. Obtendrá 6 raciones.

Ocopa de pichones   PERÚ

Se trata de un plato exótico y delicioso, ideal para un almuerzo o cena veraniega, cuando no apetece la comida caliente y el paladar desea algo ligero pero al mismo tiempo nutritivo. El sabor de los pichones se ve sutilmente realzado por las nueces, el queso y la cebolla, elementos con los que se prepara una exquisita salsa para acompañar a las patatas y los huevos duros. Empiece su comida con una sopa de maíz o pimiento morrón y compleméntela con la *Ocopa y Mazamorra morada* como postre. Un vino blanco o rosado seco acompaña a la perfección a este menú.

4 pichones, cada uno de ellos de unos 250 g. de peso
Sal, pimienta recién molida
6 cebollas medianas
4 tomates medianos
1 pimiento picante, rojo y seco, de tamaño grande, o 2 pequeños
4 cucharadas de aceite de oliva
1 taza de nueces (aproximadamente 250 g.)
250 g. de queso fresco o blanco, o, en su defecto, queso tipo Münster o similar

Leche
6 huevos
6 patatas medianas

PARA LA GUARNICIÓN

Hojas de lechuga
Aceitunas verdes y negras
4 pimientos picantes, rojos y frescos (optativo)

Parta los pichones por la mitad y sazónelos por ambos lados con sal y pimienta. Corte 4 de las cebollas en finas rodajas y deposítelas en el fondo de una cacerola resistente. Disponga los pichones encima de las cebollas. Pele los tomates y córtelos en finas rodajas de unos 3 mm. Coloque una capa de rodajas de tomate sobre los pichones. Tape la cacerola con papel de plata y póngale luego la tapadera. Déjela a fuego muy lento, utilizando en caso necesario una almohadilla de amianto para evitar que el contenido se queme. Hierva los pichones hasta que estén tiernos (durante unas 3 horas), agitando de cuando en cuando la cacerola. Déjelos luego enfriar. Sáquelos y deshuéselos. Corte la carne en trozos más bien grandes y resérvela. Reserve también el jugo que haya quedado en la cacerola. Enjuáguela y séquela bien. Quíteles las semillas al pimiento picante seco y déjelo a remojo en agua templada.

Corte las 2 cebollas restantes en gruesas rodajas de unos 18 mm. Caliente el aceite en la cacerola y añada las rodajas de cebolla restantes. Déjelas freír a fuego lento, dándoles una vez la vuelta, hasta que la cebolla esté dorada por ambos lados. Deje que se enfríe levemente y échela luego en una batidora o pasapuré, junto con el aceite, la carne de los pichones y el jugo. Escurra el pimiento, córtelo en trozos y añádalo. Eche finalmente el queso y las nueces y redúzcalo todo a puré, añadiendo en caso necesario algo de leche hasta obtener una salsa que tenga la consistencia de una mayonesa ligera. Si no le queda más remedio, hágalo por tandas.

Hierva los huevos hasta que estén duros, quíteles la cáscara y córtelos longitudinalmente por la mitad. Hierva las patatas y escúrralas. Coloque los huevos, con las yemas hacia arriba, y las patatas todavía calientes en una fuente de servir grande y previamente calentada. Vierta la salsa por encima. Decore el borde de la fuente con hojas de lechuga y coloque las aceitunas encima de las patatas y los huevos. Corte los pimientos desde la punta hasta el tallo, en 4 ó 5 secciones, que se curvarán, formando «flores». Colóquelas por todo el borde de la fuente. Esto último es optativo, pero a mí me gusta hacerlo, pues siempre hay alguien que disfruta mordisqueando de cuando en cuando un pimiento picante.

Si sirve este plato como entrada o aperitivo, corte las patatas longitudinalmente por la mitad y sirva 1/2 patata y 1/2 huevo duro por persona. Obtendrá 12 raciones.

Pastel de choclo con relleno de pollo   BOLIVIA

Se trata de un plato delicioso, con una combinación de sabores exótica para el paladar, aunque ninguno de sus ingredientes resulta difícil de encontrar. Como puede prepararse por adelantado, resulta ideal para fiestas y reuniones.

Para 6 raciones

Un pollo de algo menos de 2 kg. de peso, cortado en trozos
2 tazas de caldo de pollo, aproximadamente
1/4 taza de pasas sin semillas
3 cucharadas de aceite de oliva o vegetal
2 cebollas medianas, bien picadas
3 tomates medianos, pelados y en trocitos
Sal
1 ó 2 pellizquitos de canela molida
2 huevos duros, cortados en trozos grandes

12 aceitunas rellenas de pimiento, lavadas y cortadas por la mitad

PARA CUBRIR EL PASTEL

1/2 taza de mantequilla o manteca de cerdo, o una mezcla de ambas cosas
4 tazas de granos de maíz
1 cucharada de azúcar, o menos, al gusto de cada uno
2 cucharaditas de sal, o al gusto de cada uno
4 huevos
Pimentón dulce

Coloque los trozos de pollo en un cazo grande o cacerola, y eche el caldo, añadiendo un poquito más, en caso necesario, hasta cubrirlos. Cuando rompa a hervir, tápelo y déjelo a fuego lento, hasta que el pollo esté tierno (unos 45 minutos). Espere a que se enfríe en el caldo. Cuando estén lo suficientemente fríos como para manejarlos sin quemarse, saque los trozos de pollo, quíteles los huesos y la piel y corte la carne en trozos de 2,5 cm. Resérvelos. Guarde también el caldo para otros usos. Deje las pasas a remojo en agua fría durante unos 10 minutos. En una sartén, caliente el aceite y fría las cebollas hasta que estén tiernas. Añada los tomates y déjelo todo unos 5 minutos más, o hasta que quede bien mezclado. Sazónelo a su gusto con sal, escúrralo, y añada las pasas, la canela, los huevos duros en trozos, las aceitunas y el pollo. Resérvelo.

Para preparar el recubrimiento, derrita la mantequilla o la manteca de cerdo en un cazo pequeño. Eche los granos de maíz en la batidora o pasapuré y redúzcalos a puré. Viértalo en el cazo y Mézclelo con la mantequilla o manteca. Añada el azúcar y la sal. Déjelo hervir a fuego muy lento, echando los huevos batidos uno a uno. Remueva con una cuchara de madera hasta obtener una masa o pasta espesa. Déjela enfriar levemente.

Unte con mantequilla una flanera y eche en ella aproximadamente una tercera parte de la pasta de maíz, extendiéndola hasta cubrir con ella los bordes de la flanera. A cucharadas, vaya echando cuidadosamente la mezcla de pollo, y cúbrala luego con el resto de la pasta de maíz. Espolvoree el pimentón dulce por encima. Déjelo en un horno a 175º C durante 1 hora, o hasta que el recubrimiento esté ligeramente dorado. Se sirve caliente.

Este pastel puede prepararse por adelantado y guardarse en el frigorífico hasta el momento de meterlo en el horno, en cuyo caso deberá dejarlo un rato a la temperatura ambiente antes de hacerlo.

Variación.—Existe una variación chilena de este plato, algo más sencilla, en la que los trozos de pollo hervido, deshuesado y sin piel, cortado en trozos pequeños o grandes, se despositan en una fuente de barro o flanera untada con mantequilla y se

cubren con rodajas de huevo duro, unas cuantas pasas y aceitunas verdes sin hueso. Luego se echa la pasta de maíz por encima, espolvoreándose con 1 cucharada de pimentón dulce y
otra de azúcar molido o de repostería. Esta variación se hace
luego al horno exactamente igual que el *Pastel de choclo con
relleno de pollo.*

Variación.—Otro plato muy popular es el llamado *Pino de
carne,* que recuerda bastante al *Picadillo mexicano.* Fría 1/2 kg.
de carne magra de vaca, picada a mano, junto con 4 cebollas
medianas, bien picadas, en 2 cucharadas de aceite, hasta que
tanto la carne como la cebolla estén tiernas (durante unos 2 ó
3 minutos). Sazónelo a su gusto con sal, pimienta, 1 cucharada
de pimentón dulce, 1/8 cucharadita de calicanto, 1/2 cucharadita de comino molido y 1/8 taza de pasas sin semillas, que
habrán permanecido 15 minutos a remojo en agua templada.
Sofríalo todo durante unos minutos, deposítelo luego en una
fuente de barro o flanera y corónelo con 2 huevos duros en
rodajas. Cúbralo con la pasta de maíz y hágalo al horno exactamente igual que el *Pastel de choclo con relleno de pollo.* Si la
mezcla de carne le queda algo seca, puede humedecerla con
caldo de carne antes de echarla a la cacerola.

Variación.—América Latina es no sólo el continente del
maíz, sino también el de la patata, y el *Pino de carne* puede
transformarse en un delicioso *pastel de papas.* Para ello, prepare el *Pino* tal como se ha descrito anteriormente, y resérvelo.
Pele y corte en rodajas 1 1/2 kg. de patatas y hiérvalas en agua
salada hasta que estén tiernas. Macháquelas junto con un poco
de nata líquida (aproximadamente 1 taza) hasta obtener un
puré; y luego, a fuego lento, añada 1 huevo batido a ese puré.
En una fuente de barro o flanera untada con mantequilla, vaya
colocando capas alternas de puré de patatas y carne, empezando y terminando siempre con el puré. Métalo en un horno a
175º C y déjelo hasta que se caliente todo bien y el puré esté
ligeramente dorado. Obtendrá 6 raciones. Si lo desea, podrá
duplicar la cantidad de *Pino de carne.*

Pudin de choclo   ECUADOR

Se parece más al *pudding* inglés o americano que al *soufflé*
francés. Se trata de un plato de delicioso sabor, pero no pesado, ideal para una comida ligera o como primer plato para una
fuerte.

Para 6 raciones

2 tazas de granos de maíz tierno,   4 cucharadas (1/4 taza) de man-
   o 2 tazas de granos de maíz con-   tequilla, cortada en trozos pe-
   gelados, previamente descon-   queños
   gelados   Sal, pimienta blanca
1/4 kg. de queso tipo Münster,   5 huevos, bien batidos
   cortado en cuadraditos   Mantequilla

Combine el maíz, el queso y la mantequilla en una batidora
o pasapuré. Sazónelo todo a su gusto con sal y pimienta y
añada los huevos. Bátalo todo hasta obtener una pasta suave y
cremosa. Échelo en una flanera de 1 1/2 litros de capacidad
previamente untada con mantequilla, métala en un cazo con
agua caliente y luego en el horno a 175º C. Déjela 1 hora, o
hasta que, cuando se clave un cuchillo en el pudin, salga completamente limpio.

Chilaquiles de estudiante   MÉXICO

Mi marido dice que este plato le recuerda sus días de estudiante en la universidad de México, cuando tenía continuamente hambre, pero no disponía de tiempo como para ir a casa,
donde le esperaba la comida fuerte del día, el almuerzo, mientras que por la noche no se servía cena, sino sólo una ligera
merienda. Los *Chilaquiles* es en esencia un plato a base de
sobras, que recurre a cualquier cosa que haya en la cocina, normalmente a restos de pollo, pavo o cerdo. La receta que expon-
go a continuación es una de las más refinadas y puede decirse
que casi elegante. Creo que sólo una cocinera de buen corazón, que comprenda que la adquisición de conocimientos pro-

voca un gran apetito, se habría tomado la molestia de preparar
este plato para un estudiante hambriento y tres de sus amigos,
igualmente hambrientos. También sospecho que lo más probable es que la cocinera hubiese comprado más carne de cerdo
de la necesaria para el plato de mediodía, procurando que quedara así alrededor de 1/2 kg. de sobra. Si prepara esta receta
como comida, y no para unos estudiantes hambrientos, conseguirá un magnífico plato fuerte para un almuerzo o cena.

Para 4 raciones

PARA LAS TORTILLAS

1 ración de tortillas (véase pág. 356)
4 cucharadas de aceite vegetal o manteca de cerdo, aproximadamente

Siempre que pueda, prepare las tortillas el día anterior, ya
que deberían tener tiempo de secarse un poquito. Limítese a
envolverlas en un paño y guardarlas en la cocina. Si están recién
hechas, déjelas alrededor de 1 ó 2 horas en el horno, con sólo
la luz del piloto encendida. Cuando estén listas para ser usadas,
córtelas en tiras de unos 4 cm. de ancho. Caliente el aceite o la
manteca de cerdo en una sartén y fría las tiras de tortilla por
tandas, pero sin dejar que se doren. Escúrralas en servilletas de
papel y resérvelas. Reserve también el aceite de la sartén.

PARA EL RELLENO

1/2 kg. de carne de cerdo sobrante, cortada en trocitos de 2,5 cm.
2 tomates medianos, pelados y cortados en trozos
1 cebolla mediana, picada
2 dientes de ajo, picados

3 cucharadas de pasas sin semillas
16 aceitunas pequeñas, rellenas
de pimiento, partidas por la
mitad
1 cucharada de vinagre de vino
tinto
1/2 cucharadita de azúcar
Sal y pimienta al gusto

Coloque la carne de cerdo en un cazo resistente con agua
suficiente como para cubrirla y déjela hervir, tapada y a fuego
lento, hasta que esté tierna, aproximadamente 1 1/2 horas.
Déjela enfriar en el caldo. Sáquela y córtela en trocitos. Reserve
el caldo. Eche los tomates, la cebolla y el ajo en una batidora o

pasapuré y redúzcalo todo a puré. Mida el aceite que quede en la sartén y, en caso necesario, eche más, hasta que haya 2 cucharadas. Añada la mezcla anterior y déjela al fuego, removiendo sin parar durante 2 ó 3 minutos. Añada los trocitos de carne, las pasas, las aceitunas, el vinagre, el azúcar, y sal y pimienta al gusto, y déjelo hervir todo a fuego lento hasta conseguir una pasta más bien espesa (aproximadamente 5 minutos). En una fuente resistente al fuego, preferentemente de barro, coloque una capa hecha con la mitad de las tiras de tortilla, y extienda sobre ella los trozos de carne. Cúbralos con el resto de las tiras de tortillas. Resérvelo.

PARA LA SALSA

4 chiles tipo ancho
1 cebolla mediana
1 diente de ajo
1/8 cucharadita de canela
1 pellizquito de clavo molido
1 cucharadita de azúcar
Sal, pimienta recién molida
3 cucharadas de aceite vegetal o manteca de cerdo
2 tomates medianos, pelados y cortados en trocitos

Quíteles los tallos a los chiles tipo ancho, y también las semillas, enjuáguelos en agua fría y córtelos en trozos. Échelos en un cuenco con 1/2 taza de agua templada y déjelos en remojo, dándoles de cuando en cuando la vuelta, durante aproximadamente 1 hora. Eche los chiles y el caldo en el que han permanecido en remojo en una batidora o pasapuré, junto con la cebolla y el ajo, y redúzcalo todo a puré. Debería quedar espeso, pero con cierta textura, por lo que no conviene dejarlo demasiado tiempo en la batidora. Añada la canela, el clavo, el azúcar, la sal y la pimienta. Caliente el aceite o la manteca de cerdo en una sartén y añada la mezcla anterior. Déjela al fuego, removiendo sin parar, durante unos 5 minutos. Pase los tomates por la batidora o pasapuré y añádalos a la sartén, dejándolo todo al fuego de 2 a 3 minutos más. Añada 2 tazas del caldo de hervir la carne de cerdo, anteriormente reservado. Si no dispone de suficiente caldo, compleméntelo con algo de caldo de pollo o agua. Mézclelo todo bien, espere a que se caliente y viértalo en la cacerola. Métala en el horno a 175º C y déjela hasta que esté todo bien caliente (aproximadamente 1/2 hora).

Se sirve directamente de la cacerola y acompañado con alguna ensalada.

Mucbi-pollo MÉXICO

Se trata de un plato muy antiguo y tradicional, procedente de la Península del Yucatán, y la receta original es de los mayas. Consiste en una especie de empanada envuelta en hojas de plátano o banana, y hecha en un pib u horno de tierra, aunque hoy en día se prepara por lo general en hornos de gas o electricidad normales y corrientes. Si le resulta difícil conseguir hojas de plátano o banana, utilice en su lugar papel parafinado o de plata. Si no encuentra la hierba llamada epazote, tampoco importará demasiado, ya que es el achicote lo que da a este plato su sabor y aspecto característicos. Tradicionalmente se utiliza un pollo entero, cortado en trozos, pero no parece haber ninguna razón lógica por la que no se deba deshuesar primero para mayor facilidad en la preparación de la receta. Yo lo he hecho de las dos maneras y no he percibido ninguna diferencia de sabor, que, en último extremo, es lo único que importa.

Para 4 ó 6 raciones

PARA EL RELLENO

1 cebolla grande, picada
3 tomates medianos, pelados y cortados en trocitos
2 dientes de ajo, picados
1/2 cucharadita de orégano
1/4 cucharadita de comino
2 cucharadas de achicote molido
Sal

Un pollo de 1 1/2 kg., cortado en cuatro trozos
1/2 kg. de carne magra de cerdo, deshuesada y cortada en cuadraditos de 2,5 cm.
1 1/2 tazas de caldo de pollo (aproximadamente)
3/4 de taza de masa harina

Eche la cebolla, el tomate, el ajo, el orégano, el comino, el achicote y sal al gusto en una batidora o pasapuré y redúzcalo todo a puré. Eche el pollo y la carne de cerdo en un cazo o cacerola y cúbrala con el puré. Añada caldo de pollo suficiente como para cubrirlo todo, aproximadamente 1 1/2 tazas. Tápelo y déjelo hervir a fuego lento, hasta que el pollo esté tierno, durante unos 45 minutos. Saque los trozos de pollo y resérvelos. Continúe hirviendo la carne de cerdo, hasta que esté tierna, unos 30 minutos más. Deshuese el pollo y córtelo en trozos grandes. Resérvelos junto con la carne de cerdo. Cuele el caldo. Coloque la masa harina en un cazo pequeño y añada suficiente caldo hasta obtener una salsa muy espesa, que dejará a fuego lento, removiendo sin parar durante 1 ó 2 minutos. Vierta la salsa sobre el pollo y la carne de cerdo.

PARA LA MASA

3 tazas de masa harina
1 taza (1/4 kg.) de aceite o manteca de achiote (véase pág. 394)

1 1/2 cucharadas de semillas de achicote
Caldo de pollo
Sal

Eche la masa harina en un cuenco, añada el aceite o manteca de achiote y las semillas de achicote, y, cuando esté todo bien mezclado, eche el suficiente caldo de pollo caliente y un pellizquito de sal, hasta obtener una masa espesa pero suave. Corte una tira de papel parafinado o de plata de 30 x 60 cm., o, si dispone de ella, utilice una hoja de banana. Extienda la mitad de la masa harina sobre el papel parafinado o de plata, dejando espacio a ambos lados. Disponga el pollo, la carne de cerdo y la salsa encima de la masa. Cúbralo todo con la masa restante. Pliegue el papel parafinado o de plata hasta formar un «paquete» y deposítelo en una fuente de asar, previamente engrasada. Déjelo en el horno, a 200° C aproximadamente 1/2 hora. Antes de servir, deshaga el «paquete». La parte externa estará crujiente, mientras que el interior, el relleno de pollo y carne de cerdo, estará jugoso. Se sirve con *Ixni-pec* (*Salsa picante*, véase pág. 329).

Queso relleno

MÉXICO

Este plato, que era ya muy popular en su lugar de origen, la isla caribeña de Curaçao (en donde se llama *Keshy Yena*), fue introducido en el Yucatán por comerciantes holandeses y alemanes en el siglo XIX. Su inspiración europea es evidente, y también que su ingrediente principal es un queso holandés, el Edam, relleno con una rica mezcla a base de carne de cerdo. Por alguna razón que se me escapa, los habitantes de la Península de Yucatán utilizan invariablemente azafrán en lugar de achicote, una especia mucho más típicamente latinoamericana, y en vez de meter el queso en el horno lo hierven al vapor. La salsa constituye también una aportación típicamente maya. Este plato ofrece un aspecto espectacular en el momento de servirlo, ya que el queso se infla durante la cocción, y cuando se corta y sirve, la suave capa de queso se combina a la perfección con el relleno de queso. Todo lo que se necesita como acompañamiento es una ensalada.

Para 6 u 8 raciones

Un queso Edam de unos 2 kg.
6 huevos
1 kg. de carne magra de cerdo, picada
Sal
4 cucharadas de manteca de cerdo o aceite vegetal
1 cebolla mediana, bien picada
1 pimiento rojo, sin semillas y cortado en trozos o, en su defecto, 2 pimientos morrones de lata
2 dientes de ajo, picados
2 tomates, pelados, sin semillas y cortados en trocitos
1/2 cucharadita de orégano
1/4 cucharadita de clavo molido
Pimienta recién molida
1/4 taza de aceitunas verdes, pequeñas y sin hueso

1/4 taza de pasas sin semillas
1/4 taza de alcaparras
1/4 taza de jerez seco

PARA LA SALSA

3 cucharadas de mantequilla
3 cucharadas de harina
El caldo de cerdo reservado
1/8 cucharadita de azafrán en polvo, o azafrán en rama, machacado en un mortero
1 pimiento rojo, sin semillas y cortado en trocitos o, en su defecto, 2 pimientos morrones de lata
Sal, pimienta recién molida
1/4 taza de aceitunas verdes, pequeñas y sin hueso

Quítele al queso la capa roja que lo recubre. Corte una rebanada de unos 2,5 cm. por la parte de arriba y vacíe el queso,
dejando una «cáscara» de entre 12 y 18 mm. de grosor. Reserve el queso que le sobre para otros usos. Coloque la «cáscara»
y su tapa en un cuenco grande, lleno de agua fría, y déjelo
1 hora a remojo. Hierva los huevos hasta que estén duros, y
Échelos en el agua fría. Cuando estén lo suficientemente fríos
como para manejarlos, quíteles la cáscara. Separe cuidadosamente las claras de las yemas, procurando que éstas queden
enteras; la mejor forma de hacerlo es con los dedos. Corte las
claras en trocitos pequeños y reserve tanto las claras como las
yemas.

Coloque la carne de cerdo en un cazo, con agua suficiente
como para cubrirla, y sazónela con sal a su gusto. Tápela y déjela hervir a fuego lento, hasta que la carne esté tierna (aproximadamente unos 30 minutos). Caliente la manteca de cerdo o
el aceite vegetal en una sartén y sofría la cebolla, el pimiento y
el ajo hasta que la cebolla esté tierna. Si utiliza pimientos
morrones de lata, Échelos junto con los tomates. Añada los
tomates y hiérvalo todo hasta obtener una pasta suave (aproximadamente 5 minutos). Escurra la carne de cerdo y reserve el
caldo. Añada la mezcla de cebolla, ajo y tomate al cerdo, junto
con el orégano, el clavo, y sal y pimienta al gusto, las claras de
huevos duros en trocitos, las aceitunas, las alcaparras, las pasas
y el jerez seco, mezclándolo todo bien. Saque del agua la «cáscara» de queso con su tapa, escúrralas y séquelas bien. Divida
la mezcla de carne en 3 partes. Eche un tercio en el queso,
aplastándolo bien. Parta las yemas de huevo duro por la mitad.
Coloque una capa compuesta por 6 medias yemas sobre la
carne. Añada otro tercio de mezcla de carne y aplástelo bien.
Haga otra capa con las 6 medias yemas restantes y remátelo
todo con el tercio de mezcla de carne restante. Póngale a la
«cáscara» de queso su «tapa» y frótelo todo bien con manteca de
cerdo o aceite. Envuélvalo en una doble capa de trapos, deposítelo en una olla y hágalo al vapor durante unos 40 minutos.

Mientras tanto, prepare la salsa: Caliente la mantequilla en
un cazo. Añada la harina y déjela un minuto al fuego, removiendo constantemente. No permita que se dore. Añada el

caldo de cerdo reservado, aumentando la cantidad hasta 2
tazas, echándole agua en caso necesario. Eche finalmente el
azafrán, el pimiento o los pimientos morrones, sal y pimienta al
gusto y las aceitunas. Déjelo hervir, removiendo frecuentemente, durante 15 minutos. Vierta la salsa sobre el queso, justo
antes de servirlo.

Saque el queso, quítele los trapos que lo envuelven, deposítelo sobre una fuente de servir previamente calentada y eche
sobre él la salsa. Para servirlo, córtelo en cuñas.

Arroz con chancho   PERÚ

En este plato peruano, a base de arroz y cerdo, el achiote
utilizado para hervir ambos ingredientes aporta su agradable y
característico sabor, así como un atractivo color amarillento.

Para 6 raciones

2 cucharadas de manteca de cerdo
  o aceite vegetal
1 kg. de carne magra de cerdo
  (solomillo o paletilla), cortada
  en trocitos de 2,5 cm.
2 cucharaditas de perejil bien picado
1/2 cucharadita de achiote molido

1 cucharada de pimentón dulce
1 pimiento picante, rojo y fresco,
  sin semillas y cortado en trocitos,
  1 1/2 cucharaditas de calicanto
Sal
2 tazas de arroz de grano largo
1 1/2 tazas de guisantes frescos,
  pelados

Caliente la manteca de cerdo o el aceite en una cacerola
resistente y fría los trozos de cerdo hasta que estén dorados por
todos lados. Añada el ajo, el achiote, el pimentón, el pimiento
picante fresco o el alicanto, y la sal a la cacerola, y sofríalo todo

durante 1 ó 2 minutos más. Añada agua suficiente como para
cubrirlo todo, y déjelo hervir, tapado y a fuego lento, hasta que
el cerdo esté tierno, aproximadamente 1 1/2 horas. Escurra el
líquido de la cacerola y mídalo. Añada agua suficiente para
aumentar su cantidad hasta 4 tazas. Vuelva a echar el líquido en
la cacerola y añada el arroz y los guisantes. Ponga la tapadera y
espere a que rompa nuevamente a hervir. Reduzca el fuego al
mínimo y déjelo hervir todo hasta que el arroz y los guisantes
estén tiernos y hayan absorbido todo el líquido. Se sirve con
una ensalada o guarnición de verduras.

Carne rellena   VENEZUELA

Se trata de un plato exótico, que ofrece además un aspecto
espectacular, con el huevo y las verduras encima de cada rodaja.
El sabor está a la altura del aspecto. La tortilla rellena constituye
un magnífico acompañamiento para la carne, tierna y jugosa.

Para 6 raciones

Un trozo de carne de falda, de
aproximadamente 1 1/2 kg.,
o dos filetes grandes de unos
3/4 de kg.
4 dientes grandes de ajo, machacados
Sal
1/4 taza de aceite de oliva

4 huevos
Aceite vegetal
Una lata de 250 g. de puntas de
espárragos
2 pimientos morrones enteros,
cortados en tiritas
2 cucharadas de mantequilla
1 1/4 tazas de vino tinto seco

Quítele a la carne toda la grasa que pueda tener y colóquela en una fuente de asar u otra lo suficientemente grande como
para que quepa bien. Mezcle el ajo con 2 cucharaditas de sal y

con el aceite de oliva, y frote con esta mezcla la carne por ambos lados. Déjela reposar unas 2 horas a la temperatura ambiente.

Eche los huevos en un cuenco y bátalos ligeramente junto con 1 cucharadita de sal y 2 cucharadas de agua. Caliente una sartén de 18 cm. de diámetro (para tortillas) y eche en ella aceite suficiente como para cubrir la superficie del fondo. La sartén debería tener aproximadamente el mismo ancho que los filetes. La ideal es una sartén japonesa rectangular; pero si usa una sartén redonda, recorte luego la tortilla para adaptarla al tamaño del filete. Eche los huevos en la sartén y haga una tortilla de la forma habitual. Sáquela de la sartén y póngala encima del filete. Si utiliza dos filetes, haga dos tortillas. Corte la tortilla para adaptarla al filete. Vaya colocando encima de la tortilla puntas de espárragos y tiritas de pimiento morrón alternadas, empezando y terminando a una distancia del borde de aproximadamente 12 mm. Enrolle la carne y átela bien con una cuerda. Deposítela en una fuente de asar y úntela con la mantequilla. Si desea la carne poco hecha, déjela en el horno a 175º C durante 45 minutos, untándola de cuando en cuando con el vino; si la prefiere más hecha, déjela 15 minutos más.

Saque la carne del horno, deposítela en una fuente de servir y quítele la cuerda. Reduzca la salsa a fuego intenso y viértala en una salsera. Corte la carne en rodajas de 2,5 cm. y sírvala con arroz blanco, caraotas negras (frijoles negros) y plátanos o bananas fritos.

Molondrones con camarones   REPÚBLICA DOMINICANA

Se trata de un delicioso plato de la República Dominicana, a base de okra, bananas, gambas y cilantro, ingredientes con los que se consigue una exótica combinación de sabores.

Para 3 ó 4 raciones

1/2 taza de aceite vegetal

1 cebolla mediana, bien picada

4 tazas de vainas pequeñas de okra fresca, cortadas en rodajas de 6 mm.

3 bananas poco maduras, peladas y cortadas en rodajas de 12 mm.

2 tomates medianos, pelados y cortados en trocitos

1/4 taza de zumo de limón

1 pimiento picante pequeño, rojo o verde, sin semillas y cortado en trocitos

1 cucharada de cilantro verde fresco, cortado en trocitos

Sal, pimienta recién molida

1/2 kg. de gambas, de tamaño mediano, peladas y limpias

Caliente el aceite en una sartén y sofría la cebolla hasta que esté tierna. Añada las vainas de okra y sofríalas 2 ó 3 minutos más. Eche las bananas, los tomates, el zumo de limón, el pimiento picante, el cilantro, y sal y pimienta al gusto. Hierva la mezcla a fuego lento durante unos 5 minutos, o hasta que la okra esté tierna. Añada las gambas y déjelo todo al fuego unos 3 minutos más, o hasta que las gamas se pongan rosas. Se sirve con arroz.

Repollo relleno

Un repollo entero, con un sabroso relleno a base de carne bien sazonada, constituye un delicioso almuerzo o cena para toda una familia. Yo he encontrado variaciones en el relleno en los distintos países andinos, Bolivia, Perú, Venezuela y Colombia. Su antecesor evidente es el *sou-fassum,* el repollo relleno de la Provenza. Cuando preparo este plato, utilizo un truco de Richard Olney, quien envuelve su *sou-fassum* en trapos, con lo que consigue que resulte mucho más fácil de manejar que cuando se ata simplemente con cuerdas. Reservo el caldo sobrante para hacer sopa.

Para 6 u 8 raciones

1 repollo grande, de aproximadamente 1 1/2 kg.
1 ración de *Picadillo* (carne picada aliñada) (véase pág. 185), utilizando carne de cerdo en lugar de vaca y suprimiendo las manzanas y las almendras
Caldo de carne o pollo
1 ración de *salsa de jitomate* (véase pág. 388)

Recorte el repollo, eliminando las hojas marchitas que pueda tener. Echelo en un cazo grande lleno de agua hirviendo y déjelo hervir a fuego lento durante unos 10 minutos. Sáquelo y escúrralo bien. Cuando esté lo suficientemente frío como para poder manipularlo sin quemarse, colóquelo sobre un cuadrado de trapo doble y abra cuidadosamente las hojas de fuera, extendiéndolas lo más que pueda, pero sin llegar a romperlas. Corte el corazón del repollo, pártalo en trocitos muy pequeños y añádalos al picadillo de carne de cerdo, mezclándolo todo bien. Corte lo más del corazón que pueda, pero dejando el repollo intacto. Presione sobre las hojas de fuera, volviendo a dar al repollo su forma primigenia. Envuélvalo en el cuadrado de trapos y átelo con cuerda. Colóquelo en un cazo grande, en el que quepa cómodamente, y añada caldo suficiente como para cubrirlo todo. Cuando rompa a hervir, baje el fuego y déjelo hervir a fuego lento entre 3 y 3 1/2 horas. Sáquelo y deposítelo en una fuente redonda o sopera, quítele las cuerdas y sáquelo de los trapos, utilizando para ello una espátula. Eche a cucharadas un poco de salsa de tomate sobre el repollo y sirva el resto en una salsera aparte. Para servirlo, córtelo en forma de cuñas. Acompáñelo de arroz.

Variación.—Reduzca la cantidad de carne de cerdo a 1/2 kg. y añada 1/2 kg. de patatas, peladas y cortadas en cuadraditos de 6 mm. Se sirve con pan crujiente en lugar de con arroz.

Variación.—En Venezuela, los cocineros añaden 1 cucharadita de *Aliño criollo* (véase pág. 394) a la mezcla de carne, lo que le da un interesante sabor.

Flan de legumbres

Los cocineros y cocineras ecuatorianos muestran una gran imaginación en el uso de las verduras. Esta mezcla de huevos y diversos tipos de verduras constituye una comida nutritiva y agradable, acompañada de una sopa y un postre.

Para 4 ó 6 raciones

6 lonchas de beicon, cortadas en trocitos
1 taza de pan rallado
1/2 taza de leche
3 cucharadas de salsa de tomate
1 taza de caldo de pollo
2 cucharadas de mantequilla derretida

1 cucharada de perejil picado
Sal, pimienta recién molida
2 tazas de verduras variadas hervidas, como maíz, guisantes, zanahorias, coliflor, judías verdes, pimiento, etc., todo bien picado
3 huevos batidos
1/2 cucharada de mantequilla

Fría el beicon en una sartén a fuego moderado, hasta que esté crujiente, y séquelo, utilizando para ello servilletas de papel. Combínelo con el pan rallado, la leche, la salsa de tomate, el caldo de pollo, la mantequilla derretida, el perejil, y sal y pimienta al gusto. Añádalo a las verduras variadas. Eche finalmente los huevos batidos y viértalo todo en una flanera de 1 1/2 litros de capacidad. Métala en una fuente de asar, medio llena de agua caliente, y déjela en el horno a 175º C durante aproximadamente 1 hora, o hasta que, cuando clave un cuchillo en el flan, éste salga limpio.

Torta de plátano MÉXICO

Este original plato colonial, procedente de la región mexicana de Oaxaca, posee un agradable sabor agridulce. Las bananas se combinan a la perfección con las alubias, una mezcla poco habitual y que le va muy bien a la carne y las aves, en lugar de arroz o patatas.

Para 6 u 8 raciones

2 tazas de alubias hervidas
1 cebolla mediana, bien picada
1 hoja de laurel
4 cucharadas de manteca de cerdo
   o aceite vegetal
Sal, pimienta recién molida

6 bananas verdes, o 4 plátanos verdes
1/2 taza de queso parmesano rallado
4 cucharadas de mantequilla
2 huevos, ligeramente batidos

Si utiliza alubias secas, hierva 1 taza de alubias previamente lavadas en agua suficiente como para cubrirlas, junto con 1/2 cebolla mediana, picada, y una hoja de laurel, hasta que las alubias estén tiernas (aproximadamente 2 horas). Si las alubias se quedan sin agua durante la cocción, añada un poquito de agua caliente. Escúrralas, reserve 1/2 taza de caldo, saque y tire la hoja de laurel y reduzca las alubias a puré, echándolas junto con el caldo reservado en una batidora o pasapuré. También se pueden utilizar fríjoles negros.

En ese caso, eche los fríjoles junto con 1/2 taza del caldo en que han hervido en una batidora o pasapuré y redúzcalos a puré. Caliente la manteca de cerdo o el aceite en una sartén gruesa y sofría la cebolla hasta que esté bien tierna. Añada las alubias o los fríjoles y déjelo hervir todo a fuego lento, removiendo de cuando en cuando con una cuchara de madera, hasta obtener una pasta ligera, que no debería quedar seca. Sazónela a su gusto con sal y pimienta. Resérvela.

Corte longitudinalmente la piel de las bananas y pélelas. Échelas en un cazo con agua salada suficiente como para cubrirlas, espere a que rompa a hervir, baje el fuego y déjelas a fuego lento y sin tapar hasta que estén tiernas (de 10 a 15 minutos). Los plátanos necesitarán 1/2 hora aproximadamente.

Escúrralas y hágalas puré con ayuda de un tenedor mientras estén todavía calientes. Añada el queso rallado y 3 cucharadas de mantequilla. Eche finalmente los huevos y Mézclelo todo bien. Unte con mantequilla una flanera y deposite una capa de la mezcla de bananas o plátanos, cúbrala con la mezcla de alubias y corónelo todo con la mezcla de bananas restante. Ponga la cucharada de mantequilla sobrante por encima y déjelo en el horno a 190º C durante unos 30 minutos. Se sirve directamente de la flanera.

Variación.—Algunos cocineros y cocineras añaden 4 cucharadas de harina a la mezcla de bananas al mismo tiempo que el queso, pero yo personalmente considero que esto hace que la mezcla resulte excesivamente densa y pesada. No obstante, para otra versión mexicana de este mismo plato, *Fríjoles con plátanos,* que se hace con bananas maduras, es necesaria la harina (1 cucharada por cada banana), ya que el fruto maduro contiene mucho más azúcar y menos almidón. En este caso, se fríe la mezcla de banana en aceite (1 cucharada a la vez), hasta que esté dorada por ambos lados (aproximadamente 5 minutos). Para servir, deposite 1 cucharadita de fríjoles negros machacados en el centro y envuélvala en la masa. Se pueden tomar con queso cremoso, a modo de postre, pero resultan también deliciosos con carnes o aves simplemente hervidas, a modo de guarnición.

Variación.—En Oaxaca, la torta se convierte en ocasiones en empanadillas. Con la combinación de bananas verdes hervidas y 4 cucharadas de harina, haga pastelillos planos de entre 5 y 7,5 cm. de diámetro, rellénelos con un poquito de la mezcla de alubias, dóblelos, presionando los bordes para sellarlos, y fríalos en manteca de cerdo o aceite vegetal hasta que las empanadillas estén doradas por ambos lados.

Variación.—En Guatemala descubrí un plato bastante parecido, las *Empanadas de plátano,* también llamadas más pintorescamente *Niños envueltos.* Se preferían los plátanos verdes a las bananas verdes; aunque se utilizaban ambos indistintamen-

te, y se añadía harina; pero las alubias empleadas eran fríjoles
negros, nunca de otro tipo. Algunas veces, las empanadillas se
rellenaban con queso fresco en lugar de con puré de fríjoles (o
además de), y se freían intensamente. En cierta ocasión las
tomé con azúcar espolvoreado por encima y con nata, a modo
de postre. Poseían un sabor increíblemente agradable.

FRÍJOLES

Los fríjoles son muy importantes en la cocina latinoamericana, y no sólo debido a que la mayoría de las variedades mun-
diales de esta útil legumbre son originarias de dicha región,
sino también porque constituían una maravillosa fuente de proteínas en una zona en la que no se disponía de alimentos ricos
en proteínas existentes en Europa, tales como ganado vacuno,
lanar, cabrío, de cerda, etc. Afortunadamente, los conquistadores no desplazaron a los fríjoles de la cocina latinoamericana, y
siguen siendo tan populares como siempre. Forman parte esencial de la alimentación mexicana, y se sirven en pequeños cuencos después del plato fuerte y antes del postre. Resultan bastante caldosos, por lo que se toman con cuchara, o acompañados de tortillas de harina de maíz, que, en ocasiones, se usan
para tomarlos en lugar de la cuchara. Al igual que hacen los
cocineros y cocineras mexicanos modernos, me gusta servirlos
junto con la comida. Los fríjoles son tan importantes en la cocina latinoamericana que, cuando se presentan invitados inespe-
rados, se dice a modo de broma el siguiente refrán: «Ponle más
agua a los fríjoles.» Son enormemente populares como fríjoles
refritos. Me llevó algún tiempo entender por qué se decía
«refritos» cuando en realidad se fríen sólo una vez. En parte se
trata de una cuestión puramente eufónica, ya que fríjoles fritos
suena fatal, mientras que fríjoles refritos no; pero también se
trata de una forma de abreviar, ya que como los fríjoles se hierven primero y luego se fríen, el prefijo «re» implica la idea de
repetición.

Los venezolanos llaman a sus *Caraotas negras* «caviar criollo», y las sirven en puré, normalmente con Arepas, a modo de

aperitivo. Forman también parte del plato nacional, el *Pabellón caraqueño*.

Debido a su importancia dentro de la cocina latinoamericana, los cocineros y cocineras fueron inventándose formas especiales de sazonar los fríjoles. Yo los preparo de la forma habitual, según las normas de la abuela de mi marido, pues considero que su receta, en la que se añaden 7 ingredientes a los fríjoles, es la mejor de todas. Al igual que otros cocineros y cocineras mexicanos, insiste en que los fríjoles no se deben dejar nunca en remojo antes de hervirlos, aunque existen algunas excepciones a esta regla. En las recetas en las que se deban dejar los fríjoles a remojo, se indica oportunamente. Los 7 ingredientes que añado son cebolla, ajo, pimiento picante, aceite o manteca de cerdo, sal, epazote o una hoja de laurel y tomate. Los fríjoles poseen ya de por sí un sabor intenso y agradable, y si se sazonan como es debido y se hierven a fuego muy lento resultan irresistibles.

Las lentejas, que al igual que los fríjoles pertenecen al grupo de las legumbres y son también un alimento conocido desde tiempos antiguos, son muy populares en todo Latinoamérica, aunque no hasta el punto de poder competir con los fríjoles.

Fríjoles   MÉXICO

Para 6 u 8 raciones

2 tazas de fríjoles o judías blancas, negras o pintas
2 cebollas medianas, bien picadas
2 dientes de ajo, picados
2 chiles serranos de lata, o 1 chile jalapeño, cortados en trocitos. También puede usarse 1 cucharadita de chiles rojos secos y desmenuzados

1 tallo de epazote (véase pág. 47), o 1 hoja de laurel
2 cucharadas de manteca de cerdo o aceite vegetal
Sal
1 tomate mediano, pelado y cortado en trocitos

Lave los fríjoles y judías, pero no los deje en remojo. Échelos en un cazo grande con agua fría suficiente como para cubrirlos en aproximadamente 2,5 cm. Añada la mitad de las cebollas y el ajo picados, los chiles, y el epazote u hoja de laurel. Póngale la tapa al cazo y déjelo hervir todo a fuego lento, añadiendo agua caliente en caso necesario. Cuando los fríjoles comiencen a arrugarse (a los 15 ó 20 minutos de hervir), añada 1 cucharada de manteca de cerdo o aceite vegetal; cuando estén tiernos (la cocción puede durar entre 1 1/2 y 3 horas), añada sal a su gusto y deje que continúen hirviendo 1/2 hora más, aproximadamente, pero sin añadir agua. Una vez hechos no debería quedar demasiado líquido en el cazo.

En una sartén, caliente la cucharada restante de manteca de cerdo y sofría las cebollas y el ajo hasta que estén tiernos. Añada el tomate y déjelo todo 2 ó 3 minutos más al fuego. Saque aproximadamente 1/2 taza de fríjoles y algo de caldo del cazo y vaya echándolo, cucharada a cucharada, a la sartén, mezclándolo con la salsa de tomate hasta obtener una pasta más bien densa. Vuelva a echarlo todo a los fríjoles y déjelo hervir a fuego lento durante unos minutos más, para espesar el caldo restante.

Variación.—Para los *Fríjoles refritos,* prepárelos como en la receta anterior, pero utilice una sartén grande para hacer un sofrito con las cebollas, el ajo y el tomate. A fuego moderado, vaya añadiendo los fríjoles, cucharada a cucharada, junto con el caldo de hervirlos. De cuando en cuando, añada también una cucharada de manteca de cerdo hasta obtener una pasta densa y cremosa. La cantidad de manteca de cerdo o aceite vegetal utilizada será al gusto de cada uno.

En los antojitos, los fríjoles se utilizan para untar. Si se sirven como acompañamiento, se les da la forma de rollo, se espolvorea queso rallado por encima y se les mete tostaditas, triángulos de tortilla de harina de maíz bien frita.

Fríjoles estilo mexicanos   MÉXICO

«Estilo mexicano» no quiere decir que se trate de fríjoles tal como se preparan en toda la República de México, sino sólo en

el estado de México y en el llamado distrito federal, en el que
se encuentra la capital, Ciudad de México.

Para 8 raciones

2 tazas de fríjoles o judías pintas o
  blancas
1 cebolla, picada
1 tallo de epazote (optativo, véase
  pág. 47), o 1 hoja de laurel

3 cucharadas de manteca de cerdo
  o aceite vegetal
Sal

Lave los fríjoles o judías y échelos en un cazo grueso, junto
con la cebolla y el epazote o, en su defecto, la hoja de laurel.
Añada agua suficiente como para cubrirlos en unos 2,5 cm.
Déjelos hervir, tapados y a fuego lento, hasta que empiecen a
arrugarse (unos 15 ó 20 minutos). Añada 1 cucharada de manteca de cerdo o aceite vegetal y continúe hirviéndolos, tapados
y añadiendo agua caliente en caso necesario, hasta que estén
bien tiernos (de 1 1/2 a 3 horas). Añada sal a su gusto. Saque
y tire el epazote o la hoja de laurel. Vaya sacando los fríjoles y
echándolos en un cuenco. Mida 1/4 taza de fríjoles y macháquelos hasta obtener una pasta suave. Eche los fríjoles machacados en el cazo. En una sartén, caliente las 2 cucharadas
de manteca de cerdo o aceite sobrantes y fría los fríjoles restantes hasta que estén secos (aproximadamente 5 minutos). Añádalos al caldo que hay en el cazo y déjelo hervir todo a fuego
lento, removiendo sin parar hasta que el líquido se haya espesado.

Caraotas negras

VENEZUELA

Para 6 raciones

2 tazas de judías o fríjoles negros
3 cucharadas de aceite de oliva
1 cebolla mediana, bien picada
1 pimiento rojo, sin semillas y cortado en trocitos, o 2 pimientos
  morrones, cortados en trocitos

4 dientes de ajo
1 cucharadita de comino molido
1 cucharada de azúcar
Sal

Lave los fríjoles. Déjelos de 2 a 4 horas en remojo en un cazo con suficiente agua fría como para cubrirlos en 5 cm. Añada posteriormente agua, hasta cubrir los fríjoles 2,5 cm., ya que habrán absorbido buena parte del líquido. Póngalos a hervir, tapados y a fuego lento, hasta que estén tiernos (aproximadamente 2 horas). En una sartén, caliente el aceite y sofría la cebolla y el pimiento hasta que estén ambos tiernos. Añada el ajo, el comino, el azúcar y los pimientos morrones (en caso de utilizarlos en lugar del pimiento rojo). Sofríalo todo durante 1 ó 2 minutos, y échelo luego a los fríjoles. Sazónelo a su gusto con sal, tápelo y déjelo hervir a fuego lento durante aproximadamente 1/2 hora más. Los fríjoles deberán quedar bastante secos. Se sirven como guarnición o con el *Pabellón caraqueño*, el plato nacional venezolano.

Porotos granados   CHILE

Este popular plato chileno es, así mismo, típicamente indígena, ya que sus principales ingredientes son todos indios: fríjoles o porotos, tomates, maíz y calabaza. En Chile, los porotos frescos se pueden encontrar prácticamente todo el año. Si no dispone de ellos, puede sustituirlos por porotos de lata o fríjoles blancos normales y corrientes.

Para 4 ó 6 raciones

2 tazas de porotos frescos o, en su defecto, porotos de lata o fríjoles blancos
3 cucharadas de aceite de oliva
2 cucharadas de pimentón dulce
1 cebolla grande, bien picada
4 tomates medianos, pelados y cortados en trocitos

1/2 cucharadita de orégano
Sal, pimienta recién molida
1/2 kg. (aproximadamente 2 tazas) de calabaza, pelada y cortada en trozos de 2,5 cm.
1/2 taza de granos de maíz

Lave los fríjoles frescos y échelos en un cazo con agua fría suficiente como para cubrirlos. Espere a que rompa a hervir, baje el fuego y déjelos hervir, tapados y a fuego lento, hasta que

estén tiernos (aproximadamente 45 minutos). Si utiliza porotos secos, lávelos y déjelos a remojar en agua fría durante 3 ó 4
horas. Hiérvalos en agua sin sal suficiente como para cubrirlos
hasta que estén casi tiernos (aproximadamente 1 1/2 ó 2 horas).
Escurra los porotos frescos o secos y resérvelos. Reserve también el caldo en el que han hervido.

Mientras tanto, caliente el aceite en una sartén y fría en él el
aceite, a fuego moderado y removiendo constantemente con
una cuchara de madera, para que no se queme. En cuanto el
aceite y el pimentón estén bien mezclados, añada la cebolla y
fríala bien, hasta que esté tierna. Eche a continuación los tomates, el orégano, la sal, la pimienta recién molida, y déjelo hervir
todo a fuego lento, removiendo de cuando en cuando hasta
obtener una pasta más bien densa y perfectamente trabada.
Eche esta mezcla y la calabaza a los fríjoles del cazo, Mézclelo
todo bien y añada caldo reservado suficiente como para cubrirlo todo. Tápelo y déjelo unos 15 minutos a fuego lento. La
calabaza se deshará y contribuirá a espesar el caldo. Se sirve en
platos hondos o soperos, junto con un poco de pebre *(Salsa picante chilena)*, si lo desea.

Fríjoles con puerco estilo yucateco   MÉXICO

Para 6 raciones

2 tazas de fríjoles negros
1 kg. de carne magra de cerdo,
   deshuesada y cortada en trocitos de 4 cm.
2 cebollas grandes, bien picadas
1 pimiento picante fresco y entero, o 1 pimiento picante de
   lata
1/2 cucharadita de epazote, cortado en trocitos
2 ó 3 tallos de cilantro fresco
Sal, pimienta recién molida

PARA LA GUARNICIÓN

1 cebolla grande, bien picada

1/2 taza de cilantro fresco, cortado en trocitos
12 rabanitos pequeños, cortados
   en trocitos
6 cuñas de limón

PARA LA SALSA DE TOMATE

4 tomates medianos
2 pimientos picantes verdes, frescos o de lata
Sal

Lave bien los fríjoles. Échelos en un cazo grande o cacerola resistente con agua suficiente como para cubrirlos en 5 cm. Cuando rompa a hervir, ponga la tapa, baje el fuego y deje que los fríjoles hiervan a fuego lento aproximadamente 1 hora. Escúrralos, mida el líquido y auméntelo hasta 8 tazas. Vuelva a echar los fríjoles y el líquido en el cazo. Añada la carne de cerdo, el pimiento picante, el epazote, los tallos de cilantro y sal y pimienta al gusto. Póngale la tapadera y déjelo hervir todo a fuego lento hasta que tanto los fríjoles como la carne estén tiernos (aproximadamente 1 1/2 horas). Tire el pimiento picante y los tallos de cilantro. Saque los trozos de carne y colóquelos en el centro de una fuente de servir previamente calentada. Escurra los fríjoles y dispóngalos alrededor de la carne. Vierta el caldo en una sopera. Se sirve la sopa en cuencos o platos hondos y los fríjoles y la carne simultáneamente. También se servirán cuencos con distintos tipos de guarniciones, para tomarlas junto con la sopa y los fríjoles con carne.

Para hacer la salsa de tomate.—Pele y corte en trocitos 4 tomates medianos y déjelos hervir durante unos 15 minutos junto con 2 pimientos picantes verdes, frescos o de lata, y sal a su gusto. Vierta la mezcla en una batidora o pasapuré y redúzcala a puré. Vuelva a echarla en el cazo y caliéntela bien. Se sirve en un cuenco, junto con la carne.

Lentejas   COLOMBIA

Para 6 raciones

1/4 kg. de lentejas
2 cucharadas de aceite de oliva
2 cebollas medianas, bien picadas
2 dientes de ajo, picados
2 tomates grandes, pelados, sin semillas y picados

Sal, pimienta recién molida
Un pellizquito de azúcar
1 cucharadita de cilantro fresco, picado

Eche las lentejas en un cazo grande, con agua suficiente como para cubrirlas en aproximadamente 2,5 cm. y déjelas hervir hasta que estén casi tiernas (aproximadamente 1 hora). La variedad de rápida cocción (se indica en el envoltorio) estará en unos 25 minutos. Escúrralas y resérvelas.

En una sartén, caliente el aceite y fría las cebollas y el ajo hasta que las cebollas estén tiernas. Añada los tomates, la sal, la pimienta, el azúcar y el cilantro, y déjelo hervir todo a fuego lento hasta que la mezcla espese (alrededor de 10 minutos). Eche la salsa en las lentejas y déjelo hervir todo a fuego muy lento durante 10 minutos, para que se mezclen bien los sabores. Se sirven en lugar de patatas o arroz.

ARROCES

El arroz es enormemente popular en América Latina, y sus cocineros y cocineras se enorgullecen de su habilidad para guisarlo en su punto, lo que constituye muchas veces una medida de sus capacidades culinarias. Existen muchas formas de preparar el arroz blanco, pero el resultado debe ser siempre unos granos de arroz tiernos y sueltos. En Perú, Colombia y Ecuador, el arroz hervido queda algo más seco de lo habitual, y se denomina *Arroz graneado.* Existen también platos a base de arroz mucho más elaborados, como el *Arroz a la mexicana,* que se sirve como plato aparte en la comida fuerte del mediodía, después de la sopa y antes del plato fuerte. En la región costera de Colombia el arroz se hierve en leche de coco y se sirve con pasas por encima, lo que le da un inigualable toque dulce. Para preparar el arroz es fundamental utilizar un cazo grueso con tapa hermética. Si no se va a usar de inmediato, tape el cazo con un paño de cocina doblado y póngale luego la tapadera, para evitar que el vapor concentrado ablande innecesariamente el arroz. Así se mantendrá caliente durante unos 15 minutos.

Arroz blanco

Para 6 raciones

1 1/2 tazas de arroz de grano
  largo
1/4 taza de aceite vegetal
1 cebolla pequeña, bien picada
2 dientes de ajo, bien picados

3 tazas de agua fría
Sal
1 pimiento picante, verde y fresco
  (optativo)

Lave bien el arroz, cambiando varias veces de agua, escúrralo y échelo en un cazo con agua caliente suficiente como para cubrirlo. Déjelo reposar 1/4 de hora. Páselo por un colador y déjelo reposar 10 minutos más. Caliente el aceite en un cazo, añada el arroz, la cebolla y el ajo y sofríalo todo a fuego lento, removiendo constantemente con una cuchara de madera hasta que el arroz comience a adoptar un color dorado pálido y haya absorbido todo el aceite (aproximadamente 3 ó 4 minutos). Añada el agua y sal al gusto. Déjelo a fuego intenso hasta que rompa a hervir, baje el fuego al mínimo posible, y hiérvalo, tapado, hasta que el arroz esté tierno y haya absorbido todo el líquido (aproximadamente 20 minutos). Algunas veces me gusta añadir un pimiento picante, verde y fresco, en el momento de echar el agua. Se tira una vez que el arroz esté hecho. Aporta un leve toque de picante que mejora el sabor del arroz.

Variación.—Para *Arroz graneado,* eche 2 cucharadas de aceite vegetal en un cazo y añada 1 diente de ajo machacado. Sofríalo a fuego lento durante 1 ó 2 minutos, teniendo cuidado de que el ajo no se queme. Añada 4 tazas de agua, 1 cucharadita de zumo de limón y sal al gusto, y espere a que rompa a hervir. Añada entonces 2 tazas de arroz de grano largo, lavado y escurrido, espere a que rompa nuevamente a hervir, tápelo y déjelo a fuego muy bajo hasta que el arroz esté tierno y haya absorbido todo el líquido (aproximadamente 25 minutos). Obtendrá de 4 a 6 raciones.

Variación.—El *Arroz blanco* de Venezuela se sirve tradicionalmente con el *Pabellón caraqueño,* pero puede acompañar también a cualquier plato a base de pescado, carne o ave. Lave bien y escurra 1 1/2 tazas de arroz de grano largo. Caliente 3 cucharadas de mantequilla en un cazo y eche el arroz, 1 cebolla mediana, bien picada, 1/2 pimiento verde o rojo, sin semillas y cortado en trocitos, y 1 diente de ajo, picado. Sofríalo todo a fuego lento, y removiendo constantemente, unos 3 ó 4 minutos, o hasta que el arroz haya absorbido toda la mantequilla. No deje que se dore. Añada 3 tazas de agua y sal a su gusto, espere a que rompa a hervir y déjelo tapado y a fuego muy lento unos 20 minutos, o hasta que el arroz esté tierno y haya absorbido todo el líquido. Obtendrá 6 raciones.

Variación.—*Arroz de Amendoim.* Se trata de un arroz hervido, que absorbe no sólo el color de los cacahuetes tostados, sino también su refinado y agradable sabor. Eche 2 cucharadas de aceite de cacahuete en un cazo, añada el arroz y sofríalo todo, removiendo con una cuchara de madera y a fuego lento, hasta que el arroz haya adquirido el color de los cacahuetes tostados (levemente marrón); es decir, unos 10 minutos. Tenga cuidado de que el arroz no se ponga demasiado oscuro, pues adquirirá un sabor amargo. Añada 2 cucharadas de zumo de limón, 1 cucharadita de sal y 3 tazas de agua. Espere a que rompa a hervir, baje el fuego y déjelo hervir, tapado y a fuego muy lento, entre 15 y 20 minutos, o hasta que el arroz esté tierno y haya absorbido todo el líquido. Obtendrá 6 raciones.

Arroz a la mexicana

Para 6 u 8 raciones

2 tazas de arroz de grano largo
2 tomates, pelados, sin semillas y cortados en trocitos
1 cebolla mediana, picada
1 diente de ajo, picado
3 cucharadas de manteca de cerdo o aceite vegetal
3 1/2 tazas de caldo de pollo
2 zanahorias, peladas y cortadas en finas rodajas
1 taza de guisantes frescos o, en su defecto, congelados y previamente descongelados

1 pimiento verde, sin semillas y cortado en trocitos, o 2 chiles serranos, sin semillas y cortados en trocitos
1 cucharada de cilantro fresco, picado, o de perejil, preferentemente del tipo italiano; es decir, plano

Lave bien el arroz, cambiando varias veces el agua, y déjelo 15 minutos en remojo. Páselo por un colador. Eche los tomates, la cebolla y el ajo en una batidora o pasapuré y redúzcalo todo a puré. Caliente la manteca de cerdo o el aceite vegetal en una cacerola resistente, y sofría el arroz, removiendo constantemente hasta que se dore, pero teniendo cuidado de que no se ponga marrón. Añada la salsa de tomate y déjelo todo al fuego, removiendo de cuando en cuando, hasta que se haya evaporado toda la humedad. Añada el caldo de pollo, las zanahorias, los guisantes y el pimiento. Cuando rompa todo a hervir, tápelo y déjelo a fuego muy lento hasta que el arroz esté tierno y haya absorbido todo el líquido (aproximadamente 20 minutos). Se sirve con el cilantro o el perejil picado por encima.

Variación.—Utilice 2 chorizos. Fríalos en un poquito de aceite, escúrralos y adorne con ellos el arroz, así como con un aguacate grande, cortado en rodajas, y 2 huevos duros, cortados igualmente en rodajas.

Variación.—*Arroz guatemalteco.* Se sirve tradicionalmente con la *Carne en jocón,* pero puede servirse también con cualquier otro plato que pueda acompañarse de arroz blanco,

como un estofado de carne o ave. Caliente 2 cucharadas de
aceite de cacahuete o mantequilla en un cazo grueso, añada 2
tazas de arroz de grano largo y sofríalo todo levemente, removiéndolo con una cuchara de madera hasta que el arroz haya
absorbido toda la grasa, teniendo cuidado de que no tome
color. Añada 1 taza de verduras y hortalizas variadas (zanahorias, apio, pimientos morrones, bien picados, y guisantes verdes), sal y pimienta a su gusto, y 4 tazas de caldo de pollo o de
carne. Cuando rompa a hervir, póngale la tapadera al cazo y
reduzca el fuego al mínimo. Déjelo hasta que el arroz esté tierno y haya absorbido todo el líquido (aproximadamente 20
minutos). Obtendrá de 6 a 8 raciones.

Arroz con coco y pasas   COLOMBIA

Existen dos versiones de este plato, el *Arroz con coco y pasas*
y el *Arroz con coco frito y pasas*. Cualquiera de los dos constituye un magnífico y exótico acompañamiento para los platos de
carne. Ambos son típicos de la cocina de la región costera de
Colombia, en la que se utiliza mucho el coco.

Para 6 raciones

1/4 kg. de pasas	2 cucharadas de azúcar
5 tazas de leche de coco (véase	1 cucharada de mantequilla
pág. 44)	Sal
2 tazas de arroz de grano largo	

Eche las pasas en un cazo grueso, con tapa hermética, añada
la leche de coco y deje las pasas 30 minutos en remojo. Añada
el arroz, el azúcar, la mantequilla y sal al gusto. Ponga la tapadera, espere a que rompa a hervir, remueva una vez el contenido, reduzca el fuego al mínimo y deje hervir el arroz, tapado,
hasta que esté tierno y haya absorbido todo el líquido (entre 20
y 25 minutos).

Variación.—Para el *Arroz con coco frito y pasas,* caliente la
leche espesa obtenida de 1 coco (aproximadamente 1 taza, o

menos) en un cazo y a fuego moderado, removiendo de cuando en cuando hasta que el aceite se separe de los residuos dorados y granulosos. En Colombia se denominan *titoté*. Añada 1 cucharada de azúcar moreno y déjelo hervir, removiendo constantemente unos minutos más. Añada 4 tazas de leche ligera de coco y 1/4 kg. de pasas, y déjelo todo a fuego lento durante 10 minutos más. Añada 2 tazas de arroz de grano largo y sal a su gusto, y, sin dejar de remover, vuelva a esperar otros 10 minutos. Eche finalmente 4 cucharadas (aproximadamente 1/4 taza) de mantequilla; u omítala si lo prefiere. Tape el arroz y déjelo hervir a fuego muy lento hasta que haya absorbido todo el líquido y quede seco y suelto (aproximadamente 20 ó 25 minutos).

Verduras y ensaladas

UNO de los mayores atractivos de los mercados latino-americanos consiste en los puestos de verduras, con sus montones de zanahorias, de color naranja; sus zucchini, verdes y tiernos; sus brillantes y rojos tomates, tan maduros que parecen estar a punto de estallar; sus judías verdes, tiernas y crujientes; sus mazorcas de maíz; sus cebollas tiernas; sus gigantescas calabazas, cortadas por la mitad para mostrar el intenso color amarillo de su interior; sus brillantes vainas de okra; sus patatas nuevas, tan limpias y sin mácula, que parece como si hubiesen sido cultivadas en algún terreno celestial; sus aguacates, de piel verde oscuro o incluso negra; sus espectaculares repollos; sus guisantes abiertos para ser contemplados por los compradores; sus remolachas de color rojo intenso, y sus pimientos, de color verde, rojo, amarillo, de todas las formas y tonos concebibles; sus espinacas, sus acelgas y toda la variedad de tubérculos imaginable: las batatas, los taros y malangas, los boniatos, etc., de color marrón oscuro o claro, enormes o diminutos, de piel lisa y suave o áspera y rugosa, de forma simétrica o irregular y caprichosa...; la enorme variedad de tipos de fríjoles o judías, negros, rojos, blancos, amarillos, rosas, con manchas, todo ello apilado en espectaculares montones, de increíble variedad y colorido.

No tiene nada de sorprendente que las verduras y hortalizas desempeñen un papel tan importante en la cocina latinoamericana (hasta el extremo de que, a veces, se sirven como plato aparte y no sólo como guarnición). Lo que he aprendido de

Latinoamérica ha cambiado mis hábitos culinarios considerablemente. Ahora me encanta servir grandes fuentes de verduras y hortalizas hervidas, aliñadas simplemente con aceite y vinagre, a la temperatura ambiente, bien como guarnición, bien como primer plato, y he descubierto montones de nuevos usos para las verduras y hortalizas que, de no ser así, no se me habrían ocurrido nunca.

AGUACATES

Aguacates rellenos   ECUADOR

En América Latina, los aguacates se utilizan mucho más en las sopas y salsas que en otras regiones del mundo; pero son también muy populares como primer plato, rellenos. Para grandes ocasiones, sobre todo en un menú que respete las tradiciones latinoamericanas, no se puede prescindir de los aguacates rellenos. Personalmente opino que, acompañados de 1 ó 2 vasos de vino blanco seco y de un postre de queso, los aguacates rellenos constituyen un delicioso almuerzo o cena.

Para 6 raciones

3 aguacates grandes	Sal, pimienta recién molida
1 taza de jamón de York, cortado en trocitos	1 taza de mayonesa (aproximadamente)
3 huevos duros, cortados en trocitos	Lechuga, de la variedad romana o «iceberg», cortada en trocitos

Pele cuidadosamente los aguacates, córtelos longitudinalmente por la mitad, quíteles el hueso y tírelo. En un cuenco, combine el jamón de York y los huevos duros, sazónelo a su gusto con sal y pimienta, añada mayonesa suficiente como para trabar bien la mezcla (aproximadamente 1 taza). Llene el hueco de los aguacates con la misma. Prepare un lecho de hojas de lechuga en 6 platos llanos y ponga 1/2 aguacate en cada uno de ellos. Se sirve como primer plato o a modo de *lunch*. En lugar de mayonesa se puede utilizar una vinagreta.

Los aguacates se decoloran rápidamente; por lo que, en caso de tener que prepararlos con antelación, déjelos sumergidos en zumo de limón, o sin pelar, aunque su aspecto resultará menos elegante. En lugar de jamón de York se puede emplear cerdo asado o pollo frío, pero mezclándolo con una taza de verduras variadas en lugar de con huevos duros. Los aguacates rellenos constituyen un plato muy adecuado para experimentos e improvisaciones. Los cocineros y cocineras ecuatorianos sustituyen muchas veces la mayonesa por salsa de tomate o besamel, pero yo encuentro que el resultado es menos atractivo.

Variación.—Para las *Paltas* o *Aguacates rellenos con mariscos* de Chile, pele y corte por la mitad 3 aguacates y dispóngalos sobre un lecho de hojas de lechuga en 6 platos llanos. Prepare una ración de *Salsa golf (Mayonesa con sabor a tomate y coñac)* (véase pág. 396) y mezcle una mitad de la misma con 1/2 kg. de gambas hervidas (partidas en trocitos si son grandes, enteras si son pequeñas). Rellene los aguacates con esta mezcla y sirva el resto de la mayonesa en una salsera aparte.

Variación.—Venezuela modifica esta versión chilena de los aguacates rellenos, y los llama *Aguacates rellenos con camarones.* Los aguacates no se pelan, sino que simplemente se parten por la mitad y se extrae el hueso. La pulpa se machaca ligeramente con un tenedor y se mezcla con ella un poquito de vinagreta. Luego se rellenan con gambas en salsa vinagreta. Si se utilizan aguacates pequeños se obtendrá un agradable y ligero primer plato.

Variación.—Para *Paltas* o *Aguacates rellenos,* de Perú, parta por la mitad y quítele el hueso a 3 aguacates. Machaque la pulpa de 1/4 aguacate junto con 1 pimiento picante fresco, sin semillas y cortado en trocitos, y aproximadamente 3/4 de taza de vinagreta hecha con mostaza. Añada a esta mezcla 1/2 taza de judías verdes hervidas y cortadas en trocitos, 1/2 taza de guisantes hervidos, 1/2 taza de apio bien picado, 6 aceitunas pequeñas rellenas de pimiento, cortadas en trocitos, y 2 huevos duros, cortados en trocitos. Llene el hueco de los aguacates

con esta mezcla y cúbralos con mayonesa. Adórnelos con rodajas de huevo duro y un poquito de perejil bien picado. Si lo
desea, podrá adornarlo también con un pimiento picante, rojo
y fresco, cortado en forma de flor (para lo cual lo dividirá en
tiras longitudinales, deteniéndose poco antes de llegar al extremo del tallo). Deje los pimientos en agua helada durante varias
horas, o hasta que las tiras se curven.

Variación.—Una versión más sencilla de este plato peruano,
deliciosa y nutritiva, son los *Aguacates rellenos*, de Cuba. Pele
los aguacates y déjelos en zumo de limón para impedir que se
decoloren. Córtelos longitudinalmente por la mitad y tire los
huesos. Coloque cada 1/2 aguacate sobre un lecho de hojas de
lechuga y rellénelo con una mezcla de verduras y hortalizas
hervidas, utilizando cualquiera de los siguientes ingredientes:
patatas, zanahorias, remolacha, guisantes, judías verdes, puntas
de espárragos, pimientos verdes o rojos cortados en trocitos
pequeños o pepinos cortados en trocitos pequeños. Deje las
verduras a remojo en salsa vinagreta antes de rellenar con ella
los aguacates, y cúbralos luego con mayonesa.

Variación.—Para las *Paltas* o *Aguacates rellenos con salsa
cruda*, de Bolivia, pele y corte los aguacates longitudinalmente
por la mitad, o limítese a partirlos y a quitarles el hueso.
Rellénelos con una salsa hecha combinando 2 tomates medianos, pelados y cortados en trocitos, 1 cebolla mediana, bien
picada, 1/2 pimiento verde, sin semillas y cortado en trocitos,
sal y pimienta recién molida a su gusto, 1 cucharadita de vinagre y 1 cucharada de aceite vegetal. Debería prepararse en el
último momento, siempre que sea posible, pues esta salsa pierde su sabor si permanece demasiado tiempo en reposo.

Variación.—Para las *Paltas* o *Aguacates rellenos con pollo*, de
Chile, pele 3 aguacates grandes, déjelos en zumo de limón,
córtelos longitudinalmente por la mitad y quíteles el hueso, o
limítese a partirlos por la mitad, sin pelarlos. Pele y machaque
1/4 aguacate grande y mezcle la pulpa con 1 pechuga entera
de pollo, previamente hervida y cortada en trocitos. Sazónelo

a su gusto con sal, pimienta y zumo de limón y rellene los aguacates con esta mezcla.

Variación.—En Chile, el arroz sobrante se emplea también como relleno. Se preparan los aguacates como en la receta anterior. El aguacate machacado se sazona con sal, pimienta y 1/2 taza de vinagreta hecha con zumo de limón. Se mezcla con 1 taza de arroz sobrante y 12 aceitunas verdes rellenas de pimiento. Luego se rellenan los aguacates con esta mezcla.

CALABACINES

Calabacitas picadas
MÉXICO

Los calabacines son seguramente una de las hortalizas favoritas de México, debido quizá a su larga historia en dicho país, que se remonta al año 7000 a. de C. Se pueden comprar todo el año y se recolectan cuando tienen sólo entre 8 y 10 cm. de largo y están tiernos y jugosos. Aunque en México las verduras se sirven tradicionalmente como un plato aparte antes del plato fuerte, yo personalmente encuentro que los calabacines acompañan a la perfección la carne, las aves y el pescado, y en el México actual es cada vez mayor el número de personas que los sirven de esta manera.

Para 4 ó 6 raciones

3 cucharadas de aceite vegetal
1 cebolla mediana, bien picada
1 diente de ajo, picado
3 tomates medianos, pelados, sin semillas y cortados en trocitos
1 tallo de cilantro o epazote
2 pimientos picantes pequeños, verdes y frescos, sin semillas y cortados en trocitos, o chiles tipo serrano o jalapeño de lata
Sal, pimienta recién molida
1/2 kg. de calabacines tiernos y pequeños, cortados en trocitos de 12 mm.
1 taza de granos de maíz (optativo)

Caliente el aceite en un cazo y sofría la cebolla y el ajo hasta que la cebolla esté tierna. Añada los tomates, el cilantro o epa-

zote, los pimientos picantes, sal y pimienta al gusto, los calabacines y, en caso de usarlo, el maíz. Tápelo y déjelo hervir a
fuego muy lento hasta que los calabacines estén hechos, entre
30 y 40 minutos, tiempo de cocción que puede parecer demasiado largo, pero que se debe a que el ácido de los tomates
retarda el proceso.

Los granos de maíz hacen que el plato sea más nutritivo. Los
añado cuando el plato principal es más bien ligero y los suprimo cuando lo que deseo es una guarnición a base de verduras
para acompañar un plato fuerte a base de carne.

Calabacitas poblanas   MÉXICO

El Estado de Puebla, en México, lugar de origen del plato
más famoso del país, el mole poblano, es famoso por su cocina
y por el maravilloso sabor del chile poblano, un pimiento verde,
grande y de color verde intenso, que puede ser dulce, algo
picante o muy picante. Dado que no puedo conseguir esta clase
de pimientos, los sustituyo para esta receta con pimientos verdes normales y corrientes, y los resultados son aceptables.

Para 4 ó 6 raciones

3 pimientos verdes, asados y pelados (véase pág. 57), y sin semillas
1 cebolla mediana, picada
1 diente de ajo, picado
3 cucharadas de aceite vegetal

1/2 kg. de calabacines pequeños
  y tiernos, cortados en trocitos
  de 12 mm.
Sal, pimienta recién molida
1/3 de taza de nata líquida espesa

Corte los pimientos en trozos grandes y hágalos puré en la
batidora o pasapuré, junto con la cebolla y el ajo. Caliente el

aceite en un cazo y sofría el puré, removiéndolo constantemente con una cuchara de madera durante 3 ó 4 minutos. Añada
los calabacines y sazónelo todo a su gusto con sal y pimienta.
Eche un poquito de agua (aproximadamente 1/2 taza), tápelo y déjelo hervir a fuego lento hasta que los calabacines estén
tiernos (aproximadamente 1/2 hora). Compruebe si hace falta
más agua, pero tenga en cuenta que debe haber sólo líquido
suficiente como para que se hagan los calabacines. Añada la
nata líquida y déjelo hervir todo nuevamente, a fuego lento y
sin tapar, hasta que se caliente. Se sirve como guarnición con
cualquier plato a base de carne, ave o pescado.

Variación.—Con lonchas de queso fresco (queso blanco o
queso fresco español o, en su defecto, tipo Münster), en la dosis
de unos 50 g. por persona, este plato se convierte en un atractivo *lunch* vegetariano. Como plato fuerte obtendrá 2 raciones.

ESPINACAS

Espinacas con anchoas   VENEZUELA

En esta receta, las anchoas aportan un sabor fuerte y salado
a la suavidad de las espinacas. En la preparación de este plato
utilizo un truco japonés consistente en eliminar el exceso de
agua de las espinacas envolviéndolas en un *sudare* (una esterilla
de bambú) y estrujándolas ligeramente. En lugar de las espinacas se pueden usar acelgas.

Para 6 raciones

1 kg. de espinacas o acelgas
3 cucharadas de aceite de oliva o vegetal

Pimienta recién molida
Una lata pequeña de filetes de anchoas, escurridos y hechos puré

Lave y escurra las espinacas o acelgas y quíteles los troncos más duros. Échelas en un cazo grande lleno de agua hirviendo. Cuando rompa nuevamente a hervir, baje el fuego y espere 5 minutos. Escurra las espinacas, enjuáguelas rápidamente bajo el grifo de agua fría y vuelva a escurrirlas. Elimine el exceso de agua, bien a mano, bien envolviendo las espinacas en una esterilla de bambú y estrujándolas ligeramente. Córtelas en trozos grandes. Caliente el aceite en una sartén grande, eche las espinacas y sofríalas, removiendo frecuentemente durante unos 3 minutos. Sazónelas con abundante pimienta recién molida. Añada las anchoas hechas puré y Mézclelo todo bien. Se sirve como guarnición con cualquier plato a base de carne o aves, o con huevos fritos o escalfados por encima, como plato aparte.

Espinacas salteadas   PERÚ

Para 6 raciones

1 kg. de espinacas o acelgas
3 cucharadas de aceite vegetal
1 cebolla mediana, bien picada
2 dientes de ajo, picados
4 tomates medianos, pelados y cortados en trocitos

1 pimiento picante, verde o rojo, fresco, sin semillas y cortado en trocitos
Sal, pimienta recién molida
La cáscara rallada de 1/2 limón

Hierva las espinacas o acelgas como para las *Espinacas con anchoas,* y resérvelas. Caliente el aceite en una sartén y sofría la cebolla y el ajo, hasta que la cebolla esté tierna. Añada los tomates y el pimiento picante, sazónelo a su gusto con sal y pimienta, y déjelo todo al fuego, hasta que se mezcle bien, aproximadamente 5 minutos. Añada la cáscara de limón rallada. Eche finalmente las espinacas y déjelas el tiempo suficiente como para que se calienten. Se sirven como guarnición con cualquier plato de carne, ave o pescado. Si desea tomarlas como plato aparte y hacerlas más nutritivas, añada a las espinacas o acelgas 6 patatas medianas, hervidas y untadas con mantequilla.

Variación.—Existe una versión de las *Espinacas salteadas* procedente de la República Dominicana. Se preparan como en la receta anterior y se reservan. Luego se calientan 2 cucharadas de mantequilla en una sartén y se sofríe 1 cebolla mediana, bien picada, hasta que esté tierna. Añada 2 tazas de tomates, pelados y cortados en trocitos, sal, pimienta, 1 pellizquito de azúcar, 1 pellizquito de clavo molido y 1 hoja de laurel, y déjelo hervir todo a fuego lento hasta obtener una mezcla o pasta espesa. Añádala a las espinacas y déjelo todo al fuego hasta que esté bien caliente.

Variación.—Para las *Espinacas con crema,* de México, prepare las espinacas como en la receta de *Espinacas con anchoas,* y se reservan. Pele, quíteles las semillas y parta en trocitos pequeños 2 pimientos verdes (véase pág. 14) y hágalos puré en la batidora o pasapuré, junto con 1 cebolla mediana, picada. Caliente 3 cucharadas de aceite en una sartén, eche en ella el puré y sofríalo durante 3 ó 4 minutos, removiendo sin parar con una cuchara de madera. Añada las espinacas y sazónelo todo a su gusto con sal y pimienta. Eche finalmente 2/3 de taza de nata líquida espesa y déjelo todo al fuego justo lo suficiente como para que se caliente bien. Se sirve como guarnición o como plato por derecho propio, con 6 huevos duros partidos por la mitad.

Acelgas en crema   ARGENTINA

En esta receta se utilizan tanto la parte verde como la blanca de las acelgas. Cuando sólo se necesita la parte verde, guardo la blanca para el día siguiente, la corto en trozos de 2,5 cm., la hiervo en agua salada hasta que esté tierna (aproximadamente unos 10 minutos), y la sirvo, bien con una simple salsa besamel, bien con besamel a la que he añadido 1 taza de queso tipo Cheddar rallado. Esta solución no puede considerarse estrictamente latinoamericana, pero me evita tener que tirar una parte de esta sabrosa verdura.

Para 6 raciones

3 cucharadas de mantequilla
1 cebolla mediana, bien picada
1 zanahoria mediana, cortada en tiritas
1 patata mediana, cortada en cuadraditos de 12 mm.

3/4 de kg. de acelgas
Sal, pimienta recién molida
3 cucharadas de nata líquida espesa

Caliente la mantequilla en un cazo y sofría la cebolla, la zanahoria y la patata hasta que los 3 ingredientes estén tiernos. Lave y escurra las acelgas y corte tanto la parte blanca como la verde en tiras transversales. Eche las acelgas al cazo, Mézclelo todo bien y sazónelo a su gusto con sal y pimienta. Tápelo y déjelo a fuego muy lento hasta que las acelgas estén tiernas (aproximadamente 10 minutos). Añada finalmente la nata líquida espesa y déjelo hervir todo, a fuego lento y sin tapar, durante unos minutos más.

REPOLLO

Guiso de repollo   BOLIVIA

El repollo, esa verdura universal, se encuentra en toda América Latina, guisado de mil maneras distintas. Se obtienen fácilmente las variedades verde, blanca y roja. La ensalada de col abunda en todos los países, la mayoría de las veces como ensalada de repollo crudo, y también he descubierto el *choucroute* (o sauerkraut), otro plato muy popular, importado de Europa, con el nombre de *chuckrut*. Pero en Latinoamérica se encuentran también recetas nativas para la preparación del repollo de gran atractivo y originalidad y, por tanto, dignas de que se las preste atención. El *Guiso de repollo* boliviano es un plato nutritivo y suculento, que necesita sólo una chuleta de cordero asada, un filete pequeño o un trocito de pollo frito para convertirse en un magnífico primer plato, pues combina el repollo y las patatas en una sabrosa salsa a base de tomate.

Para 4 raciones

1 repollo pequeño, blanco o verde, de aproximadamente 1/2 kg.
Sal
3 cucharadas de aceite vegetal
1 cebolla mediana, bien picada
3 tomates medianos, pelados y cortados en trocitos
1 pimiento picante rojo o verde, fresco, sin semillas y cortado en trocitos

Sal, pimienta recién molida
1 cucharada de puré de tomate
2 cucharadas de cilantro fresco, o perejil, picados
4 patatas medianas, recién hervidas y partidas por la mitad

Lave el repollo y córtelo en trocitos pequeños. Échelo en un cazo grande lleno de agua salada hirviendo. Cuando rompa nuevamente a hervir, baje el fuego y déjelo a fuego lento 5 minutos. Escurra bien el repollo y resérvelo. En una sartén, caliente el aceite y sofría la cebolla hasta que esté tierna. Añada los tomates y el pimiento picante y déjelo todo al fuego hasta que se mezcle bien (aproximadamente 5 minutos). Sazónelo a su gusto con sal y pimienta. Añada el puré de tomate y el cilantro o perejil. Eche finalmente el repollo y las patatas y déjelo todo al fuego hasta que se caliente bien.

COLIFLOR

La coliflor es una verdura muy popular en toda América Latina, y la mayoría de las formas de prepararla son comunes a muchos de sus países. No obstante, a continuación exponemos algunas de las recetas más originales.

Coliflor en salsa de almendra   CHILE

Se trata de una receta increíblemente refinada, que convierte a la coliflor en un manjar especial.

Para 6 raciones

1 coliflor de tamaño mediano, de unos 20 cm. de diámetro
Sal

1 ración de besamel (véase pág. 395)
1/2 taza de almendras bien molidas

Recorte la coliflor y hágale un corte en la parte inferior del tallo; esto contribuye a acelerar el proceso de cocción de esta parte de la coliflor, deforma que esté hecha al mismo tiempo que el resto. Échela, con el tallo hacia abajo, en un cazo grande de agua salada hirviendo, póngale la tapa y déjela a fuego lento entre 15 y 20 minutos, o hasta que esté casi tierna. Sáquela y colóquela sobre una fuente de servir, preferentemente redonda, para resaltar la forma de la coliflor.

Mientras tanto, prepare la besamel. Añádale almendras molidas y déjela hervir a fuego muy lento, removiendo constantemente unos 2 minutos, o hasta que se mezclen los sabores. Cubra la coliflor con la besamel y sírvala como acompañamiento de cualquier plato a base de carne, ave, pescado o mariscos.

Variación.—Utilice nueces molidas en lugar de almendras; el sabor será menos delicado pero muy intenso.

Variación.—Cubra la coliflor con *Salsa de choclos* (véase pág. 392) y obtendrá una maravillosa combinación de sabores, viéndose resaltado el delicado de la coliflor por el más intenso de los choclos (o maíz).

Variación.—Caliente 4 cucharadas de aceite de oliva o vegetal en una sartén y añada 2 dientes de ajo machacados y 1/2 taza de perejil bien picado. Sofríalo todo durante 1 ó 2 minutos, añada luego 1 cucharada de vino tinto, vinagre, sal y pimienta recién molida, y viértalo caliente sobre la coliflor hervida. Esta sencilla y agradable receta procede de Bolivia.

Variación.—Eche la coliflor recién hervida en una fuente de asar y cúbrala con *Salsa de tomate* (véase pág. 390). Espolvoree 1/4 taza de queso parmesano recién rallado por encima y déjela en la parrilla el tiempo suficiente como para que el queso se dore. Yo he descubierto que se puede conseguir un resultado agradable suprimiendo el queso y espolvoreando sobre la coliflor 2 cucharadas de perejil o cilantro fresco, bien picado.

Variación.—La siguiente variación, originaria de la República Dominicana, resulta lo suficientemente nutritiva como para servir de plato fuerte en un almuerzo o cena (para 4 personas): Caliente 4 cucharadas de mantequilla en una sartén grande y sofría una cebolla bien picada hasta que esté tierna. Añada 1 diente de ajo, machacado. Eche luego 4 tomates medianos, pelados y cortados en trocitos, 1 cucharada de puré de tomate, 1 cucharada de zumo de limón, 1 pellizquito de azúcar, sal y pimienta al gusto y 1 hoja de laurel. Déjelo hervir todo a fuego lento durante unos 10 minutos, para que se mezclen bien los sabores. Saque y tire la hoja de laurel y añada 1 patata grande, recién hervida, 1 coliflor de tamaño mediano, hervida y partida en trozos, y 1 taza de judías verdes, hervidas y cortadas en trocitos. Déjelo todo al fuego el tiempo suficiente como para que se caliente. Se sirve con queso parmesano rallado aparte.

CHAYOTE

Chayotes rellenos   COSTA RICA

Los chayotes, con su textura crujiente y delicado sabor, son una de las verduras favoritas en todo Latinoamérica. Muchas veces se pelan, cortan en rodajas y hierven en agua salada hasta que están tiernos, se escurren y se sirven con mantequilla y quizá un poquito de pimienta molida. La receta que damos a continuación es algo más elaborada, y se toma como primer plato antes del plato fuerte. Si se duplican las cantidades se obtendrá un excelente plato único para un almuerzo o cena ligeros.

Para 3 ó 6 raciones

3 chayotes, pelados y partidos por
la mitad
Sal
3 1/2 tazas de pan rallado
2 tazas de queso tipo Münster
rallado, o de cualquier queso suave, tipo Cheddar

Pimienta recién molida
2 huevos, ligeramente batidos
3 cucharadas de queso parmesano
rallado
Mantequilla

Hierva los chayotes en agua salada durante unos 10 minutos. Escúrralos bien y extraiga entonces la pulpa, dejando 12
mm. de cáscara y teniendo mucho cuidado de no romperla por
ningún sitio. Corte la pulpa en trozos grandes y mézclela con
3 tazas de pan rallado, el queso Münster o Cheddar rallado, sal
y pimienta, y los huevos. Rellene nuevamente los chayotes con
esta mezcla. Mezcle la 1/2 taza de pan rallado restante con el
queso parmesano y espolvoréelo sobre los chayotes. Cúbralos
con la mantequilla y déjelos en un horno a unos 225° C entre
15 y 20 minutos, o hasta que los chayotes estén bien calientes
y dorados por encima.

Tayotes revueltos con huevos   REPÚBLICA DOMINICANA

Los chayotes se llaman tayotes en la República Dominicana,
cuya cocina es extremadamente rica y variada. Este plato es de
lo más versátil, pues puede servir como desayuno tardío,
almuerzo o *lunch* ligero y cena, o simplemente acompañar a un
plato a base de carne, ave o pescado. La semilla hervida del chayote resulta deliciosa. Yo siempre la reclamo como premio a
mis desvelos como cocinera.

Para 2 raciones

1 chayote grande, de unos 400 g.
Sal
3 cucharadas de aceite vegetal
1 cebolla mediana, bien picada
1 diente de ajo, bien picado
2 tomates medianos, pelados y
    cortados en trocitos

1 pimiento picante pequeño, rojo
    o verde, fresco, sin semillas y
    cortado en trocitos
Pimienta recién molida
1 cucharada de puré de tomate
4 huevos, ligeramente batidos

Pele y parta el chayote por la mitad y hiérvalo en agua salada hasta que esté tierno (aproximadamente 15 minutos). Quítele la semilla y cómasela. Escúrralo bien y córtelo en cuadraditos de 12 mm. Resérvelo. Caliente el aceite en una sartén de 20 cm. de diámetro y sofría la cebolla a fuego mediano, hasta que esté tierna. Añada el ajo, los tomates, el pimiento picante y déjelo hervir todo a fuego lento hasta que la mezcla se haya trabado perfectamente y la mayor parte del líquido esté evaporado. Sazónelo a su gusto con sal y pimienta y añada el puré de tomate. Eche el chayote y déjelo al fuego hasta que esté bien caliente. Añada finalmente los huevos y agítelos con el dorso de un tenedor hasta que se cuajen del todo. Se sirve de inmediato.

Variación.—Para un plato más nutritivo, añada unos 100 g. de trocitos de jamón de York a la sartén junto con el chayote cortado en cuadraditos.

BERENJENA

La berenjena es una hortaliza muy apreciada en todo Latinoamérica. Puede cortarse simplemente en rodajas y freírse o rebozarse en huevo batido y pan rallado antes de echarla a la sartén. También se sirve rellena con una mezcla de queso y jamón o con picadillo (carne picada de cerdo o vaca), pudiendo guisarse así mismo con gambas. Las recetas no difieren mucho de un país a otro. La berenjena rellena puede servirse como plato aparte o como plato fuerte para un almuerzo o cena. Uno de los grandes favoritos en todo América Latina es el *Caviar de berenjena,* al que algunas veces se le conoce como *Berenjena rusa,* y que se sirve frío, como entremés o en ensalada. Resulta curioso constatar que este plato, internacionalmente conocido, se toma en el Cáucaso y en Oriente Medio, como el «caviar de los pobres». El tipo de berenjena que se da en Latinoamérica posee una hermosa piel de color púrpura intenso y brillante.

Berenjena rellena con picadillo   CHILE

Para 2 raciones

1 berenjena mediana, de aproximadamente 1/2 kg.
Sal
4 cucharadas de aceite vegetal
1/4 kg. de carne picada de cerdo o vaca
1 cebolla mediana, bien picada
1 diente de ajo, picado
3 tomates medianos, pelados, sin semillas y cortados en trocitos

1 cucharada de puré de tomate
1 cucharada de vinagre de vino tinto
2 cucharadas de perejil o cilantro fresco, picado
Sal, pimienta recién molida
2 cucharadas de queso parmesano rallado

Corte la berenjena longitudinalmente por la mitad y, con un cuchillo afilado, hágale muescas o marcas en ambas direcciones a intervalos de 12 mm. Espolvoréela con sal y déjela reposar 1/2 hora aproximadamente. Estrújela con suavidad para extraer el zumo amargo que contiene, enjuáguela rápidamente en agua fría, vuelva a estrujarla y séquela. Con un cuchillo curvo, extráigale la pulpa, dejando unos 12 mm. de cáscara. Corte la pulpa en trozos grandes y resérvela. Caliente el aceite en una sartén y fría la carne picada de cerdo o vaca junto con la cebolla y el ajo hasta que la cebolla esté tierna y la carne ligeramente dorada.

Añada la berenjena y sofríalo todo junto unos 2 ó 3 minutos más. Añada los tomates, el puré de tomate, el vinagre, el perejil o cilantro, y la sal y la pimienta. Mézclelo todo bien y déjelo hervir a fuego lento durante unos 5 minutos. Rellene las cáscaras de berenjena con esta masa, espolvoree el queso rallado por encima, deposítelas en una fuente de asar o bandeja y déjelas en el horno a 175º C durante 30 minutos.

Variación.—Para la *Berenjena rellena con queso*, sofría 1 cebolla mediana, bien picada, en 3 cucharadas de mantequilla. Añada la pulpa de berenjena picada y déjelo todo al fuego unos cuantos minutos más. Añada 1 taza de pan rallado, 1 taza de queso tipo Münster o Cheddar rallado, 50 gr. de jamón, partido en trocitos, sal, pimienta, 1/8 cucharadita de pimentón y 1 huevo, ligeramente batido. Rellene las cáscaras con esta mezcla, espolvoree el queso parmesano rallado por encima, cúbralo todo con la mantequilla y déjelo en un horno a 190º C durante 1/2 hora aproximadamente. Se sirve con *Salsa de tomate* (véase pág. 390).

Berenjenas con vainitas   VENEZUELA

Se trata de un plato de bella presentación, de una de esas combinaciones de verduras tan apreciadas en América Latina. Resulta excelente con carnes, aves o pescado a la parrilla, y también puede tomarse como ensalada, aliñada con vinagreta en lugar de mantequilla, y se sirve ligeramente fría o a la temperatura ambiente.

Para 6 raciones

2 berenjenas de 1 kg. de peso
Sal
6 cucharadas de aceite vegetal
1 cebolla mediana, bien picada
4 tomates medianos, pelados y cortados en trocitos
1 pellizquito de azúcar
Pimienta recién molida

20 aceitunas pequeñas, rellenas de pimiento (unos 50 g.)
1/2 kg. de judías verdes, cortadas en trozos de 2,5 cm.
2 cucharadas de mantequilla, o 4 cucharadas de vinagreta (véase pág. 395)
2 cucharadas de perejil, bien picado

Corte la berenjena en rodajas de 12 mm. y luego cada rodaja en trozos del tamaño de un dedo. Echelos en un colador, espolvoréelos con sal y déjelos aproximadamente 1 hora, para que suelten todo el jugo amargo que contengan. Enjuáguelos en agua fría, estrújelos levemente y séquelos con servilletas de papel. Caliente el aceite en una sartén, añada la cebolla y la berenjena. Sofríalo todo, dándole 1 ó 2 veces la vuelta a los trozos de berenjena, hasta que tanto la cebolla como la berenjena estén tiernas. Añada los tomates, sal al gusto, azúcar y pimienta. Eche finalmente las aceitunas y déjelo todo 5 minutos más al fuego, o hasta que la mezcla esté más bien seca. Hierva las judías verdes en agua salada hasta que estén tiernas (de 10 a 15 minutos). Escúrralas bien y échelas a la sartén junto con la mantequilla, removiendo de cuando en cuando hasta que la mantequilla se haya derretido. Disponga la mezcla de berenjena en el centro de una fuente de servir, rodéela con las judías verdes y espolvoree el perejil picado por encima.

Caviar de berenjena

1 berenjena grande, de aproximadamente 1 kg., o 2 berenjenas de 1/2 kg. cada una
1 cebolla mediana, bien picada
1 pimiento rojo y fresco, pelado (véase pág. 57), sin semillas y cortado en trocitos
2 tomates medianos, cortados en trocitos

2 cucharadas de cilantro fresco, picado
Sal, pimienta recién molida
4 cucharadas de aceite de oliva
1 cucharada de vinagre de vino tinto o zumo de lima o limón
Hojas de lechuga y aceitunas negras

Deje la berenjena en el horno a 190º C durante unos 45 minutos, o hasta que esté tierna. Espere a que se enfríe, pélela y córtela en trozos grandes. Eche la cebolla, el pimiento dulce, los tomates, el cilantro, la sal y la pimienta, y Mézclelo todo bien. Bata el aceite y el vinagre juntos y añádalos a la mezcla anterior. Se sirve adornado con hojas de lechuga y aceitunas negras, como entremés, con galletitas saladas, o como ensalada.

CHILES RELLENOS

Los chiles o pimientos rellenos se toman en todo Latinoamérica, pero sobre todo en México, donde utilizan para este fin los deliciosos pimientos poblanos, de color verde oscuro (yo los sustituyo por pimientos verdes normales y corrientes, con excelentes resultados). Los pimientos rellenos más famosos de todos son los llamados *Chiles en nogada,* de Puebla. Tradicionalmente se sirven el día de San Agustín, el 28 de agosto, y también el 15 de septiembre, fiesta de la Independencia de México, pues los colores de este plato, rojo, blanco y verde, son también los de la bandera mexicana. Para la salsa se utilizan nueces frescas, que se pueden adquirir sin problemas a finales de agosto y principios de septiembre; pero las nueces secas servirán igualmente.

Chiles en nogada

MÉXICO

Para 6 raciones

6 chiles poblanos o 6 pimientos verdes grandes, pelados (véase pág. 57)
1 receta de *Picadillo,* hecha con carne de cerdo y sustituyendo una de las manzanas por un melocotón (véase pág. 185)
2 huevos, con las yemas y las claras separadas
1/2 cucharadita de sal
Harina
Aceite vegetal para freír

PARA LA SALSA

1 taza de nueces, bien molidas
1 paquete de 250 g. de queso cremoso
1 taza de nata líquida ligera (aprox.)
1 cucharada de azúcar (optativo)
1 pellizquito de canela molida (optativo)
Sal

PARA LA GUARNICIÓN

Los granos de una granada

Hágale una ranura a los chiles o pimientos y extraiga las semillas, teniendo cuidado de no romperlos. Rellénelos con el *Picadillo*. Bata las claras de huevo a punto de nieve. Bata luego las yemas ligeramente, con la 1/2 cucharadita de sal, y añádalas a las claras. Seque bien los pimientos con servilletas de papel y rebócelos primero en harina y luego en el huevo. Caliente aceite en una sartén gruesa (deberá tener al menos 12 mm. de profundidad). Fría los pimientos por tandas hasta que estén ligeramente dorados por todos los lados. El huevo servirá para cuajar el relleno. Séquelos con servilletas de papel. Dispóngalos sobre una fuente llana.

En una batidora o pasapuré, combine las nueces, el queso cremoso cortado en trocitos y la mitad de la nata líquida. Tradicionalmente se añade azúcar y canela; pero, dado que el resultado no es del agrado de todo el mundo, yo prefiero suprimir estos ingredientes. Añada un poquito de sal y bata la mezcla bien hasta obtener una pasta con la consistencia de una mayonesa espesa, añadiendo toda la nata líquida que sea necesario. Cubra los chiles o pimientos con esta salsa y adórnelos con los granos de granada.

Variación.—De todos los tipos de pimientos rellenos, los conocidos simplemente como *Chiles rellenos* son los que se sirven con mayor frecuencia. Sabor y textura se combinan para dar lugar a un espléndido plato. Prepare los pimientos y rellénelos con *Picadillo* (véase pág. 185) o *Picadillo de la costa* (véase pág. 187). Recúbralos con la mezcla de huevo y fríalos en aceite hasta que estén bien dorados. Séquelos con servilletas de papel. Prepare 1 ración de *Salsa de jitomate* (véase pág. 388), déle la consistencia de un caldo espeso, añadiéndole caldo de pollo (aproximadamente 1 taza), y viértalo en un cazo grande. Eche en la salsa los pimientos rellenos. El caldo deberá cubrirlos hasta aproximadamente la mitad. Déjelos a fuego lento el tiempo suficiente como para que se caliente y sírvalos junto con el caldo. Los pimientos pueden prepararse por adelantado y echarse en la salsa de tomate para calentarlos, justo antes de servirlos.

Variación.—Para los *Chiles rellenos con fríjoles*, prepare los pimientos y rellénelos con unas 3 tazas de *Fríjoles refritos* (véase pág. 308). Rebócelos en huevo de la manera acostumbrada y fríalos en aceite. Séquelos con servilletas de papel. Dispóngalos sobre una fuente de asar, vierta 1/2 taza de nata líquida por encima y espolvoréelos con 100 g. de queso tipo Münster, Monterey Jack o Cheddar suave en migas. Deje la fuente en un horno a 175º C durante 1/2 hora, aproximadamente, o hasta que los pimientos estén calientes y ligeramente dorados.

Variación.—Prepare los pimientos de la forma habitual, pero rellénelos con rodajas de queso tipo Münster o Cheddar suave, y sírvalos con *Salsa de jitomate* (véase pág. 388).

Variación.—En Chile abundan las maneras de aprovechar los restos de carne de cerdo o vaca. Una de ellas consiste en la siguiente receta de pimientos rellenos: Prepare los pimientos de la forma habitual. Para el relleno, sofría 1 cebolla mediana bien picada en 2 cucharadas de mantequilla, añada 2 tazas de carne hervida, partida en trozos o migada, 2 tazas de granos de maíz hervidos, 1 taza de pan rallado, 1/2 taza de perejil picado, 1 pimiento picante fresco, rojo o verde, sin semillas y cortado en trocitos pequeños, 1/2 cucharadita de orégano y sal y pimienta al gusto. Mézclelo todo bien y sofríalo durante 1 ó 2 minutos. Rellene los pimientos, rebócelos y fríalos de la forma habitual. Se sirven con *Pebre* o con *Salsa chilena* (las dos salsas picantes), o con *Salsa de jitomate*.

PATATAS

Papas chorreadas
COLOMBIA

Se trata de un plato enormemente nutritivo y sabroso, a base de patatas.

Para 6 raciones

6 patatas grandes, peladas
1 cucharada de manteca de cerdo
   y 1 cucharada de mantequilla,
   o 2 cucharadas de mantequilla
1 cebolla mediana, bien picada
2 tomates grandes, pelados y en
   trocitos

Sal, pimienta recién molida
1/2 taza de nata líquida espesa
1 taza de queso rallado, tipo
   Münster

En un cazo grande, hierva las patatas hasta que estén tiernas. Escúrralas, pélelas y manténgalas calientes. En una sartén, caliente la manteca de cerdo y la mantequilla, o la mantequilla, y sofría la cebolla hasta que se ablande. Añada los tomates, sal y pimienta al gusto, y déjelo hacerse todo a fuego lento durante unos 15 minutos. Eche finalmente la nata líquida y el queso y, sin dejar de remover, espere a que el queso se haya derretido parcialmente. Vierta la salsa sobre las patatas.

Llapingachos   ECUADOR

Se trata de un típico plato de sierra, con un buen número de variantes. Puede servirse como primer plato (2 pastelillos por persona), acompañado de lechuga, rodajas de aguacate y tomate. Los pastelillos de patata suelen recubrirse con huevo frito, mientras que en la zona costera de Ecuador se recubren con rodajas fritas de bananas o plátanos maduros y *Salsa de maní*. Con frecuencia se sirven con rodajas de róbalo o lubina frita, a modo de plato fuerte, y otras veces los *Llapingachos* se acompañan con arroz blanco caliente y tomate, lechuga, aguacate, coliflor, judías verdes y guisantes, todo ello a la temperatura ambiente, a modo de ensalada.

Para 6 raciones

1 kg. de patatas, peladas y cortadas en rodajas
Sal
4 cucharadas (1/4 taza) de mantequilla
2 cebollas medianas, bien picadas

2 tazas de queso tipo Münster, migado
Manteca de cerdo, mantequilla,
aceite o grasa de aceite de achiote (véase pág. 394), para freír

Hierva las patatas en agua salada hasta que estén tiernas.
Escúrralas y hágalas puré. Caliente la mantequilla en una sartén
y sofría las cebollas hasta que estén tiernas. Añada las cebollas a
las patatas hechas puré, mezclándolo todo bien. Déle a la masa
la forma de 12 pelotitas. Divida el queso en 12 partes y rellene
con ellas las 12 pelotitas, aplastándolas luego hasta darles forma
de pastelillos de unos 2,5 cm. de grosor. Déjelas enfriar en el
frigorífico durante aproximadamente 15 minutos. En suficiente cantidad de manteca de cerdo, mantequilla o aceite (vegetal
o de achiote, como prefiera) como para cubrir el fondo de la
sartén, fría los pastelillos de patata hasta que estén dorados por
ambas caras. Se puede prescindir de las cebollas, o también
mezclar el puré de patata con el queso en lugar de utilizar éste
como relleno.

TUBÉRCULOS TROPICALES

Los tubérculos tropicales, como los taros, las malangas, la
yuca, el boniato, la batata, la arracacha, el apio y las alcachofas
de Jerusalén, aportan una dimensión nueva a cualquier comida, sea o no latinoamericana. Hablando en términos generales,
pueden prepararse como las patatas; es decir, pelarse y hervirse
primero y aliñarse luego con mantequilla, sal y pimienta recién
molida, o hacerse puré junto con un poco de mantequilla,
leche o nata líquida, o asarse con piel y todo, exactamente igual
que las patatas asadas. No se puede dar los tiempos exactos de
cocinado de todos los tubérculos tropicales, ya que varían
mucho de tamaño, forma y textura. No obstante, y a modo de
guía, diremos que un boniato de aproximadamente 1/2 kg. de

peso necesita 1 1/2 horas en el horno a 175º C para resultar comestible. Existe un tipo de boniato llamado mapuey, de textura extraordinariamente seca, y que pide literalmente montones de mantequilla. Me gusta asarlo o hervirlo y servirlo con una generosa dosis de mantequilla. Otros tubérculos poseen una textura considerablemente más húmeda y resultan perfectos con sólo un poco de salsa del plato principal. Aunque no son estrictamente tubérculos, los diferentes tipos de calabaza existentes en América Latina resultan así mismo maravillosos asados o hervidos y, o bien hechos puré con algo de mantequilla, o bien simplemente con un poco de caldo o salsa. Muchos de los tubérculos tropicales se decoloran rápidamente cuando están expuestos al contacto con el aire, por lo que conviene pelarlos debajo del grifo y echarlos en agua fría tan pronto como estén dorados.

La mejor forma de llegar a conocer estos deliciosos productos de la tierra consiste en comprarlos y cocinarlos. Se encuentran sin demasiada dificultad en la mayoría de los mercados (sobre todo los boniatos y las batatas), así como en los puestos o establecimientos especializados en alimentos tropicales. Sus diversas variedades se analizan en la sección de ingredientes.

Alcachofas de Jerusalén

A pesar de su nombre, las alcachofas de Jerusalén son originarias de América del Norte. Por tanto, en América Latina no se conocen muchas formas de prepararlas.

Topinambur al horno   CHILE

Descubrí la siguiente receta en Chile. A modo de guarnición, sirve para acompañar a los filetes o chuletas, introduciendo una agradable variación.

Para 6 raciones

1 kg. de alcachofas de Jerusalén
Sal
Mantequilla

1 ración de besamel (véase pág. 395)
1/2 taza de queso parmesano rallado

Lave las alcachofas y ráspelas. Échelas en agua salada hirviendo y déjelas entre 10 y 15 minutos, hasta que estén tiernas. Escúrralas y córtelas en rodajas. Unte con mantequilla una fuente «Pyrex» o similar y disponga en ella las rodajas de alcachofas. Vierta por encima la besamel, espolvoree el queso, cúbralo todo con la mantequilla y déjelo en el horno a 190º C unos 20 minutos, o hasta que las alcachofas estén calientes y ligeramente doradas por arriba. Se sirven con filetes, chuletas o cualquier plato a base de carne o aves.

Variación.—En la siguiente variación, originaria también de Chile, existe una interesante superposición de texturas. En lugar de sólo alcachofas de Jerusalén, yo utilizo 1/2 kg. de estas alcachofas y 1/2 kg. de patatas, cortadas también en rodajas. Luego las coloco en capas dentro de la fuente de asar y las hago como en la receta anterior.

Yuca

Tanto preparada de manera parecida a los restantes tubérculos como convertida en harina, la yuca es uno de los alimentos más apreciados en toda Latinoamérica. Damos a continuación dos recetas, una procedente de Perú y la otra de Guatemala.

Picante de yuca   PERÚ

Uno de los platos a base de yuca más originales de todos es éste, originario del Perú, y en el que el tubérculo queda enmascarado por una deliciosa salsa hecha con queso y pimientos picantes. Los pimientos deberían ser más bien grandes, de 7 a 10 cm. de largo, no las diminutas guindillas, y aportarán a la receta no sólo picante, sino también sabor. Por supuesto, el número de pimientos utilizados puede reducirse dependiendo de los gustos de los comensales; pero conviene recordar que a los peruanos les gusta la comida muy picante y que éste es un plato típicamente peruano. En Perú se utilizaría también una hierba llamada huacatay, perteneciente a la familia de las margaritas; pero en la mayoría de los países no se consigue fácilmente, ni tampoco hay sustituto adecuado. Su sabor se sale de lo corriente, resulta ligeramente rancio y, por tanto, hay que estar acostumbrado a él. Yo personalmente encuentro la salsa deliciosa sin necesidad de huacatay.

El *Picante de yuca* sirve para acompañar los platos de carne o ave, y resulta también excelente por sí solo. Con esta receta conseguirá unas 2 1/2 tazas de salsa, que va muy bien con el maíz en mazorca y otras verduras y hortalizas, como las judías verdes o la coliflor, obteniéndose así un sano y nutritivo plato vegetariano.

Para 6 raciones

1/4 kg. de queso fresco o blanco, migado, o, en su defecto, queso tipo Münster rallado	Sal, pimienta recién molida
	1 kg. de yuca, pelada y cortada en rodajas
10 pimientos picantes frescos, rojos o verdes, sin semillas y cortados en trocitos	2 huevos duros, cortados en rodajas
	Aceitunas negras
1 taza de aceite de oliva o vegetal	Hojas de lechuga

Eche el queso en una batidora o pasapuré junto con los pimientos y el aceite y redúzcalo todo a puré. Sazónelo a su gusto con sal y pimienta y resérvelo. Hierva la yuca en agua salada hasta que esté tierna (aproximadamente 30 minutos). Escurra y disponga las rodajas en una fuente de servir y vierta sobre ella la salsa mientras estén aún calientes. Adorne la fuente con las rodajas de huevo duro, las aceitunas y las hojas de lechuga.

Budín de yuca

Guatemala dispone de una interesante receta para convertir la yuca en un *soufflé*, al que llaman budín, y que se puede servir en lugar de arroz o cualquier otro tubérculo, con platos a base de carne o aves, o con *Salsa de jitomate* (véase pág. 388) y queso parmesano rallado por encima, a modo de primer plato o plato único para un almuerzo o *lunch* ligero.

Para 4 raciones

1 kg. de yuca	1 taza de leche (aproximadamente)
Sal, pimienta recién molida	4 yemas de huevo
6 cucharadas de mantequilla	5 claras de huevo

Pele la yuca debajo del grifo del agua fría, pues se decolora rápidamente. Córtela en rodajas y échela en un cazo con agua salada. Cuando rompa a hervir, baje el fuego, póngale la tapa y déjela hervir a fuego lento y tapada, hasta que esté tierna (aproximadamente 30 minutos). Escúrrala, hágala puré, sazónela a su gusto con sal y pimienta y añada la mantequilla. Caliente la leche y vaya echándola poco a poco en el puré hasta darle la consistencia de un puré de patatas. En caso necesario, échele un poquito más de leche caliente. Añada las yemas batidas, una a una, y luego bata las claras con un pellizquito de sal a punto de nieve. Mézclelas con el puré y viértalo todo en una flanera de 2 litros. Métala en el horno a 175º C y déjela 35 minutos, o hasta que el *soufflé* esté bien inflado y ligeramente dorado.

ENSALADAS

Ensalada mixta

De todos los países de América Latina, Ecuador es el que posee una forma más imaginativa y original de preparar las verduras y ensaladas. Sus cocineros y cocineras me asombran continuamente con su enorme variedad de ensaladas, muchas de las cuales me parecen suficientes para un almuerzo o *lunch* ligero, siempre que se sirvan en raciones dobles. Debido a que se encuentra a pocos kilómetros de la línea del ecuador, Quito posee todo el año 12 horas de día y 12 de noche, de manera que lo templado de su clima y la abundancia de sol favorece enormemente el crecimiento de frutas y verduras. Esa parte del país cuenta, así mismo, con un suelo cultivable de gran fertilidad y abundancia de precipitaciones, por lo que las materias primas para la elaboración de ensaladas son de enorme calidad. A 2.900 metros sobre el nivel del mar, el agua hierve a una temperatura inferior y las verduras se hacen en muy poco tiempo. Además, y como a esa altitud a la sombra hace siempre fresco, las ensaladas se sirven a temperatura ambiente. Yo personalmente considero que eso mejora su sabor; aunque, a nivel del mar, en pleno verano y sin enfriar en el frigorífico, lo más probable es que las ensaladas se pongan mustias en muy poco tiempo.

Para 4 raciones

2 tazas de lechuga, cortada en trozos
2 huevos duros, cortados en trozos
2 tazas de patatas hervidas, cortadas en cuadraditos

2 tazas de judías verdes hervidas, cortadas en trocitos de 12 mm.
1/2 taza de salsa vinagreta (véase pág. 395)

Combine los ingredientes en una ensaladera y agítelos para que se mezclen bien.

Variación.—Para la *Ensalada de hongos* (champiñones), combine a partes iguales granos de maíz hervidos, zanahorias hervidas, partidas en trocitos, judías verdes, hervidas y cortadas en trocitos de 12 mm., guisantes hervidos y champiñones en rodajas, y alíñelo todo con una salsa vinagreta.

Variación.—Para *Ensalada de garbanzos,* combine los garbanzos hervidos con aproximadamente la mitad de coles de Bruselas, hervidas y cortadas en trozos grandes, y alíñelo todo con una vinagreta hecha con mostaza (véase pág. 395). Si lo prefiere, puede añadir lechuga partida y patatas hervidas cortadas en cubitos y suprimir las coles de Bruselas.

Variación.—Para la *Ensalada de alcachofas,* mezcle a partes iguales corazones de alcachofas hervidos y cortados en rodajas y manzanas igualmente en rodajas, con salsa mayonesa (véase pág. 395) al gusto de cada uno.

Variación.—Para la *Ensalada de papas,* suprima la lechuga y sustitúyala por 2 tazas de apio, cortado en trocitos, y 1 patata mediana, pelada y cortada en trocitos.

Variación.—Para la *Ensalada de tomate,* combine 4 tomates medianos, pelados y cortados en trocitos, con 4 huevos duros, cortados también en trocitos, y 1 taza de lechuga partida. Alíñela con una vinagreta hecha con zumo de limón.

Variación.—Para la *Ensalada de pepinos,* pele 2 pepinos si tienen la piel gruesa; si la tienen fina, déjela y limítese a partirlos en finas rodajas. Échelas en un cuenco junto con 1 cucharadita de sal, mezclándolo todo bien, y déjelas reposar durante 30 minutos. Lávelas y séquelas bien. Pele y parta en trocitos 2 tomates medianos y combínelos con el pepino. Alíñelo todo con una vinagreta.

Variación.—Para la *Ensalada de papas y pimientos,* combine 2 tazas de patatas hervidas y partidas en rodajas, 2 pimientos rojos, pelados y cortados en rodajas, 2 cebollas medianas, cortadas en rodajas, o 1 grande, partida por la mitad y cortada en rodajas, y 2 pepinos, pelados, sin semillas y cortados en rodajas, y alíñelo todo con una vinagreta (véase pág. 395), hecha con zumo de limón y aliñada con 2 pellizquitos de nuez moscada. Deje reposar la ensalada 1 hora antes de servirla. Mézclela bien antes de ponerla en la mesa.

Ensalada de habas   ECUADOR

Las habas frescas no resultan fáciles de conseguir. Si no son frescas y tiernas, quíteles la vaina y sumérjalas en agua hirviendo, déjelas unos cuantos minutos y quíteles entonces la piel dura y resistente que las recubre. También se pueden usar habas de lata, que no necesitan hervirse, sino sólo lavarse y escurrirse. Algunas veces utilizo judías tiernas. Con un paquete de 300 g. de judías tiernas congeladas se obtendrán 4 raciones.

Para 4 raciones

2 tazas de habas tiernas, sin vaina
2 cucharadas de mantequilla
Sal, pimienta recién molida

1 cucharada de vinagre de vino blanco, o zumo de limón

Hierva las habas en agua salada hasta que estén tiernas (unos 15 minutos). Escúrralas y espere a que enfríen. Derrita la mantequilla en un cazo, añada las habas, sazónelas a su gusto con sal y pimienta y déjelas al fuego aproximadamente 1 minuto, dándoles de cuando en cuando la vuelta para que queden recubiertas por la mantequilla. Apártelas del fuego y eche el vinagre o el zumo de limón por encima, mezclándolo todo bien. Se sirven a la temperatura ambiente, como acompañamiento o guarnición para platos a base de carne o aves.

Ensalada de aguacate   COLOMBIA

Esta ensalada es enormemente sencilla y, al mismo tiempo, deliciosa. En ella destaca sobre todo el intenso sabor de los aguacates, con su textura mantecosa.

Para 6 u 8 raciones

6 cucharadas de aceite de oliva
2 cucharadas de vinagre de vino blanco

Sal, pimienta recién molida
2 aguacates grandes y maduros

En una ensaladera, bata el aceite y el vinagre juntos. Sazónelo a su gusto con sal y pimienta. Pele los aguacates y extraiga los huesos. Corte la pulpa en forma de cubitos y mézclelos con el aliño. Si lo prefiere, sirva esta ensalada en un cuenco adornado con hojas de lechuga.

Chojín

Para 6 u 8 raciones

24 rabanitos pequeños, con un peso total de aproximadamente 1/4 kg., bien picados

12 hojas frescas de menta, bien picadas

3 tazas de chicharrones, bien picados

Sal al gusto

1/4 taza de zumo de naranja amarga o de Sevilla, o, en su defecto, 2/3 partes de zumo de naranja y 1/3 parte de zumo de limón

Combine todos los ingredientes en un cuenco y sírvalos como primer plato o ensalada. Siempre que sea posible, emplee chicharrones latinoamericanos, pues son mucho más sabrosos.

Variación.—Para el *Picado de rábano,* suprima los chicharrones, y sirva el plato como ensalada.

Ensalada de coliflor

Esta ensalada de coliflor ofrece un magnífico aspecto con la parte blanca de la verdura apenas visible debajo de la salsa de aguacate, de color verde intenso, y resulta especialmente primaveral y espectacular con una guarnición de rabanitos cortados en forma de flor, por lo que es muy indicada para *buffets* o cenas frías.

Para 4 ó 6 raciones

1 coliflor mediana, hervida y colocada en una fuente de servir (véase pág. 330)

1/2 ración de *Guacamole (Salsa de aguacate)* (véase pág. 384) o *Guacamole del Norte* (véase pág. 330)

Deje que la coliflor se enfríe y cúbrala luego con la salsa de aguacate. Se sirve de inmediato, pues el aguacate tiende a ponerse oscuro. Se adorna con rabanitos cortados en forma de flor.

Variación.—Los cocineros y cocineras de la República Dominicana tienen su propia manera de preparar la *Ensalada de coliflor*. Machaque un aguacate grande con sal, pimienta, 1 cucharada de vinagre de vino blanco, 3 cucharadas de aceite vegetal y 1/4 taza de almendras bien molidas. Cubra la coliflor con esta mezcla. El aceite y el vinagre utilizados en la presente receta contribuyen a impedir que el aguacate adopte un color oscuro. Adorne la ensalada con rabanitos cortados en forma de flor.

Ensalada de topinambur

Representa una agradable variación con respecto a la ensalada de patatas. Elija las alcachofas más grandes que encuentre para dotar a la ensalada de un aspecto más atractivo, y tenga cuidado de no hervirlas demasiado, pues deberían resultar crujientes y no fofas.

Para 6 raciones

1 kg. de alcachofas de Jerusalén   Vinagreta (véase pág. 395)
Sal

Lave y raspe las alcachofas y hiérvalas en agua salada hasta que estén tiernas (de 10 a 15 minutos). Escúrralas y córtelas en rodajas. Espere a que se enfríen y mézclelas entonces con la vinagreta.

Si desea una ensalada más nutritiva, mezcle las alcachofas con 1 taza de mayonesa (véase pág. 396) o de *Salsa golf* (mayonesa con sabor a tomate y coñac) (véase pág. 397).

Ensalada de verduras   ECUADOR

Se trata de una de las formas habituales de presentar la ensalada en el Ecuador, y con frecuencia se sirve como plato aparte antes ¿el plato fuerte. Las verduras se disponen en filas en una fuente grande y se sirven recién hervidas y a temperatura ambiente. Yo las he tomado sin ninguna clase de aliño, simplemente hervidas con sal; pero se pueden tomar con un aliño a base de aceite, sal y pimienta, o con una vinagreta hecha con 3 partes de aceite y 1 de vinagre o zumo de limón, y sazonada con sal y pimienta. La fuente puede decorarse con hojas de lechuga o rodajas de huevo duro, así como con aceitunas tanto negras como verdes. Las verduras deberían hervirse primero y aliñarse después. El aliño no debería ser demasiado abundante. Las distintas verduras pueden ordenarse como prefiera el cocinero o cocinera: en filas, en montoncitos o en círculos. Las reseñadas a continuación son las más frecuentemente usadas. A mí personalmente me gusta servir una fuente con verduras variadas para acompañar al plato fuerte, sobre todo si éste es ecuatoriano.

Guisantes
Remolacha, cortada en cubitos
Coliflor, partida en flores
Judías verdes, cortadas en trocitos de 12 mm.
Granos de maíz
Zanahorias, cortadas en cubitos
Patatas, cortadas en cubitos
Apio, cortado en cubitos
Espárragos, cortados en trocitos de 12 mm.

Corazones de alcachofas, partidos por la mitad o en 4 trozos
Calabacines pequeños, crudos y cortados en finas rodajas, o grandes, hervidos y cortados en cubitos
Tomates crudos en rodajas
Aguacates en rodajas

Ensalada de nopalitos MÉXICO

Se trata de la ensalada más tradicional de México. Resulta deliciosa en verano, pues los trozos de cactus, jugosos pero crujientes, resultan enormemente refrescantes.

Para 6 raciones

2 latas de unos 300 g. de nopalitos (trozos de cactus)
3 tomates medianos, pelados, sin semillas y cortados en trocitos

1/2 cebolla mediana, bien picada
2 cucharadas de cilantro fresco, picado
1/2 taza de vinagreta (véase pág. 395)

Lave los nopalitos en agua fría y escúrralos bien. Combine todos los ingredientes en una ensaladera y Mézclelos bien. Enfríe la ensalada antes de servirla.

Variación.—Para una ensalada más elaborada, recubra la ensaladera con hojas de lechuga, añada la ensalada y adórnela con chiles jalapeños de lata, lavados, secos y cortados en tiritas, aproximadamente 100 gr. de queso fresco migado (queso fresco o queso blanco español), o 3 cucharadas de queso parmesano rallado, espolvoreando encima de la ensalada 1/4 cucharadita de orégano.

Pico de gallo   MÉXICO

El tubérculo utilizado en esta ensalada, la jícama, procede originalmente de México, pero se cultiva también en otros países y puede encontrarse en los establecimientos especializados en alimentos tropicales. La receta siguiente es la tradicional de Jalisco, donde esta ensalada se sirve habitualmente como aperitivo para acompañar a las bebidas. A mí me gusta servirla como ensalada en sustitución del postre.

Para 6 raciones

2 jícamas pequeñas, de aproximadamente 1/2 kg. de peso, peladas y cortadas en trozos grandes	4 naranjas, peladas y cortadas en trozos grandes Sal Pimentón

Combine la jícama, las naranjas y sal a su gusto en una ensaladera. Espolvoree el pimentón por encima y déjela enfriar bien antes de servirla.

Panes y postres

LOS habitantes de la América precolombina no disponían de ningún tipo de pan tal y como nosotros lo conocemos, pero si unas tortillas a base de harina de maíz, anchas y planas, llamadas arepas y tortillas (ya analizadas al hablar de los aperitivos). Durante el periodo colonial se inventaron otros panes, como la *Sopa paraguaya*. Actualmente, las panaderías de América Latina producen panes comercializados como los nuestros y además pan dulce, unos panes especiales para el desayuno, inspirados en los bollos españoles. Yo he elegido panes sólo indígenas o coloniales, como un delicioso *Pan de banana* de Guatemala, el *Pan de banano*, los *Bolillos* mexicanos, los panqueques de maíz de Venezuela, llamados *Cachapas de jojoto,* y el rico y maravilloso pan de maíz de Paraguay, la *Sopa paraguaya*. No son difíciles de hacer y aportan un toque diferente y auténtico a cualquier comida latinoamericana.

Existen pocos postres indígenas, y en la mayoría de los países latinoamericanos se terminan las comidas con fruta fresca. Algunas frutas, como la piña, la papaya, los zapotes, las anonas y la tuna (el fruto del cactus llamado nopal) eran desconocidos en Europa. Los aztecas rellenaban los tamales con fresas, ese fruto universal; tanto los mayas como los aztecas empleaban la miel para endulzar, y los incas preparaban postres a base de calabazas y batatas, pero carecían de harina, mantequilla, nata líquida y azúcar para poder hacer tartas, budines y otros ricos postres típicamente europeos. Hubo que esperar al período colonial para que se produjese la introducción y arraigo de la caña de azúcar en Latinoamérica. Las monjas españolas de Perú y México, especialmente de Puebla, confeccionaban postres coloniales famosos por su finura. De la enorme variedad de postres existentes he elegido sólo unos cuantos, que a mí me gustan de manera especial y que considero muy adecuados para los paladares modernos.

PANES

Sopa paraguaya   PARAGUAY

A pesar de llamarse sopa, se trata de un nutritivo y sabroso pan de harina de maíz, con dos tipos de queso para enriquecerlo y cebollas sofritas en mantequilla para reforzar el sabor. Se sirve tradicionalmente con el *So'O-Yosopy* y los filetes a la plancha, pero resulta excelente con cualquier plato de carne o ave, o por sí solo.

8 cucharadas (1/2 taza) de mantequilla
2 cebollas medianas, bien picadas
1/4 kg. de queso fresco
1/4 kg. de queso tipo Münster,
rallado
2 tazas de harina de maíz
2 tazas de granos de maíz rallados, o 1 lata de 1/2 kg. de granos de maíz dulce

1 cucharadita de sal, preferentemente gorda
1 taza de leche
6 huevos, con las yemas y las claras
aparte

Engrase una fuente de asar, de unos 25 x 33 cm., y espolvoree sobre ella 1 cucharada de harina. Sacúdala para eliminar la que sobre.

En una sartén, caliente 4 cucharadas de la mantequilla y sofría las cebollas hasta que se ablanden. Resérvelas. Bata las 4 cucharadas de mantequilla restantes y añádalas al queso fresco, mezclándolo todo bien. Eche el queso tipo Münster y las cebollas. En un cuenco aparte, combine la harina de maíz, los granos de maíz, la sal y la leche, y Mézclelo todo bien. Combine esta masa con la mezcla de quesos, procurando que quede todo perfectamente mezclado.

Bata las claras de huevo a punto de nieve y luego las yemas por separado. Combine claras y yemas y añádalas a la masa. Viértala en la fuente de asar. Déjela en el horno a unos 200º C durante 45 minutos, o hasta que, cuando pinche la masa, el instrumento con que lo haga salga limpio.

Si lo desea, puede añadir a la masa un pellizquito de anís molido. Otra agradable variación es la que se consigue cortando el queso Münster en pequeños cubitos (aproximadamente 1/2 taza) y añadiéndolos a la masa en el último momento, con lo que se da al pan acabado una textura ligeramente diferente.

Pan de banana   GUATEMALA

Este pan de banana, fácil de preparar, resulta perfecto para un snack. Cubierto de miel o fruta fresca, puede acompañar a un helado y constituir un atractivo postre.

Para una barra de 25 cm.

Mitad de cuarto (1/2 taza) de mantequilla	1 cucharadita de canela molida
1/2 taza de azúcar	1 cucharada de zumo de limón
1/2 kg. de bananas maduras (2 ó 3 grandes)	1 huevo, bien batido
1/2 cucharadita de sal	1 1/2 tazas de harina
	2 cucharaditas de levadura

Deje que la mantequilla se ablande a la temperatura ambiente y bátala en un cuenco, junto con el azúcar, hasta que quede ligera y cremosa. Machaque las bananas y añádalas a la mezcla de mantequilla y azúcar. Añada la sal, la canela, el zumo de limón y el huevo batido. Mezcle la harina con la levadura y añádala a la mezcla anterior. Vierta la masa en una fuente para hacer pan previamente engrasada (de 13 x 23 cm.). Déjela en el horno a 175º C durante aproximadamente 1 hora, o hasta que, cuando pinche la masa, el instrumento con que lo haga salga limpio. Se sirve con miel, como si fuese un bizcocho, o como un budin, con nata o helado

Tortillas

Para unas 18 tortillas de 12 cm.

Para la forma de preparar tortillas, véase pág. 82.

Las tortillas que se sirven en lugar del pan en las comidas mexicanas pueden hacerse ligeramente mayores, de unos 13 ó 15 cm. de ancho, aunque las de 10 cm. son también perfectamente aceptables. Cuando se toman de esta manera, o en forma de tacos (tortillas rellenas y plegadas), deberían servirse envueltas en una servilleta y en una canasta de mimbre o paja. Después de tomar una tortilla se vuelve a plegar la servilleta sobre las demás, para que se mantengan tiernas y calientes. En México nadie toma la tortilla de arriba, sino siempre la segunda o la tercera, para estar seguro de que está caliente. Las tortillas sobrantes no se tiran nunca, pues constituyen el ingrediente fundamental de los chilaquiles, las tiritas de tortilla fritas y en salsa picante. También se utilizan como guarnición para determinados tipos de sopas.

Arepas

Las *Arepas* de Venezuela y Colombia se preparan con harina de maíz exactamente igual que la utilizada para las tortillas mexicanas, pero la arepa no es un panqueque flexible como la tortilla, y se parece más bien a un bollo de pan blanco o incluso a un *croissant*. Por fuera es crujiente y por dentro tierna y jugosa. En Venezuela he degustado las arepas con queso fresco, como un exótico primer plato. La parte blanda de la arepa se extrae y se sustituye por el delicioso queso fresco local. La *crème fraîche* francesa (véase pág. 46) constituye un buen sustituto, pues se parece mucho al queso fresco de Caracas. Yo he descubierto que un queso cremoso ablandado a la temperatura ambiente y mezclado con un poco de nata líquida espesa es, así mismo, un sucedáneo perfecto del queso venezolano utilizado originalmente en la receta. Fáciles y rápidas de preparar, las *Arepas* constituyen un agradable cambio con respecto al pan normal y corriente y resultan especialmente adecuadas con los platos típicos de Venezuela. Cuando se toman como si fuesen pan, se extrae con los dedos la miga o parte blanda de dentro, y la costra se unta con mantequilla. También pueden partirse simplemente por la mitad y untarse con mantequilla. Frecuentemente echo sobre la mantequilla un poquito de queso fresco, pues encuentro esta combinación realmente irresistible.

Para 8 ó 10 arepas

2 tazas de harina de maíz para
Arepas (véase pág. 40)

1 cucharadita de sal
2 tazas de agua (aproximadamente)

En un cuenco, mezcle la harina para arepas con la sal. Añada el agua, hasta obtener una masa no demasiado ligera. En caso necesario eche un poco más de agua. Deje la masa reposar durante unos 5 minutos y déle luego forma de pelotitas y aplástelas levemente hasta que tengan unos 7,5 cm. de ancho por 12 mm. de grosor. Póngalas sobre una parrilla gruesa previamente engrasada y déjelas 5 minutos por cada lado. Introdúzcalas luego en un horno a 175° C y déjelas entre 20 y 30 minutos, dándoles 2 ó 3 veces la vuelta durante la cochura. Estarán listas cuando, al golpearlas levemente con el dedo, suenen a hueco. Se sirven calientes. Tradicionalmente se hacen envueltas en una servilleta y en una canasta de mimbre o paja.

Variación.—Para *Arepas de queso,* añada 1 taza de queso fresco o blanco, migado o cortado en trocitos, o, en su defecto, 1 taza de queso tipo Münster rallado.

Variación.—Para *Arepas de chicharrones,* añada 1 taza de chicharrones, cortados en trocitos.

Variación.—Para *Arepas santanderinas,* mezcle 2 cucharadas de manteca de cerdo con la harina antes de añadir el agua, amáselo todo bien y prepare las arepas de la forma habitual.

Variación.—Para *Arepas fritas,* mezcle 1 taza de queso rallado con la harina. Bata una yema de huevo junto con el agua y la sal y mézclelo todo con la harina y el queso, amasándolo bien durante unos 5 minutos. Déle a la masa forma de círculos de unos 10 cm. de diámetro y fríalos en manteca de cerdo o aceite hasta que estén levemente dorados por ambas caras. También se pueden hacer de menor tamaño, de 4 cm. de diámetro, y servirse como aperitivo acompañando a las bebidas.

Variación.—Para *Arepas fritas infladas,* añada a la masa 1 taza de queso rallado, 1/2 taza de harina, 1/4 taza de anís molido y 1 cucharada de azúcar, preferentemente moreno. Amáselo todo bien durante unos 5 minutos. Déle a la masa forma de pelotitas pequeñas y aplástelas luego sobre una tabla de madera enharinada hasta obtener panqueques finos (de unos 7,5 cm.). Fríalos bien en aceite caliente. Deberían inflarse a modo de buñuelos. Sírvalos inmediatamente. Yo personalmente prefiero sacarlos del aceite con una espumadera, pues están muy blandos y se rompen con facilidad.

Cachapas de jojoto VENEZUELA

Resultan muy agradables con las comidas, en lugar de pan. Miniaturizadas (de aproximadamente 4 cm. de ancho) y envueltas en un trocito de queso fresco o blanco, tipo español, o de queso Münster, constituyen un atractivo bocadito para cócteles.

Para 12 aproximadamente

1 1/2 tazas de granos de maíz (en caso de ser congelados, deberán descongelarse bien previamente)	3 cucharadas de harina
	1/4 cucharadita de azúcar
	1/2 cucharadita de sal
	2 cucharadas de mantequilla derretida
1/2 taza de nata líquida espesa	
1 huevo	Mantequilla para freír

Eche todos los ingredientes en una batidora o pasapuré y mézclelos bien. Engrase una sartén frotando un trozo de papel parafinado con mantequilla y pasando luego el papel por la sartén. Repita el procedimiento para cada cachapa. Vaya echando la masa, 2 cucharadas cada vez, en la sartén, y fríala hasta que esté bien dorada por ambas caras, dándoles una vez la vuelta. Se sirven calientes.

Variación.—Para las *Cachapas de hojas,* vierta 2 cucharadas de la masa en el centro de una hoja de maíz seca y pliéguela luego hasta formar un envoltorio o «paquete». Disponga las cachapas ya preparadas en una olla y hágalas al vapor y tapadas hasta que se pongan duras (aproximadamente 30 minutos). Las *Cachapas de budare* se preparan rellenando un trozo de hoja de bananero con la masa, plegándolos hasta formar un envoltorio o «paquete» y dejándolos a fuego moderado sobre una parrilla, dándoles 2 veces la vuelta y dejándolos luego un ratito más al lado de la parrilla para que terminen de hacerse. Lo ideal sería hacer las cachapas en un budare, una parrilla venezolana especial, y terminarlas sobre una cocina de leña. Se puede improvisar y utilizar papel de plata y una parrilla gruesa colocando las cachapas encima de dos esterillas de amianto y a fuego bajo. Cuando me he enfrentado a la dificultad de encontrar hojas de bananero frescas, me he dado por contenta con las *Cachapas de jojoto,* que están también muy buenas y no plantean problema alguno.

Bolillos   MÉXICO

Se trata de los maravillosos *petits pains* de México, transplantados durante el breve y desdichado reinado de Maximiliano y Carlota, impuesto a los mexicanos por Napoleón III, y al que la naciente República mexicana se opuso vigorosamente. México prefirió seguir siendo independiente, pero no se mostró reacio a aceptar el mejor pan del mundo, el pan francés. Hoy en día, los bolillos se venden frescos dos veces al día en casi todas las panaderías de México, y el único pan que puede competir con ellos es precisamente el francés. Yo consigo algo muy parecido a ellos, siempre que encuentro harina de trigo de primera calidad y algo dura.

Para 18 bolillos

1 paquete (7 g.) de levadura seca,   5 tazas de harina cernida
   o 15 g. de levadura fresca   Mantequilla para untar el cuenco
1 1/2 cucharaditas de sal

Eche la levadura en un cuenco grande y remójela con 1/4 taza de agua tibia. Cuando se haya deshecho completamente, añada 1 3/4 tazas de agua templada y sal, y Mézclelo todo bien. Vaya echando gradualmente harina hasta obtener una masa que se separe de los bordes del cuenco, no sin cierta resistencia. Amásela sobre una tabla enharinada durante 10 minutos, o hasta que quede suave y elástica y haya perdido toda su pegajosidad. Échela en un cuenco previamente untado con mantequilla, tápela con un paño limpio y déjela reposar en algún lugar templado hasta que se haya duplicado de tamaño (aproximadamente 2 horas).

Cuando haga frío, deje reposar la masa en el horno con sólo el piloto encendido. Se trata de un tipo de masa que crece lentamente, por lo que hay que concederle un tiempo.

Al cabo de este periodo de tiempo, golpee la masa vigorosamente, tápela y déjela crecer por segunda vez, hasta que se haya duplicado nuevamente de tamaño (aproximadamente 1 hora). Échela sobre una tabla de madera enharinada y amásela durante unos 5 minutos. Parta la masa por la mitad. Déle a cada trozo una forma oblonga, de unos 15 x 45 cm. Enróllelos sobre sí mismo.

Corte cada rollo en 9 rebanadas, obteniendo así un total de 18 bolillos. Pellízquelos por los extremos para darles forma de huso y dispóngalos sobre una fuente de hacer pan previamente engrasada. Tápela y deje que los bolillos crezcan hasta que se hayan duplicado de tamaño (aproximadamente 1 hora). Frótelos ligeramente con agua y déjelos en el horno a 200º C, durante 1/2 hora, aproximadamente, o hasta que estén bien dorados.

POSTRES

Mazamorra morada   PERÚ

La mazamorra es un plato a base de maizena y azúcar o miel. Ésta en concreto se prepara con maíz morado, el maíz de color púrpura típicamente peruano, que posee un delicado sabor afrutado y a limón. El maíz morado no se consigue fuera de Perú. No obstante, yo he descubierto que puedo reproducir ese mismo color usando moras y, combinando los sabores de manera levemente distinta, también el mismo sabor. Se trata de un postre delicioso y refrescante, perfecto para un *buffet* frío.

Para 8 ó 10 raciones

1/4 kg. de granos de maíz morado
6 tazas de agua
2 tazas de azúcar
6 clavos
1 trocito pequeño, de unos 7,5 cm., de canela en rama
1/2 piña pequeña, pelada, sin corazón y cortada en trocitos
2 membrillos, pelados y cortados en rodajas

2 peras, peladas y cortadas en rodajas
2 melocotones, deshuesados, pelados y cortados en rodajas
1/2 kg. de cerezas, deshuesadas
1/4 kg. de albaricoques secos
1/4 kg. de melocotones secos
4 cucharadas de maizena
El zumo de 2 limones (unas 6 cucharadas)
Canela molida (optativo)

Eche los granos de maíz morado en un cazo junto con el agua, y cuando rompa a hervir déjelos a fuego lento hasta que estén hechos (aproximadamente 30 minutos), momento en el que el agua quedará de color morado intenso. Cuele y tire los granos. Mida el líquido y, en caso necesario, añada más agua, hasta obtener 6 tazas. Vuelva a echar el agua morada al cazo y añada el azúcar, el clavo, la canela en rama, la piña, los membrillos, las peras, los melocotones, las cerezas, los albaricoques secos y los melocotones secos. Espere a que el líquido rompa nuevamente a hervir, tape el cazo y déjelo a fuego muy lento hasta que la fruta esté tierna (aproximadamente 15 minutos). Saque y tire el clavo y la canela. Disuelva la maizena en 1/4 taza de agua y añádala a la mezcla de frutas. Déjelo todo al fuego hasta que el líquido se espese, y agréguele entonces el zumo de limón. Enfríe esta compota y, si lo desea, sírvala con un poquito de canela molida espolvoreada por encima.

Variación.—Hierva las frutas en agua normal. Añada 2 manzanas, peladas y cortadas en rodajas, y 1/4 kg. de moras, para obtener un color muy parecido al que se logra con el maíz morado.

Flan de piña   COLOMBIA

Se trata de una vieja receta familiar, que me fue proporcionada por mi amiga, Cecilia Blanco de Mendoza, una especialista en cocina colombiana.

Para 6 raciones

1/4 taza de azúcar	1 taza de azúcar
1 taza de zumo de piña, sin endulzar	4 huevos

Derrita 1/4 taza de azúcar al baño de María y a fuego moderado, removiendo sin parar hasta que se haya derretido y convertido en caramelo. Sumerja el fondo del recipiente en agua fría durante 1 ó 2 segundos, y déle la vuelta al molde o flanera para que el caramelo recubra bien los lados. Resérvelo. En un cazo, combine el zumo de piña y 1 taza de azúcar, y déjelo hervir todo junto, removiendo constantemente hasta que el líquido se haya reducido a la mitad y esté bastante espeso. Deje enfriar esta especie de jarabe. Bata los huevos a punto de nieve. Vierta el jarabe sobre los huevos poco a poco, sin dejar de batir. Eche la mezcla en el molde o flanera, previamente recubierto con caramelo. Deje la flanera al baño de María y a fuego muy lento durante unas 2 horas, o hasta que el flan haya cuajado. Enfríelo y métalo en el frigorífico hasta el momento de servirlo. Antes de hacerlo, sepárelo del molde o flanera introduciendo un cuchillo entre el flan y el recipiente, coloque luego un plato o fuente sobre el molde y déle rápidamente la vuelta.

Dulce de piña con arracacha   COLOMBIA

Se trata de una forma original de utilizar este tubérculo, que se encuentra en algunos establecimientos especializados en productos tropicales, y merece ser buscado. Su sabor recuerda levemente al del apio, y casa a la perfección con el zumo de piña en el que se hierve la arracacha. El dulce de piña con arracacha posee un sabor refrescante y vigorizador.

Para 4 ó 6 raciones

3/4 kg. de apio
4 tazas de zumo de piña, sin en-
    dulzar

1 taza de azúcar, o más, según el
    gusto de cada uno

Pele y corte el apio en rodajas y póngalas a hervir en un cazo con agua fría suficiente como para cubrirlas. Déjelas hervir a fuego muy lento y tapadas hasta que estén tiernas (aproximadamente 30 minutos). Escúrralas y hágalas puré. Añada el zumo de piña y el azúcar, y hierva la mezcla, sin tapar y a fuego muy lento, removiendo sin parar hasta obtener una pasta espesa que permita ver el fondo del cazo cuando se pasa por ella una cuchara. Échela en una fuente de servir y déjela enfriar. Se sirve tal cual, o con nata batida o helado por encima.

Capirotada   MÉXICO

Se trata de un tipo especial de budín muy popular en México durante la cuaresma y un postre maravilloso en cualquier época, sobre todo para un buffet frío. Yo preparo la *Capirotada* según la receta que me dio la abuela de mi marido, y utilizo azúcar moreno con canela y clavo para el jarabe en el que se deja a remojo antes de meterla en el horno. Una buena amiga mía, Elizabeth Borton de Treviño, me envió en cierta ocasión una original y exótica receta para el jarabe, que le había dado a su vez una amiga, la señora Estela Santos Coy de Cobo, que la había heredado de su abuela. Se basa en una mezcla de sabores: cáscara de naranja, tomate, cebolla, clavo, pimientos rojos o verdes, que no se le ocurriría a casi nadie, pero que, sin embargo, funciona maravillosamente.

Para 6 u 8 raciones

PARA EL JARABE

2 tazas de azúcar moreno
1 trocito de canela en rama de unos 5 cm. de largo
1 cebolla pequeña, en la que se habrán clavado 3 clavos
1 pimiento mediano, rojo o verde, sin semillas y partido por la mitad
La cáscara de 1 naranja mediana, cortada en trocitos
1/2 taza de cilantro fresco, picado
1 tomate pequeño, pelado, sin semillas y cortado en trocitos
4 tazas de agua

Combine todos los ingredientes en un cazo, espere a que rompan a hervir y déjelos, a fuego lento y parcialmente tapados, durante unos 30 minutos. Espere a que se enfríen un poco. Cuélelos, tire los ingredientes sólidos y reserve el caldo o jarabe.

PARA EL BUDIN

Mantequilla
6 tazas de pan de molde cortado en cubitos de 12 mm. y previamente tostado
3 manzanas, peladas, sin corazón y cortadas en finas rodajas
1 taza de pasas
1 taza de almendras peladas
1/4 kg. de queso tipo Münster, Monterey Jack, Cheddar o cualquier otro queso similar, cortado en trozos grandes

Unte con mantequilla un molde o flanera de unos 2 litros de capacidad y coloque encima una capa de cubitos de pan de molde tostados. Añada una capa de rodajas de manzanas, pasas, almendras y queso. Vaya poniendo capas alternadas hasta haber acabado con todos los ingredientes. Vierta el jarabe sobre el molde o flanera. Déjelo luego en el horno a 175º C durante 45 minutos, o hasta que esté bien caliente. Se sirve caliente.

Variación.—Para un budín algo más nutritivo, fría los cubitos de pan de molde en 1/2 taza de aceite vegetal o mantequilla.

Variación.—Para un jarabe menos complicado, hierva a fuego lento 2 tazas de azúcar moreno junto con un trocito de

5 cm. de canela en rama, 2 clavos y 4 tazas de agua, para obtener
un jarabe ligero. Saque y tire la canela y el clavo antes de usarlo.

Dulce de queso   COLOMBIA

Para 4 ó 6 raciones

1/2 kg. de queso Mozzarella (apro-
    ximadamente)
2 tazas de azúcar moreno (lo más
    oscuro posible)

1 taza de agua
1 trocito de 5 cm. de largo de
    canela en rama

Deje el queso a la temperatura ambiente durante un buen
rato. Utilizando un cuchillo afilado, córtelo horizontalmente
en rodajas de 6 mm. de grosor y dispóngalas en una fuente
llana, tipo «Pyrex» o similar. En un cazo pequeño, combine el
azúcar, el agua y la canela y espere a que rompa todo a hervir,
removiendo constantemente para que se disuelva el azúcar.
Déjelo 5 minutos al fuego, sin parar de remover. Vierta el jarabe sobre el queso y sírvalo inmediatamente. Para obtener un
queso más blando, deje el plato ya preparado en el horno a
175º C unos 5 minutos.

■ Postres a base de coco

El coco se utiliza mucho en los postres latinoamericanos.
Dado que el coco fresco se encuentra ya con facilidad en la
mayoría de los mercados y supermercados en todas las estaciones del año, prefiero utilizar coco fresco en lugar de empaquetado. Los cocineros brasileños han descubierto un excelente
método para sacar la carne de coco de la cáscara, y una batidora o pasapuré hará el resto (véase pág. 44).

Cocada

Para 6 raciones

1 1/2 tazas de azúcar
1 trocito de canela en rama de 5 cm. de largo
El líquido de un coco mediano (aproximadamente 1/2 taza)
2 tazas de coco rallado (véase pág. 44)

3 tazas de leche
4 huevos enteros, ligeramente batidos
2 cucharadas de mantequilla, o 1/2 taza de almendras, tostadas y partidas por la mitad

Combine en un cazo el azúcar, la canela en rama y el líquido del coco. Déjelo todo a fuego lento, removiendo constantemente, hasta que el azúcar se haya disuelto. Añada el coco y déjelo todo al fuego, sin parar de remover, hasta que el coco se transparente (aproximadamente 5 minutos). Saque y tire la canela en rama. Añada la leche, mezclándolo todo bien. Déjelo todo a fuego lento, removiéndolo de cuando en cuando hasta que la masa se haya espesado y permita ver el fondo del cazo cuando se pase una cuchara por ella. Vierta 1/2 taza de dicha masa sobre los huevos, batiéndolo todo continuamente con un batidor. Vuelva a echar la mezcla al cazo y déjela nuevamente a fuego muy lento, hasta que se haya espesado. No permita que llegue a hervir. Apártela del fuego y viértala en una flanera o molde, espere a que se enfríe y déjela entonces en el frigorífico unas cuantas horas. Justo antes de servir, cubra el budín con la mantequilla y métalo en el horno hasta que la parte superior se dore levemente, o adórnelo con las almendras tostadas y partidas por la mitad.

Variación.—Para el *Dulce de coco,* de Colombia, deje 3/4 taza de pasas a remojar en agua caliente durante unos 15 minutos, escúrralas y échalas en un cazo grueso, junto con 4 tazas de coco rallado, el líquido del coco aumentado hasta 1 taza con un poco de agua, 4 cucharadas de zumo de limón, 1 1/2 tazas de azúcar y un trocito de canela en rama de 7,5 cm. de largo. Cuando rompa a hervir, baje el fuego y déjelo a fuego lento hasta que el jarabe forme hilos al echarse en agua fría. Saque y tire la canela en rama. Bata 3 yemas de huevo en un cuenco a punto de nieve. Añada 3 cucharadas del jarabe de coco, una cada vez. Vaya echando las yemas batidas al cazo y déjelo todo a fuego lento, removiendo constantemente, durante unos 5 minutos, pero sin permitir que llegue a hervir. Espere a que se enfríe y déjelo varias horas en el frigorífico antes de servirlo. Obtendrá 6 raciones.

Variación.—Mi amiga, Elizabeth Borton de Treviño, me dio la siguiente receta, que ella había recibido a su vez de la familia Limantour en su finca de *Los Bichitos.* Necesita menos vigilancia que las versiones anteriores, y su textura es algo más densa. Para esta *Cocada,* hierva a fuego lento 3 tazas de leche, junto con 1 1/2 tazas de azúcar, en un cazo sin tapar y durante unos 20 minutos, o hasta que la mezcla se haya espesado ligeramente. Déjela enfriar. Bata levemente 6 huevos y añádalos luego a la mezcla anterior. Agregue finalmente 1/2 cucharadita de extracto de almendra y 3 tazas de coco recién rallado. Viértalo todo en una fuente tipo «Pyrex» o similar, untada con mantequilla. Métala en un baño de María, en que el agua alcance una altura de unos 5 cm., y déjela en el horno a 175º C durante 1 1/2 horas, o hasta que, cuando meta un instrumento en la *Cocada,* éste salga limpio. Déjela enfriar y métala en el frigorífico antes de servirla. Obtendrá de 6 a 8 raciones.

■ **Postres a base de calabaza**

Torta de zapallo   ECUADOR

La calabaza se utiliza mucho en todo América Latina, como verdura, en sopas y guisos, y también en algunos deliciosos postres, como budines, tartas, etcétera.

Para 8 raciones

3/4 kg. de calabaza, pelada y cortada en cubitos. En su defecto,
utilice 2 paquetes de unos 350
g. cada uno de calabaza hervida y congelada
1/2 cucharadita de canela
1 taza de azúcar

1/2 taza de nata líquida espesa
2 cucharadas de mantequilla
50 g. de ron moreno
1 taza de pasas sin semillas
1 taza de queso tipo Münster,
rallado
3 huevos grandes, bien batidos

Hierva la calabaza en agua suficiente como para cubrirla
hasta que esté tierna (aproximadamente 15 minutos). Si utiliza
calabaza congelada, limítese a descongelarla previamente. Eche
la calabaza en un cazo y añada la canela, el azúcar, la nata líquida y 1 cucharada de mantequilla. Machaque la calabaza y hágala a fuego lento hasta que el azúcar se haya disuelto o la mezcla esté firme y consistente. Apártela del fuego y déjela enfriar.
Agregue los restantes ingredientes, excepto la mantequilla previamente reservada. Utilizando la mantequilla, engrase un molde
o flanera de 2 litros de capacidad y vierta en él la masa. Déjela
en el horno a 175º C hasta que esté firme (aproximadamente
1 hora). Si lo desea, mientras esté aún caliente, podrá verter
sobre la torta 25 gr. de ron moreno. Se sirve como un budín,
directamente del molde o flanera, o con nata batida.

Picarones

PERÚ

Para 8 ó 12 raciones

1/4 kg. de calabaza, pelada y cortada en rodajas
1/4 kg. de batatas o boniatos,
pelados y cortados en rodajas
1 cucharadita de sal

1/4 cucharadita de anís molido
4 tazas de harina, cernida
1 sobre (7 g.) de levadura
Aceite vegetal para freír

Hierva la calabaza y las batatas o boniatos en agua suficiente como para cubrirlos hasta que estén tiernos. Escurra estos
tubérculos, macháquelos y páselos por un colador. Añada la sal,
el anís molido y la harina. Deje la levadura a remojar en 1/4

taza de agua templada y mézclala con la harina para obtener una masa bastante firme y consistente, añadiendo en caso necesario un poquito más de agua, aunque lo más probable sea que la calabaza y las batatas o boniatos hayan proporcionado ya la humedad necesaria. Amásela hasta que esté lisa y satinada, aproximadamente 5 minutos. Échela en un cuenco, cúbrala con un paño y déjela reposar en algún lugar templado y sin corrientes de aire durante 2 ó 3 horas, o hasta que se haya duplicado de tamaño. Vaya extrayendo trozos de masa a cucharadas y dándole forma de rosquillas. Fríalas bien en aceite muy caliente (a unos 180° C), hasta que estén doradas por todos lados. Séquelas con servilletas de papel y sírvalas con *Miel de chancaca (Sirope)*.

MIEL DE CHANCACA (Sirope)

2 tazas de azúcar moreno, lo más oscuro posible
1 taza de azúcar
2 tazas de agua
1 trozo de cáscara de limón
1 trozo de cáscara de naranja

Combine todos los ingredientes en un cazo y déjelos hervir a fuego lento hasta que el sirope o jarabe esté espeso. Saque y tire las cáscaras de naranja y limón. Se sirve como salsa para untar en ella los picarones.

Pristiños

Para 6 raciones

2 tazas de harina
1 cucharadita de levadura
1 cucharadita de sal
2 cucharadas de queso parmesano rallado
100 g. de mantequilla (1/2 taza), ablandada a la temperatura ambiente
1 taza de calabaza hervida y machacada
Aceite o manteca de cerdo para freír

Cierna la harina, la levadura y la sal en un cuenco. Añada el queso. Amase la mantequilla con los restantes ingredientes, con los dedos, y luego la calabaza machacada con un tenedor. La calabaza debería proporcionar suficiente humedad como para obtener una masa blanda pero no pegajosa. Échela sobre una tabla de madera enharinada y extiéndela hasta que tenga un grosor de aproximadamente 12 mm. Córtela en tiras de 2,5 cm. de ancho por 6 de largo. Haga con cada una de ellas una rosquilla, uniendo los extremos. Fríalas bien en aceite o manteca de cerdo caliente (entre 175 y 185º C) hasta que se doren bien por todos los lados. Séquelas con servilletas de papel y sírvalas con sirope o jarabe de canela.

Sirope de canela

2 tazas de azúcar moreno, lo más oscuro posible

1 trozo de canela en rama de 2,5 cm. de largo

En un cazo, combine el azúcar con 1 taza de agua y el trozo de canela en rama. Agítelo todo bien para que se disuelva el azúcar y caliéntelo a fuego moderado durante 5 minutos. Tire la canela en rama.

■ Budín de leche

En América Latina hay un postre a base de leche hervida con azúcar, muy popular en casi todos los países, y al que se conoce con una amplia variedad de nombres: *Manjar blanco, Natillas piuranas, Arequipe, Dulce de leche, Cajeta de Celaya,* etcétera. La técnica de cocción difiere también levemente de un país a otro. Creo que la forma más universal y correcta de llamar a este postre es *Budín de leche.*

Su preparación puede llevar bastante tiempo (hasta 1 1/2 horas), sobre todo si se permanece todo el tiempo al lado del fuego y removiendo la mezcla con una cuchara de madera (como se debería hacer en teoría), pero yo he descubierto que, si se mantiene el fuego lo más bajo posible, y se remueve de cuando en cuando, este postre saldrá perfecto, al tiempo que se puede seguir haciendo otras cosas en la cocina o en la casa. No obs-

tante, en cuanto la mezcla comience a espesarse, tendrá que
removerse constantemente o, de lo contrario, se conseguirá
una textura rugosa y granulosa en lugar de lisa y suave. Pero
esto ocurre sólo en más o menos los 5 últimos minutos del proceso. Todo el mundo en América Latina conoce el truco de
hervir una lata de leche condensada sin hervir hasta conseguir
un resultado parecido, pero los buenos cocineros y cocineras
prefieren el método más largo. No obstante, existe una versión
colombiana rápida de este postre, consistente en utilizar leche
condensada y leche evaporada, a partes iguales, que posee un
sabor delicioso y resulta una buena solución de compromiso.
Es asombroso hasta qué punto se consiguen diferencias de gusto
y textura introduciendo pequeñas diferencias en las proporcio-
nes y métodos de cocción utilizados para este delicado postre.

Natillas piuranas   PERÚ

Lo ideal sería preparar este postre con leche de cabra, pero
yo he descubierto que, utilizando una mezcla de leche y nata
líquida o leche evaporada, se consiguen magníficos resultados.

Para 4 ó 6 raciones

2 tazas de azúcar moreno, lo más
    oscuro posible
1/4 taza de agua
3 tazas de leche

1 taza de nata líquida o leche eva-
    porada
1/2 cucharadita de levadura
1/2 taza de nueces bien molidas

En un cazo grande y pesado, combine el azúcar moreno y
el agua, y déjelo hervir a fuego lento, removiendo sin parar con
una cuchara de madera, hasta que el azúcar se disuelva. En otro
cazo, combine la leche, la nata líquida o la leche evaporada, y

la levadura. Agítelo para que se mezcle todo bien y espere a que rompa a hervir. Viértalo sobre el azúcar disuelto, removiendo sin parar, y déjelo hervir hasta que la mezcla esté espesa y de color de caramelo y, cuando se pase una cuchara por ella, pueda verse el fondo del cazo. Agregue las nueces molidas, mezclándolo todo bien. Tardará aproximadamente 1 hora en hacerse. Se sirve, bien a la temperatura ambiente, bien tras haber permanecido un rato en el frigorífico.

Manjar blanco   CHILE

Para 6 raciones

8 tazas de leche
2 1/2 tazas de azúcar

1 trocito de vainilla en rama de 5 cm. de largo

En un cazo grueso, combine todos los ingredientes y espere a que rompan a hervir. Déjelos luego a fuego lento, removiendo constantemente, hasta que la mezcla comience a espesarse. Saque y tire el trozo de vainilla en rama. La mezcla deberá continuar hirviendo y removiéndola sin parar con una espada de madera, hasta que esté tan espesa que, cuando se pase una cuchara por ella, pueda verse el fondo del cazo. No se pase de tiempo, pues el *Manjar blanco* se convertiría en caramelo. Échelo en un cuenco grande o fuente de servir y sírvalo a la temperatura ambiente o ligeramente enfriado.

Variación.—Para el *Dulce de leche,* de Paraguay, combine 10 tazas de leche, 1 cucharadita de esencia de vainilla, 1/2 cucharadita de levadura y 2 tazas de azúcar en un cazo, y agítelo todo bien para que se disuelva el azúcar. Póngalo al fuego, espere a que rompa a hervir, y hágalo luego a fuego muy lento, para impedir que la leche hierva, removiéndolo de cuando en cuando con una cuchara de madera hasta que la mezcla esté espesa y de color caramelo. Cuando la mezcla comience a espesarse, agítela constantemente. El *Dulce de leche* estará listo cuando pueda verse el fondo del cazo al pasar una cuchara por él. Puede variarse la receta aumentando la cantidad de azúcar hasta 3 tazas o la de leche hasta 12 tazas. Obtendrá de 6 a 8 raciones.

Variación.—Para el *Arequipe,* de Colombia, la receta es casi idéntica a la del *Dulce de leche* de Paraguay, pero utilizando 12 tazas de leche por cada 4 de azúcar.

Variación.—Existe otro *Arequipe* más, que tarda menos tiempo en prepararse y está igual de bueno. Eche 2 tazas de leche evaporada y otras 2 de leche condensada en un cazo grueso, Mézclelo todo bien, espere a que rompa a hervir, y déjelo a fuego lento, sin parar de remover, hasta que la mezcla esté dorada y pueda verse el fondo del cazo pasando una cuchara por la masa. Se sirve con trocitos de queso, preferentemente fresco o blanco, o también tipo Münster, Edam o Cheddar.

Variación.—Para el *Dulce de leche con huevos,* limítese a mezclar 8 tazas de leche con 2 tazas de azúcar, vainilla en rama y 1 trozo de canela en rama de 5 cm. de largo, hasta que la mezcla comience a espesarse. Saque y tire la canela y la vainilla en rama. Cuando el dulce esté espeso, apártelo del fuego y añádale 4 yemas de huevo bien batidas. Vuelva a ponerlo al fuego y déjelo hervir durante 2 minutos, removiendo constantemente. Apártelo del fuego. Bata 4 claras de huevo a punto de nieve y añádalas al dulce. Vuelva a ponerlo al fuego y déjelo hervir, sin parar de remover, hasta que esté nuevamente espeso. Apártelo del fuego hasta que se enfríe. Échelo en un plato para postre y déjelo en el frigorífico hasta el momento de servirlo. Obtendrá de 6 a 8 raciones.

Variación.—Los mejores *Dulces de leche* de México proceden del rico estado minero de Guanajuato. El más famoso de todos es el llamado Cajeta de Celaya, que se refiere a las pequeñas cajas de madera en las que se vende este dulce, originario de la ciudad de Celaya. Vierta 3 tazas de leche de vaca y otras 3 de leche de cabra en un cazo grueso, junto con 1/2 cucharadita de levadura, 2 cucharadas de maizena, 2 tazas de azúcar y, si consigue encontrarla, 1 hoja de higuera, y déjelo hervir todo a fuego lento hasta que esté bien espeso. Saque y tire la hoja de higuera y vierta el dulce en un cuenco o fuente de servir. Se sirve a la temperatura ambiente o tras haber permanecido un rato en el frigorífico. La leche de cabra no resulta fácil de

encontrar, aunque en algunos casos se expende en establecimientos especializados.

Para la *Cajeta envinada,* añada al dulce acabado 1/2 taza de
jerez, moscatel o vino de Madeira. Para la *Cajeta de leche quemada,* se hace caramelo el azúcar antes de añadirle la leche.
Para lograrlo, se echa el azúcar en un cazo grueso y se deja a
fuego lento, removiendo constantemente con una cuchara de
madera, hasta que comienza a derretirse y a volverse de color
café. La leche deberá añadirse entonces, poco a poco, al margen del fuego, y agitando continuamente, para que se mezcle
bien con el caramelo. Luego se prepara el dulce de la forma
acostumbrada. Adquirirá un hermoso e intenso color ámbar.

Hay un truco utilizado por algunos cocineros y cocineras, y
que consiste en sustituir el azúcar blanco por azúcar moreno.
Para la *Cajeta de almendra envinada,* añada 1/4 taza de almendras molidas y 1/2 taza de jerez, moscatel o vino de Madeira.
Sirva el dulce tal cual, o con helado, trozos de bizcocho o galletitas. Obtendrá 6 raciones.

Chongos zamoranos   MÉXICO

Se trata de un tipo distinto de budín de leche, y, como en
los tiempos coloniales, sigue siendo uno de los postres favoritos en todo México. Existen numerosas versiones. La siguiente es de la ciudad de Zamora, en el estado de Michoacán, y es
la que yo personalmente prefiero.

Para 8 raciones

8 tazas de leche	1 1/2 tazas de azúcar
4 yemas de huevo, ligeramente batidas	1 trocito de canela en rama de 5 cm. de largo
4 tabletas de cuajo	

Caliente la leche hasta que esté templada. Apártela del fuego
y añada las yemas de huevo batidas. Vierta la mezcla en una
cacerola profunda y resistente, de unos 20 x 25 cm. Disuelva
las tabletas de cuajo en 1/4 taza de agua fría y añádalas a la

leche. Deje que la mezcla repose en algún lugar templado hasta que cuaje (aproximadamente 1 hora). Utilizando un cuchillo afilado, córtela en cuadraditos de 5 cm. de lado, intentando estropearla lo menos posible. Espolvoree el azúcar por encima. Rompa la canela en rama y espolvoree los trocitos por encima del dulce. Póngalo al fuego más bajo posible (utilizando en caso necesario una esterilla de amianto para impedir que hierva), y déjelo al fuego unas 2 horas. El azúcar y el suero de la leche cuajada formarán un denso sirope o jarabe. Enfríelo antes de servirlo.

Quimbolitos   ECUADOR

Para 6 raciones

4 cucharadas de mantequilla (1/4 taza)	1/2 taza de maizena
6 cucharadas de azúcar	2 cucharadas de levadura
2 huevos, bien batidos	1/2 taza de queso parmesano rallado
1/4 taza de leche	1/3 taza de pasas sin semillas
1/2 taza de harina	2 cucharadas de coñac o ron suave

Deje la mantequilla a la temperatura ambiente, para que se ablande. En un cuenco, bata la mantequilla y el azúcar juntos hasta obtener una mezcla ligera y cremosa. Añada los huevos, mezclados con la leche. Cierna la harina, la maizena y la levadura juntas, y añádalas a la mezcla anterior. Agregue finalmente el queso, las pasas y el coñac o el ron.

Corte, o bien papel parafinado, o bien papel de plata en rectángulos de 20 x 30 cm. Eche 3 cucharadas de la masa en el centro de cada rectángulo y pliéguelo en forma de envoltorio o «paquete». Hágalos al vapor durante unos 45 minutos. Los *Quimbolitos* se sirven calientes, con o sin nata líquida.

En Ecuador, los *Quimbolitos* se hacen en hojas de achira o taro, planta también conocida con los nombres de dasheen y yautía. No obstante, parece que no se pierde gran cosa haciéndolos en papel parafinado o de plata.

■ Tartas

Torta del cielo   MÉXICO

Esta tarta se sirve en toda clase de fiestas y ocasiones especiales en la península del Yucatán: banquetes de boda, bautismos, primeras comuniones, cumpleaños, etc. Existen numerosas versiones de la misma, en algunas de las cuales no se utiliza harina para nada, sino sólo almendras molidas. Esta es la versión que yo prefiero, y su nombre me parece plenamente justificado.

Para 12 raciones

200 g. de almendras peladas
1/2 taza de harina para tartas
1 cucharadita de levadura
10 huevos, con las claras y las yemas separadas

1 1/4 tazas de azúcar
1 cucharadita de extracto o esencia de vainilla
1 pellizquito de sal

Corte un trozo de papel parafinado para que encaje en una sartén honda, de 25 cm. de diámetro, y engráselo ligeramente. Acóplelo al fondo de la sartén. No engrase los lados de la misma.

Muela las almendras, 1/2 taza cada vez, utilizando para ello una batidora o pasapuré, y páselas por un colador.

Cierna la harina junto con la levadura, dejando que caigan en un cuenco, y mézclelas con las almendras. En otro cuenco, bata las yemas de huevo, añadiendo poco a poco el azúcar,

hasta que queden ligeras y de color limón. Añada la vainilla.
Bata las claras de huevo con el pellizquito de sal a punto de
nieve. Espolvoree la mezcla de harina y almendras sobre las
yemas batidas, añada las claras y, utilizando una espátula de
goma, bátalo todo bien, pero sin pasarse de tiempo, sólo hasta
que desaparezcan las últimas manchas de blanco de las claras.
Vierta la masa en una fuente previamente preparada y déjela en el
horno a 190º C durante 50 minutos, o hasta que, cuando se introduzca cualquier instrumento en la masa, éste salga limpio.
Deposite la torta sobre una rejilla y déjela enfriar durante 1 ó 2 horas.
Sepárela de la rejilla y quítele el papel parafinado. Póngala boca
arriba y espolvoree azúcar de repostería por encima. Se puede
servir con nata batida, helado, macedonia de frutas, o sola. Si
lo desea, podrá recubrirla también con una buena capa de mantequilla fundida.

   Variación.—Utilice 1/2 kg. de almendras molidas y suprima
totalmente la harina y la levadura. Bata las claras a punto de
nieve, y luego las yemas, de 2 en 2, añadiendo 2 yemas extra.
Sin dejar de batir, vaya echando las almendras molidas (1/4 taza
cada vez), y 1/2 kg. de azúcar de repostería (1/4 taza cada vez).
Agregue finalmente la vainilla.

Salsas

COMO las salsas forman parte importante de numerosos platos latinoamericanos, no existe en esta cocina un conjunto demasiado grande de salsas aparte. Al mismo tiempo, podría decirse sin temor a exagerar que la cocina mexicana es una cocina de salsas con variaciones casi infinitas sobre un mismo tema. Esta afirmación es igualmente aplicable a la cocina peruana. Nadie ha codificado aún todas esas salsas y el intento de hacerlo contribuiría más a complicar que a simplificar las cosas. Todos los países latinoamericanos poseen alguna modalidad de salsa picante, siempre presente en las mesas de sus hogares, por lo que la cantidad de picante en la comida de cada uno depende de sus propios gustos, aunque las cocinas mexicana y peruana son las que demuestran mayor afición por el picante. Las salsas francesas, a veces con nombres que sorprenden bastante, han emigrado a Latinoamérica, al igual que la técnica del sofrito, esa útil mezcla de cebolla y ajo, originaria de España y Portugal y que, durante el período colonial, se expandió por todo el Continente y se apartó de su fórmula original para dar cabida a los tomates y pimientos, «regalos» culinarios del Nuevo Mundo. Las salsas a base de aguacate están suficientemente representadas, así como las salsas a base de tomate.

Pebre
CHILE

El número de pimientos picantes utilizados en esta salsa dependerá de los gustos de cada uno. A algunas personas les gusta muy picante, y se llama *Salsa picante,* pudiendo utilizarse hasta 8 pimientos picantes. Otros la prefieren más suave. Pueden utilizarse pimientos picantes rojos en lugar de verdes.

Para 1 taza aproximadamente

1 cebolla mediana, bien picada
1 diente de ajo, picado
2 cucharadas de cilantro fresco, bien picado
1 cucharada de perejil, bien picado

1 o más pimientos picantes, frescos, sin semillas y cortados en trocitos
3 cucharadas de aceite de oliva
1 cucharada de zumo de limón
Sal al gusto de cada uno

Combine todos los ingredientes en un cuenco y déjelos reposar durante 1 hora para que se mezclen bien los sabores. Se sirve con cualquier plato de carne y *Porotos graneados.*

Salsa de ají   COLOMBIA

Para 1 taza aproximadamente

1/4 kg. de pimientos picantes frescos, rojos o verdes
1 cucharadita de sal, o al gusto de cada uno

1 cebolla mediana, bien picada

Quíteles las semillas a los pimientos y córtelos en trozos grandes. En una batidora o pasapuré, redúzcalos a puré junto con la sal. Añada la cebolla picada y Mézclelo todo bien.

Salsa de ají picante   ECUADOR

Existen numerosas versiones distintas de esta salsa picante. Ésta procede de la costa.

Pimientos picantes frescos, rojos o verdes
Cebolla roja

El zumo de 1 limón
Sal

Quíteles las semillas a los pimientos y córtelos en pequeñas tiras. Combínelos con cebolla roja picada a partes iguales y échelo todo en un jarro de cristal de boca ancha. Cubra los ingredientes con salsa de limón y sal al gusto, y deje que la salsa repose entre 3 y 4 horas antes de utilizarla. El zumo de limón puede diluirse añadiéndole un poquito de agua caliente.

Ixni-Pec   MÉXICO

Se trata de la salsa a base de pimientos picantes frescos que, en la península del Yucatán, se sirve en todas las mesas en un cuenco pequeño o salsera. Debería tomarse con discreción, pues aunque posee un agradable sabor, es muy picante. El pimiento utilizado es el habanero amarillo. Yo personalmente he descubierto que los pimientos picantes en salmuera, sobre todo los de Trinidad y Jamaica, poseen un sabor casi idéntico y constituyen un sustituto perfecto.

Para 1 taza, aproximadamente

1/4 taza de cebolla bien picada, 1/4 taza de tomate y 1/4 taza de pimientos o chiles picantes, lavados previamente si están en salmuera	Zumo de naranjas amargas (o de Sevilla), o, en su defecto, 2/3 partes de zumo de naranja y 1/3 parte de zumo de limón Sal

En un cuenco, combine la cebolla, el tomate y los pimientos picantes y añádales suficiente zumo de naranja como para obtener una especie de sopa (aproximadamente 1/4 taza). Sazónelo a su gusto con sal. Se sirve con los platos originarios de la península del Yucatán o con todos los que exigen una salsa picante. Se debería consumir el mismo día de su preparación, o el siguiente.

Variación.—Aunque el *Ixni-Pec* es de por sí muy picante, yo he descubierto una salsa que lo es aún más, llamada simplemente *Salsa picante*. Consiste en pimientos habaneros verdes asados, sin semillas y cortados en trocitos y diluidos luego en un poco de zumo de naranjas amargas (o de Sevilla).

Salsa de ají colorado CHILE

Para 2 1/2 tazas, aproximadamente

24 pimientos picantes rojos, frescos, sin semillas y cortados en tiritas
1 taza de vinagre de vino blanco

1 diente de ajo, picado
1 cucharadita de sal
3/4 taza de aceite vegetal

Eche las tiritas de pimiento en un cuenco y añada el vinagre. Déjelo reposar toda la noche, removiéndolo 1 ó 2 veces con una cuchara de madera. Escurra el pimiento y reserve el vinagre. Eche el pimiento en una batidora o pasapuré, junto con el ajo, la sal y parte del vinagre, y redúzcalo todo a puré. Añada el aceite y aproximadamente 1/4 taza del vinagre para dar a la salsa la consistencia de una mayonesa. Si desea una salsa más suave, tire el vinagre en el que los pimientos permanecieron en remojo y utilice vinagre fresco. Buena parte del picante habrá quedado diluido en el vinagre.

Se sirve con *Chancho a la chilena* o con cualquier plato a base de carne, ave o pescado, así como los fiambres o carnes frías.

Ajíes en leche VENEZUELA

Los pimientos picantes utilizados en Venezuela son de tamaño mediano, de forma redonda o acampanada, extremadamente picantes y de intenso y agradable sabor. No obstante, puede utilizarse para esta salsa cualquier otro tipo de pimiento picante.

Para 1 1/4 tazas, aproximadamente

1 taza de leche
1/2 cucharadita de sal
6 pimientos picantes frescos, rojos o verdes, sin tallo y partidos longitudinalmente por la mitad

1 cebolla, cortada en rodajas
1 diente de ajo
3 ó 4 hojas de menta (optativo)

Vierta la leche en un cazo, añada la sal, espere a que rompa a hervir y apártela inmediatamente del fuego. Déjela enfriar. Combine los pimientos picantes, la cebolla, el ajo y las hojas de menta en un jarro de cristal y vierta la leche por encima. Déjelo todo en reposo una noche entera. Para servir los *Ajíes en leche,* viértalos en un cuenco y póngalos en la mesa junto con cualquier plato a base de carne, ave o pescado.

Salsa de chile ancho y almendra   MÉXICO

La cocina mexicana es extraordinariamente rica en salsas, llamadas originalmente *mollis* en nahuatl, el idioma del Imperio azteca, palabra que se convirtió en *moles* al castellanizarse. Esta salsa, delicada y suave, se hacía probablemente con cacahuetes (un alimento indígena que había llegado hasta México desde el norte de Brasil) en lugar de con almendras. Es innegable que con almendras se consigue una salsa más refinada que con cacahuetes, aunque éstos dan también excelentes resultados.

Esta salsa se utiliza sobre todo con el bacalao, habiendo dado lugar a un típico plato mexicano, el *Bacalao en salsa de chile ancho y almendra,* pero acompaña también a la perfección a los platos a base de pollo, carne de cerdo o ternera. La carne se hierve en caldo de pollo o agua hasta que esté casi tierna. Luego se aligera la salsa añadiendo un poco más de caldo y la carne se hierve a fuego lento en dicha salsa hasta que esté totalmente tierna y los sabores se hayan mezclado (aproximadamente unos 5 minutos).

Para 5 tazas, aproximadamente

6 pimientos anchos	1/4 cucharadita de orégano
1 cebolla mediana, picada	1/4 cucharadita de azúcar
100 g. (3/4 taza) de almendras tostadas y molidas	Sal
1/8 cucharadita de canela molida	4 cucharadas de aceite vegetal
1/8 cucharadita de clavo molido	2 tazas de caldo de pollo, carne o pescado

Quíteles los tallos a los chiles, sáqueles las semillas, lávelos en agua fría, córtelos en trocitos y échelos en un cuenco junto con 1 taza de agua caliente. Déjelos 1 hora en remojo, o más tiempo si están muy secos, dándoles de cuando en cuando la vuelta. Eche los pimientos, el agua en que han permanecido a remojo y la cebolla en una batidora o pasapuré y redúzcalo todo a puré. Añada las almendras a esta mezcla, junto con la canela, el clavo, el orégano, el azúcar, y sal al gusto. La mezcla debería resultar bastante espesa, casi una pasta. Caliente el aceite en una sartén gruesa y sofría la mezcla, removiendo constantemente con una cuchara de madera, durante unos 5 minutos y a fuego moderado. Añada 2 tazas de caldo, agítelo todo para que se mezcle bien y déjelo a fuego lento unos cuantos minutos más. En lugar de caldo de pescado puede usarse jugo de almejas.

La salsa, que debería tener una consistencia media, estará lista para su uso con cualquier plato a base de bacalao, ave, carne de cerdo o de ternera. También puede utilizarse con pescado fresco, preferentemente en filetes, en cuyo caso se hervirá el pescado a fuego lento en la salsa, hasta que esté hecho, o se depositará en una cacerola poco profunda y resistente, previamente engrasada, se verterá la salsa por encima y se dejará en el horno a 175° C hasta que esté tierno (aproximadamente 20 minutos).

Guacamole   MÉXICO

En México, el *Guacamole* se toma prácticamente con todo, con carne, aves, pescado, mariscos, fríjoles, queso, etc., así como solo, untado sobre tostaditas (triángulos de tortilla de harina de maíz frita). Los antojitos son impensables sin guacamole. En las recetas más antiguas se define como simplemente aguacate con picante, y yo lo he tomado únicamente con sal. No obstante, en las recetas del siglo XVII en adelante el guacamole aparece ya como aguacate con una mezcla de tomates, cilantro fresco, cebolla y chiles serranos cortados en trocitos. Yo personalmente utilizo chiles serranos de lata en lugar de cualquier otra clase de chiles, pues el sabor es tan importante en el guacamole como el picante.

Hay montones de supersticiones acerca de la necesidad de evitar que el guacamole se oscurezca al entrar en contacto con el aire. Uno de los métodos tradicionalmente utilizados para impedirlo consiste en dejar el hueso del aguacate en el centro de la salsa una vez hecha. Largas y cuidadosas investigaciones me han convencido de la falta de base de todas estas supersticiones, pero debo confesar que me gusta ver la semilla o hueso marrón en el centro de la salsa, verde y cremosa. Aparte de preparar el guacamole en el último minuto, la mejor solución consiste en cubrir el cuenco con plástico y meterlo en el frigorífico.

Existen dos versiones básicas del *Guacamole,* una con tomates normales y corrientes, y la otra (el *Guacamole del norte*) con los típicos tomates verdes y ásperos de México, que no se decolora tan fácilmente, debido quizá a que los tomates verdes son mucho más ácidos que los corrientes. Es innegable que, echando zumo de lima o de limón sobre un aguacate cortado, se impide su oscurecimiento. También conviene tener en cuenta que un aguacate pasado se oscurece más rápidamente que otro en su punto justo de madurez.

Creo que la mejor forma de hacer puré un aguacate consiste en partirlo por la mitad, pelarlo, quitarle el hueso y, sosteniendo el fruto en la mano izquierda, machacar la pulpa con un tenedor, sacarla con una cuchara y hacer puré de los trocitos sólidos que puedan haber quedado. De este modo se obtiene un puré de aguacate de magnífica textura.

Para unas 4 tazas

2 aguacates grandes y maduros, deshuesados y hechos puré
2 tomates medianos, pelados, sin semillas y cortados en trocitos
1 cucharada de cebolla, bien picada
3 chiles serranos de lata, o 1 cucharadita de pimiento picante, verde y fresco, sin semillas y cortado en trocitos pequeños
1 cucharada de cilantro verde y fresco, picado
Sal al gusto de cada uno

Mezcle bien todos los ingredientes y colóquelos en una fuente de servir con el hueso de uno de los aguacates en el centro (optativo). Se sirve para untar triángulos de tortilla frita, o como salsa.

Variación.—Para *Guacamole del norte,* sustituya los tomates normales y corrientes por 1/2 lata de 250 gr. de tomates verdes mexicanos (unos 6), escurridos y machacados. Si dispone de tomates verdes frescos, quíteles la piel y sumérjalos en agua salada hirviendo. Déjelos 2 minutos, escúrralos y espere a que se enfríen. Córtelos en trocitos muy pequeños. Siga el mismo procedimiento que para la preparación del *Guacamole.*

Guasacaca   VENEZUELA

En tiempos precolombinos había numerosos intercambios entre México y América del Sur, por lo que es posible que esta salsa no sea sino una versión del *Guacamole* original emigrada a Venezuela y levemente modificada durante la era colonial.

Para 4 raciones

4 cucharadas de aceite de oliva
1 cucharada de vinagre de vino tinto
Sal al gusto
1/2 cucharadita de pimiento picante rojo, fresco, sin semillas y cortado en trocitos, o 1/2 cucharadita de pimiento picante rojo, molido

1 aguacate grande, pelado y cortado en cubitos
1 tomate mediano, pelado y cortado en trocitos
1 pimiento rojo maduro, de tamaño mediano, o un pimiento verde, bien picado
1 cebolla mediana, bien picada

En un cuenco, combine el aceite, el vinagre, la sal y el pimiento picante, y bátalo todo con un tenedor para que se mezcle bien. Añada los ingredientes restantes, agitándolo todo junto para que se mezcle bien. Se sirve con carnes a la plancha o a la parrilla.

Variación.—Añada 1 cucharada de cilantro fresco, bien picado o, en su defecto, de perejil.

Variación.—Añada 1 huevo duro, cortado en trocitos muy pequeños.

Ají de huevo   COLOMBIA

Se trata de otra receta procedente originariamente de México, país con el que los chibchas de Colombia mantenían intensos contactos comerciales, destinados sobre todo a la venta de sus exquisitos trabajos de orfebrería en oro. Resulta curioso comprobar hasta qué punto esta receta difiere tanto de la original mexicana como de la de Venezuela, el país vecino. A pesar de su nombre, el ingrediente básico de esta salsa no es ni el ají (pimiento picante) ni el huevo, sino el aguacate.

Para 1 1/2 tazas, aproximadamente

1 aguacate grande, deshuesado y hecho puré

1 yema de huevo duro, hecha puré

1 cucharada de cilantro fresco, bien picado

1 pimiento verde picante, fresco, sin semillas y cortado en trocitos

1 cebolleta bien picada, utilizando tanto la parte blanca como la verde

1 clara de huevo duro, bien picada

1 cucharada de vinagre de vino blanco

Sal, pimienta recién molida

Mezcle bien el aguacate y la yema de huevo. Añada los restantes ingredientes y vuelva a mezclarlo todo bien. Se sirve como salsa con la *Sobrebarriga bogotana* y el *Ajiaco de pollo bogotano,* dos típicos platos de Colombia.

Salsa de jitomate

Para unas 2 1/2 tazas

1 cebolla mediana, picada
1 diente de ajo, picado
3 tomates grandes, pelados y cortados en trocitos
2 chiles serranos de lata, cortados en trocitos

1/8 cucharadita de azúcar
Sal a su gusto
2 cucharadas de aceite vegetal
1 cucharada de cilantro fresco, picado

Combine la cebolla, el ajo, los tomates y los chiles en una batidora o pasapuré y redúzcalo todo a puré. El puré debería conservar cierta textura y no quedar excesivamente líquido. Sazónelo a su gusto con azúcar y sal. Caliente el aceite en una sartén, eche en ella esta mezcla y hágala, a fuego moderado y removiendo continuamente, durante unos 5 minutos. Añada el cilantro.

Salsa chilena

Se sirve con carne hervida o con cualquier plato frío.

Para unas 2 1/2 tazas

2 tazas de caldo de carne
1 cebolla mediana, bien picada
2 tomates medianos, pelados y cortados en trocitos

2 cucharadas de zumo de limón
Sal, pimienta recién molida
1/4 taza de aceite de oliva o vegetal

Eche el caldo y la cebolla en un cazo y déjelo hervir, a fuego moderado y sin tapar, hasta que la cebolla esté tierna. Viértalo todo en una batidora o pasapuré y redúzcalo a puré. Resérvelo.

Eche los tomates en la batidora o pasapuré y redúzcalos a puré. Viértalo en un cazo pequeño y déjelo al fuego, removiendo constantemente hasta que esté espeso. Agregue el puré de tomate a la mezcla del caldo y la cebolla. Añada el zumo de limón y sal y pimienta a su gusto. Déjelo enfriar y bátalo luego con el aceite, poco a poco. La salsa debería quedar espesa. En caso necesario, añada más aceite, sin dejar de batir.

Salsa cruda   MÉXICO

Esta salsa es tan frecuente en las mesas mexicanas como la sal y la pimienta. Se sirve con carnes hervidas, aves, pescados, huevos y fríjoles, y se añade también a los tacos (tortillas rellenas) y otros antojitos (aperitivos). Los hermosos tomates de México, rojos y maduros, tienen la piel muy fina y, aunque se les puede quitar a mano, normalmente se deja para la *Salsa cruda*. Yo pelo los tomates únicamente si tienen la piel gruesa.

Para unas 2 1/2 tazas

2 tomates grandes y maduros, bien picados
1 cebolla mediana, bien picada
2 o más pimientos picantes verdes, frescos, sin semillas y cortados en trocitos o, en su defecto, chiles serranos de lata, sin semillas y cortados en trocitos
1 cucharada de cilantro fresco, picado
1 pellizquito de azúcar
Sal al gusto

Mezcle todos los ingredientes. Se sirven en un cuenco o salsera. Lo mejor es preparar esta salsa en el último minuto y servirla a la temperatura ambiente.

Salsa criolla   ARGENTINA

Se sirve con carnes asadas o a la parrilla.

Para unas 3 tazas

2 cebollas medianas, bien picadas
3 tomates medianos, bien picados
1 pimiento picante verde, fresco, sin semillas y cortado en trocitos
1 diente de ajo, picado
2 cucharadas de perejil, bien picado
Sal, pimienta recién molida
1/2 taza de aceite de oliva
3 cucharadas de vinagre de vino tinto

En un cuenco, combine las cebollas, los tomates, el pimiento, el ajo y el perejil, mezclándolo todo bien. Sazónelo a su gusto con sal y pimienta. En otro cuenco, pequeño, bata juntos el aceite y el vinagre con un tenedor y viértalos luego sobre los restantes ingredientes. Agítelo para que se mezcle todo bien.

Salsa de tomatillo MÉXICO

Creo que ésta es la más representativa de todas las salsas mexicanas, y también la más deliciosa. Se hace con los tomates verdes y de piel áspera, típicamente mexicanos, que se pueden adquirir enlatados en establecimientos especializados en productos mexicanos. Esta clase de tomates no debe confundirse con los tomates normales y corrientes todavía sin madurar. Pertenecen a la misma familia, pero a especies diferentes (véase pág. 18)

Para 1 taza, aproximadamente

Una lata de 250 g. de pimientos verdes mexicanos, escurridos	2 o más chiles serranos de lata, cortados en trocitos
1 cucharada de cebolla blanca, bien picada	1 cucharada de cilantro fresco, picado
1/2 diente de ajo, picado	Sal al gusto de cada uno

Mezcle bien todos los ingredientes, machacando los tomates verdes, o páselos brevemente por la batidora o pasapuré. Se sirve en un cuenco o salsera.

Variación.—Algunos cocineros y cocineras suprimen el ajo y la cebolla y aumentan la cantidad de cilantro. Páselo todo brevemente por la batidora o pasapuré.

Salsa de tomate verde GUATEMALA

Esta salsa, que se puede tomar con cualquier plato a base de carne, ave, pescado o marisco, se conserva bien durante algún tiempo, por lo que puede prepararse por adelantado.

Para unas 2 1/2 tazas

2 latas de 250 g. de tomates verdes mexicanos, escurridos (aproximadamente 2 tazas)
3 dientes de ajo, machacados
3 pimientos picantes, verdes o
rojos, sin semillas y bien picados

1/2 taza de vinagre de vino blanco
1/4 cucharadita de calicanto o
pimienta de Jamaica molida
1/4 cucharadita de orégano
Sal, pimienta recién molida

Eche los tomates, el ajo y los pimientos picantes en un cazo
pequeño y hiérvalo todo junto durante unos cuantos minutos,
hasta que los tomates se hayan deshecho, removiéndolo 2 ó 3
veces. Añada los restantes ingredientes y déjelo todo unos
cuantos minutos más al fuego, o hasta que la mezcla haya fra-
guado bien. Embotelle la salsa y guárdela en el frigorífico.

Salsa de perejil   CHILE

Para aproximadamente 1 3/4 tazas

1 taza de aceite de oliva o vegetal
4 cucharadas de vinagre de vino
tinto o blanco, o zumo de limón

1 cucharadita de mostaza preparada
1/2 taza de perejil, bien picado
Sal, pimienta recién molida

Mezcle bien todos los ingredientes. Esta salsa se sirve con
pescados o mariscos, pudiendo utilizarse también como aliño
de tomates.

Para erizos, prepare la salsa con zumo de limón, prescinda
de la mostaza y añada 1/2 taza de cebolla bien picada.

Ají de queso   ECUADOR

Para unas 2 tazas

1 tomate grande, pelado, sin
semillas y cortado en trozos
grandes
1 pimiento picante fresco, rojo o
verde

1/4 kg. de queso blanco o fresco,
o, en su defecto, ricotta
Sal, pimienta recién molida
1 cebolla mediana, bien picada
1 huevo duro, cortado en trocitos

En una batidora o pasapuré, combine el tomate, el pimiento y el queso y redúzcalo todo a puré. Tenga cuidado de no dejarlos demasiado tiempo, pues el puré debería conservar cierta textura. Sazónelo a su gusto con sal y pimienta y échelo todo en un cuenco. Espolvoree la cebolla picada y el huevo duro en trocitos por encima. Se sirve como salsa, con patatas y verduras hervidas.

Salsa de maní   ECUADOR

Para 1 1/2 tazas, aproximadamente

2 cucharadas de aceite o manteca de achiote (véase pág. 394)
1 cebolla, bien picada
1 diente de ajo, picado
1 tomate mediano, pelado, sin semillas y cortado en trocitos

1/2 taza de cacahuetes bien molidos, o 2 cucharadas de manteca de cacahuetes
Sal, pimienta recién molida

Caliente el aceite o manteca de achiote en una sartén y añada la cebolla, el ajo y el tomate. Déjelo todo a fuego moderado hasta que la cebolla esté tierna y la mezcla perfectamente trabada. Añada los cacahuetes, sazónelo todo a su gusto con sal y pimienta y déjelo unos cuantos minutos más al fuego. La salsa debería quedar lo suficientemente líquida como para poder verterla directamente del recipiente. En caso necesario, añada un poco de zumo de tomate o agua y déjelo al fuego justo el tiempo suficiente como para que se caliente.

Salsa de choclos   CHILE

Se trata de una salsa colonial, perfeccionada en una época en la que el maíz era considerado como un producto culinariamente poco interesante, y no estimado en todo lo que vale, como ocurriría luego. Esta salsa resulta ligera y deliciosa, y en ella destaca sobre todo el sabor del maíz fresco. Puede utilizarse como salsa para acompañar platos de carne o aves, pero yo la prefiero con verduras hervidas y, sobre todo, con coliflor.

Para unas 3 tazas

2 tazas de granos de maíz; si utiliza maíz congelado, descongélelo bien antes
1 taza de leche

1 cucharadita de pimentón dulce
Sal, pimienta blanca recién molida
1 ó 2 huevos, ligeramente batidos (optativo)

En una batidora o pasapuré, combine el maíz, la leche, el pimentón dulce, y la pimienta y redúzcalo todo a puré. Viértalo en un cazo y déjelo a fuego muy lento, removiendo constantemente, durante 5 minutos, o hasta que la mezcla esté bien trabada. En caso necesario, espese la salsa añadiéndole 1 ó 2 huevos ligeramente batidos, y dejándola un poco más al fuego, sin dejar de remover, hasta que se espese. Yo encuentro que el maíz varía mucho, por lo que aplico mi propio criterio para espesar la salsa, sin utilizar huevo alguno, o 1 ó 2, dependiendo de los casos.

Color chilena   CHILE

Esta salsa a base de aceite se utiliza mucho en la cocina chilena, pues al conservarse indefinidamente puede prepararse en grandes cantidades y usarse cuando se necesita. No obstante, si desea obtener una cantidad menor, limítese a añadir el pimentón dulce al aceite en la proporción de 1 cucharadita de pimentón por cada 2 cucharadas de aceite, y dosis proporcionales de ajo.

Para 2 tazas

2 tazas de aceite vegetal o manteca de cerdo

3 dientes de ajo
5 cucharadas de pimentón dulce

Caliente el aceite o la manteca de cerdo en un cazo y añada los dientes de ajo. Sofríalo hasta que esté dorado, y entonces sáquelos y tírelos. Aparte el cazo del fuego y eche el pimentón, agitándolo para que se mezcle bien con la grasa. Déjela enfriar y embotéllela.

Aceite o manteca de achiote   COLOMBIA

Se utiliza mucho, como colorante y para dar sabor, y no sólo en Colombia, sino también en el área del Caribe, Ecuador y Venezuela (véase pág. 40).

Para 1/2 taza

4 cucharadas de semillas de achiote
4 cucharadas de aceite vegetal o manteca de cerdo

Combine las semillas de achiote y el aceite en un cazo pequeño y resistente y déjelo a fuego moderado hasta que las semillas empiecen a soltar su característico color rojo anaranjado. Si las semillas están frescas, el color será intenso y fuerte y empezará a aparecer rápidamente al cabo de 1 minuto, más o menos. Espere a que el color empiece a transformarse en dorado y aparte el cazo inmediatamente del fuego. Cuele el líquido y embotéllelo. El aceite o manteca de achicote se conservará indefinidamente.

Aliño criollo   VENEZUELA

Esta mezcla de hierbas y especias molidas, que varía ligeramente de unos cocineros a otros, se utiliza como condimento en numerosos platos venezolanos, y yo personalmente la considero como una forma de mejorar los estofados y guisos en general, aunque no sean de Venezuela y ni tan siquiera de América Latina. En los supermercados venezolanos puede comprarse como *Aliño preparado*. Yo lo hago sin ajo, para que se conserve, pero añado un diente grande de ajo machacado o 2 cucharadas de ajo en polvo en el momento de utilizar este aliño.

Para aproximadamente 1/2 taza

1 cucharada de ajo en polvo
1 1/2 cucharaditas de comino molido
1 cucharada de semillas de achicote

1/4 cucharadita de pimienta negra, molida
1 cucharada de orégano
3 cucharadas de pimentón dulce

Mezcle bien todos los ingredientes y échelos en un jarro de vidrio pequeño. Guárdelo en algún lugar fresco y oscuro. Se conserva indefinidamente.

SALSAS BÁSICAS

Besamel

Para unas 2 tazas

2 cucharadas de mantequilla
2 cucharadas de harina
2 tazas de leche

Sal, pimienta blanca
1 pellizquito de nuez moscada

En un cazo pequeño y resistente, derrita la mantequilla. Añada la harina con una cuchara de madera y déjela a fuego lento durante 2 minutos, removiendo constantemente. Vaya echando poco a poco la leche, sin dejar de remover, y espere a que la masa rompa a hervir. Déjela hervir a fuego lento, removiendo frecuentemente, durante 5 minutos. Sazónela a su gusto con sal, pimienta blanca y nuez moscada.

Para una besamel más espesa, utilice sólo 1 taza de leche; para una besamel «intermedia», 1 1/2 tazas, y para una besamel normal, 2 tazas.

En caso de que se formen grumos, lo que es improbable si se hace la besamel correctamente, limítese a pasarla por la batidora o pasapuré.

Vinagreta

Para 1 1/2 tazas, aproximadamente

2 cucharadas de vinagre de vino o
  de otro tipo de vinagre suave
Sal, pimienta recién molida

1 cucharadita de mostaza de Dijon
8 cucharadas de aceite de cacahuete, maíz u oliva

Eche el vinagre en un cuenco, junto con sal y pimienta a su gusto y la mostaza, y bátalo todo con un tenedor para que se mezcle bien. Vaya batiendo luego el aceite, poco a poco, hasta que la salsa esté bien trabada. Pruébela y añada más vinagre o más sal y pimienta si lo estima necesario.

En lugar de vinagre puede utilizarse zumo de limón. Para una vinagreta con marcado sabor a mostaza, aumente la dosis de mostaza de Dijon a 2 cucharadas.

Mayonesa

La que doy a continuación es mi receta favorita para la mayonesa. Pero puede utilizarse también cualquier otra, lo que me parece perfectamente aceptable. Sin embargo, y en mi opinión, ésta es la que ofrece una mejor textura; y como tarda en hacerse sólo minutos, la explicaré detalladamente:

Para 1 1/2 tazas, aproximadamente

2 yemas grandes de huevo	1 taza de aceite de maíz, cacahuete u oliva (aproximadamente)
1/2 cucharadita de mostaza de Dijon	
	4 cucharadas de vinagre o zumo de limón, o 2 de cada cosa
Sal, pimienta recién molida	

Eche las yemas de huevo en un plato hondo (yo personalmente prefiero este recipiente a un cuenco; aunque, como es lógico, también puede hacerse en un cuenco). Bata las yemas ligeramente con el tenedor y añada la mostaza (sin dejar de batir) y sal y pimienta al gusto. Vaya echando el aceite, gota a gota, hasta que las yemas comiencen a espesarse. Cuando haya usado aproximadamente la mitad del aceite y la mayonesa esté espesa, eche el vinagre o el zumo de limón, o la mezcla de ambos productos, sin dejar de batir. Eche el aceite restante en un chorrito fino y continuo. Pruebe la mayonesa y añádale más vinagre o zumo de limón, o sal y pimienta, si lo desea. Si queda demasiado espesa para su gusto, aligérela con una cucharadita o más de agua caliente.

Si no se espesa, o no cuaja, eche una yema de huevo en un cuenco aparte y vaya añadiéndola, cucharada a cucharada, hasta conseguir «salvarla».

El tipo de vinagre utilizado dependerá de los gustos de cada uno, pero no debería ser nunca un vinagre fuerte. El vinagre de vino es el más comúnmente usado, pero yo personalmente considero que el vinagre japonés de *sake* permite conseguir resultados realmente deliciosos, como también ocurre con los vinagres de estragón o albahaca.

Salsa golf   CHILE

Se trata de una agradable variedad de mayonesa. Yo me la he encontrado en Colombia, como aliño para los aguacates, pudiendo tomarse también con cualquier pescado frío o marisco. Su país originario es Chile, donde, paradójicamente, se le llama algunas veces «salsa americana». No consigo encontrar ninguna explicación al nombre de *Salsa golf* y, en este sentido, todos los esfuerzos de mi imaginación resultan inútiles.

Para 1 1/2 tazas, aproximadamente

2 yemas de huevo
1 cucharadita de mostaza de Dijon
1 pellizquito de pimienta de Cayena, o, en su defecto, de Tabasco
Sal al gusto de cada uno
2 cucharaditas de zumo de limón
1 cucharada de vinagre de vino blanco
1 taza de aceite vegetal
1/4 taza de aceite de oliva
2 cucharadas de ketchup de tomate o de puré espeso de tomate
1 cucharada de coñac

Eche las yemas de huevo, la mostaza, la pimienta de Cayena o el Tabasco, la sal, el zumo de limón y el vinagre en un cuenco, y bátalo todo bien hasta que esté espeso y bien trabado. Añada el aceite vegetal y el de oliva, gota a gota, hasta que la mayonesa comience a espesarse, y vaya agregando luego el aceite restante en un chorrito fino y continuo. Añada el ketchup o el puré de tomate y el coñac. La mayonesa acabada presentará un atractivo color rosa.

Para la *Palta* o *Aguacate relleno,* pele y parta por la mitad un aguacate y quítele el hueso. Rellene cada 1/2 aguacate con *Salsa golf.* Obtendrá 2 raciones como aperitivo, 1 como *lunch.*

PROCEDIMIENTOS BÁSICOS

Beurre Manié para espesar una salsa

Mezcle bien 1 cucharada de mantequilla, ablandada a la temperatura ambiente, junto con 1 cucharada de harina. La forma más conveniente de hacerlo consiste en echar la harina y la mantequilla en una taza y mezclarlas con un tenedor. Vaya añadiéndolo poco apoco al líquido que desea espesar, a fuego moderado. Esto será suficiente para espesar ligeramente cualquier tipo de salsa. Las cantidades se modificarán según las necesidades de cada momento.

Para aligerar la mantequilla

Corte la mantequilla en pedacitos y viértala en un cazo grueso a fuego moderado. Vaya quitando la espuma de su superficie según se vaya formando. Cuando la mantequilla se haya derretido y le parezca suficientemente ligera, déjela reposar unos minutos para que se desposite nuevamente en el fondo del cazo. Pásela por un paño o colador. Los residuos no tienen por qué tirarse, sino que pueden guardarse y utilizarse para acompañar verduras hervidas o para echarlos en algún guiso o estofado.

Para pelar y quitarles las semillas a los tomates

Los tomates maduros pueden pelarse muchas veces limitándose a tirar de la piel con los dedos. Yo he pelado frecuentemente tomates comprados en los mercados latinoamericanos de esta manera, pudiéndose hacer lo mismo con los de invernaderos.

Si no puede quitarles la piel a mano, elija tomates rojos y maduros, échelos en agua hirviendo uno a uno y déjelos unos 10 segundos. Luego sáquelos, enjuáguelos brevemente en agua fría y pélelos con un cuchillo, empezando por el extremo del tallo. Para extraer las semillas, corte el tomate transversalmente por la mitad y quítele las semillas con suavidad.

Bebidas

AMÉRICA Latina está bien abastecida de bebidas, desde el té, café, el vino y la cerveza —introducidas desde fuera—, hasta el chocolate, el mate, la tequila, el pisco, el ron, y las bebidas parecidas a la cerveza, conocidas con los nombres de pulque, chicha y tepache. Se toma también whisky, ginebra y vodka, así como toda clase de refrescos, desde los antiguos y de origen colonial hasta los más modernos y sofisticados.

Gracias a los alemanes, que echaban en falta la cerveza de su país, prácticamente todos los países latinoamericanos cuentan con excelentes tipos de cerveza. Y gracias a los franceses, españoles, portugueses, italianos, alemanes y suizos, que echaban de menos sus vinos nativos, Chile y Argentina, y en menor medida Uruguay, Paraguay y México disponen de vinos excelentes o, al menos, aceptables.

El café brasileño es de notable calidad, y se toma muy fuerte y con bastante azúcar, frecuentemente acompañado de pasteles, mientras que en Colombia, cuyo café es también de gran calidad, se toma tanto el café solo como el café con leche para el desayuno, al igual que en el resto del Continente. México añade azúcar moreno, canela en rama y clavo para conseguir su espléndido café de olla.

El té no es tan popular como el café, aunque se suele tomar a media tarde. Muy populares son las llamadas tisanas, infusiones medicinales de menta o manzanilla, así como, por supuesto, el mate. El chocolate es una bebida muy popular en México, donde se vende también en tabletas, con azúcar, canela y clavo y, en algunos casos, almendras.

Muchos de los cócteles de América Latina son tan internacionales como el whisky con soda o el gin-tonic. Yo he elegido cócteles locales fáciles de reproducir en cualquier país del mundo.

Pisco sour

PERÚ

El pisco, la bebida nacional peruana, constituye la base de este cóctel, también muy popular en Chile, donde se utiliza la variedad local de pisco, y en otros países, como Bolivia. Los pequeños limones tropicales utilizados en este cóctel poseen un sabor muy sutil y peculiar. Las limas y limones de otros países son mucho más fuertes, pero pueden suavizarse añadiendo algo más de azúcar.

Para 1 ración

1 cucharadita de clara de huevo
1 cucharadita de azúcar superfino
2 cucharaditas de zumo de lima o
limón

50 g. de pisco
2 ó 3 cubitos de hielo
Angostura

Combine todos los ingredientes, menos la angostura, en una coctelera y agítelos vigorosamente. Viértalos en una copa y eche unas cuantas gotas de angostura por encima.

Biblia con pisco

BOLIVIA

Para 1 ración

1 huevo entero
1 cucharada de azúcar superfino
40 g. de pisco

1/8 cucharadita de canela o nuez
moscada molidas

Bata el huevo junto con el azúcar (a mano o en una batidora eléctrica) hasta que el azúcar se disuelva totalmente. Añada el pisco. Échelo todo en una copa, enfríela bien, espolvoree la canela o la nuez moscada por encima, y sírvalo. Si lo prefiere, en lugar de enfriar la bebida puede añadirle 2 ó 3 cubitos de hielo.

Yungueño   BOLIVIA

Para 1 ración

40 g. de pisco   1/2 cucharadita de azúcar superfino
40 g. de zumo de naranja   1/2 taza de hielo machacado

Combiene todos los ingredientes en una coctelera y agítelos bien. Vierta el líquido resultante (sin colarlo) en un vaso de vino o copa.

Gin fizz   URUGUAY

En cierta ocasión me dijeron que la mayor gloria de Uruguay era el gin fizz que preparan en su capital, Montevideo. Creo que el secreto radica en el delicado sabor de los limones y limas de la región. Si se utilizan limones normales, añadiéndoles un poquito más de azúcar se obtiene prácticamente el mismo resultado.

Para 1 ración

2 cucharaditas de azúcar superfino   50 g. de ginebra
2 cucharadas de zumo de limón   1/2 taza de hielo machacado

Combine el azúcar y el zumo de limón en una coctelera y agítela bien hasta que el azúcar se haya disuelto del todo. Añada la ginebra y el hielo machacado y vuelva a agitarlo todo bien. Cuele el líquido resultante y sírvalo en un vaso de unos 10 cm. de alto o en un vaso normal.

Coco fizz

MÉXICO

Para 4 raciones

2 tazas de leche de coco	1 taza de hielo machacado
3 cucharadas de azúcar superfino	1/3 taza de zumo de lima
1 taza de ginebra	Soda

Combine la leche de coco y el azúcar en una coctelera y agítela hasta que el azúcar se haya disuelto completamente. Añada los restantes ingredientes, menos la soda, y agítelo todo bien. Viértalo en 4 vasos de unos 250 gr. y añada un chorrito de soda a cada uno de ellos.

La leche de coco es el líquido que se encuentra en los cocos verdes. En los maduros hay también algo de leche, normalmente 1 taza, lo que es suficiente para 2 raciones.

Cola de lagarto

MÉXICO

Para 1 ración

3/4 taza de vino blanco seco	1 cucharadita de azúcar superfino
1/3 taza de vodka o ginebra	1 cucharadita de crema de menta
1 cucharada de zumo de lima	3 ó 4 cubitos de hielo

Combine todos los ingredientes en una coctelera y agítela vigorosamente. Vierta la bebida resultante en un vaso frío.

Margarita

Para 1 ración

1/2 cáscara de lima o limón	15 g. de Triple Seco o Curaçao
Sal	25 g. de zumo de lima o limón
40 g. de tequila blanco	2 ó 3 cubitos de hielo

Frote el borde de un vaso para cócteles con la cáscara de lima o limón. Vierta sal en un recipiente e introduzca en él el borde del vaso. Combine los restantes ingredientes en un jarro y déjelos enfriar en el frigorífico. Échelos en el vaso para cócteles previamente preparado.

Tequila sunrise

Esta y otra variación, el *Tequila cocktail,* son dos populares bebidas a base de tequila.

Para 1 ración

1/2 lima	1 cucharadita de granadina
50 g. de tequila blanco	Soda
1/2 cucharadita de *crème de cassis*	Cubitos de hielo

Exprima la 1/2 lima, vierta el zumo en un vaso de 250 g. junto con la cáscara. Añada el tequila, la *crème de cassis* y la granadina. Agregue suficiente soda como para llenar el vaso en sus 3/4 partes y añada entonces 2 ó 3 cubitos de hielo.

Variación.—Para el *Tequila cocktail,* combine 40 g. del tequila con el zumo de 1 lima entera (aproximadamente 3 cucharadas) y 15 gr. de granadina, o más (a su gusto). Agítelo todo bien y viértalo sobre hielo machacado en una copa para cócteles o para champán. Se sirve con dos pajas cortas. Para 1 ración.

Vampiros

Para 4 raciones

1 1/4 tazas de zumo de tomate
1/2 taza de zumo de naranja
2 cucharadas de zumo de lima
2 cucharadas de cebolla picada

1/2 cucharadita de salsa Worcestershire
Sal, pimentón al gusto
150 g. de tequila blanco

Combine todos los ingredientes, menos el tequila, en una batidora y hágalos puré. Viértalos en un jarro y déjelos enfriar al menos durante 4 horas. En el momento de servir esta bebida, vierta 40 gr. de tequila blanco en cada uno de los 4 vasos y añada 1/2 taza de puré. Agítelo todo para que se mezcle bien. Si lo prefiere, puede servir esta bebida con cubitos de hielo.

Aperitivo chapala

Existen numerosas controversias acerca de esta bebida, creada por la viuda Sánchez en un restaurante del lago Chapala. Su receta original prescindía del zumo de tomate y utilizaba zumo de naranjas amargas (o de Sevilla) y granadina. Yo personalmente encuentro que con zumo de naranjas normales se consiguen resultados igualmente aceptables. El pimiento picante pone la nota de color. Cuando visité el lago Chapala me sirvieron este cóctel con el nombre de *Aperitivo chapala,* por lo que lo he conservado aquí.

Para unas 6 raciones

1 taza de zumo de naranja
3 cucharadas de granadina
1/2 cucharadita de sal

1/2 cucharadita de pimentón, o
de algún tipo de pimiento rojo
picante, molido

Mezcle bien todos los ingredientes y déjelos enfriar. Sírvalos en vasos pequeños y rectos para tequila, de entre 40 y 50 g., con otro vaso de tequila por separado. Vaya bebiendo de un vaso y otro, sorbito a sorbito. Tradicionalmente, esta bebida se acompaña con pescaditos secos y luego fritos, que en México se pueden adquirir ya empaquetados en establecimientos especializados.

Sangrita   MÉXICO

La *Sangrita,* que se hace con zumo de tomate, constituye un espléndido acompañamiento para el tequila. A mí me gusta la forma moderna de servir esta bebida; es decir, combinando la *Sangrita* y el tequila en un vaso grande, lleno de cubitos de hielo.

Para 18 ó 24 raciones

3 tazas de zumo de tomate
1 taza de zumo de naranja
1/2 taza de zumo de lima
1/2 cebolla pequeña, picada
1 cucharadita de azúcar
1 cucharadita de sal, o más, a su
gusto

2 cucharaditas de pimiento picante fresco, verde o rojo, sin semillas y cortado en trocitos, o
1 cucharadita de pimentón
Tequila blanco
Limas partidas por la mitad
Sal

Combine el zumo de tomate, el de naranja, el de lima, la cebolla, el azúcar, la sal y el pimiento picante o el pimentón en una batidora o pasapuré, y redúzcalo todo a puré. Cuélelo y viértalo en un jarro de cristal y déjelo enfriar. Se sirve en vasos pequeños y rectos para tequila, de entre 40 y 50 g., con otro vaso de tequila por separado. Exprima un poco de zumo de limón, bien en la Sangrita, bien en el tequila, y beba de un vaso y otro, sorbo a sorbo; o añada un poco de sal a la lima y chúpela de cuando en cuando.

Sangría MÉXICO

Se trata de una bebida típicamente española, adoptada por México a sus propios gustos. Resulta ligera y sumamente agradable y refrescante, sobre todo cuando hace calor.

Para unas 10 raciones

1 taza de zumo de naranja	1 botella de vino tinto seco, preferentemente español
1/2 taza de zumo de lima o limón	
1/4 taza de azúcar superfino, o al gusto	Cubitos de hielo

En un jarro, combine el zumo de naranja, el de lima o limón y el azúcar y agítelo todo hasta que el azúcar se haya disuelto por completo. Pruébelo y añada un poco más de azúcar, silo desea. Añádalo todo al vino, agítelo para que se mezcle bien y déjelo enfriar en el frigorífico. Para servirlo, eche 2 ó 3 cubitos de hielo en una copa o vaso y llénelo de sangría.

Agua de Jamaica MÉXICO

Se trata de un popular refresco, hecho a base de los sépalos de las flores tropicales conocidas en México como flor de Jamaica, y en la propia Jamaica y en otros lugares como rosella o roselle. Puede encontrarse en algunos establecimientos especializados en productos tropicales bajo alguno de estos nombres.

Para unas 10 raciones

2 tazas de sépalos de rosella   Azúcar al gusto de cada uno
2 litros de agua

Enjuague bien los sépalos de rosella y échelos en un cazo grande, junto con el agua. Póngalo a fuego moderado, y cuando rompa a hervir retírelo del fuego y déjelo enfriar. Cuélelo y viértalo en un jarro. Endúlcelo a su gusto y enfríelo bien. Se sirve en vasos con cubitos de hielo.

Mate   PARAGUAY

El mate, una palabra de origen quechua, es una bebida ligeramente estimulante y que no contiene alcohol, preparada con el polvo de hojas secas de una planta sudamericana llamada *Ilex paraguayensis*. Puede comprarse en muchos establecimientos especializados y prepararse de acuerdo con las instrucciones del envase. No es imprescindible contar con la calabaza especial con borde plateado y la bombilla (una paja plateada especial) para tomarlo a sorbitos. Una tetera y tazas cumplen la misma función, y puede tomarse, o bien frío, o bien caliente. El mate, el nombre de la calabaza en la que se prepara la infusión, se denomina chimarrao en Brasil, donde esta bebida es tan popular como en Paraguay, Uruguay y Argentina. En América del Sur, y sobre todo en Argentina, las reglas para la preparación del mate pueden ser de lo más complicado, y muchos de los amantes de esta bebida insisten en que el agua con que se elabore debe estar a punto de hervir, pero sin llegar a hacerlo.

Para preparar la infusión, caliente una tetera dejándola algún tiempo bajo el grifo de agua caliente; añada entonces 1 cucharada de mate por taza, eche el agua caliente, deje que la infusión repose durante unos 5 minutos, cuélela y sírvala, bien tal cual, bien con azúcar y/o leche. Para tomar el mate frío, duplique la dosis de hierba y vierta la infusión sobre cubitos de hielo. Se sirve tal cual, o con azúcar y limón.

Café de olla

En México, un país de grandes aficionados al café, se suele servir después de las comidas en pequeñas tazas, de aproximadamente 100 g. de capacidad. En México se utiliza para endulzarlo el llamado piloncillo, el azúcar moreno local, aunque puede sustituirse por cualquier otro tipo de azúcar moreno. El café para el desayuno, el café con leche, se prepara fuerte y se sirve en tazones o tazas grandes con leche caliente a partes iguales.

Para 6 raciones

3 tazas de agua
1/3 de taza de azúcar moreno
1 trocito de canela en rama de
    unos 5 cm. de longitud

3 clavos enteros
3 tazas de café

Combine el agua, el azúcar, la canela y el clavo en un recipiente de barro o cualquier otro resistente al fuego y déjelo a fuego moderado, hasta que el agua rompa a hervir. Añada el café, espere a que rompa nuevamente a hervir, manténgalo 1 minuto a fuego lento, agítelo, tápelo y déjelo en algún lugar templado unos cuantos minutos para que los posos se sedimenten. Páselo por un colador y sírvalo en tazas de barro o cualquier otro tipo de tazas para café.

Índice alfabético
de recetas

Nota sobre la autora

Elisabeth Lambert Ortiz ha escrito tres libros sobre las cocinas mexicana, caribeña y japonesa, respectivamente, y colaborado en muchos otros. Es además asesora en temas latinoamericanos y caribeños de la Enciclopedia Time-Life de Alimentos del Mundo, *y colabora con frecuencia en la revista* Gourmet. *Ella y su marido, un diplomático mexicano, han vivido en prácticamente los cinco continentes, incluyendo muchos de los países citados en esta obra. Durante algún tiempo vivieron en Nueva York y recientemente se han instalado en Londres.*